王奇典书 ③

武备志三式要籍汇编

大六壬集應鈐

【下】

[明]黄宾廷◎著

郑同　肖岱宗◎点校

九州出版社
JIUZHOUPRESS

图书在版编目(CIP)数据

壬奇要略:武备志三式要籍汇编/(明)黄宾廷著;郑同,肖岱宗点校.
—北京:九州出版社,2013.10

ISBN 978－7－5108－2411－1

Ⅰ.①壬… Ⅱ.①黄… ②郑… ③肖… Ⅲ.①兵法－中国－古代
Ⅳ.①E892

中国版本图书馆CIP数据核字(2013)第252651号

壬奇要略:武备志三式要籍汇编

作　　者　(明)黄宾廷　著　郑　同　肖岱宗点校
出版发行　九州出版社
出 版 人　黄宪华
地　　址　北京市西城区阜外大街甲35号(100037)
发行电话　(010)68992190/2/3/5/6
网　　址　www.jiuzhoupress.com
电子信箱　jiuzhou@jiuzhoupress.com
印　　刷　三河市九洲财鑫印刷有限公司
开　　本　787毫米×1092毫米　16开
印　　张　127.25
字　　数　2560千字
版　　次　2014年2月第1版
印　　次　2014年2月第1次印刷
书　　号　ISBN 978－7－5108－2411－1
定　　价　300.00元(全5册)

甲辰日

甲辰日第一课

伏吟　玄胎　斩关　孤辰

六 六 蛇 蛇	六 六 青 青
辰 辰 寅 寅	辰 辰 寅 寅
辰 辰 寅 甲	辰 辰 寅 甲

兄　寅 蛇 ◎⊙	兄　寅 青 ◎⊙
子 乙巳 勾	子 乙巳 朱
官 戊申 白	官 戊申 后

勾 青 空 白	朱 蛇 贵 后
巳 午 未 申	巳 午 未 申
六辰　　酉常	六辰　　酉阴
朱卯　　戌玄	勾卯　　戌玄
寅 丑 子 亥	寅 丑 子 亥
蛇 贵 后 阴	青 空 白 常

《玉历钤》云：此课昼贵螣蛇为凶，凡百不可用；夜将青龙乃吉，见贵求名求财皆遂，求婚不成。

日上克辰上，上神德日，末克初。

课名伏吟、玄胎、斩关、四闭。诸神不动。寅为德马，虽曰空亡，乃寄课神，不以空论。此课内外无灾，旦占寅蛇，暮占吉于旦占。

《义》曰：禄马空陷，不宜官宦。惊恐消亡，求事涣漫。病者凶危，谋为虚望。纵使速成，尤防更变。

《象》曰：无中生有本非真，事起虚声且莫嗔。含笑归来醉诗酒，亨通偏喜入新春。

此自任之卦，一曰玄胎，一曰斩关，又曰孤辰。夫自任者，乃天地伏吟，十二神各归本家，天地如一，四伏未发之象。占事静则宜，动则滞，主事藏匿不动，静中求劳，有屈而不伸之象。况玄胎如婴儿隐伏之状，利上不利下，事主远而多伏，暗昧不通，触则成祸，惟君子守正修德则亨。且斩关有奔逃之象，《经》云“斩关不利于安居而利逃亡也”，然此亦非真体。传见孤辰，有茕茕孑立之象，占人别离桑梓，凡所占谋，多虚少实，功名难遂，事业虚花，僧道宜之，俗不宜也。占者遇之此课，求官者不宜，以其禄马空陷，勉强成之，不过虚官微禄而已矣，必待寅年月、寅将用事，庶几可成。见贵不顺。干事难成。婚姻别议。求财利轻，须看类神何如，及占人年命上见财方美。失脱难得。占暴病为善即瘥，久病凶危难愈。占公讼有解。忧疑可散。其他占望，卒未得就，所谓吉不吉而凶不凶也。

占出兵行师得此，昼占忧心众畏，失众之象，夜占虽吉而未全吉。敌有使来，其言不可遽信，密察详审以防欺诈也。

古木逢春。余未准。

真一山人云：崖前古木老精神，巨干深根且待春。目下吉凶勿足论，虎头年月又重新。

《无惑钤》云：甲禄且空，昼虎鬼凶。火命解过，土命畏逢。

《钤解》曰：寅虽甲之德禄，奈旬空，不足守也。中巳脱气。末申入鬼，昼占乘虎最凶，病讼深畏。占人火命，可以解祸，谓火能克金也；土命反生鬼旺，所以畏逢。《集议》：“宾主不投刑在上”内谓此三刑入传，未免无恩之意，凡占恩反怨也。

甲辰日第二课

知一　退茹

魁度天门关隔定

蛇 朱 后 贵	青 勾 白 空
寅 卯 子 丑	寅 卯 子 丑
卯 辰 丑 甲	卯 辰 丑 甲

父 壬子 后　　　父 壬子 白
父 辛亥 阴　　　父 辛亥 常
财 庚戌 玄　　　财 庚戌 玄

六 勾 青 空　　　六 朱 蛇 贵
辰 巳 午 未　　　辰 巳 午 未
朱卯　　申白　　勾卯　　申后
蛇寅　　酉常　　青寅　　酉阴
丑 子 亥 戌　　　丑 子 亥 戌
贵 后 阴 玄　　　空 白 常 玄

《金匮经》曰：此课丑临寅，为日之财，昼占天乙在上，乃贵人之财也。用神子，又与财为六合，必主财自贵人上来，或锡予之物。却嫌末传戌财，上乘玄武，此玄武乃盗贼之神，既临财上，哪肯放空过，必然偷窃为耗也。宅上卯与戌合，为家人诱引，盖家贼也。

《玉历钤》云：此课用神与日上神合，气象和顺，凡占一切皆成。

《毕法》云：此课支上神克干上大吉，丑又为之破碎，又为用之羊刃，弃此凶煞，而就水局，则是避凶趋吉之象。凡占君子悔过而迁善，凶事化吉，吉愈吉矣；小人悔吝而自用，凶事乃凶，吉复凶矣。避凶趋吉，《易》所以为君子谋焉。

日克上神，辰上克日上，日上克用，用生日，末克初。

课名知一、逆茹。子合于丑发用，寅亥又合，凡占革三革四，进退起于阴小龃龉，宅舍晦昧不明，若能退，可以省忧。

《义》曰：贵作鬼墓，不宜干贵。宾主不和，事若未济。欲知何如，难中变易。幸喜传生，好事渐至。

《象》曰：求婚问宅两无功，何事人情尚未通。待得秋冬方见美，夏春守旧且从容。

此知一之卦，一曰泆女。夫知一者，知一而不能知两，知者以为自知、自见，不知为寇仇，故言知一也。以此为用，舍远就近，舍疏就亲，恩中生害，事多起于同类，凡事狐疑，事贵和同乃吉。传见泆女，夫妻失友而异情恩，占男女有阴私暗昧之理，占家宅宜谨慎闺门，以防阴小越礼，惟能以礼自防者可化之也。子亥戌，退连茹也，事主欲行不行，欲止不止，节外生枝，进中有退，退而后进，凡事迟滞。日上见鬼墓，防有鬼贼暗中侵扰，《经》云："鬼墓加干鬼暗兴。"空亡抵宅，门户虚骠。占者遇之此课，占见贵难成，无心而干理。占求官者，得人相助。占谋事，难中可望。占病瘥迟。占公讼，暗中防人侵扰，终见解释。千里投人者，去如不去，徒费粮裹。占产吉。远行不利。婚姻交易难成，成则不为美也。占行人迟。占宅不宁。逃亡获。

占出兵行师得此，昼占无威不宁，夜占取败之道。利后进，利为主。课体无凶。大抵所占，百事联络，一事去，一事来，根苗不断，旧事从新。

牵连疑二。利秋冬。

真一山人云：远行投谒辍行装，欲往徒劳费裹粮。旧事重新新事旧，根苗不断更牵长。

《无惑钤》云：进损退益，求财必失。冬昼火惊，贵人覆日。

《钤解》曰：甲进前则逢卯之旬空，退而受子水生也。戌虽日财，昼夜乘玄，定主失耗。卯乘朱雀克宅，冬占为火鬼，必有火惊。丑乃昼贵覆日，君子利见大人，常人有官中事相扰也。《集议》：贵人闭口，于贵必不肯话其允否之意。又财神闭口。“有始无终难变易”内列此日。丑乃辰之破碎，支上卯与支作六害，又是干之羊刃，宜弃此而就三传子亥戌，全水为生，凡占不免舍不易而就亨旺也。此例一则有寿，一则自微至显。昼贵临身，被朱雀乘卯所克，欲干官贵求文书，必贵人忌惮而不用度。

甲辰日第三课

涉害　励德　不备　悖戾

六阳数足须公用　权摄不正禄临支

后 蛇 玄 后　　　白 青 玄 白

子 寅 戌 子　　　子 寅 戌 子

寅 辰 子 甲　　　寅 辰 子 甲

财 庚戌 玄　　　财 庚戌 玄

官 戊申 白　　　官 戊申 后

子 丙午 青　　　子 丙午 蛇

朱 六 勾 青　　　勾 六 朱 蛇

卯 辰 巳 午　　　卯 辰 巳 午

蛇寅　　未空　　青寅　　未贵

贵丑　　申白　　空丑　　申后

子 亥 戌 酉　　　子 亥 戌 酉

后 阴 玄 常　　　白 常 玄 阴

《玉历钤》云：此课辰课不备，凡占所事无成，忧疑俱不得解，而家中之用多不足矣。

上神生日，日上生辰上，用克日上，日克用。

课名见机、涉害。日加辰，以尊凌卑。凡所占望，不可与屠沽军卒凶恶等人同谋，恐为所累，反成牵系。冬春吉，夏秋不利，宜凭空作事。

《义》曰：课名悖戾，间隔忤意。百事终和，目下少遂。逃亡盗贼，自入网罗。临事见机，得意高歌。

《象》曰：事有忧疑且散怀，空亡抵宅耗资财。宾主欲好难相见，美事之中虑未谐。

此见机之卦。夫见机者，察其微，见其机，谓两比两不比，当以涉害为用。涉害有浅深，欲用不用，欲言不言，事有两而取一，所作稽留，迟疑艰难，进退不定，忧患难消，怀孕伤胎，难于前而易于后也。《经》云："神有两比两不比，上天垂象见人机。涉身发用为初将，作事迟留当有疑。忧患难消经几日，占胎伤孕忌当时。盗贼不过乡里取，逃亡亲隐是遥知。"戌申午乃退间传，一云悖戾。况阴不备，为芜淫，不宜占婚姻，亦不宜占家宅，防阴小有越礼犯分者，尤当谨守闺门可也。上神生日，所谋百事吉，运用如意，遇灾不凶，逢吉愈吉。若当季神生日，主声名显达，岁命生日者，尤为吉昌。此课占见贵和顺。占婚姻宜。占交易合。占投谒人者，虽见喜悦，但无益于事。占求财，得失相须。占病不凶，宜利膈顺气之剂。公讼和。占宅虚惊。逃亡获。

占出兵行师得此，昼占失物忧疑，夜占亦同。利客，利先举。事多虚惊不宁，大抵有相和而不凶也。

冬吉。

真一山人云：正家须使闺门谨，男女婚姻莫易为。闭口课中人不语，事防更变许谁知？

《无惑钤》云：屈尊就财，末又助来。五阳俱备，申虎尤乖。

《钤解》曰：辰支，财也，日往加辰克辰，为屈尊以就其财也。末午又助其初传之财。但中传申鬼，昼占乘虎，尤为乖戾。六阳数足，最宜公用也。《集议》："末助初生三等论"内有此日例，为末助初财。凡占值此，必暗有人以财相助，如占博弈最宜。末助初财，来意占婚尤的。禄临支。悖戾："勉强前来勉强之，戌申午上不堪期。徒然欲壮培根本，凶咎从前定不遗。"申乘白虎，冲支上寅，为对门兽头冲其本家，以致家道衰替。

甲辰日第四课

蒿矢　解离　玄胎　闭口　不结果

夫妇芜淫各有私

玄贵白阴　　　　玄空后常
戌丑申亥　　　　戌丑申亥
丑辰亥甲　　　　丑辰亥甲

官 戊申 白　　　官 戊申 后
子 乙巳 勾　　　子 乙巳 朱
兄 　寅 蛇◎　　兄 　寅 青◎

蛇朱六勾　　　　青勾六朱
寅卯辰巳　　　　寅卯辰巳
贵丑　　午青　　空丑　　午蛇
后子　　未空　　白子　　未贵
亥戌酉申　　　　亥戌酉申
阴玄常白　　　　常玄阴后

《玉历钤》云：此课日鬼日破为用，本是凶课，缘中传巳火克金鬼，兼三传俱退，虽凶必不为祸，凡占无成，病讼仍凶。

《毕法》云：此课干上亥被支来克，支上丑被干来克，此解离卦也，值此必有解离之事。若夫妇行年遇之，主夫妇分离。

上神生日，辰上克日上，用生日上，用克日，初克末。

课名蒿矢、盘结。事主中辍，凡占宜退不宜进，所喜遥克无力，末传归空中，于凶吉无成。

《义》曰：课逢蒿矢，传金可畏。末既逢空，凶中化吉。白虎催官，不次加迁。寅年虎月，禄位加迁。

《象》曰：来情灾恼莫忧心，阴德扶持遇好音。末后事成防改变，孟春官位胜千金。

此蒿矢之卦，一曰玄胎，亦曰天网。《经》云：“神遥克日名蒿矢，射我虽端当不畏。贵人逆转子无良，天乙顺行臣不义。家有宾来不可容，亦忧口舌西南至。”然事主动摇，人情倒置，象如以蒿为矢，射虽中而不入。祸福俱轻，求事难成，利主不利客。行人来，访人见。若带金煞，亦能伤人，主蓦然有灾。况玄胎如婴儿隐伏之状，利上不利下，事主远而多伏，暗昧不通，触则成祸，惟君子守正修德则亨。《经》曰“天网四张，万物被伤”，为阻滞，为疑难，为灾恼。上神生日，所谋百事吉，运用如意，遇灾不凶，逢吉愈吉。若当季神生日，主声名显达，岁命生日者，尤为吉昌，有人上门相助之理。占者遇之此课，占求官，催官使者有不次之用，况勾陈捧印，螣蛇生角，皆福吉之象，惟畏夫末传无力，好处未全也。占见贵不顺。占求财不利。占病凶，有救。占失物难寻。讼者先凶后吉。占宅不利。远行有阻。求事难成。忧疑患难，却喜有解。

占出兵行师，昼占忧战事，夜占无威不宁，有始无终，先难后易，吉不成吉，而凶不成凶也。

孟春吉，冬利。

真一山人云：冬占自有吉人扶，富贵功名渐可图。难里生恩真有用，忧中望喜岂虚无?

《无惑钤》云：干虽乘玄，切勿自怠。疾瘥讼宽，其忧尚在。

《钤解》曰：甲虽得亥水之生，不可自足而怠忽。初传申鬼乘虎，病讼凶甚，幸而临于脱乡，阴神复能制虎，病必瘥而讼必宽也。毕竟寅被申刑，其忧尚在，岂可恃亥水之生而有怠哉?《集议》：丑加辰，乃旬尾加旬首，闭口尤甚，又财神闭口。四季占，亥水无气，却喜申鬼生亥，乃不幸中之幸。夜占太常，加长生临干，来人必占婚姻之喜，或有赐锡之事。解离，夫妇行年值此尤的。“宾主不投刑在上”内谓此三刑入传，未免无恩之意，凡占恩反怨也。此课曾占失钗，申作白虎，发用金神也，见类神，必不失。金生巳、墓丑，凡物不离。金墓临支作天乙，谁敢隐藏?巳，金之母，制虎子，子必归其母，勾陈所以拘收。寅加巳，乘蛇来，阴上见亥，作太阴，故曰“太阴加日，物匿可寻”，人藏不密，必出。

甲辰日第五课

涉害　见机　炎上　狡童　孤辰　不结果

青蛇白六	蛇青后六
申子午戌	申子午戌
子辰戌甲	子辰戌甲

财 庚戌 六 ⊙	财 庚戌 六 ⊙
子 丙午 白	子 丙午 后
兄 寅 后 ◎	兄 寅 白 ◎

贵后阴玄	空白常玄
丑寅卯辰	丑寅卯辰
蛇子　　巳常	青子　　巳阴
朱亥　　午白	勾亥　　午后
戌酉申未	戌酉申未
六勾青空	六朱蛇贵

《玉历钤》云：此课戌加寅上，六合夹克，凡占所事无成，暴病自痊。可自墓传生，占公讼，旧事再发，或了绝复兴。若见囚禁，当日即出。出入辛苦不利。

《毕法》云：此课干上戌，虽作日财，上有旬庚为鬼，不取则已，取之必有奇祸。盖财犹水也，水能载舟，亦能覆舟，财能养身，亦能害身。廉介君子，如管北海、范希文，不取锄下鼠穴之金，祸从何至？

《钩玄》占云：此课三传窃日之气反生支辰，是为宅盛人衰之象，值此必家眷不多，宅屋太广，人不胜宅，主不胜客，反成灾咎，君子不可不迁徙也。日用所行，又为人胜我负之象。又云：三传脱气，反生起干上戌财，谓之取还魂债。

日克上神，日上克辰上，日克用，日生三传，末克初。

课名涉害、察微、炎上、斩关。凡谋防同类中有诈，合处有伤，所喜空亡。

《义》曰：三传脱耗，动逢逃盗。切勿托人，恐他难靠。后合阴私，男女相窥。勿用取女，媒妁相欺。

《象》曰：虚多实少岂堪夸？若妄贪图必致嗟。求事不成多败事，寅年月内动光华。

此炎上之卦，一曰斩关，亦曰见机。夫见机者，察其微，见其机，谓两比两不比，当以涉害为用。涉害有浅深，欲用不用，欲言不言，事有两而取一。所作稽留，迟疑艰难，进退不定，忧患难消，怀孕伤胎，难于前而易于后。传见炎上，为日，象君，占人性刚，卜天晴明。大抵五行正气入十干杂糅之乡，异方三合乃生旺墓之神，事主丛杂不一，主关众人共谋，不然两三处干事，委曲托人与人相合之类。又曰：炎上主枉图不遂。又如推磨者，无休歇之象，一事去，一事来，往来不歇。必得吉将用事，有人引进方可。亦曰：炎上有影无形。况斩关有奔亡之象，不利安居而利逃亡也，然此亦非真体。三传盗脱，凡百虚耗不足，谋望难成，有声而无实也。又曰：初传是戌，三传盗日。赖子发用，其课极吉，论子申辰也，故曰极吉。占求官见贵，美中不足，喜中不喜。占婚姻财帛，难于力也。占暴病即减，久病难瘥。欲求解脱患难，虽不见伤，欲脱而未脱也。其他诸占，皆为无益。

占出兵行师得此，昼占六合，尤宜获金宝美利，夜占亦如之。大抵此课，多有始而无终也。

春冬利。

真一山人云：作伙欺心脱赚来，要知消息莫疑猜。忧疑患难终为福，可羡年来不聚财。

《无惑钤》云：初传戌财，火局盗来。赖子支上，始得和谐。

《钤解》曰：戌作初传，系夹克之财，不由己用也。寅午戌，全火盗脱日干之气，赖宅上子水为救，其课反为吉矣。《集议》："传鬼成财钱险危"内列此日，谓三传全为脱气，反生干上财神者，名曰取还魂债。又戌遁旬庚伤干，必因财致祸，因食丧身，因妻成讼。子加辰，得蛇，主妇人哭泣。"屋宅宽广致人灾"内列此日，非宅不容人，必宅广人少，致使人口日渐衰羸，患难俱生，惟宜弃此宅居，庶免此事。财遭夹克，不由己费用。

甲辰日第六课

知一

害贵讼直遭屈断

白朱玄勾	后勾玄朱
午亥辰酉	午亥辰酉
亥辰酉甲	亥辰酉甲
子丙午白	子丙午后
财癸丑贵	财癸丑空
官戊申青	官戊申蛇
蛇贵后阴	青空白常
子丑寅卯	子丑寅卯
朱亥　　辰玄	勾亥　　辰玄
六戌　　巳常	六戌　　巳阴
酉申未午	酉申未午
勾青空白	朱蛇贵后

《玉历钤》云：午丑申作传，全无和气，凡占凶否，俱不可用。

上神克日，日上生辰上，用克日上，日生用，初克末。

课名知一、四绝。弃一就一，结绝事体，主心有疑虑，若久否之人占之，则亨矣。若谋新，枉费心。

《义》曰：课名四绝，不可图新。求官有用，须待秋冬①。欲识何知？舍近就远。半晴半雨，未得全顺。

《象》曰：事当扼塞莫辞难，过此前程步步宽。旧事遇之须了绝，图新未可等闲看。

此知一之卦。夫知一者，知一而不能知两，知者以为自知、自见，不知为寇仇，故言知一也。以此为用，舍远就近，舍疏就亲，恩中生害，事多起于同类，凡事狐疑，事贵和同乃吉。《经》云："知一卦何如？用神今日比。事因同类起，婚姻失谐为。失物亲邻取，逃亡不远离。论讼和允好，为事尚狐疑。"上神克日，凡事不顺，只利先讼，要有气，余不吉，病讼者畏。日是人相害，夜乃鬼为殃，常占为人所欺负。此名四绝之卦，不宜图谋新事，惟宜结绝旧事，却为易也，故为"四绝了旧莫图新"。占者遇之此课，占求官者，虽曰仕宦忻欢，然而美中有不足美者，由其酉官为用神所制也，亦先难后易也。占见贵者喜悦，文书无力。占婚姻合。交易顺。远行未利。占投谒徒劳。求财得迟。常占防自内及外有人侵谋不足。公讼和解。占逃亡宜捕。病者虚弱，

① 若赴官候补，则必升迁，新选现任未吉。

凶中有救。占宅不足。其他占问，事了、人来、信至。

占出兵行师得此，昼占不利，宜动中谨慎，量敌虑胜，尤防自内及外之侵，夜占无威不宁。大抵此课，非用兵之课，但敌使之来，必欲讲和，宜密加防范，以察其情伪也。

秋吉。

真一山人云：得失相仍凶吉平，善人终始获安宁。古今积德天垂报，但看前程与后程。

《无惑钤》云：去杀留官，仕宦欣欢。常人值此，灾患多端。

《钤解》曰：甲木以酉为官，以申为杀，申被午克、丑墓，去其杀矣，宜留干上官爻，仕宦主升擢之喜，常人主官中事务搅扰，所以仕宦忻然而喜，常人灾祸多端也。《集议》："宾主不投刑在上"内有此例，谓干支上有辰午酉亥，又克干支者，尤可畏。午乘白虎临亥，防火灾。亥加辰得雀，主少儿哭泣。夜占雀鬼加干。两贵相协。酉遁乙，乃甲木胎神，但非妻财，十月为生气，主婢妾有孕。虎临贵人本家，凡占干官，必招贵人嗔怒，占讼尤忌。

甲辰日第七课

反吟　玄胎　孤辰

来去俱空岂动移　空空如也事休追

玄 六 后 青　　　　玄 六 白 蛇
辰 戌 寅 申　　　　辰 戌 寅 申
戌 辰 申 甲　　　　戌 辰 申 甲

兄　寅 后 ◎　　　　兄　寅 白 ◎
官 戊申 青 ⊙　　　官 戊申 蛇 ⊙
兄　寅 后 ◎　　　　兄　寅 白 ◎

朱 蛇 贵 后　　　　勾 青 空 白
亥 子 丑 寅　　　　亥 子 丑 寅
六戌　　卯阴　　　六戌　　卯常
勾酉　　辰玄　　　朱酉　　辰玄
申 未 午 巳　　　　申 未 午 巳
青 空 白 常　　　　蛇 贵 后 阴

《玉历钤》云：凡甲日反吟，寅加申为用，谓天上日加临绝地，乃自身无气也。又发用，日得空亡，吉凶不成，凡事不可用。

《毕法》云：此课反吟，来而复往，往而复来之象。寅者，日之德也，禄也，不宜见空，今值空亡，则是德丧禄绝，何能长久？占者值之，戒谨恐慎，修省不怠，可回造化。先生云：避患者，人也，使之无患者，天也，人以至诚感天，则天以天德佑人。

上神克日，辰上生日上，日上克用。

课名反吟。反复无定。寅虽为德禄马，空亡无力，不利谋望，却虽先见凶，终不为有害。

《义》曰：事必反复，徒然劳碌。禄马空绝，何以为福？百占无益，能解忧戚。三传无位，欲济未济。

《象》曰：吉事占来大可忧，若逢凶祸乐悠悠。病人一见魂飞散，不积阴功大可愁。

此无依之卦，一曰孤辰，亦曰玄胎。夫无依者，即反吟也。《经》云："无依是反吟，逃者远追寻。合者应分散，安巢别改林。守官须易位，结友也分襟。所为多反复，占病数般侵。"反吟刑冲，事主迟滞，远近系心，更相仇怨，且反复而呻吟，是无予夺而难息也。且孤辰有茕茕孑立之象，占人别离桑梓，凡所占谋，多虚少实，功名难遂，事业虚花。况玄胎如婴儿隐伏之状，利上不利下，事主远而多伏，暗昧不通，触则成祸，惟君子守正修德则亨。占者遇之此课，禄马空绝，仕宦不宜，若欲求官，须寅虎之年月，方可有望，亦不为全吉也。占见贵未利。占婚姻勿成，恐先合而后不合也。占求财难得，得不偿费。事多虚声，有损无益。占暴病可瘥，久病难愈。其他所占，谋为干用，干谒百事，皆如捕风捉影，成者少而败者多矣。占忧患、狱讼、围禁、惊恐之事，得此乃为福庆，此课能散诸凶也。

占出兵行师得此，乃大不宜也。凡有传闻，事多不实，尤防暗中诡计侵扰，敌使之来，欺诈不可从信，用兵者可不慎乎？

事不可凭。春正吉。

真一山人云：静看浮世总虚华，富贵功名堪笑嗟。谋望难成凶祸解，闷来对酒醉烹茶。

《无惑钤》云：善者既陷，恶者坦荡。所举百事，无此影象。

《钤解》曰：寅乃德禄旬空，虽善固不足恃；申乃日鬼落空，虽恶亦不足畏。课传俱空，影灭响绝矣，欲谋为举动，焉能成哉？《集议》："来去俱空岂动移"内列此日。夜贵加昼，宜暗求关节。支上神生干上神，作日鬼，不利干谒，求财即有祸出。空禄夜虎坐克，占病绝食饿死。

甲辰日第八课

涉害　孤辰　度厄

传墓入墓分爱憎

后勾蛇空	白朱青贵
寅酉子未	寅酉子未
酉辰未甲	酉辰未甲

兄　寅后◎	兄　寅白◎
财丁未空⊙	财丁未贵⊙
父壬子蛇	父壬子青

六朱蛇贵	六勾青空
戌亥子丑	戌亥子丑
勾酉　　寅后	朱酉　　寅白
青申　　卯阴	蛇申　　卯常
未午巳辰	未午巳辰
空白常玄	贵后阴玄

《玉历钤》云：此课干上未，四月占乃月厌、大煞、天目、墓神，又是白虎，一并临身，凡占怪异迭见，人宅大凶。又云：墓神覆日，人不亨泰。白虎冲宅，支气衰微。

日克上神，日上生辰上，用克日上。

课名涉害、见机。墓覆日上，忿闷难通，凡百占望，重重见止，上下皆为变怪，无有能成，首尾不相应，所幸寅为空亡，吉凶从空散。

《义》曰：课名见机，空空无依。心欲东向，道却西隳。事多不一，坐见变更。谋之未就，惹得虚声。

《象》曰：久病难痊暴病安，徒劳心志仰高攀。转头万事多更变，忧患谁知解笑颜。

此见机之卦，一曰孤辰，亦曰龙战。夫见机者，察其微，见其机，谓两比两不比，当以涉害为用。涉害有浅深，欲用不用，欲言不言，事有两而取一，所作稽留，迟疑艰难，进退不定，忧患难消，怀孕伤胎，难于前而易于后。传见孤辰，有茕茕孑立之意，占人别离桑梓，凡所占谋，多虚少实，功名难遂，事业虚花。况龙战乃天之私门，生杀有限，分杜有期，雷动龙奔，示其有战，身心疑惑，进寸退尺，动有乖离之象。未加甲，乃墓神覆日也。夫墓者，五行潜伏之地，四时衰败之乡，暗昧不明，昏蒙之象，生旺稍可，囚死衰替。一名关格。占者遇之此课，占求官不宜，禄位不振。见贵虽和，卒难成事。占婚姻，不利妻妾。占病凶重，尤忌占尊长。占财不实。占出行有阻。投谒人者徒然，亦难起离。占交易谋望，未得如意。占公讼、忧疑、患难，有解。占久病大凶。逃亡宜寻捕，目下未得。

占出兵行师得此，昼占无威不宁，夜占不利。用兵者得此，有失众之象。敌有使来，或有传闻，不可遽信，以其多虚少实。其他所占，皆有声而无实也。

半途而废。

真一山人云：浮沉世熊水中沤，几向斜阳叹白头。老去莫嫌生意少，自然衣禄不须求。

《无惑钤》云：干禄空现，家讼内战。传墓入生，行人立见。

《钤解》曰：寅为干禄，空且丘仇，已不足守。况中传未又来墓，岂宜末传子水复入于墓乡乎？若占行人，来甚速也。三传内战，讼自家庭而起，所谓自窝犯者是也。《集议》：“传墓入墓分爱憎”内有此日，乃德入墓。害贵讼直遭屈断。“将逢内战所谋危”内谓此为三传内战，凡占皆是家法不正，或自窝犯，或丑声出于堂中，以致争竞。未乃丁财，亦因妻财而动，在四月占乃月厌、大煞、天目、墓神。丁神临甲，极怪极凶。凡涉害有吉将生日，谓困途得马。未乃夜贵临干，纵夜占，仍作墓论。寅乃日禄，旬空亡，坐克，夜虎，占病绝食饿死。

甲辰日第九课

蒿矢　润下　励德

蛇 青 六 白	青 蛇 六 后
子 申 戌 午	子 申 戌 午
申 辰 午 甲	申 辰 午 甲

官 戊申 青	官 戊申 蛇
父 壬子 蛇	父 壬子 青
财 甲辰 玄	财 甲辰 玄

勾 六 朱 蛇	朱 六 勾 青
酉 戌 亥 子	酉 戌 亥 子
青申　　丑贵	蛇申　　丑空
空未　　寅后	贵未　　寅白
午 巳 辰 卯	午 巳 辰 卯
白 常 玄 阴	后 阴 玄 常

《玉历钤》云：此课蒿矢、润下，如冰炭无情，况用神申金克日，本是凶课，却缘日上有午火克制申金，不能为凶，凡占亦无所成，出入更改不利。

《毕法》云：此课末传辰土，助初传申金，前去克日干甲木，此辰土乃教唆之人也。详其来历，辰是日之本家，教唆者乃本家之人，所谓家鬼弄家人也。

《心照》曰：干上午火脱甲木，支上申金脱辰土，干支皆乘脱气，人宅俱致败微，值此则己身常有疾病，财物虚耗，盗窃诳赚，如汤之沃雪，房屋常有崩摧，消索覆败，如风之转蓬，惟年命有生助吉神，不至如是。

上神盗日，日上克辰上，日上克用，用克日，三传生日。

课名蒿矢、润下。以申金为镞，三传皆水，生干木。又云：玄龙蛇，重重喜，虽申为日鬼，日上午火又可制之，吉，宜散凶事，结绝旧忧。

《义》曰：木逢水局，众力助益。谋事望成，君子毕集。合中带煞，为君可惜。笑里藏刀，砒入于蜜。

《象》曰：重重相助喜相连，谁想人情暗弄奸。善与恶还恩致怨，将成又畏笑谈间。

此蒿矢之卦，一曰润下。《经》曰："神遥克日名蒿矢，射我虽端当不畏。贵人逆转子无良，天乙顺行臣不义。家有宾来不可容，亦忧口舌西南至。"然事主动摇，人情倒置，象如以蒿为矢，射虽中而不入，祸福俱轻，求事难成，利主不利客。占行人来，访人见。若带金煞，亦能伤人，主蓦然有灾。且润下，事主沟渠、水利、舟楫、渔网之类，动而不息之象，流而必清，滞则不竭，宜动不宜静，事主关众，亲朋相识之务，克应多是过月，牵连疑二。此五行正气人十干杂糅之乡，异方三合乃生旺墓之神，事主丛杂不一，主关众人共谋，不然两三处十事，委曲托人与人相合之类。水局水将，凡谋有人相助，得玄龙蛇成类，喜事重重。日生上神，虚费不足，幸三传有制，不足中而有美利，所畏者主客少和，合中带煞，恐恩变为仇，其他诸占皆如此。占求官见贵不宜。占婚占财不利。占病瘥迟，凶中隐吉。忧疑惊恐有救。占公讼得理。

占出兵行师，昼占大胜，得宝货与图书，夜占惊忧。敌使之来，所言勿信，宜防之。大抵此课，笑里藏刀、蜜中砒也。

秋冬吉。

真一山人云：识得机关且罢休，人心何是不悠悠？饶他使尽千般计，侥幸由来福不优。

《无惑钤》云：笑里有毒，鬼贼满屋。末助初伤，午畏水局。

《钤解》曰：申子辰三合，午临干上，冲坏合局，乃笑里有毒。申乃日鬼临宅，且又宅上发用，俱来克日，是鬼贼满屋也。末传辰土，又生起初传申金，以克甲木，赖午火子孙为救，殊不知申乃结合水局，又克午火，午火畏缩，焉能为甲木救哉？《集议》："末助初兮三等论"内列此日。"人宅受脱"内列此日，占病吐泻。"合中犯煞蜜中砒"有此例，歌云："三传犯煞少人知，惟防好里定相欺。笑里有刀谁会得？事将成合失便宜。"凡占值此，必至恩中变怨，合中有破，虽属我之事，亦被人在中阻隔。干克支辰为财，支乘申鬼，未免自惊危中取财。

甲辰日第十课

重审　玄胎　闭口　不结果

脱上逢脱防虚诈

六	空	青	常		六	贵	蛇	阴
戌	未	申	巳		戌	未	申	巳
未	辰	巳	甲		未	辰	巳	甲

官	戊申	青	官	戊申	蛇
父	辛亥	朱	父	辛亥	勾
兄	寅	后◎	兄	寅	白◎

	青	勾	六	朱			蛇	朱	六	勾
	申	酉	戌	亥			申	酉	戌	亥
空未				子蛇		贵未				子青
白午				丑贵		后午				丑空
	巳	辰	卯	寅			巳	辰	卯	寅
	常	玄	阴	后			阴	玄	常	白

《灵辖经》曰：占遇玄胎，室孕婴孩。用起四孟，以应玄胎，以此占人，若无谋计，妻妾必有孕也。此课传送加巳，巳下克上为用，将得青龙；中传登明，将得朱雀；终于功曹，将得天后。此名用起四孟为玄胎，始因财中有口舌，后连妇女，不然妻有孕也。

《玉历钤》云：此课甲日，申金为用，虽有青龙，毕竟是鬼，却得日上巳火，火能制申金，鬼化为财，凶变为吉之象，凡占所求如意。

上神盗日，日上生辰上，日上克用，用克日，初克末。

课名蒿矢。天盘地结。干墓加支，凡谋凶。所幸巳申合、寅亥合，虽申为鬼，其下有巳火可以制之，是刑中有合，巳申乃夫妻刑。申加亥游申在合[①]，所谋得地。末寅空亡，终无甚凶。

《义》曰：内战谋危，因财起争。夜占惊恐，事多难成。禄马无力，动为有失。见寅岁月，方保为吉。

《象》曰：彼此刑冲事动摇，主宾何是不相饶？吉凶到底归无用，且待时来福禄招。

此重审之卦，一曰玄胎，亦曰天网。夫重审者，重而审之也。利为主，利后动，长有厄，事从内起，起于女人。以下犯上，贱犯贵，卑犯尊，事多不顺。阴小在下者，有悖逆之事。占臣未忠，子失孝，事不可遂意而行，必当审察，循乎义理，庶几以免后患也。况玄胎如婴儿隐伏之状，利上不利下，事主远而多伏，暗昧不通，触则成祸，惟君子守正修德则亨。《经》曰“天网四张，万物被伤”，为阻滞，为疑难，为灾恼。玄胎不利占老人小儿病。日生上神，虚费百出，谋望不遂，耗失损财，人口衰残，休囚尤重，又为子孙脱漏之事。故曰：“宛转益己，不利于彼。家宅摇动，忧变为喜。”占者遇之此课，占求官，虽见禄马，但未得力，须待时至，方能成就。占见贵和顺。占求财，得失相仍。占病先重而后轻。占忧疑、患难、狱囚者，先难后易。占婚姻始终不谐。谋望难成。用神与日上神不和，事多不称。占逃盗获。

占出兵行师得此，昼占青龙，有捷胜之象，得宝货奇物之美，但受制，未纯全也；夜占忧心众畏，不吉之意。敌使之来，其言不可听。大抵有始而无终也。

真一山人云：龙在山中虎落空，啸风兴浪不成功。惟在守旧修身吉，渐觉时亨百物丰。

《无惑钤》云：宛转益己，不利于彼。家宅动摇，忧变为喜。

《钤解》曰：申为日鬼，甚可忧也，然而生亥，亥却生寅，宛转委曲，以利于己。寅克辰日，不利于彼也。未乃日墓，又遁旬丁，以临宅上，宅主动摇不安。申先鬼而

① 此句有误，伺高明斧正。

后迤逦相生，非忧变为喜而何？《集议》：脱上逢脱防虚诈。得道者多助，巳火脱干，三传自初递生巳火，岂不为多助者哉？鹤书赴陇：“今朝甲乙青龙杜，后驾青龙传送行。必有鹤书将赴陇，如纵结绶显功名。”

甲辰日第十一课

涉害　不备　赘婿　登三天　六仪　回环格

罡塞鬼户任谋为

白 青 青 六	后 蛇 蛇 六
申 午 午 辰	申 午 午 辰
午 辰 辰 甲	午 辰 辰 甲
财 甲辰 六 ⊙	财 甲辰 六 ⊙
子 丙午 青	子 丙午 蛇
官 戊申 白	官 戊申 后
空 白 常 玄	贵 后 阴 玄
未 申 酉 戌	未 申 酉 戌
青午　　亥阴	蛇午　　亥常
勾巳　　子后	朱巳　　子白
辰 卯 寅 丑	辰 卯 寅 丑
六 朱 蛇 贵	六 勾 青 空

《金匮经》曰：辰来加日，被日克为用，谓日制其辰。以此占人，身就他人，是谓赘婿寄居，不能自专也。此课日克辰，辰为天罡，来加甲上，被甲克之，受其克制，不得自专，故曰赘婿。男合寄身招赘，女人携子行嫁，以身就他人，不能自专也。

《通神集》曰：此课甲上见辰为用，上见六合；中传午加辰，上见螣蛇；末传申加午，上见天后。主有恶人暗中谋计，惊恐为贼，西北方道路边伏藏，里数相去四十五数，往彼擒之必获，亦当自败在巳午日，其贼是军身，中年之上也。何以知之？盖初传六合是私门，天罡恶神，故言谋恶。午上见螣蛇，故为惊恐。传送乃道路之神，故在道边伏藏。申金为日下之鬼，加午自受克制，故知自败。巳午，申金畏之，故败在巳午之日。申金作贼神，故言军人。天罡加孟，亦主军身。金带休气，故为中年。玄武之阴，戌上见子，子数九，戌数五，以上下相乘，故得四十五数也。

《玉历钤》云：此课赘婿，辰加日发用，六合夹克，末传为鬼，凡占所事，凶否不可用。

日克上神，辰上生日上，日克用。

课名涉害、察微、赘婿、六仪、斩关。凡占宜坐守决胜，图谋可成，不利出外，亦不能出行。六合夹克，所幸辰加寅为落空，不成凶耳。

《义》曰：罡塞鬼户，利暗私谋。事干天庭，愈大愈优。号登三天，位小不宜。升天之难，大人喜斯。

《象》曰：进门传来事阻疑，始终相好更相宜。只缘事大方为美，小事逢之气自疲。

此见机之卦，一曰泆女，亦曰赘婿，又曰斩关。夫见机者，察其微，见其机，谓两比两不比，当以涉害为用。涉害有浅深，欲用不用，欲言不言，事有两而取一，所作稽留，迟疑艰难，进退不定，忧患难消，怀孕伤胎，难于前而易于后。《经》云："天后常为厌翳神，须知六合是私门。二将取名称泆女，夫妻失友异情恩。"占男女有阴私暗昧之象，占家宅阴小越礼犯分，占婚姻媒妁不明，当以礼自防，谨于闺门。赘婿身寄他人，凡事由妻，如占事由他人，而不由自己也。斩关非安居之象，占者多不自由，事多暗昧不合，离散口舌，欲隐身避难者，却利乎奔逃也。辰午申，登三天，利远行，病者大凶。占者遇之此课，进间传也，凡事进中有间隔之象。占见贵和。占投谒人吉。婚姻合。占求财有。讼和解。占忧疑散。占逃亡，宜寻捕。占宅吉，利谋望，事有成。课体乃夹克，不由自己也。

占出兵行师得此，昼占六合，尤宜获金宝美利，夜占亦同。敌使之来，无益于我，亦无损于我，还见和好之象也。

见寅方好。防有更变。

真一山人云：逃亡盗贼遇天罗，谁人冲开有路过？无吉无凶谦卦象，渐看福禄似春波。

《无惑钤》云：午火可赖，事不出外。财自然来，昼占稍畏。

《钤解》曰：末传申虎，作鬼甚厉，赖午火制之。三传不离支干，主事不出外也。辰来临干作财，是不待干求，自然上门惠我，但遭夹克，不由己用，若昼占助起虎鬼，稍可畏矣。《集议》："初遭夹克不由己"内有此例，谓财遭夹克。"佯输诈败却休追"内有此日例，辰来受制，此是输败，若中传好，此意甚真，今中午脱气，末中是鬼，反来胜我，前日之输败，乃诈败也，岂宜冒进？自陷危机。登三天见前。"罡塞鬼户"内列此日。夜子乘虎，冲支上午，为邻人兽头冲其本家，以致家道衰替。

甲辰日第十二课

重审　进茹

青勾六朱	蛇朱六勾
午巳辰卯	午巳辰卯
巳辰卯甲	巳辰卯甲

财 甲辰 六⊙	财 甲辰 六⊙
子 乙巳 勾	子 乙巳 朱
子 丙午 青	子 丙午 蛇

青空白常	蛇贵后阴
午未申酉	午未申酉
勾巳　　戌玄	朱巳　　戌玄
六辰　　亥阴	六辰　　亥常
卯寅丑子	卯寅丑子
朱蛇贵后	勾青空白

《玉历钤》云：此课日阴发用，天地盘皆空亡，尚赖吉神可用，地盘空亡，最无可用，忧喜皆不成。

日上生辰上，日克用，日上克用。

课名六仪、重审、连珠。辰加卯为杜塞，重谋再进，更相破斗，有龃龉而无成，革三四不实，所喜日上空亡，六合归家，不为凶甚。巳午中末，为子孙福德，先晦后益。

《义》曰：既脱又空，有影无踪。不曰无益，难于成功。千谋百虑，何以遂志。理数如斯，君子居俟。

《象》曰：富贵功名各有时，自然分定不容私。知机乐道安正守，伫看春花发旧枝。

此重审之卦，一曰龙战。夫重审者，重而审之也。利为主，利后动，长有厄，事从内起，起于女人。以下犯上，贱犯贵，卑犯尊，事多不顺。阴小在下者，有悖逆之事。占臣未忠，子失孝，事不可遂意而行，必当审察，循乎义理，庶几以免后患也。况龙战乃天之私门，生杀有限，分杜有期，雷动龙奔，示其有战，身心疑惑，进寸退尺，动有乖离之象。辰巳午乃进连茹也，进中有退，事主欲行不行，欲止不止，牵连疑二，节外生枝，旧事从新，根苗相续也。占者遇之此课，占求官者，宜守正待时，不可躁进。占见贵虽和，事难卒称。占婚姻喜合，未保齐眉。占求财有影无形。占病吉多凶少，惟久病虚弱者，得之不利。失脱难得。占公讼不妨。投谒无益。远行阻滞。占宅不利于人。所闻之事，未见其实，忧疑患难有解也。占谋望干事，虽成而后败。

占出兵行师得此，昼夜所占，皆曰六合，尤宜获金宝之美利，亦未免有失众之象。敌有使来，或所传闻，未可遽信，恐为彼之谲诈之所欺也。大抵此课体空脱，事多不实，吉不吉而凶不凶也。

事防更变。

真一山人云：绿水青山饱玩游，晴云暖日看沙鸥。任他乌兔撒昏昼，诗酒相扳到白头。

《无惑钤》云：静中有望，动遭罗网。旦卜逢时，夜迎盗党。

《钤解》曰：甲乘卯，辰乘巳，皆天罗也，宜静而守之；若妄动则变为罗网，反生灾祸，卯为羊刃故也。昼占龙勾，巳午生起辰财；夜则辰与巳午蛇雀结为盗党，而脱气甚矣。《集议》：卯乘朱雀加寅，又辰用，主口舌文书之事，进凶退吉。辰作合，加卯六害上发用，主事连绵病死。两贵不协，变成妒忌，丑加子，未加午，互换作六害。

乙巳日

乙巳日第一课

伏吟　六仪

青青勾勾　　六六勾勾
巳巳辰辰　　巳巳辰辰
巳巳辰乙　　巳巳辰乙

财 甲辰 勾　　财 甲辰 勾
子 乙巳 青　　子 乙巳 六
官 戊申 常　　官 戊申 贵

　青空白常　　　　六朱蛇贵
　巳午未申　　　　巳午未申
勾辰　　酉玄　　勾辰　　酉后
六卯　　戌阴　　青卯　　戌阴
　寅丑子亥　　　　寅丑子亥
　朱蛇贵后　　　　空白常玄

《玉历钤》云：此课伏吟，却不甚凶，主求事宜急，凡占所求遂，财可成。

日克上神，日克用。

课名伏吟。辰作勾陈，归本位，虽伏而动，事主重谋，虽有窒碍，终亦自通。夏秋得之正快，若非其时，则不免迟滞。暮贵申中有德，为事吉。

《义》曰：伏吟宜静，妄动勿用。勾留不伸，难于占病。事多不和，勉强嗟哦。惟正顺理，灾害消磨。

《象》曰：重土艰难未足论，若占父母定飞魂。更怜逼迫非由己，退步安居福禄存。

此自信之卦，亦曰斩关。夫自信者，乃天地伏吟，十二神各归本家，天地如一，四伏未发之象。占事静则宜，动则滞，主事藏匿不动，静中求劳，有屈而不伸之象。且斩关非安居之象，多不自由，事多暗昧不和，离散口舌，欲隐身避难者，却利乎奔逃也。又主人情暗中不顺，多见更改，事多中止，坟墓破坏，占婚亦强成，难于久远。凡事历遍艰辛，然后可遂。三传俱财，财多反生不足。占者遇之此课，占求官见贵者，勾留迟滞。占求财，未如意。占婚，美中不足。占病凶，大宜作福。占失物难得。投谒人者喜。占行人未至。占忧疑患难者散迟。《经》云："用起命上见勾陈，百般留滞屈难伸。不然事有两头心，诸家秘法必然云。"

占出兵行师，昼夜皆占未吉，防战士有伤。此课不宜用兵，若不得已而用之，当谨严号令，加意防备，以避其锋，相机而勿忽。

静以待之。

真一山人云：何事勾留屈不伸，结劳费尽汝精神。退归一步无边福，积善人家自有春。

《无惑钤》云：叠遇天罡，身动难安。夜被神挠，幸免伤残。

《钤解》曰：天罡临干作用，是叠遇也，主动不安。申作日鬼，夜占为贵，当有神愿为祟，幸有巳火克之，庶免残伤矣。凡伏吟主静，因罡临身发动，故主动也。《集议》："鬼乘天乙乃神祇"内云：凡占贵神作鬼，切不可作鬼祟看之，占病必是神祇为害。干支互脱，天网恢恢、东手得来之喻。

乙巳日第二课

弹射　退茹　不行传

空空如也事休追　弹射重传术已迷

六 勾 朱 六　　　青 勾 空 青
卯 辰 寅 卯　　　卯 辰 寅 卯
辰 巳 卯 乙　　　辰 巳 卯 乙

财 甲辰 勾　　　财 甲辰 勾
兄 　卯 六 ◎　　　兄 　卯 青 ◎
兄 　寅 朱 ◎⊙　　　兄 　寅 空 ◎⊙

	勾青空白					勾六朱蛇			
	辰巳午未					辰巳午未			
六卯			申常		青卯			申贵	
朱寅			酉玄		空寅			酉后	
	丑子亥戌					丑子亥戌			
	蛇贵后阴					白常玄阴			

此课人皆以第四课卯加辰为用，殊不知既是乙日，岂可以卯加辰为用？况支课不足，止有三课，乃是乙木遥克辰土为用。卯来赶辰，宅不容人，又自宅上传出，依旧传归卯位，此乃夺父之财禄，只得好令父作闲。发用自管则吉，三传不离支干上，先前赶去，后复还位。乙以卯为禄，以寅为同类，必有兄弟出去了，后又复归来。辰作勾陈，主争讼。此课不见父母，唯是同类，自相吞并。来人自与父母各居十六七年，至五十九、六十，行年到亥子上，方见父母，是年有服矣。邵秀才初出外屋居，后入祖宅，定是父母却出外居，就蚕室，逐年养蚕。虽迤逦不归，正应人在宅内，传又自宅上发出，人又出去，是宅不容人，又传出去。末传有寅作空亡，加在卯禄之上，卯遂加乙，便赶辰入宅，又退而发出。是年正月初三日，有伯之兄二十四年不归，忽然归来，与叔言，遂因此争分。缘祖业止有坟山，别无他物，官司遂令标拨与之。至五十九，行年见亥，母死。六十，行年见子，父死。课中既不见父母，行年行到父母上，父母必死矣①。

《毕法》云：此课干上虽乘卯为旺禄，却是旬空，未免弃禄而就初传之财，上见勾陈凶神，又向前投托，又值中末俱空，不可前进也，乃退归本家，静守待时，斯免咎矣。

《龙首经》曰：此课干上卯空，不能自恃，情愿以干加支，而受脱气，值此不守本身之禄，却去投人，干求进用，反乃大有所费。

上神比日，日上克辰上，末克用。

课名弹射、连茹、斩关。空亡图事难成，所喜日往加辰，三传相续，去住不由自己，人物相伤，无所补益，虚喜无实效，毕竟禄为用，末见财亦丧，为中来劫，出旬方可②。

---

① 《壬占汇选》作：建炎己酉年三月乙巳日戌将亥时，邵百一秀才癸丑生，生于闰月十二日辰时，五十七岁占家宅。

② 此句仍以卯寅丑作三传论之，读者宜甄别。

《义》曰：闻之有声，视之无形。空空如也，所占无成。得之复失，未见有益。退归一步，福禄骈集。

《象》曰：采苓不在首阳巅，徒向高山着力攀。事似归来闲快乐，琴棋诗酒醉盘桓。

此元首[①]之卦，一曰寡宿。夫元首者，尊制卑，贵役贱之象。占事多顺，利于先举，事多起于男子。为臣忠，为子孝，正大光明而无邪僻之行，德业已著而乾乾进修，常怀危惧，惕励而无咎也。传见寡宿孤辰，值此尤妨骨肉。占身得此，主见孤独，别离乡井，自立门户，财物虚耗，僧道宜之，俗不宜也。卯寅丑，退连茹也，退中有进，进而后退，事主欲行不行，欲止不止，节外生枝，根苗不断，旧事从新。不备芜淫，阴私防范。退入空亡，三传无力。占者遇之此课，乃旺禄临身，进则无益，惟谨守为利，退则有助。占见贵不顺。占求官者，宜谨守待时。占婚姻不成。占交易不合。占主客未和，谋望难就。占求财，惊疑不宁。占失脱，虚耗不足。占久病不利，暴病亦危不宁。行人不归。远行不顺。忧疑、患难、狱讼者有解。其他诸占，有声无实，吉不成吉，而凶不成凶也。

占出兵行师得此，大概忧失众之象，昼占六合，尤宜获金宝美利，夜占青龙，大胜得宝货与图书，须在春占方可，余月占不然也。

有心无力。

真一山人云：独步空山何所依？莫辞辛苦向前移。也知茅屋风光好，乐以忘忧更许谁？

《无惑钤》云：弹射为初，中末空虚。所谋无效，徒尔萦纡。

《钤解》曰：弹射无力，况中末空亡，所谋何有成效乎？课体循环，徒自萦牵耳，则何益哉？《集议》："旺禄临身徒妄作"内虽列此日，不曾明示，此乃空禄。"前后逼迫难进退"内列此日，前进逢巳午之脱，退后逢寅卯之空。"弹射重传术已迷"内例，发用辰字，乃日遥为弹射，非第四课卯克支辰为用也。然第一课卯已临干上，第四课重见是不备也，若一卯克辰用，是为元首，则非弹射，其术不亦迷惑之甚乎？上神六害。寅乘朱雀加卯，射见果木。占家宅，笔架、书册。"费有余"内列此日，干上卯空，情愿以干加支而受脱。

① 当作弹射，作者采录有误。

乙巳日第三课

重审　极阴　逆间　闭口

权摄不正禄临支　四课皆空即空空如也

蛇六贵朱　　白青常空

丑卯子寅　　丑卯子寅

卯巳寅乙　　卯巳寅乙

财癸丑蛇⊙　　财癸丑白⊙

父辛亥后　　父辛亥玄

官己酉玄　　官己酉后

六勾青空　　青勾六朱

卯辰巳午　　卯辰巳午

朱寅　　未白　　空寅　　未蛇

蛇丑　　申常　　白丑　　申贵

子亥戌酉　　子亥戌酉

贵后阴玄　　常玄阴后

《玉历钤》云：此课谓之闭口、折腰，似从革，中传冲巳。旦暮兼蛇虎为用，主凶，凡事所求不成，病讼凶，产生，行人至，盗逃必获，只为四课皆空故也。

《毕法》云：干上寅为旬中空亡，第二课又入空乡，支上卯作空亡，第四课又入空乡，此乃四课皆空。《经》云："四课无形，事不出名。纵然出也，亦是虚声。"又云：日禄临支辰上者，凡占不自尊大，受屈折于他人，临支被支脱盗木气，必因起盖房宅，而以禄偿债。

课名重审、极阴、逆间传、闭口。重审，下贼为逆，不可过之义也，凡占主以下凌上，事多不顺。而况极阴，自丑入酉，以阴入阴，而终于极阴，遇此主淫泆、酒色、奸诡等，占病主死，占讼难辩，或因色生疾。又旬尾加卯发用，止宜捕盗贼而追逃亡。占病哑症，中风不语。告贵不允，问信不应。今传逢旬空，诸凡不利。

《义》曰：阻而不阻，成而不成。惊忧消释，何祚可凭？动不如静，坐胜乎行。如斯而已，胡为营营。

《象》曰：千里追风快九嘶，孙扬遇执最称奇。花开万物迟时贵，韫匮藏诸待有知。

此重审之卦，一曰极阴，一曰闭口、逆间。夫始入者，为重审，再三详审，不敢据为。如臣欺君，不敢据入，必再三再四重审，定计而后入。凡占者遇之，此下凌上，事多不顺。第四课发用，谓之蓦越，凡有祸福，其来迟滞，事体重大，俱从内起，动因女人。况传逢极阴，《经》云："极阴之课丑亥酉，百事逢之悉皆丑。占讼省部方端的，病死定为不长久。"又初传发用闭口，占病中风痰厥，生育子孙系哑儿。况又四课皆空，凡事无凭，诸事不能成就，语云"空空如也事莫追"，止宜解散忧疑，欲成事而不可得也。如遇占病，久病者死，新病者安。欲望成合事，目下指空说空，毫不相干，须待改旬可图。三传逆间，即或隔三隔四，东在西不在，便不能成合也，如捕风捉影。

占出兵行师得此，有兵数惊骇，士卒损伤，谓课传俱空，宜静守为妙，即有信息，俱属虚诈，为将者慎之！

月偃西山。

真一山人云：吉凶善恶总虚声，莫把心机强欲图。假使成中还见失，终身无依靠人扶。

《无惑钤》云：四课俱空，万事无踪。昼病不食，夜卜全凶。

《钤解》云：寅卯旬中空，子丑落空，所谋万事，俱无踪迹。鬼居末传，初中夜乘虎玄，夜占则凶甚也。发用闭口，昼若占病，上不能饮食也。旺禄被宅脱，或因宅而以禄偿债。

乙巳日第四课

重审　稼穑　三刑　闭口

鬼墓加干鬼暗兴　传财化鬼财险危

后朱阴蛇	六空朱青
亥寅戌丑	亥寅戌丑
寅巳丑乙	寅巳丑乙

财 癸丑 蛇　　财 癸丑 青
财 庚戌 阴　　财 庚戌 朱
财 丁未 白　　财 丁未 后

朱 六 勾 青　　空 白 常 玄
寅 卯 辰 巳　　寅 卯 辰 巳
蛇丑　　午空　　青丑　　午阴
贵子　　未白　　勾子　　未后
亥 戌 酉 申　　亥 戌 酉 申
后 阴 玄 常　　六 朱 蛇 贵

《玉历钤》云：此课木微土多，幸青龙为助，颇可用也，凡占所求得助。传成三刑课，病讼凶，产未生，行人未至，出入颇如意。

《毕法》云：甲辰旬，丑为旬尾，丑加辰谓之旬尾加旬首，又发用丑，真乃闭口卦也。占病即是痖症，或禁口痢，不然咽喉肿塞，或痰厥症，不纳饮食。如占胎产，定是哑儿。如占失脱，纵有旁人见贼盗偷物，竟不肯言之。凡求人说事，人但闭口而不语有无之意。

课名重审、稼穑。三传俱土，作日之财，恐其贪财生祸。传逢三刑，凡占不美，求财更凶。干上见丑，乃鬼墓加干鬼暗兴，虽云墓神宜冲，却谓刑多则人情不美。但闭口课，又不宜见三刑，虽欲不言而不可得。除占病外，利于人口舌是非，缄口即消。告贵求谒，难以开口。

支上神克干上神，日克干上并三传。

《义》曰：君子知机，要决嫌疑。暗中鬼贼，吾以御之。中得冲战，以露斯奇。所贵明处，方保无虞。

《象》曰：兢兢业业慎和合，正己无为事若何？步步行行浑是理，惊忧患难渐消磨。

此重审之卦，一曰稼穑、三刑，一曰闭口。夫重审者，重而审之也。利为主，利后动，长有厄，事从内起，起于女人。以下犯上，贱犯贵，卑凌尊，事多不顺。阴小在下者，有悖逆之事。占臣未忠，子失孝，事不可遂意而行，必当审察，循乎义理，庶几以免后患也。日上见丑，为鬼墓加干，鬼贼暗兴，事防有人暗害侵凌。上乘螣蛇，主口舌虚惊不宁。况三传俱作日财，得财须防长上灾，有长上论此，不然，却防因妻生祸。传逢三刑，凡占多恃势而凌弱，上又乘螣蛇，末乘白虎，《经》云“螣冲虎去，所忧无虑”。旦占不吉，夜占颇吉。求财可行，但旬尾加旬首，谓之闭口，求事告贵求谒，不惟不允，反生不美。利捕盗逃亡。三传俱土，名曰游子，若遇旬中丁神，甲辰旬见未为丁，主有动摇之象，其人若不远行，必欲逃亡，若占捕捉难获。

占出兵行师得此，三刑游子，大抵动摇不定，军心不宁，昼占惊畏失众，夜占大胜，有喜之兆。大抵此课，探来敌信息不明，须要谨始虑终，方保无虞。

作事谋始。春吉，四季平。

真一山人云：闭口逢人不可言，兵家说道片时间。深谋密觇勿轻举，临敌须详不等闲。

《无惑钤》云：满目财喜，不偿所费。昼虎临墓，闭口无畏。

《钤解》云：三传俱财，谓之传财太旺反财亏，是所偿不及所费。昼占白虎乘未，谓日墓，勿占病。但能得闭口谨言，则无畏矣。财神闭口，占病大凶。寅加巳，旦得朱雀，主口舌文书事，须至官方已。

乙巳日第五课

蒿矢　从革

玄 蛇 常 贵	蛇 青 贵 勾
酉 丑 申 子	酉 丑 申 子
丑 巳 子 乙	丑 巳 子 乙
官 己酉 玄	官 己酉 蛇
子 乙巳 青	子 乙巳 玄
财 癸丑 蛇	财 癸丑 青
蛇 朱 六 勾	青 空 白 常
丑 寅 卯 辰	丑 寅 卯 辰
贵子　巳青	勾子　巳玄
后亥　午空	六亥　午阴
戌 酉 申 未	戌 酉 申 未
阴 玄 常 白	朱 蛇 贵 后

《玉历钤》云：此课蒿矢带金，日鬼为用，旦暮玄蛇皆凶，凡占所事无成，病讼

凶，产生，行人至，逃盗必获。

《毕法》云：乙日见酉巳丑俱作日鬼，却生起干上子水，为乙之父母，反为吉助，贵神扶持。又与支上丑合，并传中为三六呼，万事喜逢三六合。但财逢闭口，惟求财不利，其有官事，先凶后吉。传鬼为生，乃合一忧一喜。

干上生日，支神克干神却合，三传俱克干。

课名蒿矢。主远事，虚惊不实，纵有成就，亦虚名虚利。但传见金局，谓蒿矢带金，则能伤人，其矢有镞，主蓦然有灾，可幸在第四课发用，为远射，凶势渐小，不能为害也。

《义》曰：祸中隐福，害里生恩。这般消息，可与谁论？世事即此，所贵守理。大家共叹，如斯而已。

《象》曰：死中求活活中死，逆顺功夫谁得此。好事时人叹倒地，苦尽甘来无物兹。

此神遥克日，蒿矢之卦，一曰从革。《经》云："神遥克日名蒿矢，射我虽端当不畏。贵人逆转子无良，天乙顺行臣不义。家有宾来不可容，亦忧西南口舌至。"盖神虽遥克，力弱难伤，不能为害，如折蒿为矢，凡占主始如雷吼惊恐，终却无事。三四课发用，谓远射，愈远愈小，渐渐消磨。此时有客，不可容纳，主小人口舌。凡事忧在西南，喜在西北，西北乾，天门也。占事人谋己，利主不利客，利后动，利小不利大，旦暮神将克日主凶。若带金，谓蒿矢有镞，能伤于人。传见金局从革，三合克日，谓之日鬼，见玄蛇，主盗失惊恐不宁之事。虽云先从而后革，却生起干上子水为父母爻，谓之传鬼化为父母。又与支上丑合，可取三六呼，利成合事，不利解脱，为合住难解故也。大凡占者遇此，再见支干六合，凡谋必遂，全无阻碍，亦有人于中相助成合。不见刑冲，不犯带煞深合，万事喜逢三六合。大抵此课，五行正气入于十干杂糅之乡，异方三合是生旺墓之神，事主丛杂不一，主关众谋，不然两三处干事，委曲托人与人相合之类。其象似推磨者，无休歇之象，一事去又一事来，来往不竭。虽然，凡占主变动，有革故鼎新。占求官先难后易，其官必成。见贵可见，求事允从。仕人差遣改易，常人道路门户不宁，或有阴人离别。求婚不成。求财逢闭口，求索不遂。凡谋望合伙可成。病主肺气不清，展转留根。再有求占，以前注明。

占出兵行师得此，主有遗失脱耗，军中防盗，夜占更主不宁，幸喜干上天乙，化凶为吉也。

谨始虑终。

真一山人云：鼎新革故事非轻，目下须知有大惊。难里生恩凶化吉，渐看极阴报阳春。

《无惑钤》云：末助初鬼，必赖蒿矢。俯丘仰仇，化合为美。

《钤解》云：丑土助起初传酉鬼，系蒿矢遥克，力弱不妨，况坐丑乘巳，俯丘仰仇也。然而酉丑合局，反为美也。《集议》：引鬼为生。夜占帘幕临干。财神闭口，占病大凶。发用丘仇，乘玄凶。局内天罡乘勾陈临申，主望远信，必有官吏人求官见贵，先难后易。一忧一惧。

乙巳日第六课

重审　四绝体

青 贵 空 蛇	后 勾 阴 六
未 子 午 亥	未 子 午 亥
子 巳 亥 乙	子 巳 亥 乙

子 丙午 空	子 丙午 阴
财 癸丑 后	财 癸丑 青
官 戊申 勾	官 戊申 贵

	贵 后 阴 玄		勾 青 空 白
	子 丑 寅 卯		子 丑 寅 卯
蛇亥	辰常	六亥	辰常
朱戌	巳白	朱戌	巳玄
	酉 申 未 午		酉 申 未 午
	六 勾 青 空		蛇 贵 后 阴

《玉历钤》云：此课日上亥水与丁暗合，制火为财，乃吉课也。凡占所求皆成，占病凶，讼可结，产将生，行人欲至，盗逃不获，出入更改如意。

《毕法》云：干上亥水生乙木，为初恩也，又初传生中，中生末，末传申金，却克日干，反成仇也，谓恩多仇深，凡事虽有面前之生，后却变出许多不美。

课名重审。子加巳、午加亥、卯加申、酉加寅，谓四绝体也，宜结绝旧事。但乙日禄绝，占官求爵禄不利，为士食廪禄不得，占病大凶，求举荐事，先喜后反仇怨。

干支上神俱生日，三传递生，末克日。

《义》曰：发用无力，渐渐有益。事成虽逢，乃曰大吉。自近及远，递相推荐。思掘隆盛，何愁迟慢？

《象》曰：迟迟春日满长空，无限光阴万汇丰。莫道图新难就事，管教渐立好家风。

此重审之卦，一曰绝体[①]。

《无惑钤》云：仕宦畏逢，常人免凶。夜休干贵，昼稍中庸。

《钤解》曰：此课申官入墓，午又克之，官鬼无制，所以常人无凶而仕宦最忌也。夜贵入墓，干之则怒；昼贵临绝，亦平常。主恩多怨深，非吉象也。又午加亥为极阴，主心多疑虑。

乙巳日第七课

反吟　知一

白 蛇 常 朱　　　　玄 六 常 朱
巳 亥 辰 戌　　　　巳 亥 辰 戌
亥 巳 戌 乙　　　　亥 巳 戌 乙

子 乙巳 白　　　　子 乙巳 玄
父 辛亥 蛇　　　　父 辛亥 六
子 乙巳 白　　　　子 乙巳 玄

蛇 贵 后 阴　　　　六 勾 青 空
亥 子 丑 寅　　　　亥 子 丑 寅
朱戌　　卯玄　　　朱戌　　卯白
六酉　　辰常　　　蛇酉　　辰常
申 未 午 巳　　　　申 未 午 巳
勾 青 空 白　　　　贵 后 阴 玄

此课初末巳火脱干，夜见玄武耗脱之神，所以昼夜皆防脱盗也。欲恃亥水为救，干上戌土克之，欺诈私约不免。巳亥为传，又主取索财物，改动迁移。神将凶，动亦

① 原抄本失下文。后《无惑钤》文字为整理者补入。

无益，又主重重惊恼，事带两途。从下起背逆分离，性无始终。

《无惑钤》云：昼夜防脱，亥水无着。夜被欺诈，奸私见约[1]。

乙巳日第八课

重审　孤辰　解离

夫妇芜淫各有私

玄朱阴六	白朱空蛇
卯戌寅酉	卯戌寅酉
戌巳酉乙	戌巳酉乙

兄　寅阴◎	兄　寅空◎
财丁未青⊙	财丁未后⊙
父壬子贵	父壬子勾

朱蛇贵后	朱六勾青
戌亥子丑	戌亥子丑
六酉　　寅阴	蛇酉　　寅空
勾申　　卯玄	贵申　　卯白
未午巳辰	未午巳辰
青空白常	后阴玄常

《曾门经》曰：日上见魁罡，名曰斩关，而传及功曹，其人必欲逃亡，当越关梁。魁罡为天关，功曹为天梁，后入天任，翳神光，参玉女，乘青龙，利以伏匿逃亡。此课天魁临巳，为踰天关；功曹为用，为越天梁；将得太阴，为入地户；中见小吉，为参玉女；将得青龙，为乘青龙；终得天一，为入天任，是居璇玑之中，为翳神光；华盖之下，六丁为天之使女，为左右。踰天关者，远行不可；登天梁者，高不可及；入地户者，隐于无形之域；乘青龙者，飞行万里之翼；翳神光者，为上帝之所育；参玉女者，为六丁之所福。

---

① 原抄本失脱此课，今少补。

《玉历钤》云：此课干鬼临干，天魁墓支，发用空亡，凡事不可用。

上神克日，辰上生日上。

课名重审。空亡用，凡占有虚无实，虽不免口舌阴私，亦不凶。

《义》曰：空上乘空，事无定踪。劳劳碌碌，何能成功？虽有侵害，幸逢解神。动不如静，假不如真。

《象》曰：年来赢得有虚名，求事谁怜未许成。稳坐蒲团消白昼，也无耻辱也无荣。

此重审之卦，一曰龙战，亦曰孤辰。夫重审者，重而审之也。利为主，利后动，长有厄，事从内起，起于女人。以下犯上，贱犯贵，卑犯尊，事不多顺。阴小在下者，有悖逆之事。占臣未忠，子失孝，事不可遂意而行，必当审察，循乎义理，庶几以免后患也。况龙战，主人心疑惑，进寸退尺，动有乖离之象。卯酉为天之私门，生杀有限，分杜有期，雷动龙奔，示其有战。且孤辰有茕茕孑立之象，占人别离桑梓，凡所占谋，多虚少实，功名难遂，事业虚花，僧道宜之，俗不宜也。上神克日，只利先讼，要有气，余不吉，病讼不利，常占为人所欺负，口舌不宁，事不遂意，故曰克身墓宅。昼将夹克，动意难已，凶里财获。占者遇之此课，发用无力。占谋望者，有声无实。占求官不遂。占见贵不和。占婚姻不和，勉强成之，终见反目。占求财难得，得而复失。远行不宜。投谒失和，假使相和，心中必猜忌。占暴病为善可禳，久病求医罔效。占失物难寻。逃亡自归，访于亲友可知。占讼不成。忧疑惊恐消散。

占出兵行师得此，忧失众心，昼占中止，夜亦如之。敌有使来，及所传闻，多虚少实，不可遽信。大抵此课，吉不成吉，而凶不成凶也。

变化不一。

真一山人云：功名富贵不须求，好向林泉乐自由。吉事消妄忧事散，醒时酌酒醉时讴。

《无惑钤》云：伤身墓宅，昼将夹克。动意难已，凶里财获。

《钤解》曰：酉克乙，戌墓巳，主身灾宅晦。三传昼占，俱系夹克。中传未乃丁神，课得斩关，其动自不能已矣。自干上酉迤逦下克，必至凶里获财。《集议》："三传互克众人欺"内列此日，为求财大获，尤宜成合万事，却不利父母并营作，占病死，兼此人多贪横发。"财遭夹克不由己"内列此日，为三传夹克。未乃丁财，因妻财而动。支上神生干上神作日鬼，不利干谒，求财有祸，说见"末助初兮三等论"内。酉乃乙木胎神，但非妻财，十月为生气，主婢妾有孕。解离，夫妇行年值此尤的。

乙巳日第九课

重审　从革　金局

众鬼虽彰全不畏

昼	夜
后 六 贵 勾	青 蛇 勾 贵
丑 酉 子 申	丑 酉 子 申
酉 巳 申 乙	酉 巳 申 乙

昼	夜
官 己酉 六	官 己酉 蛇
财 癸丑 后	财 癸丑 青
子 乙巳 白	子 乙巳 玄

昼			夜		
	六 朱 蛇 贵			蛇 朱 六 勾	
	酉 戌 亥 子			酉 戌 亥 子	
勾申		丑后	贵申		丑青
青未		寅阴	后未		寅空
	午 巳 辰 卯			午 巳 辰 卯	
	空 白 常 玄			阴 玄 常 白	

《玉历钤》云：此课日鬼发用，又得金局，惟求官有成，余占不可用。

《毕法》云：此日干与地支上神作六合，地支与日干上神作六合，谓之交车合。凡占家和人合，外人相助，尤宜成合一切事务，交关交易皆有喜也。

《毕法》又曰：此课三传金局，并来伤日，如用昼贵，凶不可遏。或用夜贵，反为福德。盖以初传酉金，上被螣蛇克制，下被巳火所贼，又被丑来墓覆，酉金全无气力，何能克干？干上申金，又为日德，能伏诸煞，善作诸福，此盖君子凡德行皆善而无亏缺，冥冥之中自获神佑。《易》曰“积善之家，必有余庆”，又曰“视履考祥，其旋元吉”，此之谓也。

上神克日，用克日，末克初。

课名重审、从革。化金克乙，号为聚鬼，逢秋则望，然亦难重谋，凡百谋事，利人不利己，利内不利外。所喜夜贵，申加日，用神与日交又合，申为暮贵，改更久久有益。

《义》曰：艰难阻滞，众人欺负。动往失利，私欲蔽固。男诱于女，丑声播起。防范奸恶，勿用娶女。

《象》曰：此课占凶未可当，淫风惊恐就中藏。求官虽有多劳碌，从革由来改变常。

此重审之卦，一曰从革，亦曰天网，又曰泆女。夫重审者，重而审之也。利为主，利后动，长有厄，事从内起，起于女人。以下犯上，贱犯贵，卑犯尊，事多不顺。阴小在下者，有悖逆之事。占臣未忠，子失孝，事不可遂意而行，必当审察，循乎义理，庶几以免后患也。传见从革也，凡事阻隔，有气则隔而进益，无气则革而退失。一曰兵革，一曰金铁。大抵五行正气入十干杂糅之乡，异方三合乃生旺墓之神，事主丛杂不一，主关众人共谋，不然两三处干事，委曲托人与人相合之类。《经》云“天网四张，万物被伤”，为阻滞，为疑难，为灾恼。天后常为厌翳神，须知六合是私门。二将取名称泆女，夫妻失友异情恩。泆女乃不正之象。占者遇之此课，六合不合，公私消铄。占求官迟。占见贵难。占婚姻丑声。谋望未遂。占求财不宜。占病凶危。事多更改。公讼不利。忧疑消散迟。

占出兵行师得此，多见阻隔，艰难不顺，彼众我寡，彼强我弱。使来所言，不可信。此课最不宜用兵，若不得已而用之，全在为将者动谋异众而致胜也。谨之！谨也！

秋吉，冬平。

真一山人云：病伤筋骨肺劳侵，说与时人少用心。好向穹苍行善事，免教祸患一临身。

《无惑钤》云：交合虽逢，鲜克有终。夜占散祸，昼占还凶。

《钤解》曰：巳与申合，酉与辰合，但申酉比而为鬼，鲜能有终也。虽初合美，而后生恶意。夜占天将俱水，盗窃三传金气，以生日干，祸自消散。昼占纯金，带虎克日，所以凶而愈凶也。《集议》：“众鬼虽彰全不畏”内有此日例，谓夜占又为贵德临身，消除万祸。此课金局来伤日干，如用昼贵，凶不可遏。若用夜贵，反为吉课。缘初传酉金，上为蛇伤，下为巳克，又被中传丑墓，末传巳克，全金无力克干，纵然干上申金作虎，系是贵人，又为日德临身，能伏诸煞。昼贵作鬼临身，占病必神祇为祟，不可作鬼祟。“传财化鬼财休觅”内有此日课，宜以财告贵，纳粟得官，用财求进却宜。昼占帘幕临干。鬼入墓。助桀为虐，递生日鬼。

乙巳日第十课

知一　励德　游子　稼穑　闭口

蛇勾朱青　　玄贵阴蛇
亥申戌未　　亥申戌未
申巳未乙　　申巳未乙

财 丁未 青　　财 丁未 蛇
财 庚戌 朱　　财 庚戌 阴
财 癸丑 后　　财 癸丑 白

勾六朱蛇　　　贵后阴玄
申酉戌亥　　　申酉戌亥
青未　　子贵　　蛇未　　子常
空午　　丑后　　朱午　　丑白
巳辰卯寅　　　巳辰卯寅
白常玄阴　　　六勾青空

《灵辖经》曰：用传皆四季，中有丁神，名曰游子。谓四季与旬中六丁使者并，及乘天马，其人若不远行，必欲逃亡。传出阳者将远行，传入阴者将欲伏藏。此课小吉临乙，为旬中六丁，使者为用，三月天马在戌，中传得天魁，是谓传出阳神，将得朱雀，法忧文字口舌，将欲远行也。

《心镜》云：四季三传有六丁，不然天马又相并。占身欲出名游子，逃者天涯地角停。乙巳午时三月课，用神小吉未为丁。中见天魁是天马，终于大吉例斯成。若值墓神并煞害，恐有冤家来逼刑。

《玉历钤》云：此课一木三土，又是土神临日，气象不振，凡占不可用。

《毕法》云：未加乙，乃墓神覆日，夜占又在四月，则为月厌、飞廉、大煞、天目，又乘旬内丁神，是为至怪至动至凶至暗之象。凡占妖孽迭兴，晦昧日覆身，如中流，凡事如风内逢[1]，祸患之来，斯亦至矣，常人则悔过祷神，其祸斯免。故曰：天道祸淫，不加悔罪之人，为悔则善必生，故可免。惟君子见理明白，存心中正，则阳光盛大，阴精邪魅，不敢干矣。

日克上神，日上生辰上，日克用，日克三传。

课名知一、游子、稼穑。乙日三土皆财，墓覆日，申为绝临支，凡谋事，有止绝而无进。然三传皆财，生助宅上日鬼，若得年命神制之，可免祸。四季皆见天喜也。

《义》曰：昏昧不明，幸赖冲刑。吉凶相伴，惟善可并。临财退省，贪致祸生。若占父母，灾害匪轻。

《象》曰：力柔荷重不相当，又恐妻强虑有妨。命年见舍尤未美，因财致祸岂寻常。

此知一之卦，一曰游子、稼穑。夫知一者，知一而不能知两，知者以为自知、自见，不知为寇仇，故言知一也。以此为用，舍远就近，舍疏就亲，恩中生害，事多起于同类，凡事狐疑，事贵和同乃吉。况稼穑乃重土者，艰难之象，常占名曰鲸鲵归涧，凡事逼迫不由己，出若遇雷神，亦能变化。《要》曰：稼穑者，五坟也，不宜占病。《经》曰："知一卦如何？用神今日比。事因同类起，婚姻失谐为。失物亲邻取，逃亡不远离。论讼和允好，为事尚狐疑。"墓神覆日愦难通，四十九日身昏蒙。夫墓者，五行潜伏之地，四时衰败气绝之乡，传墓不吉，逢墓即止，所赖刑冲破墓，晦中有明也。占者遇之此课，占求官未遂，宜守正待时而行，若或躁妄，徒生不足。见贵相和，美中未美。占求财无益，财多反生悔吝。占婚姻，强成则夫妻欠和，或相忌怨。占病者昏困，凶，宜作福善为。占远行未顺。讼不吉，宜相和。常占家长不安。占逃亡自归，访于亲友可得。

占出兵行师得此，昼占吉，夜占惊忧。大抵三传刑冲，有战斗之象，亦不宜用兵，忌贪中致怨，宜临机消息。谨之！谨之！

春冬吉。

真一山人云：功名未遂待时来，知者须先莫爱财。求事始终见吉破，破财为福免生灾。

《无惑钤》云：拿钱鬼随，纳粟偏宜。欲求平善，请祷神祇。

《钤解》曰：三传皆财，生起支上申鬼，祸由宅中而出，得年命上神制之，庶免其害，若取财归家，鬼必随也。申乃日鬼，旦占以财求官，或纳粟，或买恩泽补受，可必得之；有官人夜占，宜以财告贵，必得升转。占病欲求平善，当修功德以安慰宅神，庶得免害。《集议》："传财化鬼财休觅"有此日例。"恃强凌弱"说见本日第四课。"鬼

---

① 疑此句有讹，俟高明斧正。

乘天乙乃神祇”内列此日，临日为神祇，不可作鬼祟，临支必是家堂神像不肃而致病患。昼占帘幕临支。“金日逢丁灾祸动”内有此日例，谓若四月占，未乃月厌、大煞、天目、墓神、丁神并临本身，凡占至怪至凶。未乃丁财，或因妻财而动。夜贵作日鬼入宅，占病必家堂神像不肃，宜修功德安慰免咎。

乙巳日第十一课

重审　涉三渊

脱上逢脱防虚诈　二贵受克难干贵

六 青 勾 空	后 蛇 贵 朱
酉 未 申 午	酉 未 申 午
未 巳 午 乙	未 巳 午 乙
官 戊申 勾	官 戊申 贵
财 庚戌 朱	财 庚戌 阴
父 壬子 贵	父 壬子 常
青 勾 六 朱	蛇 贵 后 阴
未 申 酉 戌	未 申 酉 戌
空午　　　亥蛇	朱午　　　亥玄
白巳　　　子贵	六巳　　　子常
辰 卯 寅 丑	辰 卯 寅 丑
常 玄 阴 后	勾 青 空 白

《玉历钤》云：此课申金德神为用，不宜临午，谓之坏德，吉反为凶之象，凡占所事无成。

上神盗日，日上生辰上，用克日，日上克用。

课名重审。干墓加支，日辰上神，午来作合。德神申发用，午来伤之，吉或变凶。所幸终始皆天乙，必有贵人扶持之力。

《义》曰：干支俱脱，彼此耗弱。谋事艰辛，动往喜合。涉渊见阻，灾凶相忤。勾留不伸，阻抑失辅。

《象》曰：申戌子兮涉三渊，难中生易妙中玄。勾留间隔迟疑就，君子知微待自然。

此重审之卦，一曰天网。夫重审者，重而审之也。利为主，利后动，长有厄，事从内起，起于女人。以下犯上，贱犯贵，卑犯尊，事多不顺。阴小在下者，有悖逆之事。占臣未忠，子失孝，事不可遂意而行，必当审察，循乎义理，庶几以免后患也。夫天网者，即天网四张也，《经》曰“天网四张，万物被伤”，为阻滞，为疑难，为灾恼。申戌子，涉三渊也，进间传，进中有间阻之象，凡占未顺。日生上神，虚费百出，谋望不遂，失盗损财，人口衰残，休囚尤重，又为子孙脱漏之事。又被天空脱之，虚耗之尤甚者也。占者遇之此课，占求官见贵难，乃两贵受克难干贵，必贵怒不能成就。占事必被贵人阻抑，在任者多差使委托，事且无成。占婚姻合。占财轻。占病凶中有救，宅暗人衰，夜占神祇为祸，有神愿。谋望、主客、投谒虽合，彼此防有盗脱。占远行有阻。行人未至。公讼宜和。逃亡自归，宜访亲友。其他所占，百事未见勾留迟滞、曲而不伸之象，或有两头干事之心。

占出兵兴师得此，昼占防战士有伤，夜占开地千里，但未免彼此脱耗不足，有心无力，可以讲和，宜消息见之也。

难中变易。

真一山人云：宾主相忻气力疲，谁怜人宅耗相随。丈夫自是知天命，一志忠诚不苟移。

《无惑钤》云：两贵虽值，俱不可恃。费用迭兴，徙居廻避。

《钤解》曰：昼贵入狱，夜贵受克，不可依恃。传中虽值，亦何益之有？干支皆被上神所脱，费耗多端。宅脱人气，宅旺人衰，且墓覆昏昧，宜急迁徙。《集议》：“人宅受克俱招盗”内列此日，谓占身必被人脱赚，占宅必被人盗窃财物，占病定缘起盖宅屋费用，而心气脱弱，遂成虚惫，宜服补元气药饵获愈。脱上逢脱。涉三渊：“欲动不动涉三渊，申戌子兮在目前。进退艰难还万状，对面言之是隔年。”空上逢空事莫追，以午为脱空神。

乙巳日第十二课

弹射　进茹　不备

前后逼迫难进退

白空空青　　蛇朱朱六
未午午巳　　未午午巳
午巳巳乙　　午巳巳乙

财丁未白　　财丁未蛇
官戊申常　　官戊申贵
官己酉玄　　官己酉后

空白常玄　　朱蛇贵后
午未申酉　　午未申酉
青巳　戌阴　　六巳　戌阴
勾辰　亥后　　勾辰　亥玄
卯寅丑子　　卯寅丑子
六朱蛇贵　　青空白常

《玉历钤》云：此课申酉皆为日鬼，有八分之凶，幸得日辰之上巳午制之，凶化为吉，凡占先难后易，先否后通之象。

上神盗日，日克用，日上生用。

课名弹射、进茹、阳不备。辰加卯为进茹，而实退，凡占止而复止，终无大利。幸申酉金虽为日鬼，日辰上有巳午火制之，中末与日辰合，辰来就日，终有和合。

《义》曰：一阳二阴，不可问婚。所可忧者，中末传金。仕宦可利，不宜常人。蓦然惊恐，为善谆谆。

《象》曰：户大家虚心力疲，存心定意有谁知？皇天每及善人福，须待春花发旧枝。

此弹射之课。夫弹射，乃日克神之谓。《经》云："日往克神名弹射，纵饶得中还无力。贵人逆转子无良，天乙顺行臣不义。家有宾来不可容，亦忧口舌西南至。"然事主动摇，人情倒置，更主蓦然有灾，求事难成，祸福俱轻，忧事立散，祸从内起。利客不利主，利先不利后。占人不来，访人不见，不利占讼。弹射无力，不可用事，虽凶无畏。此课传见土金之神，泥弹而化金石也，乃为有力。日生上神，虚费百出，谋望不遂，盗失损财，人口衰残，休囚尤重，又为子孙脱漏之事。未申酉，进连茹也，凡事进中有退，欲行不行，欲止不止，根苗不断，旧事从新。千里行人，有还乡之念。支来求食于干，谓之求就，所用偃蹇，终不济事，及费己之财力。占者遇之此课，前进畏弹石而有伤，后退陷脱漏而有损，正如羝羊触藩，惟正静以守，不可躁率轻动。

占求官，有成迟就。占见贵徒然，勉强如成，必至耗困。占病者凶重。惟仕宦有兵权之用，乃白虎之登山也。求财难得，宜远年旧日之财。远行难动。行人有待。逃亡拒捕难获。

占出兵行师得此，昼夜俱畏，非用兵之课。若不得已而用之，贵在将之谋勇而致胜，不可轻忽。谨之！谨也！

夏吉，秋平。

真一山人云：古人百忍不生嗔，到此须教认理真。治乱兴亡千万世，静看积善福循循。

《无惑钤》云：泥丸化石，射之有力。止宜守旧，前迫后逼。

《钤解》曰：未土为弹，乘虎传金，是泥弹化石，射必有力。若取此惊危之财，因而引入鬼乡，为祸不浅。况退而逢空，进而被脱，前后逼迫矣。不如且守干上巳火之脱，以受虚耗之困穷而已。《集议》：未虎发用，占病腰痛。"前后逼迫难进退"内列此日。未乃丁财，或因妻财而动。射虎伤人："猛虎来伤害，张弓免祸殃。心忙手未稳，却把别人伤。"蛇虎克日，俱同吉中有凶之象，余准此。两贵不协，变成妒忌，申加未，子加亥，互换作六害。一路淹留，干上巳，此支脱干，况第二课并支上，又见午火，乙木尚不自揣，犹且克午上未土，未土作初传，大旺有力，乙木不能克，反被未墓，且引入申绝上。其乙木淹留，不可言。未免退居卯上就禄，卯又空亡，乙不胜其苦。

丙午日

丙午日第一课

伏吟自任　玄胎　不结果

白	白	空	空		六	六	勾	勾
午	午	巳	巳		午	午	巳	巳
午	午	巳	丙		午	午	巳	丙

兄 乙巳 空　　　兄 乙巳 勾
财 戊申 玄　　　财 戊申 蛇
父 　寅 六 ◎⊙　　父 　寅 白 ◎⊙

空白常玄　　　勾六朱蛇
巳午未申　　　巳午未申
青辰　酉阴　　青辰　酉贵
勾卯　戌后　　空卯　戌后
寅丑子亥　　　寅丑子亥
六朱蛇贵　　　白常玄阴

《玉历钤》云：此课伏吟，三传不凶，虽禄为发用，乃有勾陈、天空凶神，占事劫凶不可用。

上神德日。

课名伏吟。诸神不动。德禄发用，中马末生，宜安静。若有谋望，终不如始，以寅为末空也。

《义》曰：有禄有马，官爵高迁。末传逢空，人未纯全。天空到巳，哀声嘹唳。若是夜占，勾留迟滞。

《象》曰：久病人身见马凶，于中有救末逢空。始如花锦争相看，终若浮华西复东。

此自任之卦，一曰玄胎。夫自任者，乃天地伏吟，十二神各归本家，天地如一，四伏未发之象。占事静则宜，动则滞，主事藏匿不动，静中求劳，有屈而不伸之象。况玄胎如婴儿隐伏之状，利上不利下，事主远而多伏，暗昧不通，触则成祸，惟君子守正修德则亨。《经》曰："任信伏吟神，行人立至门。失物家内盗，逃者隐乡邻。病合难言语，占胎聋哑人。访人藏不出，行者却回轮。"此旺禄临身徒妄作。占者遇之此课，占求官见贵吉，但畏夫始终不一，若在寅木年月方可，须正静以待之。占婚姻不宜，恐难成。其他求财虽有，亦未准也。暴病即瘥，久病得此凶重。《百章》云："久病人身怕见马，煞名驮尸归地下。"凶则凶矣，所赖传入空乡，凶中隐吉，此害里生恩也。占远行迟滞。占所望人，刚日伏吟顺传，征途有归欢之象。夜占励德，大吏升迁，小吏迍，宅不安，身不宁。又谓之关格不通。占逃亡自归，宜向亲友家访问可得。

占出兵行师得此不宜，昼占多欺诈毁谮，夜占有折伤之不吉。大抵此课，凡百占谋，吉凶之事，皆有始而无终，惟宜散忧释事也。

始终勤怠。

真一山人云：谋望成中不足奇，这般消息几人知？忧疑患难逢为福，莫后更新又问谁？

《无惑钤》云：禄财及生，昼占无成。始如补锦，后若浮萍。

《钤解》曰：申财乘玄，巳禄乘空，寅生空亡，昼占俱无成也。始而观之，如花上之锦，继其终如浮萍之无根蒂，而飘荡之不定也。《集议》："宾主不投刑在上"内谓此三刑入传，未免无恩之意，凡占恩反怨也。丙午俱火，绝于亥。《启奥百章歌》云："支干穷处官鬼游，病者占来百不周。家无担石堪忧虑，体有沉疴又有愁。"亥乃支干官鬼，绝为穷处也。

丙午日第二课

元首　退茹　斩关　不备

脚踏空亡进用宜　空空如也事休追　权摄不正禄临支

青空勾青　　青勾空青
辰巳卯辰　　辰巳卯辰
巳午辰丙　　巳午辰丙

父	卯	勾◎	父	卯	空◎
父	寅	六◎⊙	父	寅	白◎⊙
子	癸丑	朱⊙	子	癸丑	常⊙

	青	空	白	常			青	勾	六	朱	
	辰	巳	午	未			辰	巳	午	未	
勾	卯			申	玄	空	卯			申	蛇
六	寅			酉	阴	白	寅			酉	贵
	丑	子	亥	戌			丑	子	亥	戌	
	朱	蛇	贵	后			常	玄	阴	后	

《玉历钤》云：此课三传俱空亡，凡事虚声无实，闻忧不忧，闻喜不喜。

《毕法》云：此课三传虽生日，却是空亡，连茹而退后既空，须努力前进，勿恋虚生也。若占病，谓之寻死格，占父母病死尤急，占子息病则无妨。占讼理亏，必上人不主张，言生我者空故也。

上神盗日，辰上生日上，用克日上，初克末。

课名元首、退茹。日往加辰，干众，不由己，反复，但卯寅十分空亡，终成虚声，凡占宜屈己下人，然亦凶吉无成，须待出旬别谋。

《义》曰：着力向前，财禄绵绵。若还退步，陷入忧愆。守旧耗费，进步受惠。三传空空，无可凭据。

《象》曰：更新退步事堪夸，阳少阴多又可嗟。最忌占婚及男女，家门严谨著声华。

此元首之卦，一曰寡宿。夫元首者，尊制卑，贵役贱之象。凡事多顺，利于先举，事多起于男子。为臣忠，为子孝，正大光明而无邪僻之行，德业已著而乾乾进修，常怀威惧，惕励而无咎也。传见寡宿孤辰，值此尤妨骨肉。占身得此，主见孤独，别离乡井，自立门户，财物虚耗，僧道宜之，俗不宜也。卯寅丑，退连茹也，退中有进，进中有退，欲行不行，欲止不止，节外生枝，根苗不断，旧事从新。况不备芜淫，闺门乎宜慎。日生上神，虚费百出，谋望不遂，失盗损财，人口衰残，休囚尤重，又为子孙脱漏之事。占者遇之此课，占求官见贵，有声无实，努力前进，自有余福。占婚占财，捕风捉影。占谋望者，徒劳志意。占交易者，未得如心。如占暴病得之，无不吉利；久病逢之，定见凶迍。

占出兵行师得此，忧失众之象。所闻传事，十无一真。昼占虽忧战士有伤，又喜传中有解，夜占虚诈，理之必然。若初闻声息，未可遽动，多是虚声，否则不久自散。敌使之来，所言勿听信也。大抵此课，凡百占谋，不能成事，却能散事，惊忧自解也。

无可凭据。春利。

真一山人云：有声无实是空亡，静里工夫自酌量。万事转头声过耳，不知何事遂衷肠。

《无惑钤》云：脚踏空亡，休恋生方。向前一步，食禄荣昌。

《钤解》曰：三传俱皆空亡，若恋其生而退，则脚踏空陷，凶不可言也。丙禄在巳，巳入午宫，稍进一步，则享禄荣昌矣。《集议》："脚踏空亡进用宜"内有此日例，若占病，名寻死格，占父母病死尤急，占子息病无畏，占词讼理亏，必上人不主张，缘生我者空亡故也。此例论如背后有三处陷井，岂宜退乎？若退则脚下踏坑，必陷其身，凡占宜催督。禄临支。

丙午日第三课

重审　斩关　极阴

六 青 朱 勾　　　青 白 勾 空
寅 辰 丑 卯　　　寅 辰 丑 卯
辰 午 卯 丙　　　辰 午 卯 丙

子 癸丑 朱 ⊙　　子 癸丑 勾 ⊙
官 辛亥 贵　　　官 辛亥 朱
财 己酉 阴　　　财 己酉 贵

勾 青 空 白　　　空 白 常 玄
卯 辰 巳 午　　　卯 辰 巳 午
六寅　　未常　　青寅　　未阴
朱丑　　申玄　　勾丑　　申后
子 亥 戌 酉　　　子 亥 戌 酉
蛇 贵 后 阴　　　六 朱 蛇 贵

《玉历钤》云：此课丙日，得酉丑金局为财，兼天乙为吉，朱勾不凶，凡占所求，颇有成遂。

《毕法》云：此课干上卯与支上辰作六害，凡占各相猜忌，互有恶意。但干上卯空，是我害人，有名无实；支上神却不空，则人之害我实，被其毒也。

上课生日，日上克辰上，日上克用。

课名重审、斩关、杜塞、间传。用丑，卯空亡之上，谓之漏底空亡，出入有碍，所恃有两贵人在后，有扶持之喜，不为凶也。

《义》曰：空来助力，仲春方吉。过此之时，更变不一。忠孝成仁，福禄自臻。有些未顺，莫怨乎人。

《象》曰：未遇风云且待时，莫劳心志若焦思。春风二月间桃李，无限繁华景物奇。

此重审之卦，一曰龙战。夫重审者，重而审之也。利为主，利后动，长有厄，事从内起，起于女人。以下犯上，贱犯贵，卑犯尊，事多不顺。阴小在下者，有悖逆之事。占臣未忠，子失孝，事不可遂意而行，必当审察，循乎义理，庶几以免后患也。况龙战，主人心疑惑，进寸退尺，动有乖离之象。卯酉为天之私门，生杀有限，分杜有期，雷动龙奔，示其有战。抬土当门，凡事有阻。丑亥酉，卦名极阴，利暗而不利明。一云退间传，退而有间隔之象。上神生日，所谋百事吉，运用如意，遇灾不凶，逢吉愈吉。若当季神生日，主声名显达，岁命生日者，尤为福吉。占者遇之此课，占求官见贵，空脱不和，彼此事难克济。占婚姻不宜。占求财未遂。暴病得之，危中有救；久病逢之可畏。占远行未利。投谒无功。占谋望失利。占公讼有解。忧疑消散。闻事不实。余占目下未能准成，必要守正待时，春二月内上门相助也。

占出兵行师，忧失众心，昼占口舌，夜占不利，亦无大害也。大抵此课，闻忧不忧，闻喜不喜，事多不准，由空脱之谓也。

好木无根。二月吉。

真一山人云：抬土当门欲阻行，文书口舌更相并。忧疑散释浑无事，欲问其他未许成。

《无惑钤》云：生空变败，与辰六害。夜贵惠财，昼贵难赖。

《钤解》曰：卯空为生，火败于卯，又与支上辰为六害也。夜贵酉金为财，夜占得贵人之惠也。昼贵坐丑受克，自救不暇，何可倚赖？《集议》："昼夜贵加求两贵"内有此日，又谓宜暗求关节。上神六害。

丙午日第四课

蒿矢　闭口　三交不交

费有余而得不足

蛇勾贵六	六空朱青
子卯亥寅	子卯亥寅
卯午寅丙	卯午寅丙

官 壬子 蛇 ⊙	官 壬子 六 ⊙
财 己酉 阴	财 己酉 贵
兄 丙午 白	兄 丙午 玄

	六勾青空			青空白常	
	寅卯辰巳			寅卯辰巳	
朱丑		午白	勾丑		午玄
蛇子		未常	六子		未阴
	亥戌酉申			亥戌酉申	
	贵后阴玄			朱蛇贵后	

《玉历钤》云：此课蒿矢，日辰上神空亡，皆虚声无实，春夏平过，秋冬为凶，凡占不可用。

《龙首经》曰：凡占不审官属善恶忠逆，要日辰上阴神得吉将，旺相上下相生，与日辰上神不克，则属下忠爱，可以寄托也。今此课功曹临丙遇六合，太冲午上遇勾陈，功曹阴上神得登明，上遇天乙，太冲阴上神得神后，上遇螣蛇，皆上下相生，其二阴神又遥生阳神。天乙六合，吉神也，勾陈螣蛇，凶神也，虽有吉凶相半，却得有上下相生，主属下生爱于上，尽心办事，内有不纯之人，亦不敢为恶也。

《毕法》云：此课干上见寅，支上见卯，是为全生，却乃俱作空亡。第二、第四课又为全鬼，中传虽为财神，临于脱气之上，得之不足，而费之有余。又云：四课无形，事不出名。纵然出名，也是虚声。

上神生日，用克日。

课名蒿矢、三交。支干上皆空亡，人孤宅虚，凡占指空，隔手难成，凶吉皆不见也。

《义》曰：四课无根，号曰消魂。夜占遇此，无路可奔。惟有阴德，方免此厄。谋事难成，变更阻节。

《象》曰：三交到此不三交，莫把财豪谒富豪。春水江头无限兴，任教浊酒醉酕醄。

此蒿矢之卦，一曰三交，亦曰龙战，又曰天网。《经》云："神遥克日名蒿矢，射我虽端当不畏。贵人逆转子无良，天乙顺行臣不义。家有宾来不可容，亦忧口舌西南至。"盖事主动摇，人情倒置，象如以蒿为矢，射虽中而不入，祸福俱轻，求事难成，利主不利客。占行人未来，访人难见。若带金煞，亦能伤人，主蓦然有灾。传见三交，前不能进，后不能退，交加其象，家匿阴私，或欲逃隐避，凡事失节阻破，谋事被人阻碍，不能成合。况龙战，主人心疑惑，进寸退尺，动有乖离之象。卯酉为天之私门，生杀有限，分杜有期，雷动龙奔，示其有战。《经》云"天网四张，万物被伤"，为阻滞，为疑难，为灾恼。若十二月将占，为天烦卦，男子年命在卯，抵之大凶。上神生日，所谋百事吉，运用如意，遇灾不凶，逢吉愈吉。若当季神生日，主声名显达，岁命生日者尤吉。若此课，又为有声而无实也。占者遇之此课，春占事稍有可望，其他时节，占谋百事，皆为有影无形。占成事未见有成，占忧事终见解散。

占出兵行师，忧失众、虚惊。若敌使之来，言不可遽信。若能相机，多见相和退散也。

待时。春利。

真一山人云：好恶难成不足疑，知机回首更称奇。而今形影俱无迹，散却忧愁却自知。

《无惑钤》云：四课无形，生而不生。遥克陷空，好恶无成。

《钤解》曰：寅卯旬空，亥子落空，四课无形也。寅乃长生，既空则不能生矣。子乃遥克，陷于空乡，为漏底空亡，吉凶皆随空散，好恶皆无成也。《集议》："费有余而得不足"内有此日例，谓干支上神虽生，却是空亡，第二、第四，俱是鬼贼。"空空如也事休追"内列此日，谓四课无名，事不出名，纵然出名，也是虚声。"空上逢空"内谓遥克坐空，凡占皆虚无也。诗曰："四课三传有空亡，吉凶无成皆不当。君子得之虚举意，小人遇此事干忙。"互生皆空。

丙午日第五课

重审　炎上　励德

后 六 阴 朱	蛇 青 贵 勾
戌 寅 酉 丑	戌 寅 酉 丑
寅 午 丑 丙	寅 午 丑 丙

子 庚戌 后☉	子 庚戌 蛇☉
兄 丙午 白	兄 丙午 玄
父 　寅 六◎	父 　寅 青◎

朱 六 勾 青	勾 青 空 白
丑 寅 卯 辰	丑 寅 卯 辰
蛇子　　巳空	六子　　巳常
贵亥　　午白	朱亥　　午玄
戌 酉 申 未	戌 酉 申 未
后 阴 玄 常	蛇 贵 后 阴

《玉历钤》云：此课日墓神为用，自墓传生，凶变为吉也。凡占百事，先暗昧费力，而后有成。

《毕法》云：此课初传戌为午墓，坐于寅上，为火长生之地，末传得之，是为自墓传生，先暗后明之象。占者始虽艰窘，终却光亨，先虽暗昧，后乃明显。诗云“出自幽谷，迁于乔木”，此之谓也。

上神盗日，辰上克日上，末克初。

此课名重审、炎上。用墓传生，夏生旺，相干重谋必遂，失时费力艰难，凡占先阻后成。两贵就合，三传有气，趋附贵人，必致远。蛇虎虽生有忧，然末见空亡，其忧自解，但空亡事无终耳。

《义》曰：身旺为奇，官禄不宜。得而复失，变更相随。后合丑声，婚姻不明。忧事消散，美事不成。

《象》曰：传来炎上又逢空，夏月占之妻妾凶。冬遇门庭烦乱扰，阴私暗昧不从容。

此重审之卦，一曰泆女，又曰炎上。夫重审者，重而审之也。利为主，利后动，长有厄，事从内起，起于女人。以下犯上，贱犯贵，卑犯尊，事多不顺。阴小在下者，有悖逆之事。占臣未忠，子失孝，事不遂意而行，必当审察，循乎义理，庶几以免后患也。夫泆女乃不正之象，阴私邪淫，占男女有阴私暗昧之理，占家宅宜谨闺门，以防阴小越礼，惟能以礼自防者可化之。日生上神，虚费百出，谋望不遂，盗失损财，人口衰残，休囚尤重。且炎上，为日，象君，事主多虚少实。戌加寅，以墓临生，谓火以明为主，虚则生明，实则生暗，是反其体也。占明事反为暗昧，亦主枉图不遂。占人性刚急，卜天晴明。此课在夏占，不宜求财、问婚，占病亦不宜也。凡占百事，亦恐成事中防有不足者，恩中生怨也。占者遇之此课，占求官见贵，未足为奇。占婚姻不宜。占逃亡可获。占病讼，凶中有吉。占忧惊危险，得为福庆。

占出兵行师，昼占无威，夜占惊忧。大抵此课，占成事未能，占忧事未足忧，闻事不实，有始无终之象。

真一山人云：对面人心未可知，合中隐煞蜜中砒。谁怜恩里翻成怨，惟有高明识见机。

《无惑钤》云：自墓传生，遁甲戊庚。得意浓处，掉臂先行。

《钤解》曰：戌，丙墓，丙火生于寅，初墓末生，先迷后醒也。以五子元遁，则戊戌、甲午、庚寅为三奇，仕宦最宜。三合相会，而丑午相害，如蜜中有砒，当于得意契合之处，不可久恋，即当知止而掉臂长往，遂脱暗伤之患矣。《集议》："尊崇传内遇三奇"内列此日，谓此为元遁。难变易，凡占先暗后明。"合中犯煞蜜中砒"内谓：丑丙、寅午，干支上互为六害。歌云："三合犯煞少人知，惟防好里定相欺。笑里有刀谁会得，事将成合失便宜。"交互六害，我先立意害他，殊不知他已辨己意，而相害我也。

丙午日第六课

知一　天网　不结果

众鬼虽彰全不畏　三传互克众人欺

玄 朱 常 蛇　　　　后 勾 阴 六
申 丑 未 子　　　　申 丑 未 子
丑 午 子 丙　　　　丑 午 子 丙

官 壬子 蛇	官 壬子 六
子 丁未 常	子 丁未 阴
父 寅 六◎	父 寅 青◎

蛇朱六勾	六勾青空
子丑寅卯	子丑寅卯
贵亥　　辰青	朱亥　　辰白
后戌　　巳空	蛇戌　　巳常
酉申未午	酉申未午
阴玄常白	贵后阴玄

《玉历钤》云：此课日鬼加日为用，三传递克，蛇合为凶。凡占百事，皆不可用。

《毕法》云：此课干上子为初传，虽为日鬼，却生末传寅木，为日干丙火长生，以是不畏鬼水，是名引鬼为生，占者未免先凶后吉。

上神克日，辰上克日上，用克日。

课名知一。只宜结绝旧事，可以扶贵为助，若谋新事，则艰难费力而不足矣。末传空亡，凶吉从空而散。日上子丑作合，吉。

《义》曰：用神内战，美中防患。干支和合，空亡末见。隔七隔八，又逢四绝。惊恐相干，虚名狡猾。

《象》曰：鼠头虎尾喜相生，岁月逢寅事有成。只恐此时难遂意，也须作善答神明。

此知一之卦，一曰天网。夫知一者，知一而不能知两。知者以为自知、自见，不知为寇仇，故言知一也。以此为用，舍远就近，舍疏就亲，恩中生害，事多起于同类，凡事狐疑，事贵和同乃吉。夫天网四张，万物被伤，为阻滞，为疑难，为灾恼。《经》云："知一卦何如？用神今日比。事因同类起，婚姻失谐为。失物亲邻取，逃亡不远离。论讼和允好，为事尚狐疑。"上神克日，只利先讼，要有气，余不吉，病讼畏，常占为人所欺负，惊恐未宁。占者遇之此课，求官见贵者，和而未和，成而未成。占婚姻喜美，难保始终。占求财难得。占谋望者难为。占病者，先凶后吉。占远行，惊疑不宁，终不为害。占宅不利，口舌勾留。失脱难得。四绝课，惟宜了绝旧事，不可图新。《经》曰：四绝了旧莫图新，主事了、人来、信至。占讼，难中有解。逃亡有畏，而不敢归。

占出兵行师得此，昼占忧心众畏，夜占乃宜得金宝美利。大抵此课，发用传中战克，事多不顺，所幸始终相生，传入空乡，吉不成吉，而凶不成凶也。

末后宜着力。正月吉。

真一山人云：清风既得两相和，顺水推船漾绿波。只恐艄公不着力，一番风雨又消磨。

《无惑钤》云：三传外战，昼占灾患。告贵徒然，交关眷恋。

《钤解》曰：三传俱上克下，为外战。昼占子乘螣蛇作鬼，灾殄难免。昼贵入狱不喜，告亦徒然也。干支上下，子丑巳午相近，春占却宜，交关生理也。《集议》："众鬼虽彰全不畏"内有此日例，谓引鬼为生，盖干上子水作初传，虽为日鬼，却生末传寅木，为丙火长生，亦赖宅上丑土为救，反不畏干上子水。乃谓引鬼为生，又得宅上丑土为救。墓门则开，又为外丧。《毕法》以此亦作"狐假虎威"，谓巳中有戊喻虎。两贵相协。子乃丙火胎神，但非妻财，正月为生气，主婢妾有孕。

丙午日第七课

反吟　三交

夫妇芜淫各有私

青 后 空 贵	玄 六 常 朱
午 子 巳 亥	午 子 巳 亥
子 午 亥 丙	子 午 亥 丙
兄 丙午 青	兄 丙午 玄
官 壬子 后	官 壬子 六
兄 丙午 青	兄 丙午 玄
贵 后 阴 玄	朱 六 勾 青
亥 子 丑 寅	亥 子 丑 寅
蛇戌　　卯常	蛇戌　　卯空
朱酉　　辰白	贵酉　　辰白
申 未 午 巳	申 未 午 巳
六 勾 青 空	后 阴 玄 常

《玉历钤》云：此课日辰上见亥子为官鬼，求官则宜，亦反复费力，余占不可用。

《毕法》云：此课干上被亥克，支上被子克，干支受克，主客不容，凡占一应之事，两边俱被损伤。人身有病患，宅舍无昌盛。

上神克日，日上克用。

课名反吟。子为癸为官，羊刃受制，凶者不凶，只可求官，余占反复。

《义》曰：神异其位，是曰反戾。情既失和，好事宜去。君子得吉，小人得凶。惟正可守，幸尔未空。

《象》曰：紫微高盖喜龙常，天马临之谒帝乡。若见士人占得此，更行阴德拜朝郎。

此无依之卦，一曰高盖，亦曰三交。夫无依者，即反吟也。《经》曰："无依是反吟，逃者远追寻。合者应分散，安巢别改林。守官须易位，结友也分襟。所为多反复，占病数般侵。"反吟刑冲，事主迟滞，远近系心，更相仇怨，且反复而呻吟，是无予夺而难息也。传见高盖，《经》云："紫微华盖居神后，天驷房星是太冲。马即胜光正月骑，六阳行处顺申同。高盖乘轩又骑马，更得龙常禄位丰。"夫三交家匿阴私客，不迩自将逃避迍。凡事失节阻碍，谋事被人阻破，不能成合。上神克日，只利先讼，要有气，余不吉，病有鬼，相讼者凶，常占为人所欺负，或口舌不宁，事事防备。日是人相欺，夜乃鬼为殃。旺相尚可，囚死不吉。占者遇之此课，乃反复之象。占求官见贵，虽有可成之机，尤畏其始终不一，善为处之可也。占婚姻不宜。占求财未遂，须得占人年命之财方就。其他百占皆反复，须守正以待之，则化难为易矣。

占出兵行师最忌，如不得已而用之，防有侵谋奸细，慎之勿忽，所贵在乎为将之权谋机变也。

反复关楧。

真一山人云：夫妻反目失和同，仁义参差靡始终。传见相生又相破，谁怜成了又逢空。

《无惑钤》云：守皆遇鬼，交互不美。壬子居中，仕宦奇伟。

《钤解》曰：干被亥克，支被子克，守之则皆鬼也。子又克丙，亥又克午，交互又不美矣。子水遁壬，官星最旺，仕宦宜占；常人得此，未免官事扰害。《集议》："虽忧狐假虎威仪"，邵《毕法》内有此法，谓巳中有戊喻虎。夜占朱雀鬼加干，官遭责黜。克处回归，又受上克，干支各受上神克，又坐于克方。昼贵作鬼临身，必神祇为害，不可作鬼祟论。彼此全伤，占讼两家皆被罪责，诸占各有所亏，占身被伤，占宅崩损。芜淫，凡占先相许允，后不相顾接，各怀恶意。

丙午日第八课

知一　长幼　六仪　不结果

两蛇夹墓凶难免

白贵常蛇　　　白朱空蛇
辰亥卯戌　　　辰亥卯戌
亥午戌丙　　　亥午戌丙

子 甲辰 白　　　子 甲辰 白
财 己酉 朱　　　财 己酉 贵
父 　寅 玄◎　　父 　寅 青◎

　蛇贵后阴　　　　蛇朱六勾
　戌亥子丑　　　　戌亥子丑
朱酉　　寅玄　　贵酉　　寅青
六申　　卯常　　后申　　卯空
　未午巳辰　　　　未午巳辰
　勾青空白　　　　阴玄常白

《玉历钤》云：此课丙日，以水为鬼，天罡加亥，水鬼入墓，凡占所用皆吉，然以墓神为用，必须求之再三方遂。

《毕法》云：此课戌为日墓，上见螣蛇，下又见巳，谓之两蛇夹墓，凡占必有悔吝，转加沉滞，凶祸迭来，卒难脱免，占病难愈，占产最凶，邵南论以“抱石投江”之例。

上神盗日，日上克辰上，末克初。

课名知一、六仪、斩关。墓覆日上，日鬼克支，又白虎乘鬼墓为用，甚为凶课。所喜辰与酉合，寅既空亡，凶吉从空而散，虽不为吉，亦可无凶，但免难耳。

《义》曰：墓覆昏蒙，有始无终。所谋类此，问病惊凶。贵人克日，见贵无益。课未和合，主宾生隙。

《象》曰：进退狐疑莫妄猜，自缘上下未曾谐。事宜正己谦和处，云散光生乐满怀。

此知一之卦。夫知一者，知一而不能知两，知者以为自知、自见，不知为寇仇，故言知一也。以此为用，舍远就近，舍疏就亲，恩中生害，事多起于同类，凡事狐疑，事贵和同乃吉。《经》云：“知一卦何如？用神今日比。事因同类起，婚姻失谐为。失物亲邻取，逃亡不远离。论讼和允好，为事尚狐疑。”日生上神，虚费百出，谋望不遂，盗失损财，人口衰残，休囚尤重，又为子孙脱漏之事。一曰长幼卦，《经》云：

“三上来克下，根源长幼推。子孙先发用，老者必低颓。家内应无礼，官心岂有仪?”况斩关，不利于安居。占者遇之此课，大体虽凶，所喜传逢六仪，《赋》云“六仪集众千祥”，以其能化难生恩也。墓神覆日愦难通，四十九日多迍蒙，乃五行潜伏之地，四时衰败气绝之乡。占求官见贵，白虎为催官使者，有急选之象。占婚为隔角。占求财有。占病者有神愿，胸腹中有病块，宜服宽利之剂，先重后轻。凡占有始无终，美中未美，忧中不忧也。

占出兵行师得此，昼夜占皆不吉。若不得已而用之，未免先险而后利，不可忽之，大端末后难着力。

真一山人云：两蛇夹墓是凶忧，六仪那堪助力周。自是善人终获吉，消弥祸乱福相投。

《无惑钤》云：两蛇夹墓，凶灾可恶。干鬼临支，长生可蠹[①]。

《钤解》曰：戌为丙墓，昼夜两蛇夹墓，其凶灾不可言也。亥乃干鬼，临于支上，是家中人作害。寅为长生，为中传酉克，是木为所坏蠹，而生意息矣。《集议》：昼贵作日鬼，如占病，必家堂神像不肃所致，宜修功德安慰免咎。

丙午日第九课

重审　从革

二贵受克难干贵

玄 蛇 阴 朱	白 后 常 贵
寅 戌 丑 酉	寅 戌 丑 酉
戌 午 酉 丙	戌 午 酉 丙
财 己酉 朱	财 己酉 贵
子 癸丑 阴	子 癸丑 常
兄 乙巳 空	兄 乙巳 勾

① 寅为旬空，又坐克方，所以可蠹。

	朱	蛇	贵	后		贵	后	阴	玄
	酉	戌	亥	子		酉	戌	亥	子
六申				丑阴	蛇申				丑常
勾未				寅玄	朱未				寅白
	午	巳	辰	卯		午	巳	辰	卯
	青	空	白	常		六	勾	青	空

《玉历钤》云：此课阳火得金局为吉，凡占一切皆成。

《毕法》云：此课戌加午，乃是支辰之墓临宅墓宅，若占家宅，必然上漏下倾，人惊怪作。如用戌为月将，名为太阳照宅，光辉明盛，屋有瑞蔼之祥，门多轩车之迹，妖孽祸害，自泯息矣。余占则为他人利，我不利之象也。

《心照》云：此课三传皆财，夜将又皆土神，财大生旺，大宜求财，尤宜成合事务。但嫌钱财充积，骨肉生灾，上不利于父母，下不利己身。且财者，怨之积也，财散则祸散，财积则祸积，人之积财以备患，患亦多生于财，与其因患而积财，孰若无财而无患？所以古人于养家口、供日用之外，不多积者为是①。

日克上神，辰上生日上，日克用，末克初。

课名重审、从革、斩关。火克金为财，且雀暮贵皆吉，夏秋占最吉，凡谋更改动用皆利，冬春占，重谋干众牵连，亦主贵人文书动，利更改。

《义》曰：财多虽美，尊长无依。三合事迟，自刑生悔。恩中致怨，成事虑变。贵人文书，口舌尤见。

《象》曰：从革相从改革多，病伤筋骨肺劳磨。家人何是多刚烈，父子君臣贵协和。

此重审之卦，一曰从革。夫重审者，重而审之也。利为主，利后动，长有厄，事从内起，起于女人。以下犯上，贱犯贵，卑犯尊，事多不顺。阴小在下者，有悖逆之事。占臣未忠，子失孝，事不可遂意而行，必当审察，循乎义理，庶几以免后患也。传见从革，先从而后革也。凡事阻隔，有气则革而进益，无气则隔而退失。一曰兵革，一曰金铁。大抵五行正气入十干杂糅之乡，异方三合乃生旺墓之神，事主丛杂不一，主关众人共谋，不然两三处干事，委曲托人与人相合之类。又如推磨之象，转去转来，非一遍也。占者遇之此课，三传之财，财多反生不足，难为父母尊长。占求官者，有生官之理。占见贵不喜。占婚姻两姓公姑，阻隔山川，恐有分离之象。占病者，伤筋骨、肺痨，瘥迟。占家宅变迁不定。远行不利。亦不宜占产。不宜投谒谋望。主客暗

① 此句后疑误赘“故朱雀不是日鬼也”一句，今移至脚注。

中防笑里刀，恩中招怨。得此课，惟君子守正修德，可以化难为易也。

占出兵行师得此，不宜昼占，口舌多词，夜占吉。巳酉丑，兵革相交四五旬，贵乎之相机而致胜也。

秋吉。

真一山人云：婚姻未许便相当，欲觅逃亡影又彰。人恐恩多翻作怨，吉人终是不遭伤。

《无惑钤》云：两贵未谐，夜将助财。禄为破碎，宅惹尘埃。

《钤解》曰：昼贵加未，夜贵临巳，俱受下克，不暇自救，已自灰心，必不为我处也，干谒何益？夜将皆土，助起全金，作日之财，求财稍可。巳乃日禄，上带破碎凶煞，禄不可守，有禄者最忌。戌乃日辰丙午支干之墓，覆于宅上，宅惹尘埃也。《集议》："三传互克众人欺"内有此日例，谓大宜求财，犹宜成合万事，却不利父母并生计，占病死，兼此人多贪，不义横发。"三传递生"内亦同此说。戌加午作蛇，鬼祟相牵。财神入墓。

丙午日第十课

知一　玄胎　闭口　不结果

三传递生人举荐　夫妇芜淫各有私

后 朱 贵 六　　　　玄 贵 阴 蛇
子 酉 亥 申　　　　子 酉 亥 申
酉 午 申 丙　　　　酉 午 申 丙

财 戊申 六　　　　财 戊申 蛇
官 辛亥 贵　　　　官 辛亥 阴
父 　寅 玄 ◎　　　父 　寅 白 ◎

六 朱 蛇 贵　　　　蛇 贵 后 阴
申 酉 戌 亥　　　　申 酉 戌 亥
勾未　　子后　　　朱未　　子玄
青午　　丑阴　　　六午　　丑常
巳 辰 卯 寅　　　　巳 辰 卯 寅
空 白 常 玄　　　　勾 青 空 白

《玉历钤》云：此课虽云玄胎，却非吉课，缘三传皆刑，兼阳火制阳金，凡百费力难成。

《毕法》云：此课初传申金生中传亥水，亥水生末传寅木，寅木生日干丙火，自传生干，多助多荐。凡占必有人推重举荐，不限三四位也，职位可以迁转，声价可以增重，若干事，必始终成就也。但嫌末传空亡，虽有举荐之言，终无成就之实，变为一场闲是非也。

日克上神，日克用，初克末。

课名知一、玄胎、四牡。所占百事皆新，虽曰天盘地结，末归空亡，三传皆合，凡事宜作紧谋之，不可迟缓，此课有吉而无凶。

《义》曰：递相推荐，动申财见。生者既空，得时可望。课得驿马，仕人增价。寅之年月，声名必大。

《象》曰：时亨君子道方行，四马占来官禄成。尚惜末传尤未实，见寅方许著声名。

此知一之卦，一曰玄胎。夫知一者，知一而不能知两，知者以为自知、自见，不知为寇仇，故言知一也。以此为用，凡事狐疑，事贵和同乃吉。况玄胎如婴儿隐伏之状，利上不利下，事主远而多伏，暗昧不通，触则成祸，惟君子守正修德则亨。《经》云："知一卦何如？用神今日比。事因同类起，婚姻失谐为。失物亲邻取，逃亡不远离。论讼和允好，为事尚狐疑。"歌云："三传四孟玄胎神，婴孩父老皆当迍。少则别投胎孕去，老则弃故就生新。"日上见财，妻美有财，凡占举作百事，内有私意。占者遇之此课，以私暗贿于人，而递相荐举，以相助我，成其美也。占求官、见贵、谋望、投谒、交易，当谋始终。占求财有，宜速取。占病忌老人、小儿，壮者不畏。占婚姻不宜。占家宅，宜谨慎。占失物宜寻。占狱讼者，先凶后吉。逃亡、走失者自归，目下难得。此课夜占，百事不如意，昼占吉。

占出兵行师，昼占得金宝之美利，夜占忧心众畏。大抵此课，难于前而易于后，忧疑患难得此有解也。

利在寅年月。

真一山人云：递相荐举得人情，若是居官近帝庭。寅字得时方显焕，不然还是报虚声。

《无惑钤》云：昼被鬼魔，夜贵相托。财马入课，荐我者多。

《钤解》曰：亥乃日贵，临日阴，作鬼来魔。夜贵入宅，相遇作财。申又日财为马，宜动用求财也。况自初迤逦生身，仕宦值此，当有荐举之荣。《集议》："三传递生人荐举"内列此日。"传财化鬼财休觅"内列此日，谓为借钱还债，若取午上酉财，必以干上申财还也。解离，夫妇行年值此尤的。优游之所勿久恋。干上申、支上酉，皆曰日财，却被申金引入中传亥上，丙火几致绝没，及至末传寅木，又是旬空，丙火不宜恋申金之财，以致丧身。

丙午日第十一课

重审　涉三渊　狡童　交车合

罡塞鬼户任谋为

蛇 六 朱 勾　　　后 蛇 贵 朱
戌 申 酉 未　　　戌 申 酉 未
申 午 未 丙　　　申 午 未 丙

财 戊申 六　　　财 戊申 蛇
子 庚戌 蛇　　　子 庚戌 后
官 壬子 后　　　官 壬子 玄

勾 六 朱 蛇　　　朱 蛇 贵 后
未 申 酉 戌　　　未 申 酉 戌
青午　　亥贵　　六午　　亥阴
空巳　　子后　　勾巳　　子玄
辰 卯 寅 丑　　　辰 卯 寅 丑
白 常 玄 阴　　　青 空 白 常

《玉历钤》云：此课申戌子，谓之涉三渊，只宜更改，占望行人，其余无所用。

《毕法》云：此课干上未与支合，支上申与干合，干支上下互相交合。我以礼接人，人必以礼应我，人以敬待我，我必以敬应人，彼此同心，宾主一志，凡事可成。《易》曰："二人同心，其利断金。同心之言，其臭如兰。"

上神盗日，日上生辰上，日克用。

课名重审、狡童。专利出入更改，日辰互合，为交车合，凡事更改相图，无不吉，近贵进望大佳。丙临门，有出入意。

《义》曰：名涉三渊，事多阻隔。进退疑难，道途梗塞。后合多私，义理乖违。婚姻勿用，男女先窥。

《象》曰：犯上由来礼义乖，好将忠孝作梯阶。不欺自有神明鉴，积善人家福自来。

此重审之卦，一曰狡童。夫重审者，重而审之也。利为主，利后动，长有厄，事从内起，起于女人。以下犯上，贱犯贵，卑犯尊，事多不顺。阴小在下者，有悖逆之事。占臣未忠，子失孝，事不可遂意而行，必当审察，循乎义理，庶几以免后患也。夫狡童乃不正之象，阴私邪淫，占男女有阴私暗昧之象，占家宅宜谨慎闺门，以防阴小越礼，惟能以礼自防者可化之。日生上神，虚费百出，谋望不遂，盗失损财，人口衰残，休囚尤重，又为子孙脱漏之事。申戌子，涉三渊，凡事疑难。一曰进间传，进中有间隔之象。占者遇之此课，占求官费力。占见贵顺，要主客相和。占交易相顺。占婚姻不宜，以其媒妁不明，事多暗昧。占财有惊恐之财，而若不足。占求官，须财嘱而后成。占远行，途路多阻。病者瘥迟，或胸腹阻隔，宜进宽膈利气之剂，或因欲乐过度而致，夜占重，昼占可。占失物，得之不全。讼狱宜和解。忧疑得吉神方可。

占出兵行师，昼占得金宝美利，夜占忧惊众畏，行营途次阻隔。敌使之来，所言不可信，还见和之意也。

难中变易。

真一山人云：事不如心莫怨难，还将自己静中看。闲中点检平生事，心不欺瞒福更安。

《无惑钤》云：支马干丁，客主欢迎。鬼呼病者，动静无成。

《钤解》云：申为驿马临支，未为丁神临干，且午未巳申相合，若投谒则主宾契合。中传戌为日墓，末传子水为鬼，谓鬼在墓招呼病人也。静守则为未脱，动而取财，则引入墓而遇子鬼，是动静俱无成矣。《集议》：申加午，主炉火事。涉三渊："欲动不动涉三渊，申戌子兮在目前。进退艰难还万状，对面言之是隔年。"《引证》云：楚衍占产甚妙，酉将得未时。

丙午日第十二课

弹射　不备　进茹

六 勾 勾 青　　　　蛇 朱 朱 六

申 未 未 午　　　　申 未 未 午

未 午 午 丙　　　　未 午 午 丙

财 戊申 六	财 戊申 蛇
财 己酉 朱	财 己酉 贵
子 庚戌 蛇	子 庚戌 后
青 勾 六 朱	六 朱 蛇 贵
午 未 申 酉	午 未 申 酉
空巳　　戌蛇	勾巳　　戌后
白辰　　亥贵	青辰　　亥阴
卯 寅 丑 子	卯 寅 丑 子
常 玄 阴 后	空 白 常 玄

《玉历钤》云：此课午加日上，丙火聚会，克制申酉为财，虽名弹射，却有功也。凡占所事有成，惟求婚不利。

《毕法》云：此课三传俱财，若占病，必因伤食而得，以致沉重，申酉戌为火之病死墓三气，是病恐难治疗，若年命有劫财，及寅卯之神，其病无妨。若占求财，秋冬遂意。

日上生辰上，日克用，上神克用。

课名弹射、进茹、阳不备。辰往加日，日辰上午未合，宜静不宜动。申酉财多，得日上午助干以制之，只是转托，隔手干众，方保求成。又丙辛合，巳申又合，暮贵在中，近贵进望得荐，吉。

《义》曰：旧事从新，牵连不断。节外生枝，弹射如箭。进中有退，忧事勿畏。凶吉平平，渐知福至。

《象》曰：谒人切莫远登程，一见相逢虚喜情。欲尽所求难遂志，斯言为尔说丁忧。

此弹射之卦。夫弹射，乃日克神之谓。《经》曰："日往克神名弹射，纵饶得中还无力。贵人逆转子无良，天乙顺行臣不义。家有宾来不可容，亦忧口舌西南至。"然事主动摇，人情倒置，更主蓦然有灾，求事难成，祸福俱轻，忧事立散，祸从内起。利客不利主，利先不利后。占行人不来，访人不见，不利占讼。弹射无力，不可用事，虽凶无畏。申酉戌，名进连茹也，凡事急速，乃欲行不行，欲止不止，牵连疑二，根苗不断，旧事重新。占者遇之此课，占求官未利。占见贵投谒和，但不宜往谒，乃曰"千里徒劳费粮裹"。交易主客，咸得相悦。占求财得意。占宅不利人口。占病有，忌久病，秋冬可畏。占远行不快。占产不利，宜修善以禳之。占婚姻，不利于婿。占讼宜和，虑末后有惊恐。占逃亡自归，目下难获。

占出兵行师得此，昼占六合，犹宜得金宝之美利，夜占忧心众畏。若敌有使来，其言可信，以其有生助我之美，还见讲和之意。

秋吉。

真一山人云：病疾缠绵未解离，人来占产不相宜。好祈善事方为美，尤畏根苗不断时。

《无惑钤》云：午未挟财，妻定怀胎。食伤治病，胃脘宜开。

《钤解》曰：从魁为鸡，又乘朱雀，作日财，是禽财，主斗鸡获利。午未皆火，助丙之力也。三传全金，传太旺，占病必因酒食所伤，宜服开胃脘之剂也。酉为丙火妻财，遇戌在传，戌中有辛，为德合，主有孕喜也。若以申论，如丁未日课，亦通。《集议》："上下皆合两心齐"内有此日例，谓干上午与支上未作六合，又是支加干相邻近也。值此例者，主客相顺，神和道合，交易交换，彼此共谋求合之事也。墓门开，又为外丧入内，宜合寿木以禳之。"末助初兮三等论"内列此日，为末助初财，必暗有人以财相助，如占博弈宜。此全财病体难担荷，况丙火逢病死墓之乡，妻财作生气，纵不作胎神，亦可用，出《毕法》"胎财生气妻怀孕"内。两贵不协，变成妒忌，酉加申，亥加戌。

丁未日

丁未日第一课

伏吟　稼穑　游子　励德[①]

常常常常	朱朱朱朱
未未未未	未未未未
未未未丁	未未未丁

子 丁未 常	子 丁未 朱
子 癸丑 朱	子 癸丑 常
子 庚戌 后	子 庚戌 后

	空	白	常	玄			勾	六	朱	蛇	
	巳	午	未	申			巳	午	未	申	
青辰					酉阴	青辰					酉贵
勾卯					戌后	空卯					戌后
	寅	丑	子	亥			寅	丑	子	亥	
	六	朱	蛇	贵			白	常	玄	阴	

《玉历钤》云：此课非凶亦非吉也，用事极迟，亦伏吟不遂之课也。

上神盗日，日生三传。

课名伏吟、稼穑、游子。凡事止而复行，到底退息，不利女病孕，以后乘墓故也。余无吉凶，但用事迟迟。未乘常，主酒食文书动。

《义》曰：干脱传脱，山地剥落。助力舒尽，何所依托？东干未成，西谋不着。仔

① 四课贵前为蹉跎，凡事跌足不安。

细思量，条条路错。

《象》曰：有限精神都耗散，无穷事物怎支持？动中便见伤财帛，静守原来却是宜。

此自信之卦，一曰稼穑。夫自信，乃天地伏吟，十二神各归本家，天地如一，四伏未发之象。占事静则宜，动则滞，主事藏匿不动，静中求劳，有屈而不伸之象。况稼穑乃重土，有艰难之象，若常占得此，名曰鲸鲵归涧，凡事逼迫不由已，出若遇雷神，方能变化。《要》曰：稼穑者，五坟也，不宜占病。若在三月占，为游子，利逃者天涯地角。值墓，恐有冤仇逼迫，大宜谨慎。日生上神及三传，凡占虚费，谋望不遂，失盗损财，人口衰残，休囚尤重，又为子孙脱漏之事。占成事未成，占脱事欲脱不脱。占者遇之此课，占求官不遂。见贵不宜。占求财，得者少而失者多。占婚姻难成，如或勉强成之，必见耗财不足。病者凶重，久病者尤为不利，以其虚之故也。占失物难得。占胎不坚固。占生产虽易，但所生之子，将来无益于父母，当早以礼义渐磨教化，庶几可也。占讼者失理耗财。凡占百事，有损无益，惟宜处正，静以守之，否则招不足之悔也。

占出兵行师得此，防粮草不足，人心不附，昼占稍吉，夜占口舌，为将者当善为处置得宜。慎之！慎之！

耗泄之象。

真一山人云：出多入少事难成，无吉无凶未得亨。识得这些别滋味，安居静守乐平生。

《无惑钤》云：处动而静，奴仆休宠。夜婚费财，行人断踵。

《钤解》曰：伏吟有丁，静而欲动也。戌为奴仆，乘天后厌翳，若宠仆，必有暗昧不明之事。丑乘太常，主婚姻之事，丑但脱丁气，因而耗费，夜占则如此论。支来加干，戌墓在末传，皆主行人归速，旋踵而至矣。《集议》："恃强凌弱"说见乙巳日第四课。

丁未日第二课

八专　帷薄不修　寡宿

空 白 空 白　　　　勾 六 勾 六
巳 午 巳 午　　　　巳 午 巳 午
午 未 午 丁　　　　午 未 午 丁

父　卯勾◎　　父　卯空◎
兄丙午白　　兄丙午六
兄丙午白　　兄丙午六

青空白常　　青勾六朱
辰巳午未　　辰巳午未
勾卯　　申玄　　空卯　　申蛇
六寅　　酉阴　　白寅　　酉贵
丑子亥戌　　丑子亥戌
朱蛇贵后　　常玄阴后

《玉历钤》云：八专本凶课，乃午加未为六合，主有和气，不能作凶，凡占所求，可以小吉。

《金匮经》云：凡占田禾看岁支，以五行之神言之，火神为粟、小豆田，金神为麦田，木神为禾田，水神为稻、大豆田，土神麻田。此课庚午年正月初七日立春占用，岁支上见巳，上有勾陈，勾乃火土之神，宜于麻豆，此田必熟也。

用生日。

课名八专、帷薄。空亡为用，中末皆禄。初又天空，上下皆空，凡占欺诈，谋望不成。幸禄加在日辰上，事主向后十全，目下谨守，出入更改，事始凶终吉。

《义》曰：混同无别，何以言说？尊卑不分，妇人干涉。君子守正，从礼顺命。小人得此，徒为侥幸。

《象》曰：动用无功思惘然，夜占尤自倍堪怜。不修帷薄何为礼？只要存心无易贤。

此帷薄不修之课，一曰三交，又曰寡宿。夫帷薄不修者，乃八专也。《经》曰：八专支干共位，阴阳只两课。五日四辰，表里皆拱于八极。故曰：八专尊卑共室，人宅不分。又曰：帷薄不修，内不隔而外不遏，事多重叠，忧喜再来，干涉妇人，久而反蔽。占身宅婚姻得此，恐男女有越礼之事，宜严谨闺门，慎乎动静，能以礼自防者，庶几免失。故曰："以道制欲，则能顺命。"传见三交，前不能进，后不能退，交加其象，家匿阴私，或欲自逃隐避。凡事失节阻碍，谋事被人阻破，不能成合也。一曰：寡宿孤辰，值此尤妨骨肉。占身孤独，别离乡井，自立门户，财物虚耗，僧道宜之，俗不宜也。占者遇之此课，禄寄于支，凡占受屈折于人，乃权摄之不正也。占求官、见贵、谋望、干谒、交易、求财、婚姻之事，皆难成就。占病者凶。占忧惊闻事不实。

占出兵行师得此，虑失众之象，凡占百事得此，皆吉不成吉，而凶不成凶也。

无而为有。

真一山人云：空里功夫几个知？谁人向此说玄机。万千俗眼徒睁看，对面相逢问是谁。

《无惑钤》云：四课四虎，受惊受苦。破费千般，一毫莫补。

《钤解》曰：四虎作临课传，其惊忧恐惧，不可言也。初传空作败神，自虚无中来，又为禄破，耗费太甚，且不能行传，而复归于日上，其惊惧如此，故凶灾不能免也。卯既空亡，又乘天空，又何补益之有？禄被虎守，有禄之人尤忌。《集议》：禄被支脱，必因起盖宅屋而以禄偿债，难以权摄不正论也。干支全逢自刑，损不足而奉有余。老子曰："人之道，损不足，奉有余，孰能损有余以奉不足乎？"此课午乃日禄，又是生气，又与未合，课传四午生未土，未大旺，卯木居六害之地，作发用，来生午，又午生未土，日有余，卯不足也。己未日尤的。

丁未日第三课

八专　帷薄不修　六阴

勾 空 勾 空	空 常 空 常
卯 巳 卯 巳	卯 巳 卯 巳
巳 未 巳 丁	巳 未 巳 丁
子　癸丑　朱 ⊙	子　癸丑　勾 ⊙
兄　乙巳　空	兄　乙巳　常
兄　乙巳　空	兄　乙巳　常
勾 青 空 白	空 白 常 玄
卯 辰 巳 午	卯 辰 巳 午
六寅　　未常	青寅　　未阴
朱丑　　申玄	勾丑　　申后
子 亥 戌 酉	子 亥 戌 酉
蛇 贵 后 阴	六 朱 蛇 贵

《玉历钤》云：此课八专，破碎为用，凡占凶否。

《观月经》云：日辰同一位，此是八专门。五日阴阳配，八专逆顺存。阳来顺数去，阴至逆行奔。数至日辰上，终传此处论。奸邪惊怪起，淫欲乱乾坤。

日生用，末生初。

课名八专。丑加卯，为杜塞，落空亡，凡事先阻，中末归日辰上，事主向后可十全。用在门，暮贵又与传三合，进望吉，十分事有七八分成。

《义》曰：朱雀既空，口舌消释。若占文书，未见端的。久病逢之，哀声嘹唳。欲识何如？有名无实。

《象》曰：常占无吉亦无凶，若问求谋尚未通。课体已知无可用，消除患难却相容。

此帷薄不修之卦，一曰龙战。夫帷薄不修者，乃八专也。支干共位，阴阳两课。五日四辰，表里皆拱八极。故曰：八专尊卑共室，人宅不分。又曰：帷薄不修，内不隔而外不遏，事多重叠，忧喜再来，干涉妇人，久而反蔽。占身宅婚姻得此，恐男女有越礼之事，宜严谨闺门，慎乎动静，以礼自防者，庶几免失。故曰："以道制欲，则能顺命。"况龙战，主人心疑惑，进寸退尺，动有乖离之象。卯酉为天之私门，生杀有限，分杜有期，雷动龙奔，示其有战。占者遇之此课，阴阳不备，名曰失礼，发用无力。若求官得之，未足为奇，假使官成，虚名而已。占见贵，终不济事。占婚姻，大不宜，否则媒妁不明，多淫私也。占求财不准。占暴病者不畏，久病者难愈。诸占未得如意，有影无形之谓。惟能解释忧愁、狱讼、患难之事，谓之难里生恩，而凶中有吉也。

占出兵行师，虑失众。其他诸占，吉不吉而凶不凶也。

守而勿妄。

真一山人云：道德非难认理真，理真道德自全纯。莫教道德离真远，希贤希圣本在人。

《无惑钤》云：破碎遁鬼，四马载起。昼将若逢，传皆陷矣。

《钤解》曰：丑带破碎，且遁癸鬼，以伤日干。巳乃驿马，课传四见，而载起其鬼，凶动甚速。若是昼占，初丑落空，末乘空，俱系失陷，而凶祸亦随空散矣。

丁未日第四课

八专　闭口

朱 青 朱 青　　　　勾 白 勾 白
丑 辰 丑 辰　　　　丑 辰 丑 辰
辰 未 辰 丁　　　　辰 未 辰 丁

官 辛亥 贵 ⊙　　　官 辛亥 朱 ⊙
子 甲辰 青　　　　子 甲辰 白
子 甲辰 青　　　　子 甲辰 白

六 勾 青 空　　　　青 空 白 常
寅 卯 辰 巳　　　　寅 卯 辰 巳
朱丑　　午白　　　勾丑　　午玄
蛇子　　未常　　　六子　　未阴
亥 戌 酉 申　　　　亥 戌 酉 申
贵 后 阴 玄　　　　朱 蛇 贵 后

《玉历钤》云：此课虽是八专，丁日登明为用，天将昼贵俱吉，凶中有吉之课也，凡占所事，可以成就。又曰：昼贵难靠，宅昏人苦。

《毕法》云：此课天盘支干坐于地盘墓上，乃人宅俱受暗昧，为自取也。凡事自招其祸，不可怨天尤人。先儒有言：人心暗则触祸机，祸机一触，人致昏沉，宅必颓败，是谁使之然哉？惟君子能顺天地之情，识造化之用，故能转祸为福。

上神盗日，日上克用，用克日。

课名八专、帷薄、斩关。鬼墓加干支，似乎昏晦，但丁以亥为德，又是贵雀，辰乃本旬六仪，此凶中吉也。亥加寅，虽曰空亡，毕竟寅亥作合，但无力耳，终不为凶。日贵为用，又云官星，春夏得之，可以求官，先费力而后成，其他用事，亦不如意。传墓入墓，已自不吉，又辰自刑，丑未冲害，凶不可言。日将最利求官爵，初主艰难后喜忻。夜将最凶忌论讼，其他谋望总浮沉。

《义》曰：唏嘘耗盗，徒招耻笑。求官难遂，见贵无靠。事干妇人，君子守道。阴阳混同，言词难告。

《象》曰：虚声赢得众人知，墙茨分明不可依。闺阁也须分内外，野花芳草占春时。

此帷薄不修之卦，一曰天网。夫帷薄不修者，乃八专也。八专支干共位，阴阳两课。五日四辰，表里皆拱于八极。故曰：八专尊卑共室，人宅不分。又曰：帷薄不修，内不隔而外不遏，事多重叠，忧喜再来，干涉妇人，久而反蔽。占身宅婚姻，恐男女越礼，宜严谨闺门，慎乎动静，能以礼自防者，庶几免失。故曰："以道制欲，则能顺命。”《经》曰“天网四张，万物被伤”，为阻滞，为疑难，为灾恼。日生上神，虚费百出，谋望不遂，盗失损财，人口衰残，休囚尤重，又为子孙脱漏之事。占者遇之此课，发用无力，阴阳不备，凡占无益，事难得就。占求官、见贵、交易、谋望、求财，所占费者多而进者少，劳心过力未能成，假使勉强而成，到底有名无实。惟利暴病及狱讼、患难之事，亦见耗失，却能解散其忧疑也。

占出兵行师得此，闻忧不忧，闻喜不喜，当预备粮储，勿致不足焉。

未足如心。

真一山人云：知微乐道隐林泉，不受浮华得自然。百种机关何所用，虚名空使世人传。

《无惑钤》云：火生四土，夜将白虎。昼贵青龙，昼安夜苦。

《钤解》曰：一丁火而生四重辰土，耗脱何可当也。夜占四虎，惊危不小。昼占亥贵，临寅被脱，作用为辰所克，力弱难靠矣。丁被亥克则人苦，未被辰墓则宅昏，虽龙贵入传，亦未见其为吉也。《集议》：“宾主不投刑在上”内列此日，乃干支全逢自刑。

丁未日第五课

元首　曲直　寡宿　六阴

空上乘空事莫追

贵勾贵勾	朱空朱空
亥卯亥卯	亥卯亥卯
卯未卯丁	卯未卯丁
父　卯勾◎	父　卯空◎
官 辛亥贵⊙	官 辛亥朱⊙
子 丁未常	子 丁未阴
朱六勾青	勾青空白
丑寅卯辰	丑寅卯辰
蛇子　　巳空	六子　　巳常
贵亥　　午白	朱亥　　午玄
戌酉申未	戌酉申未
后阴玄常	蛇贵后阴

《玉历钤》云：此课日辰发用，俱是空亡，主吉凶俱不成。

《毕法》云：此课三传木局，生其日干，而克支辰，值此必家眷众多，而住宅狭窄也。又云：传在课中，回还格也，凡事宜守旧，不宜更改。

上神生日，用生日，三传生日，初克末。

课名元首、曲直。传生日干，凡占宜上不宜下，利春冬，不利夏秋，可以更凶为吉。丁去加亥，谓之屈己下人。空亡为用，凶吉亦终无成也。

《义》曰：三传恩蒙，两传落空。生者既陷，何所依从？助者无力，不过虚及。公私谋望，有名无实。

《象》曰：疏林木蠹难雕斫，只待春光雨露滋。若是夏秋占得此，不须谋望待其时。

此元首之卦，一曰寡宿，亦曰曲直。夫元首者，尊制卑，贵役贱之象。占事多顺，利于先举，事多起于男子。为臣忠，为子孝，正大光明而无邪僻之行，德业已著而乾乾进修，常怀危惧，惕励而无咎也。《赋》云："寡宿孤辰，值此尤妨骨肉。"占身得此，主见孤独，别离乡井，自立门户，财物虚耗，僧道宜之，俗不宜也。且曲直者，先曲而后直，象木之谓，当作成器。此乃五行正气入十干杂糅之乡，异方三合乃生旺墓之神，事主丛杂不一，主关众人共谋，不然两三处干事，委曲托人与人相合之类。又如推磨者，无休息之象。占者遇之，上神生日，所谋百事吉，运用如意，遇凶不凶，逢吉愈吉。由此论之，凡事必有人上门相助之理，不待我之干求也。在春占为全美，若夏秋得之，亦不过有名无实而已矣。此课应"眷属丰盈居狭宅"，不可迁居宽大，反生灾咎，余占我胜而他衰也。

占出兵行师得此，昼占不吉，夜占欺诈。大抵此课，凡百所占，吉多而凶少，尤见吉不成吉而凶不成凶也。

春吉。

真一山人云：课传不备失精神，凶不凶兮吉不真。暴病离床忧自散，若还久病损其身。

《无惑钤》云：昼夜脱干，好恶中半。勿恋传生，宜更宜换。

《钤解》曰：三传木局生干，昼将皆土脱之，其好其恶，各居其半。占事失中有得，人情喜里含怒。但初中空陷，生不生也，甚勿眷恋。三传克宅，宅不安静，宜迁徙更换，凡事皆无亏矣。《集议》："眷属丰盈居狭宅"内有此日例，谓三传生干克支，占人虽亨旺，而无正屋可居，纵为官，多是借居，或欲逃亡而弃其家，尤的。占讼先曲后直。"首尾相见始终宜"内列此日，为回还格。"空上逢空事莫追"内列此日，夜占。

丁未日第六课

知一　寡宿

阴	六	阴	六		贵	青	贵	青
酉	寅	酉	寅		酉	寅	酉	寅
寅	未	寅	丁		寅	未	寅	丁

财 己酉 阴 ⊙　　财 己酉 贵 ⊙
子 甲辰 青　　子 甲辰 白
官 辛亥 贵　　官 辛亥 朱

	蛇	朱	六	勾			六	勾	青	空
	子	丑	寅	卯			子	丑	寅	卯
贵亥					辰青	朱亥				辰白
后戌					巳空	蛇戌				巳常
	酉	申	未	午			酉	申	未	午
	阴	玄	常	白			贵	后	阴	玄

《玉历钤》云：此课贵神，吉多凶少，昼占求干可成，夜占费力。

《毕法》云：此课青龙加临生干之神，若三月占，又作月内生气，乃富贵峥嵘之象。值之者必能施惠于人，而不求报，在位者然也，君子存爱物之心，惠泽虽未及物，而造化必知之，苟知之，则于事也吉矣。程子曰：满腔子是恻隐之心，推此一言，则万物皆被其泽矣，此又不在于位而能泽物焉。

上神生日，用克日上。

课名知一。旦贵鬼门通，暮贵鬼门杜，旦凶暮吉。然而寅上用，俱犯旬空，凡百从空而散。然始终二贵，凡事亦可宛转托贵人也，传多合也。

《义》曰：既空又脱，寅木既蠹。事多变更，或然既误。忧否忧疑，喜却喜惧。所望迟迟，欲济未济。

《象》曰：可惜精神费此心，出门未得遇知音。明窗净几无他事，几卷诗书一曲琴。

此知一之卦。夫知一者，知一而不能知两，知者以为自知、自见，不知为寇仇，故言知一也。以此为用，舍远就近，舍疏就亲，恩中生害，事多起于同类，凡事狐疑，事贵和同乃吉。《经》曰："知一卦何如？用神今日比。事因同类起，婚姻失谐为。失物邻人取，逃亡不远离。论讼和允好，为事尚狐疑。"发用四绝，宜结绝旧事，故云：四绝了旧莫图新，事了、人来、信至。上神生日，所谋百事吉，运用如意，遇灾不凶，逢吉愈吉。日是人相助，夜乃鬼为殃。惜其所生作空，不过虚喜虚声而已，若在寅年月占，却又为全美，有恩命之荣。占者遇之此课，占求官见贵者，多见虚喜，反复不一，未见易成。占求财虽有而不实，只宜无心或白手之财庶可，否则未之能也。占暴病得之不畏，久病得之可惊。占失物难得，得之不美。占远行未利。占狱讼有解。占逃亡可寻。忧惊患难解散。

占出兵行师得此，昼占中止，夜占开地千里。大抵不成凶，不成吉，闻事不实，宜严加密察可也。

事未全美。

真一山人云：数尽年来事未成，眼前难得称心情。虎头相见成为美，雨露从天万物生。

《无惑钤》云：昼贵临罡，夜贵空方。寅纵生养，熟视不臧。

《钤解》曰：亥昼贵加辰入狱，酉夜贵坐寅落空，皆无气也，生之何益？寅木虽生丁火，熟而视之，寅乃旬空，且俯仰丘仇，旬遁壬寅，何臧之有乎？《集议》："课传皆贵转无依"内概论，凡用夜贵，乃名咄目煞，如贵人咄目专视，反坐罪也，大不利告贵，占讼尤凶。此课夜贵发用，与此相合。天罡乘龙加酉，主人腿上刺龙。墓门开，又为外丧。两贵相协。

丁未日第七课

反吟　井栏射　八专　六阴

勾 阴 勾 阴	阴 勾 阴 勾
未 丑 未 丑	未 丑 未 丑
丑 未 丑 丁	丑 未 丑 丁
兄 乙巳 空	兄 乙巳 常
子 癸丑 阴	子 癸丑 勾
子 癸丑 阴	子 癸丑 勾

贵后阴玄　　　朱六勾青

亥子丑寅　　　亥子丑寅

蛇戌　　卯常　蛇戌　　卯空

朱酉　　辰白　贵酉　　辰白

申未午巳　　　申未午巳

六勾青空　　　后阴玄常

《玉历钤》云：此八专之课，井栏射冲也，课体反吟，火传财墓，不和之象，凡事不可用。

《毕法》云：此课昼占，干逢丑土，而乘太阴，乃脱上生脱，虚耗迭生之象也。值之者，财物畜产，不为灾损，必为盗失，脱耗多端，如汤之沃雪，火之燎毫，目自恍惚，已弗见矣。

上神盗日。

课名反吟。凡百所为皆不宜，利动不利静，主事无成。巳丑暗合，而与丁不相亲也。虽谋变动，亦有未备。三合两传，终亦不足。

《义》曰：事多反复，更变不常。君子小人，其道将亡。顺理则裕，勉强必伤。正以德遇，自保荣昌。

得此课，不宜用兵。若不得已而用之，在为将者权变得宜也。

真一山人云：风雨无时要致和，但看志气又如何？男儿自是超群类，修德行仁祸自磨。

《无惑钤》云：丁生四丑，凡占殃咎。四癸暗伤，惟宜闭口。

《钤解》曰：一丁火而生四土，脱盗滋甚。且丑遁旬癸，暗伤丁火，凡占必主殃咎。丑为旬尾加干，谓之闭口，若能谨言，亦能免祸，但忌占病。《集议》："脱上逢脱防虚诈"内有此日例，夜占，干支传将，共逢八土，如忧疑之事，不止一件，若止见一件，别项又来，必有大灾，所以脱干之气甚矣。

丁未日第八课

知一　铸印　不结果

虽忧狐假虎威仪

空后空后　　　常六常六
巳子巳子　　　巳子巳子
子未子丁　　　子未子丁

兄 乙巳 空　　　兄 乙巳 常
子 庚戌 蛇　　　子 庚戌 蛇
父　卯 常◎　　　父　卯 空◎

蛇贵后阴　　　蛇朱六勾
戌亥子丑　　　戌亥子丑
朱酉　　寅玄　　贵酉　　寅青
六申　　卯常　　后申　　卯空
未午巳辰　　　未午巳辰
勾青空白　　　阴玄常白

《玉历钤》云：此课子水临日辰之上，克丁火而畏未土，凡事狐疑，进退不决，不可大用，小事迟滞方成也。

《毕法》云：此课子水临干支之上，干火支土，丁干实畏子水来伤，以未支御之，子水见未土在后，不敢来伤丁干，而丁干得以安处也，犹狐假虎威之象也。凡占只宜安正守静，不可妄动，必有悔矣。

上神克日，日上克用。

课名知一、铸印。末卯空亡，名为损模，凡事主再，中传戌墓为脱体，首尾不相应。然既是末见空亡，凶吉皆从空散。

《义》曰：既能知一，岂能知二？占病遇之，哀声嘹唳。夏秋得之，卯为救济。求官喜春，官爵富贵。

《象》曰：二月春花锦色新，仕人此日倍欢忻。太阴天马来相并，轩冕衣冠谒紫宸。

此知一之卦，一曰铸印。夫知一者，知一而不能知两，知者以为自知、自见，不知为寇仇，故言知一也。以此为用，舍远就近，舍疏就亲，恩中生害，事多起于同类，凡事狐疑，事贵和同乃吉。传见铸印，《经》云："天魁是印何为铸？临于巳丙冶之名。中有太冲车又载，铸印乘轩官禄成。"不见太阴天马，即非真体，常人反受灾咎，且为事迟钝。《经》云："知一卦何如？用神今日比。事因同类起，婚姻失谐为。失物亲邻取，逃亡不远离。论讼和允好，为事尚狐疑。"上神克日，只利先讼，要有气，余不吉，常占为人所欺负。日是人相损，夜乃鬼为殃。病讼有忌，凡占不宁，所幸有解。

况阴阳不备，日辰同位，淫乱不正，贵以礼防之，惟君子能反邪归正也。占者遇之此课，占求官难。占见贵，再谋方美。占病凶，修德可禳。占婚姻，媒妁不明不真。忧疑终散。此课先凶后吉，宜守正勿动。

占出兵行师，防侵袭，昼占欺毁，夜占稍吉，大体多惊恐。敌使之来，所言不实，当窥其诈而反间之。

微平。卯年月吉。

真一山人云：阴人作扰勿须忧，一正中心百福周。不在仲春何所用？吉凶从此尽消勾。

《无惑钤》云：克干害支，狐假虎威。略举动足，踏翻祸机。

《钤解》曰：子水克丁，却畏支之未土，丁喻狐，未喻虎也，若丁火少离于未，子随即来克，是略举足而踏翻祸机也。三传传墓入墓，须忧己身兄弟昏滞。《集议》："须忧狐假虎威仪"内有此日例，即如钤说。神后夜乘六合临支，主邪魔鬼祟。巳乘天空加子，人家宅自破惊人。歌曰："子加未上并螣蛇，井有泡沸或屋遮。上乘六合子加未，树影入井人灾异。"子乃丁火胎神，但非妻财，正月为生气，主婢妾有孕。

丁未日第九课

重审　曲直　六阴　不行传

常贵常贵　　空阴空阴
卯亥卯亥　　卯亥卯亥
亥未亥丁　　亥未亥丁

官 辛亥 贵　　官 辛亥 阴
父　 卯 常◎　　父　 卯 空◎
子 丁未 勾⊙　　子 丁未 朱⊙

朱蛇贵后　　贵后阴玄
酉戌亥子　　酉戌亥子
六申　　丑阴　　蛇申　　丑常
勾未　　寅玄　　朱未　　寅白
午巳辰卯　　午巳辰卯
青空白常　　六勾青空

《玉历钤》云：此课日德发用，又是贵神，吉多凶少，凡占委曲可成。

《观月经》占曰：此课己亥年六月二十二日丁未未将卯时占之得此，盖太岁为天乙发用，末传又得月将，又是月建，木局又为印，太常乃为印绶，是为真官进用之课也。故其歌云："太岁今朝作贵人，还居发用转精神。须兼月将传中见，进职迁官拜紫宸。"

《毕法》云：亥为丁之绝神，加于干之上，凡占止宜结绝旧事，不宜更改妄为。

上神克日，三传生日，用克日，末克初。

课名元首、曲直。三传生日，中末空亡，亥乃干德、天官贵人，得此宜早图，凡事可吉，不利久也。

《义》曰：益中有损，忧中有解。变易不常，临前见泰。闻之甚喜，用之可忧。画饼充饥，不似粮糇。

《象》曰：缘木求鱼错用心，逢人空说是知音。子期去后何人识？从此高山不听琴。

此重审之卦，一曰天网，亦曰曲直。夫重审者，重而审之也。利为主，利后动，长有厄，事从内起，起于女人。以下犯上，贱犯贵，卑犯尊，事多不顺。阴小在下者，有悖逆之事。占臣未忠，子失孝，事不可遂意而行，必当审察，循乎义理，庶几以免后患也。《经》曰"天网四张，万物被伤"，为阻滞，为疑难，为灾恼。传见曲直，先曲而后直，象木之谓，当作成器。传入空乡，又难成也。此乃五行正气入十干杂糅之乡，异方三合乃生旺墓之神，事主丛杂不一，主关众人共谋，不然两三处干事，委曲托人与人相合之类。又如推磨之象，转去转来，非一遍也。上神克日，只利先讼，要有气，余不吉，常占为人所欺负。日是人相损，夜乃鬼为殃。病重可畏，幸有解。占者遇之此课，占求官，宜更改谋为。占见贵有助，未得全美。占婚姻勿成，以其日辰同位，有淫杂不贞之象也。占家宅，宜礼防闲。占财宜速取。占病者，凶中有救。占忧者，难中有解。占吉事未得全吉，凶事多有始无终。

占出兵行师得此，防有侵袭，宜备不虚，或有声而无实，惜乎未见全功也。

真一山人云：望尽天边好事来，至今犹未得开怀。若逢玉兔重生日，百遂千谋笑满腮。

《无惑钤》云：昼将脱日，全赖传力。贵德三重，夜占何益？

《钤解》曰：昼将皆土，脱盗干气，幸三传全木之力，克土生干。昼占亥乃贵德临身，能除万祸。夜占亥为日鬼，中末二传空陷，则何益哉？《集议》："首尾相见始终宜"内列此日，谓之回还格，止宜守旧，凡占不能动作，占凶凶不成，占吉吉不成。支干全逢自刑。"支干值绝凡谋决"内列此日，昼占宜告贵结绝旧事。又为互绝，最宜兑换屋宇，兑替差遣，交代职任等事。占讼先曲后直。"眷属丰盈居狭宅"内，说见本日卯加丁课。“鬼乘天乙乃神祇”内，谓丁日亥临干，乃神祇为害，不可作鬼祟。入宅乃家堂神像所致，宜修功德安慰免咎，俱为占病而言。两贵受克难干贵。

丁未日第十课

八专　闭口

阴蛇阴蛇	常后常后
丑戌丑戌	丑戌丑戌
戌未戌丁	戌未戌丁
官 辛亥 贵	官 辛亥 阴
子 庚戌 蛇	子 庚戌 后
子 庚戌 蛇	子 庚戌 后
六朱蛇贵	蛇贵后阴
申酉戌亥	申酉戌亥
勾未　　子后	朱未　　子玄
青午　　丑阴	六午　　丑常
巳辰卯寅	巳辰卯寅
空白常玄	勾青空白

《玉历钤》云：此课墓神覆日，天将又是蛇后，主暗昧不明之象，凡占凶否。

《心镜》云：日值八专惟两课，阴阳并杂不分明。不修帷薄何存礼？夫妇占时总不真。厌翳合门玄武袭，嫂通于弟妹淫兄。人间密事虽难测，玄女留经鉴此情。

上神墓盗日，用克日，日上克用。

课名八专、帷薄。墓覆干支，此课最凶，所喜亥为德神，不至于全凶，亦不可以为吉，一德扶身，万凶皆散。

《义》曰：墓身克贵，动必昏晦。问病惊凶，求事难济。人宅不分，焉可论婚？灾恼并及，心事纷纭。

《象》曰：礼谨婚姻贵在初，关雎有别意何如。不修帷薄难言及，守正于心戒莫疏。

此帷薄不修之卦，一曰天网。夫帷薄不修者，乃八专也。《经》云：八专支干共位，阴阳两课。五日四辰，表里皆拱于八极。故曰：八专尊卑共室，人宅不分。又曰：内不隔而外不遏，事多重叠，忧喜再来，干涉妇人，久而反蔽。占身宅婚姻得此，恐男女有越礼，宜严谨闺门，慎乎动静，能以礼自防者，庶几免失。故曰："以道制欲，则能顺命。"《经》曰"天网四张，万物被伤"，为阻滞，为疑难，为灾恼。日生上神，虚费百出，谋望不遂，盗失损财，人口衰残，休囚尤重，又为子孙脱漏之事。况干见墓神，支又坐于墓上，有昏蒙不振，灾滞不通之象，事当正顺，惟有德者可以当之。占者遇之此课，占求官未准。占见贵未顺。占婚姻得此，媒妁不明，男女不贞，宜礼谨之。占病者神祇不喜，虔诚祷祝，悔过迁善。占讼惊凶。逃亡自归。凡占美中不足，惟宜慎守，正以待之，妄动反生不足。

占出兵行师得此，昼占贵人，举兵开地千里，夜占中止。敌使之来，多欺诈不实，传闻之言，勿足信也。

物各有时。

真一山人云：常占尤要谨闺门，事物纷纭且莫论。不备自然知不备，好将家法教儿孙。

《无惑钤》云：昼墓救应，不幸中幸。反伤夜贵，幸中不幸。

《钤解》曰：戌乃日墓，支被墓覆，人昏宅暗，是不幸也。夜占亥乃鬼，赖此墓克制，非不幸中之幸而何？昼占亥乃贵德发用，何幸如之？却被墓神伤贵，非幸中之不幸而何？《集议》：戌加未乘蛇，西南坟墓有惊。

丁未日第十一课

重审　凝阴　六阴

贵朱贵朱	阴贵阴贵
亥酉亥酉	亥酉亥酉
酉未酉丁	酉未酉丁

财 己酉 朱	财 己酉 贵
官 辛亥 贵	官 辛亥 阴
子 癸丑 阴	子 癸丑 常

勾六朱蛇　　朱蛇贵后
未申酉戌　　未申酉戌
青午　亥贵　六午　亥阴
空巳　子后　勾巳　子玄
辰卯寅丑　　辰卯寅丑
白常玄阴　　青空白常

《玉历钤》云：此课折腰从革体也，凡事小成，不利占病。

《毕法》云：此课末传丑土生初传酉金，助其为日干之财，值此又暗中有人以财助济。

日克上神，日克用。

课名重审。此课二贵俱临四课，又入三传，昼贵作鬼在中传，事虽不备，所图须见三四贵方成。中有贵人不在位者，致力相位，可以言喜。盖夜贵作财爻动，在日上发用，便不凶也[①]。

《义》曰：极阴之象，私暗私干。文书之财，不待求望。进中有隔，隔而后退。事须重审，病讼可畏。

《象》曰：文书口舌喜财成，几欲谋为未称情。移孝为忠终见吉，渐看财禄自光荣。

此重审之卦。夫重审者，重而审之也。利为主，利后动，长有厄，事从内起，起于女人。以下犯上，贱犯贵，卑犯尊，事多不顺。阴小在下者，有悖逆之事。占臣未忠，子失孝，事不可遂意而行，必当审察，循乎义理，庶几以免后患也。《经》云："一下贼上名重审，子逆臣乖弟不恭。事起女人忧稍重，防奴害主起妻纵。万般作事皆难顺，灾病相侵恐复重。论讼对之伸理吉，先讼虚张却主凶。"酉亥丑，进间传，一曰凝阴。纯阴无阳，暗昧不明，利幽不利显。日上见财，乘朱雀，乃口舌文书之财，妻多言词。《百章》云："凝阴酉亥加大吉，幽暗不通理不宜。祈不宜灾始获宁，不然财损人又失。"占者遇之此课，有间隔之象，进中有隔，隔而后进，求官宜，昼占为"帘幕贵人高甲第"也。占见贵，必涉两贵人而后可成，贵或不见，或往他贵而后会，同官之象。占求财，恐因财惹恼。占病瘥迟。占失物宜寻，防口舌。占出行、行人有阻。讼宜和止。

占出兵行师得此，昼占口舌言词，军戎见耻，夜占贵人，举兵开地千里，但举动用事，课体多见阻也。

---

① 夜贵有不在位之说。

私暗利财。

真一山人云：帘幕相逢利士人，无刑无破作朝臣。登科甲第文星显，若是常占福亦钧。

《无惑钤》云：丁死于酉，破碎癸丑。两贵加临，事危闭口。

《钤解》曰：酉乃丁火死地。丑作破碎，遁鬼克干，极凶也。两贵入传，又重在干支之上，谓之遍地贵人，如一国三公，十羊九牧，事不归一。破碎闭口，事当危处，谨言可也。《集议》："昼夜贵加求两贵"内有此日例。末助初财。干支全逢自刑。凝阴。《引证》内苗断斗禽甚妙，占得戌时。

丁未日第十二课

重审　进茹

朱六朱六		贵蛇贵蛇	
酉申酉申		酉申酉申	
申未申丁		申未申丁	
财 戊申 六		财 戊申 蛇	
财 己酉 朱		财 己酉 贵	
子 庚戌 蛇		子 庚戌 后	
青勾六朱		六朱蛇贵	
午未申酉		午未申酉	
空巳	戌蛇	勾巳	戌后
白辰	亥贵	青辰	亥阴
卯寅丑子		卯寅丑子	
常玄阴后		空白常玄	

《玉历钤》云：此课一火制六金，力微而任重，凡占所用无成，兼传入墓，最凶。

课名重审、进茹。有两重财，事干众，近贵图望吉，宜守静以求之。

《义》曰：三传俱财，财多致灾。事多未顺，且放开怀。根苗不断，旧事从新。节外生枝，牵连于人。

《象》曰：连茹进退未从容，灾病相侵恐复重。诉讼用兵宜后动，吉人多是在阴功。

此重审之卦。夫重审者，重而审之也。利为主，利后动，长有厄，事从内起，起于女人。以下犯上，贱犯贵，卑犯尊，事多不顺。阴小在下者，有悖逆之事。占臣未忠，子失孝，事不可遂意而行，必当审察，循乎义理，庶几以免后患也。《经》云：申酉戌，进连茹也。进中有退，退而复进，事主欲行不行，欲止不止。近行者回还，欲退者升迁。三传俱财，财多反生不足。占者遇之此课，占求官迟。占见贵顺。占婚姻不宜，以其阴阳不备，人宅不分，混同淫杂而不贞，故勿用也。占病者昏重，全财病体难担。占失物宜寻。占公讼，必经年月方得结绝。占行人，进中有退，音信不便。此课不宜占产，占产得此，宜竭诚祷祀，以祈神祐可也。占逃亡自归。占男女，宜以礼自防。占忧患散迟，正静为善以化之，否则不如意也。

占出兵行师，昼占六合，尤宜获金宝之美利，夜占忧心众畏。大抵此课，不宜用兵，惟在将之权衡也。

欲速不达。

真一山人云：奇偶相并合道长，阴阳混杂岂相当？惟宜正静循乎理，化怨为恩保吉昌。

《无惑钤》云：得财失财，戌月怀胎。肠风肺喘，讼绝复来。

《钤解》曰：财临干上，先已得财，且三传俱财太旺，丁火又死于酉，反失财也。申乃丁火妻财，在九月为生气，戌月占妻定怀胎。酉为脏毒，主肠风。火又克金，主肺喘。若占病，不出此二证也。凡墓在末传，坐旺之地，讼乃再兴，病愈再发。《集议》："胎财生气妻怀孕"内有此法，谓妻作生气，纵不作胎神，亦可用，与此最合①。末助初财。墓门开，又为外丧入内，宜合寿木以禳之。全财病体难担荷。两贵不协，变成妒忌，酉加申，亥加戌，互换作六害。

① 胎财生气两分言，胎作生气，妻作生气也。

戊申日

戊申日第一课

伏吟　玄胎

白白勾勾	后后朱朱
申申巳巳	申申巳巳
申申巳戊	申申巳戊
父 乙巳 勾	父 乙巳 朱
子 戊申 白	子 戊申 后
官 　寅 蛇 ◎⊙	官 　寅 青 ◎⊙
勾青空白	朱蛇贵后
巳午未申	巳午未申
六辰　　酉常	六辰　　酉阴
朱卯　　戌玄	勾卯　　戌玄
寅丑子亥	寅丑子亥
蛇贵后阴	青空白常

《玉历钤》云：此课三传入鬼乡，全无和气，凡占所求，皆凶否不成。

《毕法》云：此课乃初传生日，然初克中，中克末，末克日干，虽得巳火生戊土，不觉迤逦克至日干，谚云“成也萧何，败也萧何”。占者必被工匠，或干办人，或自生人，作两面刀伤害。

《灵辖经》云：此课干支上下俱作六合，凡占必彼此齐气相合。又云：昼占三重白虎作长生，乃不幸中之幸；夜占青龙作日鬼，乃幸中之不幸。

上神德日，日上克辰上。

课名伏吟。诸神不动。巳带德禄为用，凡占有凶无吉，旦时虽恶不凶，雀勾有文字荐。

《义》曰：刑中之合，欲和未和。求官最吉，福禄春波。先难后易，吉少凶多。逢寅岁月，满面呵呵。

《象》曰：勾留迟滞水天然，达士知微理不偏。疑惑忧愁终见解，功名谋望未两全。

此自任之卦，一曰玄胎。夫自任者，乃天地伏吟，十二神各归本家，天地如一，四伏未发之象。占事静则宜，动则滞，主事藏匿不动，静中求劳，有屈而不伸之象。况玄胎如婴儿隐伏之状，利上不利下，事主远而多伏，暗昧不通，触则成祸，惟君子守正修德则亨。《经》云："任信伏吟神，行人立至门。失物家内盗，逃者隐乡邻。病合难言语，占胎聋哑人。访人藏不出，行者却回轮。"玄胎不宜占老人小儿病。三传互克众人欺，得此主有人迤逦克害，遂致众口相攻，中有两面是非之人，幸巳火相生，成败萧何之喻。寅鬼逢空，有声无实，又何足虑？占者遇之此课，举动未遂，凡事勾留迟滞，有屈而不伸之象。占求官，迁官捧印，白虎入庙，螣蛇生角，将以成龙变化，最宜，惜乎末传少力，须待木旺，新春年月方可有成。占见贵未顺。占婚姻难成。占财利轻。病不妨，凶有救。忧疑逃亡，访亲友得信。行人将到。交易难合。远行投谒者，徒费粮裹。

占出兵行师得此，昼占勾留失利，夜占口舌文词，终见有解也。

有始无终。春吉。

真一山人云：何事人情未足量，是非得失任更张。凶中变吉浑无虑，若有阴功福愈昌。

《无惑钤》云：迤逦不和，败也萧何。末助初生，成也萧何。

《钤解》曰：《集议》："三传互克众人欺"内有此日例，谓生变克，翻为两面刀，占者必被工匠，或干办人，或巳作两面刀。惟戊戌伏吟，巳空不足畏，好恶俱无。交车长生，宜合本作营生。"乐里悲"内列此日，长生乘虎，幸中不幸；日鬼乘蛇，不幸中幸。"宾主不投刑在上"内，谓此三刑未免无恩之意，凡占恩反怨也。人犹巳德遁乙，寅在末传，能成能败，故以萧何喻之。败则自初递来克干，成则末助初传生干是也。

戊申日第二课

元首　退茹　寡宿

脚踏空亡进用宜

青空朱六　　　蛇贵勾六
午未卯辰　　　午未卯辰
未申辰戊　　　未申辰戊

官　卯朱◎　　　官　卯勾◎
官　寅蛇◎⊙　　官　寅青◎⊙
兄癸丑贵⊙　　　兄癸丑空⊙

六勾青空　　　六朱蛇贵
辰巳午未　　　辰巳午未
朱卯　申白　　勾卯　申后
蛇寅　酉常　　青寅　酉阴
丑子亥戌　　　丑子亥戌
贵后阴玄　　　空白常玄

《玉历钤》云：此课三传皆鬼，幸是空亡，而传退不凶，却宜进步，以其空亡，凡占吉凶俱不成。

《毕法》云：此课三传皆作日鬼，幸遇鬼空，可以退灾避祸，惟不宜守旧，缘干上乘墓，反宜于三传之外向前一步，便逢禄神。此例却不宜有官人占，缘官爻空亡故也。

用克日上，用克日，初克末。

课名元首、退茹、斩关。墓来覆日，忿闷不通。三传皆空，吉凶无成。鬼作空亡，却防走失欺骗事。

《义》曰：墓覆见阻，昏蒙无观。惟喜春占，福禄绵绵。东方无位，谋为未遂。吉不为喜，凶不足畏。

《象》曰：东风次第到茅庐，无影无形岂足图？凶吉到头浑寂寂，得而复失笑号呼。

此元首之卦，一曰寡宿，亦曰天网。夫元首者，尊制卑，贵役贱之象。占事多顺，利于先举，事多起于男子。为忠臣，为子孝，正大光明而无邪僻之行，德业已著而乾乾进修，常怀危惧，惕励而无咎也。《赋》云："寡宿孤辰，值此尤妨骨肉。"若占身得此，主见孤独，别离乡井，自立门户，财物虚耗，僧道宜之，俗不宜也。《经》云"天网四张，万物被伤"，为阻滞，为疑难，为火恼。且大墓神覆日，昏蒙不通之象，所幸传空之利为解也。占者遇之此课，乃退茹也，凡事欲行不行，欲止不止，退中有进，根苗不断，旧事从新。占得此课，宜进而不宜退，退则有咎，进则有得。求官见贵者，不可退缩。占婚姻、求财未成。占暴病有解，久病凶。占失物难得。占远行者，美中难如意。公讼不成。占忧疑患难者，得此为福庆。大抵此课三传不实，如有影无形之象，指空而话空也，无心进步，好事自成。

占出兵行师得此，有失众之象。战阵之时，宜勇谋精，延其功而有功也。谨之！慎之！

事多变改。

真一山人云：几番更变逆人情，有事来干且莫行。久病之人占得此，不堪再听断肠声。

《无惑钤》云：脚踏空亡，岂容退步？肯舍危疑，青云得路。

《钤解》曰：《集议》："脚踏空亡进用宜"内有此日例，谓三传皆作日鬼，幸而空亡，足以脱灾避祸。不宜守旧，缘干上乘墓，反宜三传之外向前一步，便逢禄神。退则脚下踏空，反陷其身。凡占宜催督，退则马落空乡，进则禄居旺位。墓神覆日，危疑太甚。退而空陷坑穽之中，舍危疑之墓，向前一步，即逢旺禄。占求官必得升擢，占入试必中式，而青云得路矣。

戊申日第三课

重审　极阴

六青贵朱　　六蛇空勾
辰午丑卯　　辰午丑卯
午申卯戊　　午申卯戊

兄 癸丑 贵 ⊙　　兄 癸丑 空 ⊙
财 辛亥 阴　　财 辛亥 常
子 己酉 常　　子 己酉 阴

朱六勾青　　勾六朱蛇
卯辰巳午　　卯辰巳午
蛇寅　　未空　　青寅　　未贵
贵丑　　申白　　空丑　　申后
子亥戌酉　　子亥戌酉
后阴玄常　　白常玄阴

此课家势退矣。日上空亡克日，又作勾陈，旧事百般尽废。午蛇带羊刃临宅，主其人家争屋，必主分飞。初传丑加卯，主土塞门户。妇人脾腹疼，又有白带；自身主脾泄。末传金去被败，来年难过，主太阴、少阴二妇人管家。乙卯年主房屋毁折，各人四散矣[①]。

《玉历钤》云：日辰上卯午皆鬼，三传又退，凡占皆凶，而无所成。

《毕法》云：此课午为宅之火鬼，夜将乘螣蛇加宅，到春占又是火鬼煞，值此者必遭火灾焚烧，常人宜以井底泥涂灶禳之。惟君子不但时不忧惧，平日无不忧也，无不惧也，故能无忧无惧，何以禳之为哉？

上神克日，日上克用。

课名重审、间传、杜塞。凡用费力而阻，所喜戊见丑亥酉，丑遁癸，癸戊合，兼漏底空，忧喜无成。空亡克日加日干，占官大凶，官爻空亡故也。

《义》曰：散忧解恼，占之为吉。非为更改，且见不实。欲称心怀，须待时来。喜则未准，病可开怀。

《象》曰：病多进退往行难，有力高飞亦见难。待得震雷时岁候，渐看福寿积如山。

此重审之卦，一曰励德。夫重审者，重而审之也。利为主，利后动，长有厄，事从内起，起于女人。以下犯上，贱犯贵，卑犯尊，事多不顺。阴小在下者，有悖逆之事。占臣未忠，子失孝，事不可遂意而行，必当审察，循乎义理，庶几以免后患也。况励德，阴小有灾，一名关隔神，常人身不安，宜谢土神，贵吏主升迁，要当消息而论也。极阴之课丑亥酉，百事逢之不利。占讼事干台省。卯上加丑，抬土当门，作事不顺。退间传，退中有进有隔，隔而方通。上神克日，只利先讼，要有气，余不吉，病有祟，常占为人所欺负。所幸作空，虽有不足，亦化之也。占者遇之此课，占求官吉，必见更方就。见贵未顺，不然彼此多疑，或被人说破。占婚姻亦然，若勉强成之，终见反目。占病讼有解。占财不遂所欲。占远行及行人，有阻不妨。逃者访亲友可得信。占投谒，徒劳而已。

占出兵行师，凡有所闻，不可遽信，以其不实之谓。虽有侵袭，备之无害。昼占吉，夜占不实，课体多不顺非实。

春雷起蛰。

真一山人云：虹电气象见英豪，浑俗和光杂布袍。浪暖桃开应变化，峥嵘头角谒震朝。

---

① 《壬占汇选》作：己酉年六月初一戊申日未将酉时，刘秘教己巳生，四十一岁占家宅。

《无惑钤》云：占身卜宅，总是上克。祸及常流，仕宦亦得。

《钤解》曰：《集议》："三传互克众人欺"有此法，凡占遇朱雀作日鬼加干上，朝官防遭章劾。上书献策，反受责黜。禄临支。极阴："极阴之课丑亥酉，百事逢之悉皆丑。占讼省部方端的，病死定为不长久。"春占午乃火鬼，夜乘螣蛇克宅，身被卯克，宅被午克，常人占此，必有官司灾祸。卯乃日之真官，若在仕宦求进却宜，但极阴课体，凡事生灾生变，大抵不美。真贵发用，此与其他极阴稍异。

戊申日第四课

知一　玄胎　孤辰　天网　闭口

我求彼事干传支　避难逃生须弃旧

蛇勾阴蛇　　　青朱常青
寅巳亥寅　　　寅巳亥寅
巳申寅戊　　　巳申寅戊

官　寅蛇◎　　官　寅青◎
财辛亥阴⊙　　财辛亥常⊙
子戊申白　　　子戊申后

　蛇朱六勾　　　青勾六朱
　寅卯辰巳　　　寅卯辰巳
贵丑　　午青　空丑　　午蛇
后子　　未空　白子　　未贵
　亥戌酉申　　　亥戌酉申
　阴玄常白　　　常玄阴后

此课占官，要见官星。今日上寅作青龙，真官星也。奈寅空亡，空亡逼日干戊，戊不得已却去就宅，作朱雀。宅神又去加亥，作末传。先生云："吾丈此任，莫不虚赴？盖虚官在身戊之上，巳乃禄神，又去就支申，就不得，乃传出宅去，故主权摄不正。不正如何？有姓陈人与吾丈不足，避嫌却去西南上权摄，后陈退了，方得赴正任。兼临行时，妇人大病，行年午作螣蛇故也。食禄在来年十月。"邓巡辖授沆州，合当十一月上任，缘陈提刑与其尊人有仇，至半途来报，未敢进。过鄂州，渠尊人与太守有旧，遂以此告太守，令权公使库，及提辖三酒务。至次年八月，陈提刑替去，方始前去，十月交割了。若是寅作青龙不空，即便赴任也。既空却虚逼日，日去加辰，巳火又去克申金，是半途方遇主人。又戊禄在巳，巳与申金合，日禄加在支上，所以兴权摄之意。官鬼及退去，是正禄之任不可望。末之支神，临在亥地，却是食禄之时。所以在来年者，太岁上有贵人。十月者，支神所在之地也[①]。

《玉历钤》云：此课日鬼加日为用，昼螣蛇不可用，夜青龙为吉，凡占费力后成。

《毕法》云：此课干上寅乃支之驿马，支上巳乃干之禄神，名富贵卦。君子占之，加官进禄；常人占之，身动宅迁。

上神克日，日上生辰上，用克日，末克初。

课名知一、病玄胎。空寅加戊，为空亡克日，凡有进望求谋，虚声无实，欲进费力，且阻伤也。暮稍吉，亦不济事。

《义》曰：功既未成，名亦难就。寅虎岁月，乃是时候。志欲力行，事值变更。欲知何似？风逐浮萍。

《象》曰：一江碧水漫攸攸，旅客孤身到岸头。野渡无人空着力，待时方可觅扁舟。

此知一之卦，一曰玄胎，亦曰孤辰。夫知一者，知一而不能知两，知者以为自知、自见，不知为寇仇，故言知一也。以此为用，舍远就近，舍疏就亲，恩中生害，事多起于同类，凡事狐疑，事贵和同乃吉。《经》云“天网四张，万物被伤”，为阻滞，为疑难，为灾恼。况玄胎如婴儿隐伏之状，利上不利下，事主远而多伏，暗昧不通，触则成祸，惟君子守正修德则亨。且孤辰有茕茕孑立之象，占人别离乡井，凡所占谋，多虚少实，功名难遂，事业虚花。上神克日，只利先讼，要有气，余不吉，病讼凶，常占为人所欺负。幸作空有解，而化为吉。占者遇之此课，占求官吉，然未得时，须待木旺春令可也。占见贵求事和合。占交易、婚姻、投谒，不宜勉强为之，终不如意。占求财有变。占暴病吉，久病、老人小儿病凶，宜修德禳化。占失物难得。闻事多不实。占成事难成，散事易散，大利忧疑惊恐，为福星也。

占出兵行师，虚惊不宁，失众之象，贵在为将者权变也。

寅年月吉。

真一山人云：数定于前吉偶然，吉人成败总由天。顺将义理行将去，莫向人中竞后先。

《无惑钤》云：尊就卑傍，彼己不臧。两贵抱恶，可脱凶殃。

---

① 《壬占汇选》作：己酉年四月戊申日酉将子时，邓巡辖戊寅生，三十二岁占赴任。

《钤解》曰："避难逃生须弃旧"内列此日，禄临支，上神六害。"富贵干支逢禄马"内列此日，谓为真富贵卦。君子占之，加官添禄，富贵双全；常人占之，宅移身动，病讼俱凶。助桀为虐，递生日鬼。"宾主不投刑在上"内有此日例，为自己熬煎，他人逸乐。干加支，乃支干相会，上下作六合。"彼此全伤"说见丙午日第七课。干往加支，名求受格，求而受之，虽费力却得其财，无空方吉，但戊被寅克，申被巳克，彼己俱不善也。昼夜贵人入狱，自将掩恶，何暇为人？寅虽日鬼旬空，又被末传申克，其凶破，可以脱免，而求事则无成也。

戊申日第五课

重审　润下　斩关

首尾相见始终宜

蛇 玄 勾 贵	青 玄 朱 空
子 辰 酉 丑	子 辰 酉 丑
辰 申 丑 戊	辰 申 丑 戊

财 壬子 蛇	财 壬子 青
子 戊申 青	子 戊申 蛇
兄 甲辰 玄	兄 甲辰 玄

贵 后 阴 玄	空 白 常 玄
丑 寅 卯 辰	丑 寅 卯 辰
蛇子　　巳常	青子　　巳阴
朱亥　　午白	勾亥　　午后
戌 酉 申 未	戌 酉 申 未
六 勾 青 空	六 朱 蛇 贵

此课土日得财局，须是用财为之，却占漕司，正是申子辰水局也。既以漕司为财，须费己财为佳。身上见日贵作天空，谓之帘幕贵人，驰声于我，我遂得声誉于他。宅上作玄武，是本司作贼，须互换名字，反换卷子，并令人代之，此所以不正中也。甲辰旬十日，皆是辰是魁星，乃为魁首也。不知何以有成？即日东方江边之职，鱼盐之

监也。邓宅是积代武官，大有钱谷。申子辰正是漕司之局，戊用水为财，所费不可言。身上有天空，虽得文星，虚名而无实用。又闻有易卷之说，不知如何也。末传归宅见辰，却是甲辰，旬中魁首也，作本经魁。次年虽有文试不中，却试弓马，得明州象山县监税务。戊土以辰为库，辰土生于申，乃真库也。凡库与墓，二者一同，何以分别？当以生处为库，囚死处为墓。今辰生于申，是真库也。天罡是盐鱼之物，故监务兼煎盐，致此实大验也①。

《玉历钤》云：此课润下卦也。惟青龙为吉，玄蛇皆凶，凡见贵、求名、求财、求婚皆吉，缘青龙旺之也。占病必死，为末传为日主之墓也。

《毕法》云：此课干上丑乃旬尾，支上辰乃旬首，名曰一旬周遍格。凡值此者，所事不脱，所谋必成，求名登科而代其工，诉讼得理而易其局，但解散之事则未散也。

《龙首经》曰：此课申子辰水局皆为财，兼昼夜天将皆水中之兽，若在秋冬旺相之时占，求财却无财也。果欲求财，反费已财。缘水自贪已之生旺，不欲与我作财，直待身旺之月，及财气稍衰之月，方可取财，不致其害也。

日上克用，日克用，末克初。

课名重审。三传皆财，天将一类，重重财喜，秋冬十分吉，余时亦吉，先难后易，自然和合，不利占父母。

《义》曰：三合俱财，长上忧灾。常占得此，财喜频来。事固有成，宾主尚猜。末后自刑，少弄些乖。

《象》曰：三六相逢见喜忻，事成原自赖天人。忧惊从此浑消释，金水时年福禄真。

此重审之卦，一曰润下。夫重审者，重而审之也。利为主，利后动，长有厄，事从内起，起于女人。以下犯上，贱犯贵，卑犯尊，事多不顺。阴小在下者，有悖逆之事。占臣未忠，子失孝，事不可遂意而行，必当审察，循乎义理，庶几以免后患也。且润下，主沟渠、水利、舟楫、渔网之类，动而不息之象，流而必清，滞则不竭，宜动不宜静，事主关众人，亲朋相识之务，克应多过月，牵连疑二，利占成合，不利占解散。此为五行正气入十干杂糅之乡，异方三合乃生旺墓之神，事主丛杂不一，主关众人共谋，不然两三处干事，委曲托人与人相合之类。又如推磨，转去转来，非一遍也。占者遇之此课，占求官大吉，昼占帘幕贵人，高登及第，龙蛇乘类，喜事重重，贵能成事，占散事并胎产反迟滞，以其三六合也。占见贵、交易、投谒、婚姻之事俱吉，但恐宾主少见不投之意，干支上见丑辰相破故也。占求财，反有所费。占逃者自

① 《壬占汇选》作：建炎己酉年四月初一戊申日酉将丑时，邓十八官人乙酉生，生于二月十二日亥时，二十五岁占漕试。

归，或访于亲友之家。占忧惊无事，迟迟见喜。

占出兵行师得此，昼占惊畏，夜占得胜，大获珍宝也。

利秋冬。

真一山人云：金清水白正寒凉，篱菊新来分外香。谁解江梅香又艳？这般风和不寻常。

《无惑钤》云：干乘旬尾，支乘旬始。递互暗昧，秋冬财喜。

《钤解》曰：丑乃旬尾加干，辰乃旬首加支，谋事有成，解事不脱。且干乘支墓，支乘干墓，互相蒙蔽，暗昧欺瞒。传将俱财，财大旺也。秋冬求财，反伤己财；春夏得此，乃财喜也。《集议》："首尾相见始终宜"内列此日。"传财太旺反财亏"内有此日例，最详。"干支乘墓各昏迷"内列此日，谓"天网恢恢，疏而不漏"，互墓故也。戊子日，子加辰用，为收魂神，占病不吉。子加辰用，得蛇，主妇人哭泣之事。四课三传俱合，万事喜逢三六合。

戊申日第六课

涉害　度厄　不结果

胎财生气妻怀孕

六 阴 空 蛇	六 常 贵 青
戊 卯 未 子	戊 卯 未 子
卯 申 子 戌	卯 申 子 戌
财 壬子 蛇	财 壬子 青
兄 丁未 空	兄 丁未 贵
官 寅 后 ◎	官 寅 白 ◎
蛇 贵 后 阴	青 空 白 常
子 丑 寅 卯	子 丑 寅 卯
朱亥　辰玄	勾亥　辰玄
六戌　巳常	六戌　巳阴
酉 申 未 午	酉 申 未 午
勾 青 空 白	朱 蛇 贵 后

《玉历钤》云：此课日辰上神子卯相刑，初中相害，气象不和，凡占不可用。

《毕法》云：此课干上子，若正月占，必主妻有孕喜，盖以“戊己土神胎在子”。故歌云：“戊己当绝在亥怀，明知子上是胞胎。”盖干之胎神作月内生气故也。

日克上神，日上生辰上，日克用。

课名涉害。结绝旧事，新事重谋再进，方可用望，盖子来加巳为极阳，戊癸为合百事昌。末传空亡，主凶吉无成，凡事宜速。

《义》曰：往返波波，其奈之何？用逢夹克，事见蹉跎。求谋迟阻，忧险消磨。虚声更变，浩浩而歌。

《象》曰：荆山美玉未逢时，空使高明几惜奇。良璞终逢良士识，且随珷玞杂顽石。

此见机之卦，一曰龙战。夫见机者，察其微，见其机，谓两比两不比，当以涉害为用。涉害有浅深，欲用不用，欲言不言，事有两而取一，所作稽留，迟疑艰难，进退不定，忧患难消，怀孕伤胎，难于前而易于后。况龙战，主人心疑惑，进寸退尺，动有乖离之象。卯酉为天之私门，生杀有限，分杜有期，雷动龙奔，示其有战。日上见财，妻美有财。一本作子未寅，此戊巳子，以戌加卯，上克深之。二课始终互见传空，大同小异。占者遇之此课，占求官反复而后可成，或有声而无实，或有始而无终。占见贵，不投宾主。占交易亦然。占求财虽有，卒难称遂。占病有解。占失物急寻，亦难全美。占婚姻难成，若勉强成之，终见反目。占远行，不惟有阻，抑且难于起身也。占投谒人者，号曰“行役徒劳费粮裹”也。占逃者自归，宜访问亲友。狱讼和解，忧患易消也。

占出兵行师，有相战之势所解，昼夜占皆吉也。

更变不一。

真一山人云：门户虚豮不足嗟，胸襟大展度年华。功名富贵难终始，百岁光阴一炬花。

《无惑钤》云：巳申和美，以致无礼。涉险登危，全无畏矣。

《钤解》曰：日辰巳申相合，上神子卯相刑，是和美中以致无礼也。课体涉害，又系度厄，鬼在末传，可谓涉险厄而登危极矣。喜末寅旬空，凶随空散，俱不足畏也。《集议》：“人宅皆死各衰羸”内列此日，谓支干互乘死气，惟不宜吊丧问病，如乘月内之死气，尤的。占病必死。克处回归，又受上克。两贵相协。子乃戊土胎财，正月为生气，主有孕喜。“用破身心无所归”内列此日，有说。

戊申日第七课

反吟　玄胎　天网

来去俱空岂动移　空空如也事休追

青后常朱　　　蛇白阴勾
申寅巳亥　　　申寅巳亥
寅申亥戊　　　寅申亥戊

官　寅后◎　　官　寅白◎
子戊申青⊙　　子戊申蛇⊙
官　寅后◎　　官　寅白◎

朱蛇贵后　　　勾青空白
亥子丑寅　　　亥子丑寅
六戌　卯阴　　六戌　卯常
勾酉　辰玄　　朱酉　辰玄
申未午巳　　　申未午巳
青空白常　　　蛇贵后阴

《玉历钤》云：此课反吟，寅为日鬼，加申受制，又是绝地，昼贵可以用事，反复后成，夜贵凶否。

《毕法》云：此课若三月占事，则生气克日，是幸中之不幸。死气生日，是不幸中之幸也。又云：绝神作日之财神，止宜结绝财物之事，不宜占病。

日克上神，日上生辰上，用克日。

课名反吟。三传脱体空亡，往来无实，且后龙虽吉，终皆无用。

《义》曰：得吉莫喜，得凶勿忧。任他变化，亦且藏修。既无其位，难任其事。水火不交，谓之未济。

《象》曰：知机高蹈是清闲，绿水青山不尽看。一具簑衣无限美，渔舟野唱自心欢。

此无依之卦，一曰玄胎，亦曰天网，又曰孤辰。夫无依者，即反吟也。《经》云：

"无依是反吟，逃者远追寻。合者应分散，安巢别改林。守官须易位，结友也分襟。所为多反复，占病数般侵。"反吟刑冲，事主迟滞，远近系心，更相仇怨，且反复而呻吟，是无予夺而难息也。况玄胎如婴儿隐伏之状，利上不利下，事主远而多伏，暗昧不通，触则成祸，惟君子守正修德则亨。夫天网者，即天网四张也，《经》曰"天网四张，万物被伤"，为阻滞，为疑难，为灾恼。且孤辰有茕茕孑立之象，占人别离桑梓，凡所占谋，多虚少实，功名难遂，事业虚花。日上见财，妻美口舌财不及。占者遇之此课，占求官，合中有破，惟利春占庶可，若其他时否臧。占百事皆不遂意，有声无实，纵有所得，亦未久远。占暴病为福，久病大凶。占狱讼有解。占忧患易消。

占出兵行师得此，忧失众之象，所望未易成功。敌有来使，及传报之情，多虚少实，不可遽信。大抵此课，吉不成吉，而凶不成凶也。

爻象无位。

真一山人云：百年岁月一浮沤，金紫虚名早罢休。无辱无荣无限福，渴时饮水醉时讴。

《无惑钤》云：虎鬼空排，切勿探财。如逢亥水，生起寅来。

《钤解》曰：亥为日财，寅乃虎鬼，财虽临干，却生初末虎鬼。戊若贪取亥水之财，亥去生寅，反有祸矣，纵空亦可畏也。《集议》："干支值绝凡谋决"内列此日，谓财鬼作绝，宜结绝财物事。占妻病必死，作月内之死气者，妻死尤速。夜贵加昼，宜暗求关节。三月占，申乃死气生日，不幸中之幸。交互六害。

戊申日第八课

元首　斩关　孤辰　天网

白 贵 阴 六	后 空 常 六
午 丑 卯 戌	午 丑 卯 戌
丑 申 戌 戊	丑 申 戌 戊

官　卯 阴 ◎	官　卯 常 ◎
子 戊申 青 ⊙	子 戊申 蛇 ⊙
兄 癸丑 贵	兄 癸丑 空

	六朱蛇贵			六勾青空	
	戌亥子丑			戌亥子丑	
勾酉		寅后	朱酉		寅白
青申		卯阴	蛇申		卯常
	未午巳辰			未午巳辰	
	空白常玄			贵后阴玄	

此课无造化。戊以卯为官，是卯乃旬空也。以申为长生学堂，又在空亡之上。末传丑，丑又来刑日上戌，夜占丑作天空，日贵人空虚，是贵人无位也。晚年独孤，只与数婢过残生，俱不见妻子。后果然①。

《玉历钤》云：空亡发用，忧喜不成。

用克日上，用克日，初克末。

课名元首。只宜散忧，若谋望托人无力，先难后易，所得亦薄。

《义》曰：伐柯如何？匪斧不克。娶妻如何？匪媒不得。课既失位，谋事难济。待时后行，财禄毕至。

《象》曰：君子随时道自亨，营谋事业且消停。事当难处宜相缓，万树桃花见子成。

此元首之卦，一曰天网，亦曰寡宿，又曰斩关。夫元首者，尊制卑，贵役贱之象。占事多顺，利于先举，事多起于男子。为臣忠，为子孝，正大光明而无邪僻之行，德业已著而乾乾进修，常怀危惧，惕励而无咎也。《经》曰“天网四张，万物被伤”，为阻滞，为疑难，为灾恼。又曰：寡宿孤辰，值此尤妨骨肉。占身得此，主见孤独，别离乡井，自立门户，财物虚耗，僧道宜之，俗不宜也。况斩关不利安居，有奔亡之象。斩关，《赋》云“波波在外”，斩关不利于安居。占者遇之此课，二月占事可望，若在夏秋之时，所占未得成就，由其木之休囚也。又主客不和，宾主不投。占求官见贵，有此之执，岂能成乎？占暴病得之为福，久病得之，又可大息也。占交易、婚姻、投谒、请求者，且待时而守之，倘妄行，反招不如意。占忧疑、患难、狱讼得此，虽难亦有解释。

占出兵行师得此，有战阵之忧。逢敌之扰，但未免有声无实，又虑夫失众之象，惟在将者之权变也。

未可凭信。春吉。

真一山人云：喜不喜兮忧不忧，时来事事遂良谋。而今纵得难还用，自有亨嘉在

① 《壬占汇选》作：己酉年六月戊申日未将寅时，刘千运丙寅生，四十四岁占前程。

后头。

《无惑钤》云：发用须凶，赖系旬空。如论夜将，三位无踪。

《钤解》曰：卯乃鬼发用，系空不凶也。申又落空，丑俱乘空，夜占乃如此论，何踪迹之有乎？

戊申日第九课[①]

元首　励德　润下

玄 蛇 贵 勾			玄 青 空 朱		
辰 子 丑 酉			辰 子 丑 酉		
子 申 酉 戊			子 申 酉 戊		
兄 甲辰 玄			兄 甲辰 玄		
子 戊申 青			子 戊申 蛇		
财 壬子 蛇			财 壬子 青		
勾 六 朱 蛇			朱 六 勾 青		
酉 戌 亥 子			酉 戌 亥 子		
青申		丑贵	蛇申		丑空
空未		寅后	贵未		寅白
午 巳 辰 卯			午 巳 辰 卯		
白 常 玄 阴			后 阴 玄 常		

此课干支之上，俱逢脱气，主有盗脱之忧。互换又坐墓，不宜两相投奔，奔乃愚蠢之人也。破碎临干，耗费不资。子乘龙加申，主望远处医僧。又是死奇，主死亡奇怪之事。干贵失靠，功名升迁不吉。月到中秋分外明，水逢冬月更澄清。水光月色真堪羡，万事将亨皆自成。

《无惑钤》云：破败干支，钱财满路。彼己乘脱，递互坐墓。

① 原抄本无向后四课钤文，今据《无惑钤》少补。

戊申日第十课

蒿矢　玄胎　孤辰　天网

后	朱	朱	青			白	勾	勾	蛇	
寅	亥	亥	申			寅	亥	亥	申	
亥	申	申	戊			亥	申	申	戊	

官　寅后◎　　　官　寅白◎

父　乙巳常⊙　　父　乙巳阴⊙

子　戊申青　　　子　戊申蛇

	青	勾	六	朱			蛇	朱	六	勾
	申	酉	戌	亥			申	酉	戌	亥
空未				子蛇		贵未				子青
白午				丑贵		后午				丑空
	巳	辰	卯	寅			巳	辰	卯	寅
	常	玄	阴	后			阴	玄	常	白

此课刑冲破害俱见，全无和气，又支上勾朱乘六害，主是非交加，累己害宅。不如舍脱就生，以求在外之合，岂可家居以自苦乎？况系生胎，主事生新。蒿矢寅空，且在第四课发用，为远射，全无可畏。虽初事难，谋如再进，则逢德逢禄，终遇生合，动无不臧。

《无惑钤》云：禄马德财，各就长生。仕宦宜占，众口纷纷[①]。

戊申日第十一课

重审　向三阳

① 一作：蒿属朽木，逢申委镞。格居三会，两贵履狱。

后玄常空　　白玄阴贵
子戌酉未　　子戌酉未
戌申未戊　　戌申未戊

财 壬子 后　　财 壬子 白
官 　寅 蛇◎　　官 　寅 青◎
兄 甲辰 六⊙　　兄 甲辰 六⊙

空白常玄　　贵后阴玄
未申酉戌　　未申酉戌
青午　　亥阴　　蛇午　　亥常
勾巳　　子后　　朱巳　　子白
辰卯寅丑　　辰卯寅丑
六朱蛇贵　　六勾青空

此课干上逢刃，支乘比劫。绝财夜虎，引入鬼墓空陷之乡，究有何益？不如守分安心，反有知音相遇也。一下逆上，忧惊不免，事宜后起，祸从内生，孕内男形，喜事成恶，亲亦作凶。谋阻，财难入手，干贵宜。

《无惑钤》云：虎载财走，不得入手。用尽己心，笑破人口。

戊申日第十二课

仰视昴星　虎视转蓬

玄常空青　　玄阴贵蛇
戌酉未午　　戌酉未午
酉申午戊　　酉申午戊

兄 庚戌 玄　　兄 庚戌 玄
子 己酉 常　　子 己酉 阴
父 丙午 青　　父 丙午 蛇

	青	空	白	常			蛇	贵	后	阴	
	午	未	申	酉			午	未	申	酉	
勾巳					戌玄	朱巳					戌玄
六辰					亥阴	六辰					亥常
	卯	寅	丑	子			卯	寅	丑	子	
	朱	蛇	贵	后			勾	青	空	白	

此课干支皆乘旺神，止宜坐谋，人宅自必亨快。若一轻动，变成网罗兜裹身宅，反致凶咎。况虎视转蓬，占事有惊，亦利守静，乃虎蛇当道，不利攸往也。行人有禁，越度稽留，占孕是男，祸起无由。晦明相兼道在中，将逢内战亦论凶。事当难处宜斟酌，化祸为福滞自通。

《无惑钤》云：玄武加酉，奴婢必走。既撞罗网，奸盗束手。

己酉日

己酉日第一课

伏吟　六阴

昼	夜
玄玄白白	后后蛇蛇
酉酉未未	酉酉未未
酉酉未己	酉酉未己
子 己酉 玄	子 己酉 后
兄 丁未 白	兄 丁未 蛇
兄 癸丑 蛇	兄 癸丑 白
青空白常	六朱蛇贵
巳午未申	巳午未申
勾辰　　酉玄	勾辰　　酉后
六卯　　戌阴	青卯　　戌阴
寅丑子亥	寅丑子亥
朱蛇贵后	空白常玄

《玉历钤》云：此课昼夜天将皆是凶神，凡占一切凶否。

《毕法》云：此课日上见未，上有蛇虎，是脱气而带凶神。其端虽微，其积甚凶，占者不可不戒谨恐惧而为之备也。且福生于一小善，祸起于一小不善。万者一之积，大者小之积。善可积也，不善不可积也。积斯渐，渐斯极，极斯作。及其作而始图之，其有及乎？唯君子当伏吟之时，虽喜而忧，虽安而危，且皇皇我救，敝衣之袽，为窒隙之具，以备舟楫之用，又且终日而戒我疑我，无顷刻而不戒不疑我，常若夜半而水覆至我，如是则有备无患，伏匿之小凶，不足忧矣。

日上生辰上。

课名伏吟。所占万事，只宜守静，动则招凶，传无和气故也。幸无鬼爻，不大忌。

《义》曰：木既失位，占官未济。且待春时，方可求仕。昼贵不和，何必张罗？占病有忌，为善须多。

《象》曰：暗中不足几人知？动定防他用巧机。历过这回难险处，将来步步得便宜。

此自信之卦，一曰龙战。夫自信乃天地伏吟，十二神各归本家，天地如一，四伏未发之象。占事静则宜，动则滞，主事藏匿不动，静中求劳，有屈而不伸之象。《经》云："任信伏吟神，行人立至门。失物家内盗，逃者隐乡邻。病合难言语，占胎聋哑人。访人藏不出，行者却回轮。"况龙战，主人心疑惑，进寸退尺，动有乖离之象。卯酉为天之私门，生杀有限，分杜有期，雷动龙奔，示其有战。日上见鬼墓，危而不安之象。《经》云：鬼住墓中，危疑者甚。若明见其鬼，犹可避之；墓中之鬼，人所难见，以墓多昏蒙也。此鬼非鬼神之鬼，乃贼害之谓。常占防暗中侵害，病讼凶，况乘白虎，尤为可畏，当修德惕励以预防之，庶几免乎伤也。占者遇之此课，占求官见贵未和。占婚姻勿成。求财难得，虽得不偿费也。占远行，防御动静谨慎。走失难见。所谋不足，徒劳心志。

占出兵行师，昼得防失物忧愁，夜得无威不宁，大宜防范侵袭之扰，不然恐致疏虞之悔。

二之中，四之下。

真一山人云：积善逢凶自不伤，谋为先要识行藏。我言动用不如守，待得时来百事昌。

《无惑钤》云：静躁不常，失脱须防。动之逢虎，闭口则昌。

《钤解》曰：伏吟主静，未丁则又动也。初酉乘玄，必有失脱之虞，不可不防。稍动必逢丁虎，祸不免也。末传丑乃旬尾，闭口则昌泰也。《集议》："前后引从升迁吉"内列此日，干支拱定夜贵申，若夜占，宜告贵用事。任信丁马，静中求动终是静。如占干求，先蒙允许，后必改易。如占访人，虽不藏匿，或有事出干，必在他处相见。未虎临干，占病腰痛。

己酉日第二课

俯视昴星　冬蛇掩目

魁度天门关隔定　旺禄临身休妄动

白常青空	蛇贵六朱
未申巳午	未申巳午
申酉午己	申酉午己

兄 庚戌 阴	兄 庚戌 阴
父 丙午 空	父 丙午 朱
子 戊申 常	子 戊申 贵

勾青空白	勾六朱蛇
辰巳午未	辰巳午未
六卯　　申常	青卯　　申贵
朱寅　　酉玄	空寅　　酉后
丑子亥戌	丑子亥戌
蛇贵后阴	白常玄阴

《玉历钤》云：凡戌加亥，谓之阴关，凡百用事，不能无阻。

《毕法》云：戌为天魁，亥为天门，凡戌加亥为用者，为之魁度天门，一切谋用，皆被阻隔。又云：午为干之禄神，临于干上，为自守旺禄，不可舍此别谋动作。

《金匮经》曰：此课以虎视为名，一虎也；第四课未加申，二虎也；末传又申，三虎也。凡值三虎，惊危凶险，曷可胜言？占者战兢恐惧以修省不懈，庶乎可免矣。故曰：避患者人也，使之无患者天也，人以至诚感天，则天以福德佑人。

上神生日，日上克辰上。

课名昴星、芜淫。有隐伏之象。戌亥阴关，动中难阻，必主晦昧不明，谋事犹豫。所喜午加未，人来合己，凡事先阻后成，暮占有贵人来。

《义》曰：主客不和，根本既失。冬蛇掩目，占之少益。上神幸生，化凶为吉。进退疑惑，目下小郁。

《象》曰：一吉能消千种忧，求谋小就有缘由。而今未遂心中美，渐见晴云薄雾收。

此冬蛇掩目之卦。夫冬蛇掩目者，昴星之谓。酉中有昴日鸡，故用酉下为用。酉为天之私门，肃杀之地，仰俯取之，又为藏蛰掩目不动，提防暗昧忧疑。《经》曰："用起昴星为虎视，秋分在酉为生死。出入关梁日月门，举动稽留难进止。刚日出门身不归，柔日伏匿忧难起。女多淫泆问何因，此地为门难禁止。"幸上神生日，所谋百事吉，运用如意，遇灾不凶，逢吉愈吉。若当季神生日，主声名显达，岁命生日者，尤为吉昌。占者遇之此课，占求官见贵不喜。占婚姻得此，夫妻终不能和。占交易逢之，主客谁怜未合，千里投人，无心相好，对面共谈，有言多假。占求财未济。占谋望难成。占病多反复惊忧。讼见不和失义。占远行不利。行人望归。占失物宜寻。逃亡难得。凡占虽有维持，到底也知着力。

占出兵行师得此，大概不宜，昼夜所占，中途而止。利先动，利为客。敌有使来，其言多诈，怀计而要，宜防范谨之。

勿轻与交。

真一山人云：人来相助喜非常，事到途中未足良。但解甜从苦里出，这些滋味要推详。

《无惑钤》云：昼将属阴，课传两申。四虎相聚，禄位空存。

《钤解》曰：午禄乘空，不足守也。况课传四虎相聚，惊忧灾祸不小。昼占辰之阴神乘白虎，支上一申，末传一申，为三虎，卦名虎视，非四虎共聚而何？《集议》：“虎视逢虎力难施”内列此日，如前说。昼占帘幕临支。“旺禄临身徒妄作”内列此日课，有说在钤内。昼太常加长生临支宅，有婚礼之喜，宜开彩帛铺，或酒食店肆。“魁度天门”内列此日。

己酉日第三课

蒿矢　泆女　断涧　寡宿

青 白 六 青　　　六 蛇 青 六
巳 未 卯 巳　　　巳 未 卯 巳
未 酉 巳 己　　　未 酉 巳 己

官　卯 六 ◎　　　官　卯 青 ◎
兄 癸丑 蛇 ⊙　　　兄 癸丑 白 ⊙
财 辛亥 后　　　　财 辛亥 玄

六 勾 青 空　　　青 勾 六 朱
卯 辰 巳 午　　　卯 辰 巳 午
朱寅　　未白　　　空寅　　未蛇
蛇丑　　申常　　　白丑　　申贵
子 亥 戌 酉　　　子 亥 戌 酉
贵 后 阴 玄　　　常 玄 阴 后

《玉历钤》云：此课蒿矢空亡发用，吉凶不成，凡占不可动用。

《毕法》云：此课末助初传而克日干，然初传空亡，本无意克其日干，其末传徒为冤憎教唆之人，奈初传无力，终不能克干也。吠犬不噬，此例似之。

上神生日，日上生辰上，用克日。

课名蒿矢。带空亡，为妄矢。损财转托，谋亦无成，持有虚声，却亦无凶，亦须出旬，方可望成，以亥卯未合成官局也。

《义》曰：用起虚声，勿足观听。欲吉未吉，言凶未凶。难成易失，散忧解惊。进退不遂，可恼人情。

《象》曰：蒿矢虚惊不足忧，逢凶化吉解仇尤。美中未足勿违礼，暴病逢之福可求。

此蒿矢之卦，一曰寡宿，一曰泆女，又曰天网。《经》云："神遥克日名蒿矢，射我虽端当不畏。贵人逆转子无良，天乙顺行臣不义。家有宾来不可容，亦忧口舌西南至。"然事主动摇，人情倒置，象如以蒿为矢，射虽中而不入，祸福俱轻，求事难成，利主不利客。占行人来，访人见。若带金煞，亦能伤人，主蓦然有灾。传见寡宿，《经》云："占人孤老谁扶持？空室穷炊岂得存？"又曰："占人孤独离桑梓，财物虚无伴不亲。官位遇之须改动，出行防贼拟人侵。"所闻传事皆无实，卒病即瘥，久病难痊。况泆女，《经》云："天后常为厌翳神，须知六合是私门。二将取名称泆女，夫妻失友异情恩。"此乃暗昧不明之象，占婚姻不宜，媒妁不明，占男女不正，多私意，占家宅宜谨慎闺门。且天网者，即天网四张也，《经》云"天网四张，万物被伤"，为阻滞，为疑难，为灾恼。上神生日，所为百事吉，虽有助，不过虚声，或有名而无实也。占者遇之此课，发用无力，谋干难成，间隔相阻，进退不利，有所求者，未见遂心，惟利忧疑、患难、狱讼者，却为福星。

占出兵行师，昼占得此课，惊忧失众，夜得大胜。大抵功不成，名不就，吉不吉而凶不凶也。

望未如心。春吉。

真一山人云：得失相仍贵自持，事多更改预当推。惟宜小就方为美，谋大由来未可期。

《无惑钤》云：破碎乘乙，三传无益。舍此归家，终受灾疫。

《钤解》曰：巳乃破碎遁乙，虽生不足守。及投三传，初中空陷，末遁辛亥，夜占乘玄，俱无益也。舍之而复归本家，又被支酉脱败，终受疾疫而不免矣。《集议》："蹈却空亡进用宜"内列此日，三传乃三旬空亡，谓向后全无实义，尽无所就。"避难逃生须弃旧"内列此日，谓舍益就损。"末助初兮三等论"内列此日，谓抱鸡不斗。"空上逢空”内谓遥克空亡，凡占皆虚无也。

己酉日第四课

元首　高盖　三交　斩关　励德　闭口　龙战　不行传

六 空 蛇 勾　　　白 阴 青 常
卯 午 丑 辰　　　卯 午 丑 辰
午 酉 辰 己　　　午 酉 辰 己

父 丙午 空　　　父 丙午 阴
官　 卯 六◎　　官　 卯 白◎
财 壬子 贵⊙　　财 壬子 勾⊙

朱 六 勾 青　　　空 白 常 玄
寅 卯 辰 巳　　　寅 卯 辰 巳
蛇丑　　午空　　青丑　　午阴
贵子　　未白　　勾子　　未后
亥 戌 酉 申　　　亥 戌 酉 申
后 阴 玄 常　　　六 朱 蛇 贵

《玉历钤》云：此课酉日，午火加酉上，谓之死火入门，最凶，幸得阴空稍吉，然不为福，凡事亦不可用。

《毕法》云：此课干上辰虽生支，却墓其干。干者身也，支者宅也，辰土，干之同类也，值此必有同类兄弟或族中亲人当家，作弊欺罔而欲私擅家产者。君子曰：藏物不谨，而盗窥之，纵而窃之，非盗之罪也，吾之过也。《易》曰：慢藏诲盗，矧吾财固当周人，况族之亲，况兄弟之同气哉？处之不当，至如此，吾之过也。此君子所以重自责，正而处之者，必有其道，夫何灾咎之有？

《灵辖经》曰：驷马轩车，兼撑高盖，必有庆贺，得官之象。正月己酉日，干上辰，此课胜光加酉，正月天马在午，此乃是用起天马，中传太冲，末传神后为华盖，一时之内，三神并遇，始有吉，享公卿之位也。

辰上生日上，用生日上。

课名元首、三交、斩关。墓覆干上，必有暗昧。所幸中末皆空，不为灾尔，凡谋转托，涉公私，有始无终也。盖午为用，与日干未合，出旬可图成事也。

《义》曰：先晦后明，难而后易。欲识何如，火水未济。未得成功，几经零替。凶吉如斯，忧疑渐退。

《象》曰：高盖乘轩富贵奇，传空无用亦须知。而今何事多更变，说与时人早见机。

此元首之卦，一曰龙战，亦曰三交，又曰高盖，又曰斩关。夫元首者，尊制卑，贵役贱之象。占事多顺，利于先举，事多起于男子。为臣忠，为子孝，正大光明而无邪僻之行，德业已著而乾乾进修，常怀危惧，惕励而无咎也。况龙战乃天之私门，生杀有限，雷动龙奔，示其有战，身心疑惑，进寸退尺，动有乖离之象。且三交者，前不能进，后不能退，交加其象。此死交也，《经》曰："三交家匿阴私客，不迩自将逃避迍。"凡事失节阻碍，谋事被人阻破，不能成合。传见高盖，《经》云："紫微华盖居神后，天驷房星是太冲。马即胜光正月骑，六阳行处顺申同。高盖乘轩又骑马，更得龙常禄位丰。"但入空乡，诸无所用。日上墓神，乃昏蒙之象，凡事暗昧不振，幸空少解。占者遇之此课，凡占谋望，必有人递互举荐之意，但目下无力。暴病吉，久病凶。凡百所占，更改有成，不然始如锦上添花，终似风中燃烛，有首无尾之喻，却利解释忧疑患难，以其末后能化祸为吉祥也。

占出兵行师得此，吉不成吉，凶不成凶之谓。敌使之来，其言多不的也，宜防其诳诱欺诈掩袭，贵在将之权变也。

事不如初。

真一山人云：好事谁怜未始终，行人着意捉秋风。工夫用尽徒为美，何以安心乐意浓。

《无惑钤》云：自末生身，交互忻忻。夜传可用，昼将更旬。

《钤解》曰：午乃己禄，临支发用，是来生身也。辰酉午未，交互相生合，可欣美矣。申乃夜贵，临亥为登天门，夜占则可用。子乃昼贵，临卯坐贵，昼占必更旬而后可用矣。末传子水，递生日干。《集议》：权摄不正禄临支。两常夹墓。夜占死三交，交合三交，凡百交关用事，必有奸私，或交涉二三事。干上辰、支上午，皆自刑。辰墓己干，午克酉支。干上辰虽生支，而却墓干；支上午虽生干，而却克支。出互生，为内衰败空耗矣。包藏险心，欲覆其国。此课午火加支酉，辰土加干未，作交互六合，岂不和悦？殊不明旦贵天空、夜贵太阴，皆隐匿欺诈之神，乘午为用，传入卯木，伤干己土，又害干上辰土，卯复引末传子害日干未，又结连日阴丑土冲未、破辰，未土遂不安其处，乃往戌上，又受刑势之穷迫，鸟穷则喙，不免反害，子水蹈空，致此彰露无力以当未土，所谓人极计生也。

己酉日第五课

涉害　从革　六阴

彼此全伤防两损

蛇 青 后 六	青 玄 六 白
丑 巳 亥 卯	丑 巳 亥 卯
巳 酉 卯 己	巳 酉 卯 己

父 乙巳 青	父 乙巳 玄
兄 癸丑 蛇	兄 癸丑 青
子 己酉 玄	子 己酉 蛇

	蛇	朱	六	勾			青	空	白	常	
	丑	寅	卯	辰			丑	寅	卯	辰	
贵子				巳青		勾子				巳玄	
后亥				午空		六亥				午阴	
	戌	酉	申	未			戌	酉	申	未	
	阴	玄	常	白			朱	蛇	贵	后	

《金匮经》曰：玄武在从魁，度酉相越而同旬，亡人责阳，盗者责阴，一取玄武为主，顺则起逆，责所之也。太乙为玄武，临酉为用，夏太乙乘旺。大吉青龙为太乙阴神而加巳，夏大吉相。盗贼再责大吉阴上神从魁，从魁死气以为盗贼者，将得螣蛇，是为太乙，使从魁为盗。丙丁巳午，四旺并立。太乙发用加酉，为玄武在门，是为盗者，贵人之亲。太乙之阴，丑土在其上，金与土相亲，是贵人之族内人为盗也。太乙之金是阴中之金，盗者母家之亲。从魁之金与大吉之土，为亲母之奴婢，下贱为盗。酉来加丑，俯见其丘，仰视螣蛇，法主惊恐。盗者从西方来，从东北方去，在陵墓之旁，亦当惊恐，于丘冢之中，以藏其物。

《玉历钤》云：此课从革金局，又巳加酉发用，只宜小事，不宜大事，亦有上稍无下稍也。

《毕法》云：此课干上卯、支上巳，俱被克害，人与宅俱被损伤也。占身常有灾咎，占宅必有倾颓，占讼则两家皆有罪也。

上神克日，日上生辰上，初克末。

课名涉害、见机、从革。三传脱日，秋占重重财喜，冬亦得，春夏亦佳，但先有不足，隔三隔四，然后可和平。

《义》曰：虚耗不吉，脱嫌防失。有心干谋，又见少力。甚勿托人，托人无益。故脱不脱，忧惊自释。

《象》曰：事见迟疑未遂情，成中空惹致虚名。出多入少财难称，喜气洋洋有好声。

此见机之卦，一曰龙战，亦曰从革。夫见机者，察其微，见其机，谓两比两不比，当以涉害为用。涉害有浅深，欲用不用，欲言不言，事有两而取一，所作稽留，迟疑艰难，进退不定，忧患难消，怀孕伤胎，难于前而易于后。况龙战乃天之私门，生杀有限，分杜有期，雷动龙奔，示其有战，身心疑惑，进寸退尺，动有乖离之象。且从革，先从而后革也，见事阻隔，有气则革而进益，无气则革而退失。一曰兵革，一曰金铁。大抵五行正气入十干杂糅之乡，异方三合乃生旺墓之神，事主丛杂不一，主关众人共谋，不然两三处干事，委曲托人与人相合之类。上神克日，只利先讼，要有气，余不吉，病讼皆畏，常占为人所欺负，所幸传中有救，不为凶也，还见喜事以应之。占者遇之此课，占求官先易后难，假使易成，贵乎保守。占见贵虽和，有心无力。占求财难得，又恐因财生恼。其他所占，皆有名无实，脱空耗滞，须待时方可，凶不成凶，吉不成吉。占忧疑患难，虽不为害，未能即脱也。

占出兵行师，昼占胜，夜占失物忧疑，防有侵袭，终不为畏。大抵此课，泄气太过，有心无力，凡百虚耗，未足之象也。

惟正可守。

真一山人云：得失由来总系天，纵教机智亦徒然。安心顺理前程稳，待得时亨福禄全。

《无惑钤》云：身既受克，破碎伤宅。五位全阴，劳心费力。

《钤解》曰：卯木克己，巳乃破碎煞，临支克支，身宅两受伤矣。三传金局脱干，课无一可者，徒劳心力而已，有何益哉？《集议》：彼此全伤，占讼两家被罪责。诸占各有所亏，占身被伤，占宅崩损。

己酉日第六课

重审　斩关　三奇

空上乘空事莫追

蛇常六阴	六常蛇空
亥辰酉寅	亥辰酉寅
辰酉寅已	辰酉寅已
财 辛亥 蛇	财 辛亥 六
父 丙午 空	父 丙午 阴
兄 癸丑 后	兄 癸丑 青
贵后阴玄	勾青空白
子丑寅卯	子丑寅卯
蛇亥　　辰常	六亥　　辰常
朱戌　　巳白	朱戌　　巳玄
酉申未午	酉申未午
六勾青空	蛇贵后阴

《玉历钤》云：此课秋冬占之平稳，得夜贵六合财吉，见贵、求名、求财有成，不利占婚，为末传冲日故也。

《毕法》云：日上重空事莫追，此课干上见寅为旬空，夜占上神乘天空，凡占指空话空，全无实象。

上神克日，日上克辰上，日克用，末克初。

课名重审、斩关、三奇。日上空亡克日，走失欺隔。干墓加支，家宅晦昧，占望有阴诈之事，难得成就。所幸官星带德加日，然亦空亡，有声无影。

《义》曰：事起蓦然，虚惊勿畏。不虑终始，甘招其晦。谋亦有成，主客未亨。吉凶相半，修德福并。

《象》曰：动履从容莫妄求，自然福禄亦悠悠。更防变改循乎理，富贵功名在后头。

此重审之卦。夫重审者，重而审之也。利为主，利后动，长有厄，事从内起，起于女人。以下犯上，贱犯贵，卑犯尊，事多不顺。阴小在下者，有悖逆之事。占臣未忠，子失孝，事不可遂意而行，必当审察，循乎义理，庶几以免后患也。《经》云："一下贼上为重审，子逆臣乖弟不恭。事起女人忧稍重，防奴害主起妻纵。万般作事皆难顺，灾病相侵恐复重。论讼对之伸理吉，先讼虚张却主凶。"此课乃甘招晦也，言其凡事心肯意肯，自受昏迷而难怨人也。占者遇之此课，干上乘空，事多起于虚声，有声而无实，不然多有变更。此课求官宜春，余未准。占见贵不和。占财有，乃惊恐之财。凡占未免虚惊，病虽凶，宜修德。占失物，宜寻觅。占远行，难得起离。占行人将归。占讼不成，宜和解。占逃亡难获。占宅昏暗。其他所占，皆隔七隔八之谓。

占出兵行师得此，昼占忧心众畏，夜得金宝美利。利后动，利为主。若敌使之来，所言多诈，不可信也。

真一山人云：求官须是在新春，百事原来喜遇寅。久积阴功今日用，吉凶祸福总由人。

人和为贵。

《无惑钤》云：初财中禄，不从所欲。闭口临绝，暗财可逐。

《钤解》曰：初亥日财，入墓与蛇内战，中午日禄，临绝受克，俱不从所欲也。丑乃旬尾，为闭口，遁癸为暗财，可逐而取之也。《集议》：“空上逢空事莫追”内列此日，夜占。两贵相协。

己酉日第七课

反吟　龙战　九丑　三交　六阴

来去俱空岂动移

六 玄 青 后	蛇 白 后 青
酉 卯 未 丑	酉 卯 未 丑
卯 酉 丑 己	卯 酉 丑 己

官　卯 玄 ◎	官　卯 白 ◎
子 己酉 六 ⊙	子 己酉 蛇 ⊙
官　卯 玄 ◎	官　卯 白 ◎

蛇 贵 后 阴	六 勾 青 空
亥 子 丑 寅	亥 子 丑 寅
朱戌　　　卯玄	朱戌　　　卯白
六酉　　　辰常	蛇酉　　　辰常
申 未 午 巳	申 未 午 巳
勾 青 空 白	贵 后 阴 玄

《玉历钤》云：此课反吟，日鬼为用，最不宜占宅，主动摇不宁，只宜更改门户，凡百所求，皆无成就。

《毕法》云：此课反吟，三传皆空，是为鬼遇空亡，占者惟宜解忧除祸、避难逃灾，余占空虚，无所用也。

《雕科经》云：此课始终空亡，已是空虚，无可捉摸，更上又乘玄武，空而且脱耗也。占者虚耗迭出，盗窃走失，不能免也。

辰上克日上。

课名反吟、九丑。三传皆犯空亡，人物互相虚挠，只宜更改，却无凶。

《义》曰：视之不见，听若有声。临时用事，必见变更。暴病作福，久病忧惊。反反复复，凶吉难凭。

《象》曰：天地否时终未济，谦谦退守乐清贫。谁怜门户虚瞟久，积善还迎五福春。

此无依之卦，一曰龙战，亦曰天网，又曰三交。夫无依者，即反吟也。《经》曰："无依是反吟，逃者远追寻。合者应分散，安巢别改林。守官须易位，结友也分襟。所为多反复，占病数般侵。"反吟刑冲，事主迟滞，远近系心，更相仇怨，且反复而呻吟，是无予夺而难息也。传见龙战，乃天之私门，生杀有限，分杜有期，雷动龙奔，示其有战，身心疑惑，进寸退尺，动有乖离之象。《经》曰"天网四张，万物被伤"，为阻滞，为疑难，为灾恼。夫三交者，前不能进，后不能退，交加其象。此三交也，《经》曰："三交家匿阴私客，不迩自将逃避迍。"凡事失节阻碍，谋事被人阻破不成。占者遇之此课，玄合互传，凡事私暗不明，难于开言。一曰闭口卦，有妨问于人者，多不言，占病亦倦言，或不进饭食。占暴病不妨，久病难愈。占求官、见贵、谋望、婚姻、求财、远行、投谒，望之有影，求之无形，徒劳心志，须再更图。惟惊忧狱讼可消，还见反复，事事起于虚声。

占出兵行师者，防有失众，不利。欲其成功，不可得也。

风里飞扬。

真一山人云：人情变态不同前，白酒新诗乐自然。忧患消忘真是福，春来人见大收年。

《无惑钤》云：俱鬼俱空，何劳金制？昼将合玄，逢私口闭。

《钤解》曰：卯鬼俱空无畏，何用酉金制之？昼将玄合，门户私邪。丑乃旬尾加干，多是闭口，始有不可言之事也。《集议》：旬空乘玄，定主失脱，此法在"人宅受脱俱招盗"内。克处回归，又受上克。

己酉日第八课

涉害　绝嗣　励德[①]

胎财生气妻怀孕

昼	夜
青阴白贵	后空玄勾
未寅巳子	未寅巳子
寅酉子己	寅酉子己
兄 丁未 青 ⊙	兄 丁未 后 ⊙
财 壬子 贵	财 壬子 勾
父 乙巳 白	父 乙巳 玄

```
  朱蛇贵后          朱六勾青
  戌亥子丑          戌亥子丑
六酉    寅阴      蛇酉    寅空
勾申    卯玄      贵申    卯白
  未午巳辰          未午巳辰
  青空白常          后阴玄常
```

《曾门经》曰：四下克上，名曰绝嗣，谓亡其先人，幼为孤子，其人利为战斗事，又利为主，利后起。臣事君，子事父，弟事兄，妻事夫，为从命。今皆贼上，是为绝嗣，主臣欺君，子逆父，下犯上，弟背兄，妻背夫。此时若男女占，当克父母，故曰"亡其先人为孤子"也。此课四下克上，小吉涉害深为用，将得青龙；次见神后，将得天乙；终于太乙，将得白虎。以此占人，始于争财，连及贵人，后必死亡，而致绝嗣也。

《玉历钤》云：此课己日，未加寅，未内有己，乃是日干，己往加于寅上，与甲暗合，虽是吉占，却嫌临于空亡之地，凡事必先有阻，费力而后成也。

日克上神，日上生辰上。

---

① 正月子将为龙德，利求名。

课名涉害。不是吉课。占人年命上有德禄，及在三传、日辰上者可救，余不宜。

《义》曰：传见绝嗣，事多弊弃。既曰不忠，又曰无义。用起乘空，有影无踪。变更不宜，难为守中。

《象》曰：吉凶从此半消磨，事未成时奈若何？放下谋心且奈守，得高歌处任高歌。

此见机之卦，一曰泆女，亦曰绝嗣。夫见机者，察其微，见其机，谓两比两不比，当以涉害为用。涉害有浅深，欲用不用，欲言不言，事有两而取一，所作稽留，迟疑艰难，进退不定，忧患难消，怀孕伤胎，难于前而易于后。传见绝嗣，《经》云："四课下神俱贼上，绝嗣如何保六亲？妻背夫兮奴反主，子害父兮臣悖君。占孕常为刑克子，定是孤贫失业人。"夜占男女有阴私暗昧之象，占家宅防阴小有越礼犯分者，占媒妁不明，不宜婚姻，惟能以礼自防者可化之，谨守闺门而自化其事也。初遭夹克，凡事不得由己，必受屈抑于人。占者遇之此课，占求官迟。占见贵和求事未遂，必见更改。占交易合。占婚姻勿用。占求财轻。远行阻隔。千里投人者，徒费粮裹。暴病为福，久病为凶。公讼有理，而反复屈断。占宅门户虚罅。正月占，胎财生气，妻当有孕；七月占者，防损胎。逃亡难得。若忧疑患难者，难中有救。

占出兵行师，昼夜青龙，财喜大胜，夜占无威，但凶未全凶，吉未全吉，由发用之不实也。敌使之来，半真半假，虽有益于我，而事无准凭也。

真一山人云：盘桓诗酒放襟怀，却过疑难好景来。事有未宜且待时，荣华富贵漫安排。

《无惑钤》云：课传内战，昼贵相眷。虎随遁鬼，绝嗣尊殄。

《钤解》曰：四课三传，皆被下贼，讼自阶廷而出，或自窝犯。昼贵临干作财，似得贵人眷顾也。巳遁旬乙，为虎鬼，病讼不能免也。卦名绝嗣，若占上人尊长，必主灾殄。《集议》："虎乘遁鬼殃非浅"内列此日，谓凡占皆畏，其咎弥深难消，纵空亡亦不能救。昼贵临身，被朱雀乘戌所克，欲告贵人而求文书事，乃是贵人忌惮，而不用度。"将逢内战所谋危"内列此日，说如钤，谓全无和气，占讼被刑，占病必死，占事不美，占官从微而迤逦迁转，大有兴旺，外此皆凶。子乃己土胎财，正月为生气，主妻有孕喜，亦主妻之姊妹有孕。

己酉日第九课

重审　曲直　三奇　九丑　狡童　不行传

白后玄蛇　　玄青白六
巳丑卯亥　　巳丑卯亥
丑酉亥己　　丑酉亥己

财辛亥蛇　　财辛亥六
官　卯玄◎　官　卯白◎
兄丁未青⊙　兄丁未后⊙

六朱蛇贵　　蛇朱六勾
酉戌亥子　　酉戌亥子
勾申　丑后　贵申　丑青
青未　寅阴　后未　寅空
午巳辰卯　　午巳辰卯
空白常玄　　阴玄常白

《心照》曰：飞魂卦者，谓登明游魂，或加日辰，人年上立，以应此卦。徐道符曰：用起游魂，及与凶将并，主其人行逢游魂鬼祟之象。游魂者，正月自亥顺行十二支也。此课占事，登明临未，下贼上，为用起游魂煞，传见太冲，终于小吉，以应此课。

《玉历钤》云：此课曲直卦，为日之鬼，中传空亡，则木折腰，故不成凶，凡占亦不遂意。

课名重审、曲直、九丑。支墓加支，此课可除灾，亦可求官，余皆不利。然中末空亡，吉者无终，凶者亦不全凶，忧可解也。

《义》曰：三传木局，求官春吉。不宜占婚，男女淫泆。求财生煞，事主丛杂。谋望变更，非是良法。

《象》曰：三传何是两传空？朽木难雕别用工。纵有虚惊亦消散，逢春端的变奇功。

此重审之卦，一曰曲直，亦曰泆女。夫重审者，重而审之也。利为主，利后动，长有厄，事从内起，起于女人。以下犯上，贱犯贵，卑犯尊，事多不顺。阴小在下者，有悖逆之事。占臣未忠，子失孝，事不可遂意而行，必当审察，循乎义理，庶几以免后患也。传见曲直者，先曲而后直也，象木之谓。此乃五行正气入十干杂糅之乡，异方三合乃生旺墓之神，事主丛杂不一，主关众人共谋，不然两三处干事，委曲托人与人相合之类。夜占为狡童，天后常为厌翳神，须知六合是私门。二将取名称泆女，夫妻失友异情恩。夫狡童乃不正之课，占男女有阴私暗昧之象，占家宅防阴小越礼犯分，占婚姻媒妁不明，惟能以礼自防者可化之，宜谨于闺门而自化其事也。三传克日，凡事不利，日干之财，不可贪求。占者遇之此课，占求官者，惟利于春，得官多劳碌辛苦。其他见贵、求谋、交易、婚姻，所望难成，缘中末两传之无力也。占暴病吉，久病凶。大抵此课，利占忧惊患难，由其先凶而后吉也。

占出兵行师得此，惊畏不宁，难于前而利于后，慎乎防范。谨之！谨之！

鲜克有终。

真一山人云：时来逢春奈若何？浩然之气肯消磨。春来头角峥嵘处，竚看长江弄碧波。

《无惑钤》云：利刃置蜜，舔之无益。宜乎慷慨，凶灾自释。

《钤解》曰：亥财临日，若可取也，而生起三传木局，财化鬼矣。如蜜置利刃之上，舌一舔之，必有所伤。不取此财，遂慷慨以投卯宫，与鬼混合为一，其凶灾庶可以消释矣。且卯空，愈不足畏也。《集议》："害贵讼直遭屈断"内有此法，曲直作鬼，主枷杻。曲直，卯加亥，先曲后直。"用尽身心无所归"内列此日。"传财化鬼财休觅"内列此日。

己酉日第十课

蒿矢　寡宿　三交　斩关　闭口

玄贵后朱	青常白阴
卯子丑戌	卯子丑戌
子酉戌己	子酉戌己

官　卯玄◎	官　卯青◎
父 丙午 空⊙	父 丙午 朱⊙
子 己酉 六	子 己酉 后

勾六朱蛇	贵后阴玄
申酉戌亥	申酉戌亥
青未　　子贵	蛇未　　子常
空午　　丑后	朱午　　丑白
巳辰卯寅	巳辰卯寅
白常玄阴	六勾青空

《玉历钤》云：此课蒿矢无力，又兼空亡发用，吉凶皆不成。

《玉成歌》曰：官鬼下临财位上，阴私用事畏人彰，盖言卯为日鬼，而临子乡，为日之财位，凡占必主阴私用事也。

日上克辰上，用克日上，末克初。

课名蒿矢、三交、斩关。用又空亡，益见无力，所占虚指妄射，终成暗昧，交加而已，吉凶从空而散。

《义》曰：空上成空，事无定踪。凶难伤害，吉不成功。忧疑散释，君子固穷。久病逢之，是谓老终。

《象》曰：蒿矢逢空仰射天，养由巧处也徒然。乘轩高盖惟春吉，前有三分后有三。

此蒿矢之卦，一曰三交，亦曰天网，又曰寡宿。《经》曰："神遥克日名蒿矢，射我虽端当不畏。贵人逆转子无良，天乙顺行臣不义。家有宾来不可容，亦忧口舌西南至。"然事主动摇，人情倒置，象如以蒿为矢，射虽中而不入，祸福俱轻，求事难成，利主不利客。占行人来，访人见。若带金煞，亦能伤人，主蓦然有灾。传见三交，前不能进，后不能退，交加其象。此三交也，《经》曰："三交家匿阴私客，不迩自将逃避迍。"凡事失节阻碍，谋事被人阻破，不能成合。《经》曰"天网四张，万物被伤"，为阻滞，为疑难，为灾恼。占者遇之此课，发用无力，传于空脱之乡。家宅虚耗，干事难成，谋望未就，宾主不和，惟春占庶几有得，若在夏秋，占谋乃指空说空，徒劳心志，竟未有所就也。所闻不实。占人孤独。占官位改动。占忧惊得此有解。占暴病修德可禳，久病深畏凶衰。

占出兵行师，昼有失众之象，夜有得胜之兆。敌使多诈。吉不成吉，而凶不成凶，有影无形之象也。

秀而不实。

真一山人云：一壶村酒一张琴，随处逢人奏好音。世事眼前只如此，何须汲汲去劳心。

《无惑钤》云：弓矢斯张，蒿箭何妨？更又堕矢，鬼怪无伤。

《钤解》曰：蒿矢逢空，箭已堕矣，虚惊而已，有何伤哉？《集议》："空上逢空事莫追"内有此法，凡占遥克为用空亡，或坐空乡，及上乘天空者，所占皆无实也。"人宅受脱俱招盗"内有此法云：初传是遥克，作空落空，尤无力，或是昴星，又是空亡发用，将乘玄武者，凡占主失脱，此法极验。夜占帘幕临支。子乘贵临酉，主尊长灾咎。"空空如也事休追"内有此法云：初传遥克，作空落空，尤无力也。己土死于卯，况本太常，去酉上败，是进败也；酉在背后，是退败也；太阴便是酉，又来日上败我。进亦败，退亦败，见在亦败，岂不死也？出《邵彦和引证戌集》。

己酉日第十一课

元首　出户　六阴　不备　泆女　闭口　不行传

二贵受克难干贵　脱上逢脱防虚诈

后蛇蛇六	白玄玄后
丑亥亥酉	丑亥亥酉
亥酉酉己	亥酉酉己

兄　癸丑　后	兄　癸丑　白
官　　卯　玄◎	官　　卯　青◎
父　乙巳　白⊙	父　乙巳　六⊙

青勾六朱　　　蛇贵后阴
未申酉戌　　　未申酉戌
空午　　亥蛇　　朱午　　亥玄
白巳　　子贵　　六巳　　子常
辰卯寅丑　　　辰卯寅丑
常玄阴后　　　勾青空白

《玉历钤》云：此课四位不备，中传空亡，凡占事必不足，亦不成就，妄费心力。

上神盗日，日上生辰上。

课名元首。辰加日，进退不自由。阳不备，又空亡，所占有始无终，有虚无实，此必他人来见我求事，然亦吉凶无成。

《义》曰：既脱又空，耗盗须逢。无少补益，难建其功。泆女不正，婚姻无用。病者惊凶，作福为胜。

《象》曰：进入空乡退步高，如还黾勉枉徒劳。安居坐守生余福，竚看将来好事饶。

此元首之卦，一曰泆女。夫元首者，尊制卑，贵役贱之象。占事多顺，利于先举，事多起于男子。为臣忠，为子孝，正大光明而无邪僻之行，德业已著而乾乾进修，常怀危惧，惕励而无咎也。夫泆女乃不正之象，占男女有阴私暗昧之理，占家宅防阴小越礼犯分者，占婚姻媒妁不明，惟能以礼自防者可化之，宜谨于闺门而后自化也。日生上神，虚费不足，盗失损财，人口衰残，休囚尤重，又为子孙脱漏之事。此课凡占，彼此互相脱赚，喻合“你哄我，我哄你”之意。占者遇之此课，占求官见贵，和而难济，未遂心志。占财难得。占病者不吉，久病愈凶。占失物难寻。占远行投谒人者，徒费粮裹。其他交易、谋望之事，惟利春占，夏秋得之，有声无实。占惊恐、患难、遭围、被禁者，先忧而后喜也。

占出兵行师得此，彼此各怀计谋，昼占无威，夜占不利。大抵此课，凡占凶中有救矣，美中不足，吉不成吉，而凶不成凶也。

悾悾不信。

真一山人云：近来谋事未如心，虚耗财源赚脱寻。惟有哲人能预鉴，随时斟酌纵豪吟。

《无惑钤》曰：阴私叠有，独存闭口。昼虎遁鬼，两贵皆丑。

《钤解》曰：课传纯阴，而后合玄虎重见，定主阴私重叠也。卯巳空陷，丑乃闭口为发用，独存此耳。巳遁旬乙，畏昼占乘虎。昼贵入狱，夜贵受克，俱不可干也。《集议》：“虎乘遁鬼殃非浅”内列此日，谓凡占皆畏，其咎弥深难消，纵空亡亦不能救。出户：“出户逢明日，欲求干望时。君子升阳渐，小人尚危疑。”还魂债，己干上酉，支脱干也，却不知酉上原见亥水，已自受脱。亥上又见丑土克，丑上又见卯木克，卯木之上反生巳火，巳火却来育己土，但卯空，则其势弱也。

己酉日第十二课

重审　连茹　三奇　斩关

后 阴 玄 常	玄 阴 后 贵
亥 戌 酉 申	亥 戌 酉 申
戌 酉 申 己	戌 酉 申 己

财 辛亥 后	财 辛亥 玄
财 壬子 贵	财 壬子 常
兄 癸丑 蛇	兄 癸丑 白

空白常玄		朱蛇贵后	
午未申酉		午未申酉	
青巳	戌阴	六巳	戌阴
勾辰	亥后	勾辰	亥玄
卯寅丑子		卯寅丑子	
六朱蛇贵		青空白常	

《玉历钤》云：此课亥子丑，皆日之财。末传日破，加临子上为六合，不为凶咎。秋冬得之吉利，凡事可成。

上神盗日，辰上生日上，日克用。

课名重审、连茹、斩关。事干众，宜再三求，终有合意而遂，以已来加午就合。

《义》曰：三传俱财，占财福来。若逢冬月，百事和谐。终来克始，欢乐无休。不宜夜占，病者当忧。

《象》曰：根苗不断是连茹，得失相须福可期。谋望遂心迟缓急，来占病讼未相宜。

此重审之卦，一曰连茹。夫重审者，重而审之也。利为主，利后动，长有厄，事从内起，起于女人。以下犯上，贱犯贵，卑犯尊，事多不顺。阴小在下者，有悖逆之事。占臣未忠，子失孝，事不可遂意而行，必当审察，循乎义理，庶几以免后患也。夫连茹，欲行不行，欲止不止，节外生枝，先退后进，凡事迟滞，根苗不断，旧事从新。日生上神，虚耗百出，盗失损财，人口衰残，休囚尤重，又为子孙脱漏之事。占者遇之此课，昼占申临身，乃帘幕贵人高登甲第，亦未免美中不足，主客暗中未和。占求财有得。占病者绵绵。占失脱宜寻。占婚姻不宜。千里投谒人者，虽见外和，中实不然。传见斩关，不利安居，而利逃亡，惜乎未见金也。占讼有解，但有干众迟延之象。况三传相逐，吉凶相续，凡百谋望，有成而迟。占宅不吉，亦不宜占产。

占出兵行师得此，昼占无威而不宁，夜占失物以忧疑。利为主，利后动也。

冬大利。

真一山人云：千里投人亦有情，暗中犹未展其诚。知君此去无空过，也要兢兢步履平。

《无惑钤》云：进退未已，先忧后喜。讼禁病脾，求财可矣。

《钤解》曰：进则逢空，退则遇财，乃先忧后喜也①。闭口居末，占讼则禁，占病则病脾也。三传俱财，求财可矣。财多病体不能担荷，伤食以致不救。《集议》：昼占则帘幕临干。昼常加长生临干，来人必占婚姻之喜，或有锡赐之事。尊崇传内遇三奇。夜贵临身，被朱雀乘午所克，说见第八课。两贵不协，变成妒忌，申加未，子加亥，互换作六害。

① 疑此句有误。

庚戌日

庚戌日第一课

伏吟　玄胎　六阳　折腰　富贵

富贵干支逢禄马

玄 玄 白 白	玄 玄 后 后
戌 戌 申 申	戌 戌 申 申
戌 戌 申 庚	戌 戌 申 庚

兄 戊申 白	兄 戊申 后
财 　寅 蛇 ◎⊙	财 　寅 青 ◎⊙
官 乙巳 勾	官 乙巳 朱

勾 青 空 白	朱 蛇 贵 后
巳 午 未 申	巳 午 未 申
六辰　　　酉常	六辰　　　酉阴
朱卯　　　戌玄	勾卯　　　戌玄
寅 丑 子 亥	寅 丑 子 亥
蛇 贵 后 阴	青 空 白 常

《玉历钤》云：此课刚日伏吟，气象不和，凡占所用不成。

上神德日，辰上生日上，末克初。

课名伏吟、斩关、玄胎、四牡。诸神不动。申为德禄，逢凶不凶，谋望隔手，后亦再防阴诈，动则凶中有吉，但未便能动。巳申之合，末克初，凡事必成，中有歇灭，终吉。

《义》曰：课逢驿马，富贵难舍。小人不宜，君子声价。中传传寅，谁料作空。吉也未吉，凶也未凶。

《象》曰：三阳开泰物华光，君子占之富贵成。秋夏也知难着力，要宜守待莫教轻。冬春大宜。

此自任之卦，一曰玄胎。夫自任者，乃天地伏吟，十二神各归本家，天地如一，四伏未发之象。占事静则宜，动则滞，主事藏匿不动，静中求劳，有屈而不伸之象。况玄胎如婴儿隐伏之状，利上不利下，事主远而多伏，暗昧不通，触则成祸，惟君子守正修德则亨。《经》云："任信伏吟神，行人立至门。失物家内盗，逃者隐乡邻。病合难言语，占胎聋哑人。访人藏不出，行者却回轮。"占者遇之此课，禄马萃聚为用，大利求名进望，白虎入庙为威权，螣蛇生角将以成龙变化，勾陈到巳，迁官捧印，由此论之，岂不易于求官？惟有寅年、寅月、寅月将，庶几可取，其他年月无用，以其折腰而无力也，余占皆同，虽有智者，亦无如之何也。若忧疑患难，身处危疑之中，占得此课，必见难中有易，害里生恩。惟老人小儿及久病，逢此为大凶，非有德者，不能无畏也。

占出兵行师，不宜伏吟，昼占不利于兵，夜占无威不宁。若闻惊报，人见中道改变。不得已而用之，贵在随机应变也。

半途而济。

真一山人云：吉凶本是先天出，理数如斯可奈何？美玉不逢同珷玞，时来不必用张罗。

《无惑钤》云：昼禄虎啮，告贵难说。动陷鬼乡，弄巧成拙。

《钤解》曰：禄神昼占乘虎，不可守也。进而取中传之财，引入鬼乡，是弄巧成拙矣。贵人闭口，干贵必不肯话其允否之意，焉能得其明说也？《集议》："宾主不投刑在上"内谓此三刑入传，未免无恩之意，凡占恩反怨也。中传寅木落空，必得十月亥建，木得长生之地，占财必得，求名必主升迁，有鱼龙变化之象，春寅月占更佳，逢寅年亥月、亥年寅月，占必遂意。候补候选者，必铨选美缺；在仕者，必升迁，有飞腾云霄之兆也。寅亥二字大利，即寅亥二日，亦吉亦佳。

庚戌日第二课

蒿矢　连茹

金日逢丁凶祸动　众鬼虽彰全不畏

白常青空　　后阴蛇贵
申酉午未　　申酉午未
酉戌未庚　　酉戌未庚

官 丙午 青　　官 丙午 蛇
官 乙巳 勾　　官 乙巳 朱
父 甲辰 六　　父 甲辰 六

六勾青空　　六朱蛇贵
辰巳午未　　辰巳午未
朱卯　申白　　勾卯　申后
蛇寅　酉常　　青寅　酉阴
丑子亥戌　　丑子亥戌
贵后阴玄　　空白常玄

《玉历钤》云：此课谓之众鬼攻日，凶咎难解，又况蒿矢，凡占所事难成。

《毕法》云：此课巳午虽作日鬼，反生干上未土而养庚金，凡占始虽惊恐，终则福庆，所谓“引鬼为生”者也。又云：未上有丁神，是有凶动，必为父母长上之祸患也。

上神生日，日上生辰上。

课名蒿矢、退茹。三传相续，午与未合，干众隔手，中自为鬼牵绊，未能遂成。此卦宜占官，余不宜。

《义》曰：终始相生，万物尽亨。君子得禄，庶人忧惊。先难后利，渐渐福利。正以待之，自然荣贵。

《象》曰：蒿矢为忧不足忧，忧中变喜福悠悠。病凶幸喜吉神救，好把阴功暗里修。

此蒿矢之卦，一曰天网。《经》云：“神遥克日名蒿矢，射我虽端当不畏。贵人逆转子无良，天乙顺行臣不义。家有宾来不可容，亦忧口舌西南至。”然事主动摇，人情倒置，象如以蒿为矢，射虽中而不入，祸福俱轻，求事难成，利主不利客。占行人来，访人见，主蓦然有灾。况天网者，即天网四张也，《经》曰“天网四张，万物被伤”，为阻滞，为疑难，为灾恼。传退连茹，事主欲行不行，欲止不止，根苗不断，旧事从新，一事未脱，一事又拘。远行者回，有团圆之意。占者遇之此课，占求官大利，昼占为帘幕贵人，高登甲第。婚姻宜。占求财有，恐因财惹恼，财物苟得，见利而思义可也。占病者，凶中有救。谋望先难后易，虽有不足之人，亦有相助之者。占失脱宜寻。远行投谒人者，主宾相合，暮宴朝欢。狱讼者，先不足而后有解。占宅，六害临宅不安，夜占妇人离散不和，否则有孕妇在家。

占出兵行师，昼占青龙大胜，尤当虑敌，夜占惊畏不吉。敌使之来，及传报之言，皆益于我也。

利占官。

真一山人云：秋夜无云月色新，碧天万里倍生明。谋成好事堪为乐，步步前程稳路行。

《无惑钤》云：未午巳辰，俱火克身。常人深畏，仕宦欢忻。

《钤解》曰：丁未临干，午巳辰作传，合而为火克庚，遍地官鬼。常人值此，病讼忧危，深为可畏；官鬼重叠，仕宦得之，岂不忻忻以乎？《集议》：助刑伐德，谓六处有神作自刑，有结连三传克干为鬼是也。"宾主不投刑在上"内列此日。"众鬼虽彰全不畏"内列此日，谓引鬼为生。"金日逢丁凶祸动"谓此因长上父母而凶动。

庚戌日第三课

元首　顾祖　不备　励德　不结果　六阳

避难逃生须弃旧　权摄不正禄临支　夫妇芜淫各有私

青 白 六 青　　　　蛇 后 六 蛇
午 申 辰 午　　　　午 申 辰 午
申 戌 午 庚　　　　申 戌 午 庚

官 丙午 青　　　　官 丙午 蛇
父 甲辰 六　　　　父 甲辰 六
财 　寅 蛇 ◎　　　财 　寅 青 ◎

　朱 六 勾 青　　　　勾 六 朱 蛇
　卯 辰 巳 午　　　　卯 辰 巳 午
蛇寅　　　未空　　青寅　　　未贵
贵丑　　　申白　　空丑　　　申后
　子 亥 戌 酉　　　　子 亥 戌 酉
　后 阴 玄 常　　　　白 常 玄 阴

《玉历钤》云：此课日鬼加日为用，三传隔位而退，末传空亡，凡事无成，不可用。

《毕法》云：此课末助初传而为日鬼，末乃寅也，寅又为庚财，此寅可谓爱憎并行，一头放水，一头放火者也，凡占必有一面以财馈赠，一面唆人告害，推其品类，或为曹吏，或为道人，或为有官职人，或为有胡须人，俗谓之“两面刀”，即此人也。

上神克日，日上克辰上，用克日。

课名元首。传空而又阴不备。午乃官星，贵合日门，求望必易。日往加辰，凡事去住不由己，须是难得全备。

《义》曰：进退宜隔，随时闭塞。正以待之，庶几有得。课体不备，事难得遂。不宜婚姻，求财反退。

《象》曰：逢寅便可去求官，若向春时又见欢。过此便知徒费力，忧疑变善不为难。

此知一[①]之卦，一曰天网。夫知一者，知一而不能知两，知者以为自知、自见，不知为寇仇，故言知一也。以此为用，舍远就近，舍疏就亲，恩中生害，事多起于同类，凡事狐疑，事贵和同乃吉。《经》曰“天网四张，万物被伤”，为阻滞，为疑难，为灾恼。知一卦何如？用神今日比。事因同类起，婚姻失谐为。失物亲邻取，逃亡不远离。论讼和允好，为事尚狐疑。上神克日，凡事不利，只利先讼，要有气，余不吉，病讼可畏，常占为人所欺负，口舌灾疾。况阴阳不备，夫妇失友，暗昧不振。午辰寅顾祖，退连茹，退中有隔，隔而后进。占者遇之此课，占求官宜有屈尊就卑之象，艰辛跋涉之难。占婚难成，假使强成，夫妻定知反目，不然必见刑克。占求财不宜，恐因财而致祸也。占病者忌，宜修德，要岁命上神生日为解。占远行不利。投谒不喜。交易不顺。占讼者宜和，虑有唆使，善为处之。逃亡自归。占宅有伏尸，有石狮于庙宇。

占出兵行师得此，昼占青龙大胜，尤当虑敌，夜占惊畏不宁。敌使之来，不可听信，宜防侵袭之扰。利为主，利后举也。大抵此课，吉不吉而凶不凶也。

真一山人云：得好休时便好休，眉颦须展莫忧愁。看看美事纷纷至，总是阴功暗里修。

《无惑钤》云：末助初神，徒为冤憎。屈尊礼下，避难逃生。

《钤解》曰：庚金被午火所克，遂避难而屈尊投戌，礼下以受生也。寅乃旬空，助初传午火克干，寅空亡，自己力弱，不能助人，喻教唆之人必自败露，结为冤憎，而做恶冤家耳。《集议》：“避难逃生须弃旧”内列此日，禄临支。“末助初兮三等论”内有此日例，如前说，末寅空。顾祖：“顾祖迎亲复旧庐，虑求谋望始狂图。惟有庚日不

① 当作元首。

宜见，鬼来又向病乡居。”

庚戌日第四课

元首　玄胎　闭口　不行传

互生俱生凡事益

六空蛇勾　　六贵青朱
辰未寅巳　　辰未寅巳
未戌巳庚　　未戌巳庚

官 乙巳 勾　　官 乙巳 朱
财　 寅 蛇◎　　财　 寅 青◎
子 辛亥 阴⊙　　子 辛亥 常⊙

蛇朱六勾　　青勾六朱
寅卯辰巳　　寅卯辰巳
贵丑　　午青　　空丑　　午蛇
后子　　未空　　白子　　未贵
亥戌酉申　　亥戌酉申
阴玄常白　　常玄阴后

《玉历钤》云：此课火加日上，为鬼发用，只宜求官，余无所用。

《龙首经》云：巳为干鬼临干上，上乘勾雀凶，是以怪异，凡占必有外鬼来家作孽为祸，惟君子存心修身，自然阳明气盛，而幽暗之孽潜伏泯灭，不能为祸矣。

《毕法》云：此课干上巳生支，支上未生干，两有资益，各具生意，值此则巳事遄往而宁乎？人或益之以十朋之龟，人以是而益我乎？宾主相授，惠益交至，盖课之至吉者也。

上神克日，日上生辰上，用克日，末克初。

课名元首、玄胎。巳为双女，来意必谋心事，中末空亡，不免艰难，终成虚诈，只利求官，终始有成，合中稍歇灭，勾朱加合申，有两文字。

《义》曰：占官最吉，未得全美。君子为福，小人遭毁。勾留口舌，渐见消灭。心欲谋望，且歇且歇。

《象》曰：虎头鼠尾事难成，但遇疑难且莫惊。欲异好看何日是？三春望雨又晴明。

此元首之卦，一曰天网，亦曰玄胎。夫元首者，尊制卑，贵役贱之象。占事多顺，利于先举，事多起于男子。为臣忠，为子孝，正大光明而无邪僻之行，德业已著而乾乾进修，常怀危惧，惕励而无咎也。《经》曰“天网四张，万物被伤”，为阻滞，为疑难，为灾恼。玄胎如婴儿隐伏之状，利上不利下，事主远而多伏，暗昧不通，触则成祸，惟君子守正修德则亨。占遇玄胎，室孕婴孩。不利占胎产，病玄胎忧病，见空亡解之。上神下克日，只利先讼，要有气，余不吉，病讼可畏，常占为人所欺负。占者遇之此课，勾陈到巳，为迁官捧印，螣蛇生角，将以成龙变化，大利求官，惜其传入空乡，必见改图，或木旺时方吉。占财亦不易得。占婚姻，合而难成。占病瘥迟，久病及老人小儿皆畏。占失物宜寻，迟则入空矣。占远行投谒者，徒费粮裹。

占出兵行师，昼夜所占皆不吉，防有侵袭之敌。凡百占谋，难于前而易于后，先忧而后吉也。

散虑逍遥。

真一山人云：放下功名莫系怀，荣枯天与已安排。登高取醉随将乐，待得时来百事谐。

《无惑钤》云：一誉一毁，全是亥水。朝属长生，暮属干鬼。

《钤解》曰：巳一也，昼占乘勾，则为长生；夜占乘雀，则为干鬼。亥一也，迤逦生巳，则克干；末去克初，则祛鬼。生祛毁誉，反复之间矣。世之人情，类此者多矣。《集议》：“金日逢丁灾祸动”内有此例，谓巳加申乃丁神临干，亦主凶动，昼将身不凶，反有所生。互生各相有益，支上未，亦是丁神。助桀为虐，而生日鬼。

庚戌日第五课

重审　润下　斩关　六阳

虎乘遁鬼殃非浅　互生俱生凡事益

后 白 蛇 玄　　　　白 后 青 玄

寅 午 子 辰　　　　寅 午 子 辰

午 戌 辰 庚　　　　午 戌 辰 庚

子 壬子 蛇　　　　子 壬子 青

兄 戊申 青　　　　兄 戊申 蛇

父 甲辰 玄　　　　父 甲辰 玄

贵后阴玄　　　　空白常玄

丑寅卯辰　　　　丑寅卯辰

蛇子　　巳常　　青子　　巳阴

朱亥　　午白　　勾亥　　午后

戌酉申未　　　　戌酉申未

六勾青空　　　　六朱蛇贵

《玉历钤》云：此课三传脱气，天罡为太岁[①]之墓，夜贵初传青龙略吉，此日凶否，凡占不可用。

《毕法》云：此课干支全受上神来生，人宅俱旺，值此者，身既亨泰，宅亦光辉。

《通神集》云：太岁，人君之象也，发用值之，上得螣蛇，最不利占官，事必主朝廷怪怒。若得夜贵青龙，吉中未凶，亦不全美也，余占多主破财。又云：子为太岁，加天罡为入墓，辰又为支辰之墓，却来覆日，最不利占官，占财亦不吉，如人在云雾中行，不得明快也，若非支戌冲解，其凶尤甚。

上神生日，辰上生日上，日生用，末克初。

课名重审、润下、斩关。龙玄蛇并见，庚日为吉将，然日辰传凶，只可散忧，秋冬亦佳。

《义》曰：既得相助，又遭赚脱。人情怀奸，焉可为托？得失相仍，耗盗弗宁。欲脱难脱，欲成未成。

《象》曰：水逢冬令自然坚，喜事重重亦可怜。家内空虚门外实，虚名何必许多愆？

此重审之卦，一曰润下。夫重审者，重而审之也。利为主，利后动，长有厄，事从内起，起于女人。以下犯上，贱犯贵，卑犯尊，事多不顺。阴小在下者，有悖逆之事。占臣未忠，子失孝，不可遂意而行，必当审察，循乎义理，庶几以免后患也。且润下，事主沟渠、水利、舟楫、渔网之类，动而不息之象，流而必清，滞则不竭，宜动不宜静，事主关众，亲朋相识之务，克应多是过月，牵连疑二，利占成合，不利占解散。此乃五行正气入十干杂糅之乡，异方三合乃生旺墓之神，事主丛杂不一，主关

① 发用神后为太岁。

众人共谋，不然两三处干事，委曲托人与人相合之类。又如推磨，转去转来，非一遍也。上神生日，凡事有人相助；三传盗日，又见有人脱赚，未免得失相半也。占者遇之此课，占求官迟而且难。占见贵和顺。占求财轻微。占久病难愈，暴病瘥迟。占失脱难得。凡占美中防有不足。大抵此课，成事难成，就事难脱，吉凶得失，俱有未成之理也。

占出兵行师，昼占得此，惊畏不宁，夜占大胜，虚惊自消，但畏夫虚耗不足也。

宰木内蠹。秋平。

真一山人云：吉凶悔吝本由人，大要生平得行纯。到此自当循义理，将来福禄自然真。

《无惑钤》云：午遁丙虎，传水可去。事防再发，宜绝后虑。

《钤解》曰：午虎遁丙，以克庚干，三传水局，可倚为救。但干上为辰墓，反以克水，而午鬼必复兴，当思虑预防，以绝后患可也。《集议》："虎乘遁鬼殃非浅"内列此日。

庚戌日第六课

知一　孤辰　斫轮　芜淫　交车合又交克

害贵讼直遭屈断　朽木难雕别作为 胎财生气妻怀孕

蛇常六阴	青阴六常
子巳戌卯	子巳戌卯
巳戌卯庚	巳戌卯庚

父 庚戌 六 ⊙	父 庚戌 六 ⊙
官 乙巳 常	官 乙巳 阴
子 壬子 蛇	子 壬子 青

	蛇贵后阴				青空白常		
	子丑寅卯				子丑寅卯		
朱亥		辰玄		勾亥		辰玄	
六戌		巳常		六戌		巳阴	
	酉申未午				酉申未午		
	勾青空白				朱蛇贵后		

此课先生曰："到老奔波，只是士人为书会而已。甲辰旬卯空，课名斫轮，朽木终不济。却利弟子，不利本身，家计终亦不成，唯只逐年计料伏腊，虽不宽有，亦不至寒。四年将店屋为居宅，店旁却作水碓、水磨为子孙计，主子孙不读书，却寿，一子先死。"杨秀才辛未生，三十九岁，读书有蕴籍，人皆推重，累试不中，为乡先生，晚年却成就三四弟子，皆发。后徐知府令权教授，果虚名而已。四十二上，诸弟分财，屈得店屋，遂以为居。其子长成，不读书，却就所居之侧，而以水碓、水磨以为生计。一子果先丧。杨年七十二终矣。庚上见卯，卯乃空亡，是朽木不可雕也，斫成虚轮；戌为模范，又落空；虽有巳炉，却无模铸。末传盗气，主子孙不读书，临于店业之上，是居其所也。子孙临巳地，所铸者又是水碓、水磨之模而已。庚金长生于巳，巳数四，两四共八数，巳上见子，九数也，八九七十二而死矣[①]。

《玉历钤》云：此课虽吉，但日上空亡，发用又临空亡之地，所占凡事无成。

《毕法》云：此课卯加申，课名斫轮。卯木空亡，则是朽木，岂可斫乎轮哉？凡占值此，宜改业，别作营运。

日克上神，日上生辰上，日上克用，初克末。

课名知一、斫轮。日上空亡，又乘常阴，其课虽善，未便得成，重进可图。是课吉而空，难成事，可解凶。

《义》曰：事不自由，动定难求。虽然有理，省且失周。闻喜不喜，当忧不忧。君子有道，乃复合谋。

《象》曰：天道昭昭未可欺，事于当理不容私。人情动变只如此，静里现来便易知。

此知一之卦，一曰龙战。夫知一者，知一而不能知两，知者以为自知、自见，不知为寇仇，故言知一也。以此为用，舍远就近，舍疏就亲，恩中生害，事多起于同类，凡事狐疑，事贵和同乃吉。况龙战乃天之私门，生杀有限，分杜有期，雷动龙奔，示其有战，身心疑惑，进寸退尺，动有乖离之象。昼占日上妻财夹克，求财妻财不自由也。发用夹克，凡事不由己也。《经》云："知一卦何如？用神今日比。事因同类起，婚姻失谐为。失物亲邻取，逃亡不远离。论讼和允好，为事尚狐疑。"凡事多起于无用，盖有声无实之象。占者遇之此课，占求官，宜在二月节，或卯年，余难成就。占见贵，和而不实。占交易不成。占婚姻不谐。谋望改变。传闻不实。占暴病为福，久病为凶。占失物不获。占远行有阻。投谒徒劳。占家宅不旺。狱讼有解。忧疑自散。其他所占，吉不吉而凶不凶，不宜妄为，妄动反生不足，惟当循理修德为贞吉。

占出兵行师得此，昼夜占之，虽吉而无用，有成和解之象。防欺诈，勿忽！

---

① 《壬占汇选》作：己酉年二月庚戌日亥将辰时，杨秀才辛未生，三十九岁占前程。

正以待时。

真一山人云：朽木难雕徒用工，争如回首且从容。交关有合如无合，流水桃花空自红。

《无惑钤》云：交关致祸，彼不生我。斫于朽轮，三传俱火。

《钤解》曰：干上卯克支，支上巳克干，交关至祸矣。巳乃庚金长生，被初戌墓之，末子克之，全然无气生我。况戌火库，巳又临官，子元遁为丙，三传俱火，庚金何可当哉？卯乃旬空，是朽木难雕，宜改过易业可也。《集议》："朽木难雕别作为"内列此日课，尤的。两贵相协。"支乘墓虎有伏尸"内列此日，为因鬼呼，家亲为祸。邵《毕法》谓：虽有卯加申，却是铸印，卯空可作铸印不成。卯乃庚金胎财，四月为生气，主妻有孕喜，旬空后必有损。芜淫，凡占先相允许，后不相顾接，彼此各怀恶意。

庚戌日第七课

反吟　玄胎　斩关　六阳

来去俱空岂动移

六玄青后　　六玄蛇白
戌辰申寅　　戌辰申寅
辰戌寅庚　　辰戌寅庚

财　寅后◎　　财　寅白◎
兄 戊申 青⊙　　兄 戊申 蛇⊙
财　寅后◎　　财　寅白◎

朱蛇贵后　　勾青空白
亥子丑寅　　亥子丑寅
六戌　卯阴　　六戌　卯常
勾酉　辰玄　　朱酉　辰玄
申未午巳　　申未午巳
青空白常　　蛇贵后阴

《玉历钤》云：此课反吟，旦贵略可，夜贵凶甚，凡占不可用。

《毕法》云：此课初末皆是空亡，中传又临空地，往来俱空，身亦无定，正以人之不务实者是，尤转蓬应此象也。且转蓬之为物也，枝叶繁盛，根抵为小，秋深根本脆折，枝叶随风飘荡，愈行远，非坎不止，人之不务实，与转蓬何以异哉？

日克上神，日上克辰上，日克用。

课名反吟。将凶，所喜三传带德，带禄财，虽反吟，终有益于日干。然空亡，多亦无成，却无凶。

《义》曰：禄马空绝，无法可说。指空说空，意何相得？占病若逢，谓之大凶。一生九死，无可逃踪。

《象》曰：反复何因事得成，纵教有影亦无形。吉凶自此无过虑，患难谁知祸福生。

此无依之卦，一曰玄胎。夫无依者，即反吟也。《经》曰："无依即反吟，逃者远追寻。合者应分散，安巢别改林。守官须易位，结友也分襟。所为多反复，占病数般侵。"反吟刑冲，事主迟滞，远近系心，更相仇怨，且反复而呻吟，是无予夺而难息也。况玄胎如婴儿隐伏之状，利上不利下，事主远而多伏，暗昧不通，触则成祸，惟君子守正德修则亨。又曰："占遇玄胎，室孕婴孩。"占者遇之此课，三传俱空，吉凶无踪。若在寅年、寅月占事，过旬可望，余月占之，未能成也。占求官得此，天后临寅，有恩命之喜，况有禄有马，为官爵卦，大利求官，惜其乘空坐空，必须改图可望，日下又岂能成？不然亦虚声虚喜而已。其他婚姻难成，假使勉强而成，终见反目，见刑克难谐而无疑也。占求财，有影无形，得而复失。占病凶，宜作福，久病及老人小儿得此，反为凶兆。

占出兵行师，防有失众之象。或有传报，宜详审察。亦见有止而不行之意，此无而为有，虚而为盈之义。凡百先忧后喜，吉而不吉，凶而不凶也。

春稍吉。

真一山人云：反吟原自是无依，改变东西南北飞。守旧终须无悔吝，知机君子乐便宜。

《无惑钤》云：七虎昼逢，释散灾凶。干乘空绝，身坐绝空。

《钤解》曰：庚传寅申五虎，夜占二白虎，共逢七虎也，极惊极危。但往来空陷，凶灾自然释散。寅虽日财，乃旬空投绝，既而申入财乡，却坐空虚之地矣。凡占逢吉不成吉，逢凶又没凶，不过虚惊而已。《集议》："来去空亡岂动移"内列此日，谓之德丧禄绝。夜贵加昼贵，宜暗求关节。

庚戌日第八课

知一　龙战

青 阴 白 贵	蛇 常 后 空
申 卯 午 丑	申 卯 午 丑
卯 戌 丑 庚	卯 戌 丑 庚

兄 戊申 青 ⊙	兄 戊申 蛇 ⊙
父 癸丑 贵	父 癸丑 空
官 丙午 白	官 丙午 后

	六 朱 蛇 贵		六 勾 青 空
	戌 亥 子 丑		戌 亥 子 丑
勾酉	寅后	朱酉	寅白
青申	卯阴	蛇申	卯常
	未 午 巳 辰		未 午 巳 辰
	空 白 常 玄		贵 后 阴 玄

《玉历钤》云：此课墓神临日空亡，凡占所求所期，皆不得遂。

《毕法》云：此课初传申为日德、日禄，中传丑乃申之墓也，为德禄入墓之象。占者值之，急须戒慎修省以回天意，士君子持心端谨，则造物自佑，则此德常存，此禄常有，奚有入墓之患焉？

上神生日，辰上克日上，末克初。

课名知一。申乃日德，但墓覆干，用乘空，又中传见墓，秋天狱，余为脱体，首尾不相应，凡谋多虚，又为卑小所挠。

《义》曰：发用无力，何为有益？事见变更，多虚少实。占病虽凶，幸尔逢空。难中有救，事无定踪。

《象》曰：守旧方为保吉昌，若教妄动有相妨。只宜小就难全美，惟有知音会酌量。

此知一之卦，一曰龙战。夫知一者，知一而不能知两，知者以为自知、自见，不知为寇仇，故言知一也。以此为用，舍远就近，舍疏就亲，恩中生害，事多起于同类，凡事狐疑，事贵和同乃吉。传见龙战，主人心疑惑，进寸退尺，动有乖离之象。卯酉为天之私门，生杀有限，分杜有期，雷动龙奔，示其有战。《经》云："知一卦何如？用神今日比。事因同类起，婚姻失谐为。失物亲邻取，逃亡不远离。论讼和允好，为事尚狐疑。"日上见墓神，主昏蒙不振。歌云："墓神覆日愦难通，四十九日多昏蒙。占病气逆食不通，夜里惶惶日里慵。"占者遇之此课，发用落空，谋望难成。占求官未遂，以其禄陷于空，有官而无禄者庶几。占见贵不宜，虽见而事终不就也。占财难得。交易不合。主客不合。不宜远行。投谒者，徒劳而无功。占宅门户虚篠。占婚姻难成，纵成而非配偶也。占逃亡有自归之心，但与宅不和，欲进而思退耳。其他诸占，有欲成不成之象。忧惊狱讼，难中有解。

占出兵行师得此，昼占吉胜，夜占惊畏，大概失众，功不成，名不就，吉不吉而凶不凶也。

见兔知踪。

真一山人云：春来又见百花开，时遇花开福自来。过却此时官未称，分明说到莫疑猜。

《无惑钤》云：昆弟及己，占病必死。丙虎昼逢，申在棺里。

《钤解》曰：干庚用申皆金，乃己身昆弟之类也。干上见墓，申加卯乃身入棺中，占病必死无疑。况末午遁丙，昼占乘虎，殃祸非浅，病必死矣。且丙午鬼在墓蹲，而招呼病人，焉能逃其死？《集议》："虎乘遁鬼殃非浅"内列此日，凡占皆畏，其咎弥深难消，不能解救。"传墓入墓分爱憎"内列此日，谓德禄传墓入墓，丑虽贵人，亦作墓神覆日。

庚戌日第九课

涉害　润下　六仪　励德

脱上逢脱防虚诈　夫妇芜淫各有私

白后玄蛇	后白玄青
午寅辰子	午寅辰子
寅戌子庚	寅戌子庚

父 甲辰 玄　　　父 甲辰 玄
兄 戊申 青　　　兄 戊申 蛇
子 壬子 蛇　　　子 壬子 青

勾 六 朱 蛇　　　朱 六 勾 青
酉 戌 亥 子　　　酉 戌 亥 子
青申　　丑贵　　蛇申　　丑空
空未　　寅后　　贵未　　寅白
午 巳 辰 卯　　　午 巳 辰 卯
白 常 玄 阴　　　后 阴 玄 常

《玉历钤》云：此课润下水局，发用辰加子，上见玄武，常占必主失脱财物，不明之象，所求不得，所期不遂。

《毕法》云：此课干上乘青龙，脱上生脱，又更三传皆生，并来脱盗日干庚金，凡占虚耗迭出，脱盗无穷。盖世事多更变，乃天理如此，人见目前荣盛，以为无虑，不旋踵而衰败至矣，其造物者使之然欤？

上神盗日，日上生辰上，日生三传，初克末。

课名涉害、润下、励德、芜淫。子母相生，秋冬得时旺相，春夏占上下隔断，为事悠缓，牵连无灾，有口舌，末却终在日上，为事终成。

《义》曰：相逢脱盗，至生暗耗。自叹不足，无所为靠。虽然有喜，事不能已。病虚官改，散财流水。

《象》曰：不能鸡口徒牛后，知此机微贵自量。阅尽眼前难着力，看他更变机千场。

此见机之卦，一曰润下。夫见机者，察其微，见其机，谓两比两不比，当以涉害为用。涉害有浅深，欲用不用，欲言不言，事有两而取一，所作稽留，迟疑艰难，进退不定，忧患难消，怀孕伤胎，难于前而易于后。且润下，事主沟渠、水利、舟楫、渔网之类，动而不息之象，流而必清，滞则不竭，宜动不宜静，事主关众，亲朋相识之务，克应多是过月，牵连疑二，利占成合，不利占解散。此乃五行正气入十干杂糅之乡，异方三合乃生旺墓之神，事主丛杂不一，主关众人共谋，不然两三处干事，委曲托人与人相合之类。又如推磨，转去转来，非一遍也。日生上神，泄气虚耗不足，谋十难成，盗失损财，人口衰残，休囚尤重，又为子孙脱漏之事。当旺相犹可，休囚尤重，防人作伙来脱赚，以致其虚耗，不遂心志也。占者遇之此课，凡百占谋，动望难也。占求官不遂。占见贵，和而未济。占婚姻，合而不宜。占求财得，不如意。占病虚损难痊。失物得而复失。逃者欲回。忧疑欲脱而不脱，惊恐将散而未散。此课无益有损。

占出兵行师，大防失脱奸诈、粮储不足、人心懈惰，宜加密察而详审，甚勿忽之！

泄气之象。

真一山人云：对面人情恐未真，人心未与道心纯。这回认得真消息，敌若来时不可亲。

《无惑钤》云：彼此皆坏，性又懒懈。动坐生方，索还魂债。

《钤解》曰：水乃庚金之子息也，三传水局，昼夜天将皆水中之兽，脱盗滋甚，是为子息所坏矣。夜占又为脱上逢脱，庚金力惫气疲，其性慵懒，凡事不能前为也。幸动而坐于辰土生方，结成水局，生起支上寅木为财，始则为子息所坏，终则赖子息生财，非还魂债而何？《集议》：此“脱上逢脱防虚诈”内有此日，说甚详。“传鬼化财钱险危”内有此法，谓三传初脱干气，却生起支上寅财，亦谓之索还魂债。寅乃支鬼，夜占乘虎。交车克，乃蜜里砒，喻笑里藏刀之意，匿怨而友其人，如相交涉，必至争讼。解离，夫妇行年值此尤的。

庚戌日第十课

弹射　玄胎　闭口　孤辰

玄贵后朱　　玄空白勾
辰丑寅亥　　辰丑寅亥
丑戌亥庚　　丑戌亥庚

财　寅后◎　　财　寅白◎
官 乙巳 常⊙　　官 乙巳 阴⊙
兄 戊申 青　　兄 戊申 蛇

青勾六朱　　蛇朱六勾
申酉戌亥　　申酉戌亥
空未　　子蛇　　贵未　　子青
白午　　丑贵　　后午　　丑空
巳辰卯寅　　巳辰卯寅
常玄阴后　　阴玄常白

《玉历钤》云：此课弹射，空亡为用，忧喜吉凶皆不成。

上神盗日，辰上克日上，日克用，末克初。

课名弹射、玄胎。干墓加支。寅加亥，然弹射无力，又空亡无成，所幸中末两传合，事始虚终吉。

《义》曰：徒闻其声，不见其形。无而为有，虚而为盈。见寅为福，遇春则宜。过此谋事，乃曰不时。

《象》曰：行尽天涯未见人，见人空说不相亲。争如闭户家中坐，饱暖过如无价珍。

此课弹射之卦，一曰孤辰，又曰玄胎。夫弹射，乃日克神之谓。《经》云："日往克神名弹射，纵饶得中还无力。贵人逆转子无良，天乙顺行臣不义。家有宾来不可容，亦忧口舌西南至。"然事主动摇，人情倒置，更主蓦然有灾，求事难成，祸福俱轻，忧事立散，祸从内起。利客不利主，利先不利后。占人不来，访人不见，不利占讼。弹射无力，不可用事，虽凶无畏。传见空亡，又为失弹，不能成事也。且孤辰有茕茕孑立之象，占人别离桑梓，凡所占谋，多虚少实，功名难遂，事业虚花。况玄胎如婴儿隐伏之状，利上不利下，事主远而多伏，暗昧不通，触则成祸，惟君子守正修德则亨。日生上神，虚费不足，谋望不遂，失盗损财，人口衰残，休囚尤重，又为子孙脱漏之事。占者遇之此课，占求官，迟疑改图。占财难得，法忧妻病，庶几可治。久病老人小儿得此深忧。占远行不利，或去不成。占见贵不顺。主客不和。占投谒人无力，谋望难成。忧疑解散。

占出兵行师，忧失众。闻事不实，多起虚声。昼占无威，夜占虽凶不畏。敌使之来，所言不实，不可听信，以防欺诈。其他诸占，吉不吉而凶不凶也。

真一山人云：临事休教错认真，时来未可便相亲。凶吉自是天然事，积善人家福自臻。

《无惑钤》云：先失后得，费尽心力。两贵常怒，善恶无迹。

《钤解》曰：庚干先被亥水所脱，而后取发用空财，可谓费尽心力也。昼夜贵人入狱，干之必怒也。初中空陷，凶吉皆无成也。《集议》：天罡乘玄，临丑加辰阴，主遗亡走失之事。"空上逢空"内谓遥克空亡，凡占皆虚无。"宾主不投刑在上"内谓此三刑入传，未免无恩之意，凡占恩反怨也。

庚戌日第十一课

重审　斩关　不备　向三阳　不行传　六阳

蛇后后玄　　　青白白玄
寅子子戌　　　寅子子戌
子戌戌庚　　　子戌戌庚

子 壬子 后　　　子 壬子 白
财　寅 蛇◎　　　财　寅 青◎
父 甲辰 六⊙　　　父 甲辰 六⊙

空白常玄　　　贵后阴玄
未申酉戌　　　未申酉戌
青午　　亥阴　　　蛇午　　亥常
勾巳　　子后　　　朱巳　　子白
辰卯寅丑　　　辰卯寅丑
六朱蛇贵　　　六勾青空

此课先生曰："宅后逼山，前面逼水，水虽东流，过宅反去。若为宅基，出女多男少，子为吏人，孙为军卒、仆从，财退人散。四阳虽临东南，无关拦拘，东风门户殊不收。十日后，又主水坏宅基。因男为吏而尽坏也。此宅基乃是庚兑山行龙，坎山为主，盖缘水边迫近，遂凿半山为之。"果是后逼山、前逼水，次年建造，不过十年，连产四女。至十五年，男作县中吏，自后诸孙为屠儿，又有为仆从者，又有投军者。此课因为公人押纲陷折，破坏败事，后没官，因此败坏。后卒为水冲坏其基也。盖戌为宅，来加身，戌为山冈，是后逼山也。宅上有子，作天后，是前逼水也。水横过，寅为直去，东西两处风路，寅为螣蛇所挠，故主为吏人，蛇加之，故主陷失财物，兼寅木败在子。末传见辰，申上见戌，戌为军屠仆从，玄合加之，是不得已之中，乃为此态也①。

《玉历钤》云：此课子加戌，百事无准，用神渺茫，凡事不遂。

上神生日，日上克辰上，日上克用，末克初。

课名重审。辰加日，不自由，虽是斩关，如何能动？虽有无补。只是寅字，又是空亡，终不济事。

《义》曰：脱空毕至，何以成济？独自吁嗟，坐怜败事。时值多变，令人长叹。徒

① 《壬占汇选》作：己酉年二月初一庚戌日亥将酉时，汪解元丁卯生，四十三岁占宅基。

有智谋，谁遂所见。

《象》曰：万丈虹霓且罢休，仲尼终不见封侯。归家且把丝纶理，七里滩头学钓钩。

此重审之卦，一曰泆女。夫重审者，重而审之也。利为主，利后动，长有厄，事从内起，起于女人。以下犯上，贱犯贵，卑犯尊，事多不顺。阴小在下者，有悖逆之事。占臣未忠，子失孝，事不可遂意而行，必当审察，循乎义理，庶几以免后患也。传见泆女，《经》云："天后常为厌翳神，须知六合是私门。二将取名称泆女，夫妻失友异情恩。"夫泆女乃不正之课，占男女有阴私暗昧之象，占家宅防有阴小越礼犯分者。占婚姻媒妁不明，不宜婚姻，惟能以礼自防者，谨守闺门而自化其事也。所恶者，鬼墓加干，防有鬼贼暗中侵害。鬼墓加干鬼暗兴，若明见其鬼，庶可御之，暗中之鬼，人不能见，此鬼贼乃害人之名，非鬼神之鬼也。幸传入空乡而有解，虽见所害，而终不被其害也。占者遇之此课，进间传乃事事有间隔之象也。占求官不遂。占见贵不和。谋事难成。凡有所占，皆为不足，惟利夫忧疑病患，却有解释，谓之先忧而后喜也。

占出兵行师，夜占无威而不宁，夜占败绩而不利，有始无终之象也。

桃李当时。

真一山人云：尔家积德有余年，难里生恩天眷怜。传与儿孙早学好，平生善恶鉴乎天。

《无惑钤》云：支戌生庚，坐守即亨。武临昼夜，步步休行。

《钤解》曰：支戌上门来生庚干，名自在格，坐守亦可以亨利也。昼夜乘玄，虽若可畏，能静坐而不妄动，亦可以聊生矣。《集议》：子上乘天后，临戌发用，主妇女私通。向三阳："三阳渐至暗向明，惟怕空亡又隔停。更若相生无克贼，子寅出暗向阳辰。"

庚戌日第十二课

重审　连茹　三奇　罗网

后 阴 玄 常	白 常 玄 阴
子 亥 戌 酉	子 亥 戌 酉
亥 戌 酉 庚	亥 戌 酉 庚

子 辛亥 阴　　　子 辛亥 常
子 壬子 后　　　子 壬子 白
父 癸丑 贵　　　父 癸丑 空

青空白常	蛇贵后阴
午未申酉	午未申酉
勾巳　戌玄	朱巳　戌玄
六辰　亥阴	六辰　亥常
卯寅丑子	卯寅丑子
朱蛇贵后	勾青空白

《玉历钤》云：此课初中脱日，末传归墓，凡占所事无成。

《毕法》云：此课干上酉脱支，支上亥脱干，我欲脱人，人先脱我，互怀欺骗之意，惟君子无侵人，宁侵于人，侵人则怨生，侵于人则感恩。

日上生辰上，日生用，末克初。

课名重审、进茹。凡谋事干众牵连，三进三退不足，宜迟缓可成，始凶终吉，宜退以待时。

《义》曰：脱中逢墓，何为依护？耗盗难辞，更思致富。谋望纵成，才竭立穷。可为太息，正守利亨。

《象》曰：英雄豪杰本天然，时未亨通变可怜。变里才成成又变，纵教成就不牢坚。

此重审之卦，一曰连茹。夫重审者，重而审之也。利为主，利后动，长有厄，事从内起，起于女人。以下犯上，贱犯贵，卑犯尊，事多不顺。阴小在下者，有悖逆之事。占臣未忠，子失孝，事不可遂意而行，必当审察，循乎义理，庶几以免后患也。况连茹，事主欲行不行，欲止不止，节外生枝，恩中生害，先进后退，一事未毕，一事又续，根苗不断，旧事从新。酉加庚，日上羊刃，不宜争讼。末传破碎，必至深伤，所幸三奇为福以解。余占不足处得美，亦皆三奇之力。占者遇之此课，三传脱日，占求官未遂。占婚姻勿成。求财难得，得不偿费。占失物难寻。占交易，合而不遂。占远行，进中有退。投谒人者，千里徒劳而费粮裹。占宅不利人，以其宅盗人气也。占逃亡，虽有自归之心，欲归而犹未归。不宜占产，进中有退。得此者，当竭诚终德以祈神之佑也。占病者亦如之。

占出兵行师得此，有不足虚耗之忧，宜储积粮草，以备不虞。昼占中止，夜占不足。利为主，利后动。大抵用兵之道，贵将之权谋得其宜也。敌使之来，有益于我，多见讲和之好，而终至其耗赚也。

真一山人云：人情物态两相连，春月秋花好赋诗。抬首高歌发声啸，这般滋味几人知？

《无惑钤》云：三传脱日，凡占费力。病危讼刑，嗣婢恼及[①]。

《钤解》曰：三传纯水脱日，谋为费力也。干支上下，交互六害，占病虚弱，占讼被刑。酉为婢，戌为奴，必为婢致恼也。《集议》："所谋多拙逢罗网"内，干乘干前一辰，支乘支前一辰，故名天罗地网，凡得此课，罗网兜裹身宅，诸占岂能亨快？干支互脱，即"天网恢恢"、"东手得来西手去"之喻。又费有余而得不足。两贵不协，变为妒忌，丑加子，未加午，互换作六害。

① 一作：潜龙待时。

辛亥日

辛亥日第一课

伏吟用辰　斩关

白 白 常 常　　　　玄 玄 常 常
亥 亥 戌 戌　　　　亥 亥 戌 戌
亥 亥 戌 辛　　　　亥 亥 戌 辛

子 辛亥 白　　　　子 辛亥 玄
父 庚戌 常　　　　父 庚戌 常
父 丁未 后　　　　父 丁未 青

蛇 贵 后 阴　　　　六 勾 青 空
巳 午 未 申　　　　巳 午 未 申
朱辰　　　酉玄　　朱辰　　　酉白
六卯　　　戌常　　蛇卯　　　戌常
寅 丑 子 亥　　　　寅 丑 子 亥
勾 青 空 白　　　　贵 后 阴 玄

《玉历钤》云：此课伏吟虽凶，夜贵却吉，凡占用望，先难后易，费力后成。

《毕法》云：此课主伏匿不动，然丁神却临于末传，必由静而求动也。如占访人，必出干事。如占求事，必先许允，而后改易也。

上神生日，日上克辰上，三传生日，末克初。

课名伏吟。诸神不动。斩关不断本凶，夜贵可用，先难后遂。初末皆合，有接引之象，不图亦自败。

《义》曰：昼虎夜玄，未得安然。静守亨吉，动用难前。病凶虚怯，悔过消愆。小事庶可，大事未全。

《象》曰：心事年来未得伸，渐看好处长精神。吉人自是天加佑，也待时来百福臻。

此自信之卦，一曰斩关。夫自信者，乃天地伏吟，十二神各归本家，天地如一，四伏未发之象。占事静则宜，动则滞，事主伏匿不动，静中求劳，有屈而不伸之象。《经》云："任信伏吟神，行人立至门。失物家内盗，逃者隐乡邻。病合难言语，安胎聋哑人。访人藏不出，行者却回轮。"斩关者，非安居之象，占者多不自由，事多暗昧不和，离散口舌，欲隐身避难者，却利乎奔逃也。又主暗中不顺，多见改更，事主不正，坟墓破坏，占婚亦强成，难于久远。凡事历遍艰辛，然后可遂。况鬼暗兴，戌为火库，是鬼墓也。占者遇之此课，占求官，美中又未尽其美。占婚姻难成，非配偶也。占求财，得不偿费。占病畏忌。占失脱难得。占见贵不顺。交易难成。远行难动，动则不吉。千里投人者，勉强而去，不遂意而归。占逃亡自归。占宅不吉。讼者未宜，宜为和好。常占平吉。

占出兵行师得此，昼占凶败，夜占盗失忧疑，大宜防暗中伏兵侵扰。勿忽！勿忽！

动宜合礼。

真一山人云：事多更变不寻常，桂子秋风播远香。静里谁知滋味好，渐看名誉日彰彰。

《无惑钤》云：生意特达，投初被脱。丁未凶动，旅情未遏。

《钤解》曰：戌土临干，生意特达也。及投初传亥水，反被脱盗，不守中传之生，而末逢丁未，未免于动，况值斩关，行旅之情，焉能止耶？俱不能免其凶也。《集议》："金日逢丁凶祸动"内有此日例，因父母长上而凶动。任信丁马，说见己酉日第一课。

辛亥日第二课

元首　退茹　不备　斩关　互生

魁度天门关隔定　旺禄临身休妄动

玄 常 阴 玄　　　白 常 空 白

酉 戌 申 酉　　　酉 戌 申 酉

戌 亥 酉 辛　　　戌 亥 酉 辛

父 庚戌 常　　　父 庚戌 常
兄 己酉 玄　　　兄 己酉 白
兄 戊申 阴　　　兄 戊申 空

朱 蛇 贵 后　　　朱 六 勾 青
辰 巳 午 未　　　辰 巳 午 未
六卯　　申阴　　蛇卯　　申空
勾寅　　酉玄　　贵寅　　酉白
丑 子 亥 戌　　　丑 子 亥 戌
青 空 白 常　　　后 阴 玄 常

《玉历钤》云：此课三传皆退，纯金用事，事无变化，凡百用望，徒然费力，不能成功。

《雕科经》曰：凡占科第、求官得失，若发用上见青龙、太常、河魁、贵人、天马、驿马，或在行年、日辰上，俱主得名登第；若或各神刑克，行年不遇，皆主黜落也。此课占人，行年二十二岁，在亥上，见河魁，太常乘之，九月天马在戌，此课得名，登科之格。

《毕法》云：戌为天魁，亥为天门，戌加亥为用者，凡占谋用，皆阻隔不通。又云：干上酉虽生支而败支，支上戌虽生干而克支，徒有生旺之名，反作克害之实。值此者，人虽吉而宅则衰也。又旺禄临身，不宜别谋动用。

辰上生日上，初生末。

课名元首、退茹、斩关。六害用事干众，加支不祥，又为两皆凶，不可轻动，所喜一禄加日。日干辛往加支辰亥上，乃尊临卑，又生助卑。中末归旺，凡事宜退而求生可也。

《义》曰：戌加于亥，名曰关格。进退宜难，事逢梗塞。暗昧不和，离散口舌。守禄不动，自足怡悦。

《象》曰：秋露凌空潦水清，桂花飘尽晓凉生。当时旺禄君须守，否则牵连反未宁。

此自信之卦，一曰连茹，又曰斩关。夫元首者，尊制卑，贵役贱之象。占事多顺，利于先举，事多起于男子。为臣忠，为子孝，正大光明而无邪僻之行，德业已著而乾乾进修，常怀危惧，惕励而无咎也。戌酉申，退连茹也，事主欲行不行，欲止不止，节外生枝，根苗不断，旧事重新，一事未了，一事相续，退而有进之象也。夫斩关，不利安居，占者多不自由，事多暗昧不和，离散口舌，欲隐身避难者，却利乎奔逃也。

又主暗中不顺，多见更改，事多不正，坟墓破坏，占婚亦强成，难于久远。凡事历遍艰辛，然后可遂。秋占为旺禄临身。夜占为励德，大吏升迁，小吏迍否。占者遇之此课，上下六害，彼此猜忌，难于成事，凡事宜退而不宜进，进则失，退守得禄，亦美中耗失。占婚姻勿成。占交易难合。宾主不投。占远行阻隔。凡事皆然。占投谒，徒费粮裹。占病胸中不利，必有隔塞，宜宽利之剂。占逃亡自归。

占出兵行师，昼夜所占稍吉，谨于战阵之时，两皆有猜忌，贵在将者权谋，当其可也。

退一步高。

真一山人云：婚姻喜事未相当，勉强成来虑有妨。谋望迟疑须待守，荣华还向贵人常。

《无惑钤》云：禄乘玄虎，结好不忤。奴婢夜失，相生交互。

《钤解》曰：旺禄临身，奈乘玄虎，未免惊忧耗费，但金水相生，相与结好，而不忤其意也。酉婢戌奴，相加乘玄，昼占定奴婢逃走。且酉生亥水，戌生辛金，交互相生，却宜彼此相合，以作营运。《集议》："旺禄临身徒妄作"内列此日。酉生支而败支，戌生干而自克其支，出"互生"内。《神中金》云：三传不离四课，名盘珠格，谋事吉则成吉，凶则成凶，忌占病讼忧产四事。

辛亥日第三课

元首　顾祖　不结果

权摄不正禄临支

后 玄 贵 阴　　　　青 白 勾 空
未 酉 午 申　　　　未 酉 午 申
酉 亥 申 辛　　　　酉 亥 申 辛

官 丙午 贵　　　　官 丙午 勾
父 甲辰 朱　　　　父 甲辰 朱
财 　寅 勾◎　　　财 　寅 贵◎

六朱蛇贵	蛇朱六勾
卯辰巳午	卯辰巳午
勾寅　　未后	贵寅　　未青
青丑　　申阴	后丑　　申空
子亥戌酉	子亥戌酉
空白常玄	阴玄常白

《玉历钤》云：此课初传午上见贵，辛阴金，午乃官星为用，乃吉课也，嫌末传空亡为挠，凡占所求，费力方成。

《毕法》云：此课末传寅木，助初传午火以克辛金，此寅木乃教唆之人也，其品为吏人，为道士，为胡须人，为木旁，属虎之人，存狡猾之心，画废置之策，然身坐空亡，则愚戆无才，不能遂志，久必败露，反受其患也。

用克日上，用克日。

课名元首。占事来意，不灾则恼，门户有口舌不宁，所谋涉公私，所幸首尾贵人，末见空亡，先难后易，先见不足，后可解忧。

《义》曰：占事来意，不灾则恼。进退未遂，难得和好。有始无终，虚恐脱空。改图之象，劳而无功。

《象》曰：常占守正乐悠悠，且莫贪图向未求。此理看来真可笑，难中变易散忧愁。

此元首之卦，一曰天网。夫元首者，尊制卑，贵役贱之象。占事多顺，利于先举，事多起于男子。为臣忠，为子孝，正大光明而无邪僻之行，德业已著而乾乾进修，常怀危惧，惕励而无咎也。夫天网者，即天网四张也，故曰“天网四张，万物被伤”，为阻滞，为疑难，为灾恼。午辰寅，进间传，进而有隔，隔而后进，进退不一。格名顾祖，故曰：“顾祖迎亲复旧庐，求财谋望始堪图。惟有庚日不宜见，鬼来又向鬼乡居。”占者遇之此课，占求官宜，但居官者，谓之权摄不正，而受屈于人，或在任差使繁杂，或解职于子侄。占婚姻不宜。占财有，恐因妻财而起不足。占见贵不喜，或两处求贵人干事。占宅占身，防失脱不宁。占病者有神祇为祟，宜禳谢。占讼者，必有人唆。占远行不利。千里投人者，未足称遂。占逃亡自归。

占出兵行师，昼占贵人，举兵开地千里，亦美中不足，夜占不吉，举动阻隔，先难后易也。

利寅年月日。

真一山人云：君子随宜道益昌，人生何得苦忙忙。菜根滋味常常咬，子孝孙贤名誉香。

《无惑钤》云：末助初凶，却是旬空。徒为冤憎，只落虚名。

《钤解》曰：午贵作官发用，仕宦最宜，利见大人，常人官中事扰。末传寅木，助初传午火克辛金，定有教唆词讼之人，幸寅乃旬空，无力相助，徒为冤憎而已，久自败露，凡称说资助，不过虚文而已。《集议》："末助初兮三等论"有此法。交车害。局中子加寅，夜得太阴，主妇有孕。禄临支被脱，必因起盖宅屋，而以禄偿债，难以权摄言。丑乃辛墓，临卯为墓门开，但不乘蛇虎，又为外丧。

辛亥日第四课

元首　玄胎　真励德　闭口　不行传

互生俱生凡事益　虎乘遁鬼殃非浅

蛇 阴 朱 后	玄 空 阴 白
巳 申 辰 未	巳 申 辰 未
申 亥 未 辛	申 亥 未 辛

官 乙巳 蛇	官 乙巳 玄
财 　寅 勾 ◎	财 　寅 贵 ◎
子 辛亥 白 ⊙	子 辛亥 六 ⊙

	勾 六 朱 蛇			贵 后 阴 玄	
	寅 卯 辰 巳			寅 卯 辰 巳	
青丑		午贵	蛇丑		午常
空子		未后	朱子		未白
	亥 戌 酉 申			亥 戌 酉 申	
	白 常 玄 阴			六 勾 青 空	

《玉历钤》云：此课虽日德为用，亦不为吉，凡占无所成。

《毕法》云：此课日上为丁神，父母长上而凶动，然赖末传之亥解救而无妨也。又曰：干上未生干，支上申生支，值此必人身旺盛，宅舍光辉，人己皆有利益，不相妒忌矣。

《曾门经》曰：天乙立二八门，阳立于后，阴立于前，阴阳失位天道，自然阴阳不安，小吏免退，贵者将迁，庶人居宅不安。此课天乙胜光立酉上，小吉、传送为日辰阳神，居天乙后，天罡、太乙为日辰阴神，在天乙前，前为阳位而阴神居之，后为阴位而阳神居之，故曰“阳立于后，阴立于前，阴阳不安”。阳居阴位，今当进上，阴居阳位，今当退黜，贵者将选，小吏免退，庶人居宅不安也。

上神生日，日上生辰上，用克日，末克初。

课名元首、玄胎。辛以巳为德，又为辛金长生，巳申合，可谓吉矣。第四课发用稍迟，中末合，空亡，恐占后不吉昌，凶忧财散。

《义》曰：虽有可畏，亦有可喜。君子知微，贵乎所止。忧恼惊惶，渐变吉昌。欲求成事，恐未相当。

《象》曰：春来万物自然荣，到此功名尽有成。太岁逢寅尤是美，难中变易免忧惊。

此元首之卦，一曰天网，亦曰玄胎。夫元首者，尊制卑，贵役贱之象。占事多顺，利于先举，事多起于男子。为臣忠，为子孝，正大光明而无邪僻之行，德业已著而乾乾进修，常怀危惧，惕励而无咎也。《经》曰“天网四张，万物被伤”，为阻滞，为疑难，为灾恼。况玄胎如婴儿隐伏之状，利上不利下，事主远而多伏，暗昧不通，触则成祸，惟君子守正修德则亨。幸上神生日，所谋百事吉，运用如意，遇灾不凶，逢吉愈吉。季夏时占，主声名显达，岁命生日者，尤为吉昌。此乃有人上门相助之象，非我有求于人。常占必有众人相为谋害之意，凶中而化吉也。占者遇之此课，占求官宜得，但不宜中末无力，难于成事，必待木旺之时可也。占见贵虽顺，事未许济。占婚姻难成。占财不实。病者不妨，若老人小儿久病者得此，深为可畏。占失物难寻。远行有阻。千里投谒人者，徒费粮裹，得不偿失也。忧惊狱讼，先难后易而有解。逃盗勿捕。

占出兵行师，敌使之来，有益于我，必见和解，昼夜所占，虽凶而勿畏，以其课体有始无终也。

真一山人云：向人莫说心中事，且向窗前阅古今。待得时来随所欲，相逢处处是知音。

《无惑钤》云：丁马徜徉，勾虎空乡。君子迍滞，黎庶灾亡。

《钤解》曰：丁虎临干，火马发用，官讼疾病皆凶。若冒险而贪取中传之财，引入亥虎空脱之乡，官星被制。君子占官，犹且迍滞；常人若占病讼，必有死亡刑狱之祸矣。《集议》：“金日逢丁灾祸动”内列此日，为因父母长上而凶动，夜占丁神乘虎尤速。未乘天后立戌，主妇人有疾。乐里悲。丁未凶，未遁丁鬼。夜虎临干，殃非浅也。

辛亥日第五课

涉害　长幼　曲直　不行传

六后勾贵	后白贵常
卯未寅午	卯未寅午
未亥午辛	未亥午辛

父 丁未 后	父 丁未 白
财 卯 六 ◎	财 卯 后 ◎
子 辛亥 白 ⊙	子 辛亥 六 ⊙

	青勾六朱			蛇贵后阴	
	丑寅卯辰			丑寅卯辰	
空子		巳蛇	朱子		巳玄
白亥		午贵	六亥		午常
	戌酉申未			戌酉申未	
	常玄阴后			勾青空白	

《玉历钤》云：此课虽三传之神三合，却与日无情，谓阴金得木局，徒费力无成。

《毕法》云：此课三传为日之财，而三六相呼，占者凡事皆遂，全无障阻，又且有人相助成合事务，惟不宜占解释事，以其交合不得脱离，占病亦不能便解，占行人有喜，即日至矣。

上神克日，日上生辰上，日克三传，初克末。

课名涉害、曲直、长幼。三传皆财，中传空亡，末支又落空亡，凡事向后不十全，所谋宜急图，或出旬别图可为。

《义》曰：贵人克日，见贵无益。求财春宜，因财不足。仲春求官，假财为官。岁若见卯，方保周全。

《象》曰：空脱谁怜未遂情，徒教劳碌事难成。病凶只恐灾星重，又喜忧中见福星。

此见机之卦，一曰泆女，亦曰曲直。夫见机者，察其微，见其机，谓两比两不比，当以涉害为用。涉害有浅深，欲用不用，欲言不言，事有两而取一，所作稽留，迟疑艰难，进退不定，忧患难消，怀孕伤胎，难于前而易于后。《经》云："天后常为厌翳神，须知六合是私门。二将取名称泆女，夫妻失友异情恩。"夫泆女，阴私邪淫，占男女暗昧不正。且曲直者，先曲而后直，象木之谓，当作成器。此五行正气入十干杂糅之乡，异方三合乃生旺墓之神，事主丛杂不一，主关众人共谋，不然两三处干事，委曲托人与人相合之类。又如推磨者，无休歇之象，惜其乘空作空，吉凶无用。占者遇之此课，三六合全，利乎谋事，又畏其合而不合，则事有成而不成之象。若仲春占事，庶几有成。占求财得利，又妨因财因妻而致灾祸，智者当见机，不可泥于有求也。余月占吉凶两事，皆不足用，徒有谋望不遂，虽有惊忧不成，事多起于虚声。

占出兵行师，得此课者亦然，宜防众欺侮而勿忽也。

木旺则亨。

真一山人云：知机乐道好投闲，多少谋猷也是难。却喜有凶翻作吉，逢人随处且盘桓。

《无惑钤》云：鬼宅身灾，掠取钱财。携金告贵，此用宜哉。

《钤解》曰：辛被午克，亥被未克，身宅俱灾也。三传木局，辛之财反生干上午鬼，不惟财被鬼掠，且财化为鬼矣。夫午乃日贵，辛之真官星，若携财以告贵，则必生官矣。求进用者得此，不亦宜乎？《集议》：彼此全伤，说见己酉日第五课。"传财化鬼财休觅"内有此例，谓财在目前，怎忍舍之？财生鬼旺，取必致祸，如在刃上蜜，焉可舔之？稍识事君子，见祸自财出，必不取之，庶得全身远害。此例虽不利取财，惟宜以财而告贵成事，缘用昼贵，乃以财生贵，必宜侥求关节，事必谐也。未乃支鬼，夜占乘鬼遁丁，殃非浅。夜占帘幕[①]局内天罡临申乘雀，主望印信文书事。"金日逢丁灾祸动"内有此日，因父母长上而凶动。夜将未乘白虎，凶动尤速。午克辛，其丁神又克其支，人且灾而宅必动摇。唯有官人，若占赴任，宜乎夜将，但日师未谙此例。昼贵作鬼临身，占病必神祇为害，不可作祟也。

辛亥日第六课

重审　四绝

白 贵 空 后	蛇 常 朱 玄
丑 午 子 巳	丑 午 子 巳
午 亥 巳 辛	午 亥 巳 辛

① 午旬首。

官 丙午 贵	官 丙午 常
父 癸丑 白	父 癸丑 蛇
兄 戊申 朱	兄 戊申 空

空 白 常 玄	朱 蛇 贵 后
子 丑 寅 卯	子 丑 寅 卯
青亥　　辰阴	六亥　　辰阴
勾戌　　巳后	勾戌　　巳玄
酉 申 未 午	酉 申 未 午
六 朱 蛇 贵	青 空 白 常

《玉历钤》云：此课德神临日，官鬼为用，求官吉利，但初传克末传，亦不全美，余占有阻。

上神克日，用克日，初克末。

课名重审。中传见丑为墓，首尾不相应，事无终始，只可结绝旧事，若欲谋新事，不免重谋。初克末，时下用吉。

《义》曰：事多扼塞，动多阻隔。了旧方荣，课名四绝。欲求吉福，守正无辱。君子戒贪，由此寡欲。

《象》曰：谋事平平干事迟，劝君少要使心机。待时自有非常用，富贵荣华定可期。

此重审之卦，一曰天网。夫重审者，重而审之也。利为主，利后动，长有厄，事从内起，起于女人。以下犯上，贱犯贵，卑犯尊，事多不顺。阴小在下者，有悖逆之事。占臣未忠，子失孝，事不可遂意而行，必当审察，循乎义理，庶几以免后患也。《经》曰"天网四张，万物被伤"，为阻滞，为疑难，为灾恼。一下贼上名重审，子逆臣乖弟不恭。事起女人忧稍重，防奴害主起妻纵。万般作事皆难称，灾病相侵恐复重。论讼对之伸理吉，先讼虚张却主凶。上神克日，凡事不利，只利先讼，要有气，余占不吉，常占为人所欺负，病讼畏。课名四绝，发用无力，惟宜结绝旧事，不可图新，所谓事了、人来、信至也。占者遇之此课，占求官，先易后难。占谋望费力。占见贵不喜。占讼失理，官事多愁。占婚姻不宜。占求财难得。病者犯神宜禳。失脱宜寻，勿因财致灾祸。逃亡可获。忧疑患难，宜修德以禳之。

占出兵行师得此，昼占开地千里，夜占稍吉，且有侵袭阻塞之忧，利后进，利为主也。

夏吉。

真一山人云：从今且莫恼心肠，只管开怀醉酒觞。有事来干君自省，惟凭阴德作祯祥。

《无惑钤》云：采葛寻恼，幽隐难考。夜玄克身，两午非好。

《钤解》曰：干上巳，夜乘玄武，支上午，旬遁得丙，并为日鬼，丑虎墓居中，其凶最深，然而巳午相迎，谓之连枝带叶，譬之采葛而寻其根本，以求其生祸之源，其事幽隐，其理难考，盖由丑来入午，而午遂加支上，却与干上巳相迎，结连为鬼，而辛金受害甚矣。《集议》："六爻现卦防其克"内列其法，谓三传现类而自墓克者，此兄弟爻申也，先被午克，而自又入墓，是兄弟无气。夜占帘幕临支。发用丑加午，昼将白虎，主争墓田及道士之事。两贵相协。昼贵作鬼入宅，占病必家堂神像不肃所致，宜修功德安慰免咎。

辛亥日第七课

反吟　玄胎　芜淫

二贵受克难干贵　夫妇芜淫各有私

青 后 勾 阴　　　六 玄 勾 阴
亥 巳 戌 辰　　　亥 巳 戌 辰
巳 亥 辰 辛　　　巳 亥 辰 辛

官 乙巳 后　　　官 乙巳 玄
子 辛亥 青　　　子 辛亥 六
官 乙巳 后　　　官 乙巳 玄

　青 空 白 常　　　六 朱 蛇 贵
　亥 子 丑 寅　　　亥 子 丑 寅
勾戌　　　卯玄　勾戌　　　卯后
六酉　　　辰阴　青酉　　　辰阴
　申 未 午 巳　　　申 未 午 巳
　朱 蛇 贵 后　　　空 白 常 玄

《玉历钤》云：此课巳为日德，加亥上为绝乡，又被亥水冲克，反吉为凶，凡占所事皆凶。

《毕法》云：此课干被支上神克，支被干上神克，为芜淫卦，主夫妇有私情，互结外好，荒淫败伦之论也。又云：此例不可执为专言夫妇之事，以此为例，如先有人许允，后却不相顾盼，不但无情，尤怀恶意，可以类推矣。

上神生日，辰上生日上，用克日。

课名反吟。旦后暮玄，必有阴昧，虽巳火克干金，为德神所护，只动静反复不常，事涉两头，先阴昧，后得助而有图，反得吉。

《义》曰：方晴忽雨，东而复西。何处教人，以数定期。反复变来，方见事机。惟宜正顺，保无私虑。

《象》曰：重求轻得浪翻空，可叹人情未始终。认得这些仁义处，自然安稳乐无穷。

此无依之卦，一曰玄胎。夫无依者，即反吟也。《经》云："无依是反吟，逃者远追寻。合者应分散，安巢别改林。守官须易位，结友也分襟。所为多反复，占病数般侵。"反吟刑冲，事主迟滞，远近系心，更相仇怨，且反复而呻吟，是无予夺而难息也。况玄胎如婴儿隐伏之状，利上不利下，事主远而多伏，暗昧不通，触则成祸，惟君子守正修德则亨。《经》曰"天网四张，万物被伤"，为阻滞，为疑难，为灾恼。上神生日，所谋百事吉，运用如意，遇灾不凶，逢吉愈吉。若三月节得此，主声名显达，岁命生日者，尤为福吉。此有人上门相助，盖不须己之求人也。占者遇之此课，占求官不利，以其所用之神居于绝地，若有官者得之，宜守正修德，否则有不足之叹。占见贵虽顺，事见更改。占婚姻难成，夫妻失友。占财虽有，亦见反复不利。占胎产，亦主不利。占病宜阴德为善以消禳。其他诸占不足，却主事了、人来、信至。

占出兵行师得此不宜，如不得已而行，昼占无威，夜占盗失。利为主，利后动，动则慎之，庶几保全也。

见寅吉。

真一山人云：病多进退事多更，何是人心不世情。得失由来先已定，好将阴骘答神明。

《无惑钤》云：两贵受克，生值绝灭。浊气所生，失十得一。

《钤解》曰：午昼贵临子，寅夜贵临申，为下所克，自救不暇，焉能为人？干之无益也。巳乃辛金长生，临亥以投绝灭，见生不生，虽赖辰土所生，奈系浊气，实为亥水所脱，非得一失十而何？《集议》：辰为浊气，必得一失十，说见邵先生己酉年五月初四日课[1]。

① 其说见前辛巳日第七课中。何上舍丁丑生三十三岁，于己酉年五月辛巳日申将寅时，占前程。

辛亥日第八课

重审　斩关　寡宿　斫轮　励德

胎财生气妻怀孕　朽木难雕别作为

六 阴 朱 玄	青 阴 空 后
酉 辰 申 卯	酉 辰 申 卯
辰 亥 卯 辛	辰 亥 卯 辛

财　卯 玄 ◎	财　卯 后 ◎
兄 戊申 朱 ⊙	兄 戊申 空 ⊙
父 癸丑 白	父 癸丑 蛇

勾 青 空 白	勾 六 朱 蛇
戌 亥 子 丑	戌 亥 子 丑
六酉　　寅常	青酉　　寅贵
朱申　　卯玄	空申　　卯后
未 午 巳 辰	未 午 巳 辰
蛇 贵 后 阴	白 常 玄 阴

《玉历钤》云：此课空亡加日，为吉凶不成，又兼末传日墓，凡事暗昧，不可为用。

《毕法》云：此课卯木临于辛金之上，谓之斫轮，卯木空亡，则是朽木不可雕也。凡值此例，不宜守旧，必当改弦易辙，别求营运。

《神枢经》云：此课卯为空亡，加于日上，又为用，上乘玄武，重重脱气，全无实用。占者值之，费用百出，无一可成，一动十费，十不偿一，水火盗贼，诓骗脱赚，不能免焉。

日克上神，日上克辰上，日克用，初克末。

课名重审。卯作空亡为用，乃斫轮体，凡谋动不成，望进主再，盖空用则吉凶无用，可倚贵人成事。

《义》曰：人到山林，廻避虎狼。平生幸尔，有好心肠。婢思逃走，妻欲病肠。若得破财，福渐荣昌。

《象》曰：徒劳南北远经营，不遇春来事未成。更得卯年逢卯日，便看好事自光荣。

此重审之卦，一曰寡宿。夫重审者，重而审之也。利为主，利后动，长有厄，事从内起，起于女人。以下犯上，贱犯贵，卑犯尊，事多不顺。阴小在下者，有悖逆之事。占臣未忠，子失孝，事不可遂意而行，必当审察，循乎义理，庶几以免后患也。《赋》云："寡宿孤辰，值此尤妨骨肉。"若占身得此，主见孤独，别离乡井，自立门户，财物虚耗，僧道宜之，俗不宜也。干上见财乘玄武，防妻财惹不足之恼，或有失脱亦同。占者遇之，凡事起于虚声，闻见未实，不可遽信，宜加详察，庶不误事。占求官见贵，更改别图。占婚姻求财，另为处置，否则徒为勉强而无益也。占暴病吉，久病凶。占求事，得此未能。占忧患，得解散。占远行不利，占投谒亦然。

占出兵行师得此，有不果行其事，法忧失众、失物，亦难见敌，要当谨始终，以防惊恐，幸而有解也。

更变不一。

真一山人云：吉凶何必分忧喜，两事无成焉可说？退身一步自然高，待得时亨自欢悦。

《无惑钤》云：来情占失，夜贵无力。斫朽木轮，凡谋阴匿。

《钤解》曰：卯乃旬空，临干发用，且乘玄武，来意必占失遗也。寅乃夜贵，俯仰丘仇，干则无力。卯木既空，斯材已朽，不堪雕斫，宜改科别业。支被墓覆，乘太阴阴私之神，所谋非阴邪私匿不明之事乎？《集议》："朽木难雕别作为"内有此日例，尤的。卯木固空，而申金又到其上，其木朽可知。"前后逼迫难进退"内列此日，谓发用卯木既被辛克，归家又被上神申克。发用卯空乘空，主失脱。上神六害。卯乃辛金胎财，四月为生气，主有孕喜，亦主妻之姊妹有孕，卯空后必损。

辛亥日第九课

知一　曲直　不行传　交车

传财太旺反财亏　虎乘遁鬼殃非浅

蛇玄贵常	白后常贵
未卯午寅	未卯午寅
卯亥寅辛	卯亥寅辛

父 丁未 蛇☉　　父 丁未 白☉
子 辛亥 青　　子 辛亥 六
财　卯 玄◎　　财　卯 后◎

六勾青空　　青勾六朱
酉戌亥子　　酉戌亥子
朱申　　丑白　　空申　　丑蛇
蛇未　　寅常　　白未　　寅贵
午巳辰卯　　午巳辰卯
贵后阴玄　　常玄阴后

《玉历钤》云：此课日上与末皆是空亡，发用又加空亡之地，凡事无成，不可用。

《毕法》云：此课干寅支卯二财皆空，若求财，正犹偃苗而助之长也，不徒无益，而反害之。

日克上神，辰上克用，末克初。

课名知一、曲直。末传空亡，凡占虚声，隔三隔四，转托求之，亦不可遂，占忧却散。

《义》曰：枝叶凋落，可以待时。不逢卯字，徒尔寻思。谋望难成，闻事虚声。坐见更变，抚掌笑声。

《象》曰：好事空逢未足欢，忧惊从此便开颜。病人得此宜修德，只怕临时畏此关。

此重审之卦，一曰曲直，亦曰龙战。夫曲直者，先曲而后直也，象木之谓，当作成器。此乃五行正气入十干杂糅之乡，异方三合乃生旺墓之神，事主丛杂不一，主关众人共谋，不然两三处干事，委曲托人与人相合之类。又如推磨，推磨者无休歇之象，一事去一事来，往来不歇，必得吉将用事，须得人引进方可。况龙战，主人心疑惑，进寸退尺，动有乖离之象。卯酉为天之私门，生杀有限，分杜有期，雷动龙奔，示其有战。曲直东方是木形，三传亥卯未相并。人占伐木并栽树，病者因风致有萦。夜占为泆女不正，不宜占婚问宅，恐媒妁不明，而家法不严，所幸有解。俱财，财多反生不足，亦不宜占父母。贵人虽坐狱，辛日为贵人受贿。占求官见贵，必赖贿通。占新病吉，久病凶。占者遇之此课，在春二月、卯年占事，庶几有成，其他时所占百事，皆无可望，须见更改。占吉事不为吉，占凶事不为凶，事事逢之，应知有解。

占出兵行师者，防失众，事多虚声不实，大化小而小化无也。

变更不一。

真一山人云：空门逢此却欢忻，仕宦占之不利人。买卖求财还未准，忧惊可解谢天神。

《无惑钤》云：夜虎丁火，勿恃空课。交关何益，无财有祸。

《钤解》曰：未夜乘虎，遁丁发用，夜占为虎鬼克干。且课乃六合，传乃三合，俱空不可恃以为财，若求财，反费已财，不惟不得，却生起日阴午火以伤干也。寅与亥合，卯与戌合，寅卯俱空，纵是交关，何益之有哉？《集议》："传财太旺反财亏"内有此日例，谓空亡者，求财必费己财，缘见在之财已空，求未来之财，焉能得耶？墓门开，又为外丧入内，宜合寿木以禳之。"金日逢丁财动之"内列此日，因父母长上而凶动。夜将未乘虎，凶动尤速。昼占丁乘螣蛇发用，凡占至凶至危、至怪至动。夜占遁丁鬼乘虎，殃非浅也。昼占帘幕临干。占讼先曲而后直。四课无形，交车合空，初则极其和美，后则总成画饼，靡不有初，鲜克有终。

辛亥日第十课

蒿矢　玄胎　励德　闭口

后 常 阴 白　　　　六 贵 朱 后
巳 寅 辰 丑　　　　巳 寅 辰 丑
寅 亥 丑 辛　　　　寅 亥 丑 辛

官 乙巳 后 ⊙　　　官 乙巳 六 ⊙
兄 戊申 朱　　　　兄 戊申 空
子 辛亥 青　　　　子 辛亥 玄

朱 六 勾 青　　　　空 白 常 玄
申 酉 戌 亥　　　　申 酉 戌 亥
蛇未　　　子空　　青未　　　子阴
贵午　　　丑白　　勾午　　　丑后
巳 辰 卯 寅　　　　巳 辰 卯 寅
后 阴 玄 常　　　　六 朱 蛇 贵

《玉历钤》云：此课日上见墓神为凶，用乃德神则吉，吉凶相半，凡事无成。

《毕法》云：此课日上见丑，上乘白虎，作墓神覆日，凡占必主昏晦，抑郁不得亨泰也。

上神生日，辰上克日上，用克日，末克初。

课名蒿矢、玄胎。天绊地结，墓覆日干，漏底空，宜了绝旧事，忧疑可以立散，如谋望则无力，凶吉多不成也。

《义》曰：蒿矢射人，中而无力。更若乘空，无少补益。惟喜孟春，福禄于人。失却此时，未必为真。

《象》曰：事欲将成又变更，何须由此恼心情。纵教成了还无益，散尽忧疑赖此成。

此蒿矢之卦，一曰玄胎，亦曰天网。《经》云："神遥克日名蒿矢，射我虽端当不畏。贵人逆转子无良，天乙顺行臣不义。家有宾来不可容，亦忧口舌西南至。"然事主动摇，人情倒置，象如以蒿为矢，射虽中而不入，祸福俱轻，求事难成，利主不利客。况玄胎如婴儿隐伏之状，利上不利下，事主远而多伏，暗昧不通，触则成祸，惟君子守正修德则亨。夫天网者，即天网四张也，《经》曰"天网四张，万物被伤"，为阻滞，为疑难，为灾恼。日上见墓神，乃昏蒙滞塞之象。夫墓者，五行潜伏之地，四时衰败气绝之乡，如处云雾之中而无所见，不利。占者遇之此课，占求官待时，在东方年月。占见贵不遇，遇则无心成事。占婚姻不宜。占财不实。占病者，忌老人小儿久病凶，若暴病又为福也。占远行，未能遂意。千里求人者，徒劳跋涉而无益也。占忧疑不成。占宅不旺，虚耗损失。凡占宜守正，必见更改。

占出兵行师得此，忧失众，或有声无实，吉不吉而凶不凶也。

疑而未定。

真一山人云：及时方可去耕春，虽有镃基也待人。独驾小舟随所适，江湖风味自然真。

《无惑钤》云：马上张弓，矢镞申空。幸脱弧矢，墓虎重逢。

《钤解》曰：巳为弓，又为马；申，箭也。蒿矢得马，为马上张弓；申为箭，蒿矢得金为有镞，凶且速矣。幸而巳落空，申夜乘空，弓马既落空乡，矢箭又作天空，弧矢皆脱而无为，不足畏也。但墓虎临干，占病极凶，诸占昏迷凶恶。《集议》："干乘墓虎无占病"内有此日例，谓诸占昏迷凶恶，提防无故冤执而遭捶楚。如冬占稍轻，至冬旺可作库说。两虎夹墓。昼占帘幕临支。"空上逢空"内谓遥克逢空，凡占皆虚也。

辛亥日第十一课

涉害　泆女　不行传

空上乘空事莫追

玄白常空	蛇后贵阴
卯丑寅子	卯丑寅子
丑亥子辛	丑亥子辛
父 癸丑 白	父 癸丑 后
财　卯 玄 ◎	财　卯 蛇 ◎
官 乙巳 后 ⊙	官 乙巳 六 ⊙
蛇朱六勾	青空白常
未申酉戌	未申酉戌
贵午　　亥青	勾午　　亥玄
后巳　　子空	六巳　　子阴
辰卯寅丑	辰卯寅丑
阴玄常白	朱蛇贵后

《玉历钤》云：此课墓神发用，传入空乡，吉凶不成。

《毕法》云：此课丑为干墓，巳为长生，初传丑，终传巳，乃自墓传生，先迷后醒之象。又云：中传空亡，折腰之例，事难成就。

上神盗日，辰上克日上，用克日上。

课名涉害。干墓为用，传入空亡，图用不行，望事难通，吉凶皆无成。卯为财合，巳为官，凡占财官，近贵乃往。用墓虎，小阻后通，然亦无终。

《义》曰：先凶后吉，荣辱并及。善以道处，何用强为？男女行媒，名分不齐。兢兢戒谨，勿或容私。

《象》曰：后合私情焉可用？占身得此还须慎。虽然实事难得成，播丑虚声能来听。

此见机之卦，一曰泆女。夫见机者，察其微，见其机，谓两比两不比，当以涉害为用。涉害有浅深，欲用不用，欲言不言，事有两而取一，所作稽留，迟疑艰难，进退不定，忧患难消，怀孕伤胎，难于前而易于后。传见泆女，《经》云：“天后常为厌翳神，须知六合是私门。二将取名称泆女，夫妻失友异情恩。”夫泆女乃不正之象，阴私邪淫，占男女有阴私暗昧之理，占家宅宜谨慎闺门，以防阴小越礼，惟能以礼自防者可化之。日生上神，虚费不足，谋望不遂，盗失损财，人口衰残，休囚尤重，又为子孙脱漏之事。事多不实，主有奸诈之意。占者遇之此课，占求官迟滞，防人脱赚。见贵和合，事虑变更。占谋望不遂。占交易未成。占婚姻，先合而后变。财帛将至而复空。久病凶，新病吉。占宅不吉，必有伏尸故气。远行投谒，美中不足。逃亡目下难获。忧疑消散不成。丑卯巳，号曰出户：“出户逢明日，欲求干望时。君子升阳渐，小人尚危疑。”况遇空，吉凶无益。

占出兵行师得此，昼占凶而有救，夜占怯而无成。大抵宜防失众，吉不吉而凶不凶，事有欲成不成之象也。

空木难雕。

真一山人云：历遍山高水险难，从今渐觉路途宽。若逢更改从容待，忧散还看益笑颜。

《无惑钤》云：财德既空，虎墓犹存。病绝药饵，恐丧其身。

《钤解》曰：卯财巳德，俱已空陷，有如无也。独存支上墓虎作初传，况系旬尾，占病必绝药饵饮食，恐难免于死矣。《集议》：“脱上逢脱防诈伪”内列此日，以为尤可恶，缘干被上脱，初墓又坐脱方，中末空亡，亦闲话而已。昼虎夜螣，末助初生，旁有暗地相助推荐，以致亨旺，但末传空亡。“墓虎有伏尸”内列此日，谓干墓临支克支，占宅必有伏尸鬼为祸，或有影响，似此克宅者尤的。自墓传生。“空上逢空事莫追”内列此日，谓子为脱空神，凡占皆无中生无，尽是脱空，全无实踪，不足取信。

辛亥日第十二课

元首　连茹　不行传

青 空 空 白　　　后 阴 阴 玄
丑 子 子 亥　　　丑 子 子 亥
子 亥 亥 辛　　　子 亥 亥 辛

父 癸丑 青　　　　父 癸丑 后

财　寅 勾 ◎　　　　财　寅 贵 ◎

财　卯 六 ◎⊙　　　财　卯 蛇 ◎⊙

贵 后 阴 玄　　　　勾 青 空 白

午 未 申 酉　　　　午 未 申 酉

蛇巳　　戌常　　六巳　　戌常

朱辰　　亥白　　朱辰　　亥玄

卯 寅 丑 子　　　　卯 寅 丑 子

六 勾 青 空　　　　蛇 贵 后 阴

《玉历钤》云：此课初传墓神，中末空亡，吉凶不成，恍惚之象。

《毕法》云：此课干上亥，昼虎夜玄，皆乘脱气，犹赖亥水坐于戌土之上，尚惧戌土，不敢全脱，狐假虎威之象也。

《金匮经》云：凡玄武坐于太阳月将之上，占贼必败，缘盗贼喜夜暗可以隐形，岂宜被太阳之光照耀，以致不能隐匿，不劳捕必然自败也。此课亥将戌时，亥乘玄武，被月将太阳照破，此必家贼，久自败露也，故曰"太阳照武宜擒盗"。

上神盗日，用克日上，末克初。

课名进茹。辰加日，去住不由己，干众，进退不能，成只以迟慢、无成决之，盖十羊而九牧，凶吉皆无见。

《义》曰：物各有时，要此机会。苟非其时，又见废坠。进退两难，空脱相兼。君子守真，庶保吉昌。

《象》曰：春占病者更愁眉，多少阴功尚力疲。幸得凶中还有救，早令悔过莫迟违。

此元首之卦，一曰芜淫，一曰连茹。夫元首者，尊制卑，贵役贱之象。占事多顺，利于先举，事多起于男子。为臣忠，为子孝，正大光明而无邪僻之行，德业已著而乾乾进修，常怀危惧，惕励而无咎也。芜淫之卦，奸生于中。《经》云：阴阳不备是芜淫，不宜占婚姻，男女有不正之象，占家宅得此，宜严肃家法，以礼自防，庶不为欲之所挠。所幸中末无力，虽彼此有私，而终难就也。日生上神，虚费不足，盗失损财，人口衰残，休囚尤重，又为子孙脱漏之事。况连茹，事主欲行不行，欲止不止，节外生枝，根苗不断，旧事从新，一事去一事来。又名偃蹇，终不济事，所用过劳，耗失何免？占者遇之此课，占求官，进中有退，安命待时。占见贵喜合，事且未能。占求财难得，反有所伤。占病者，主凶危，宜修德禳谢。其他诸占，不惟无益，而又损之，惟当守正，谦退不妄为，则祸去而福生也。若夫当忧惊患难之时，得此又为福星，由其能解诸凶也。

占出兵行师得此，为之无用之课，防众心不一，脱赚不实，有始无终，惟在将之权谋也。事多未济。

春吉。

真一山人云：谁谓年来事变更，有情还见似无情。安居守正惟存德，风散云霾月自明。

《无惑钤》云：故意相亏，狐假虎威。己财既失，意利休希。

《钤解》曰：亥支巳加于辛干以受生，是辛故意如此以自亏也，但戌乃辛之寄宫，恃此以制亥，亥惧戌而不致全脱，即狐假虎威之喻也。寅卯，己之财也，但系旬空，自己之财既失，意外之财岂可乞乎？宜闭口谨言可也。《集议》："须忧狐假虎威仪"内列此日例，此日不宜动作。干上脱气，夜乘玄，乃脱上逢脱之说。前后逼迫难进退，进逢墓，退遇脱。两贵不协，变成妒忌，夜贵寅加丑，昼贵午加巳，互换作六害。

壬子日

壬子日第一课

伏吟　三奇　不结果　夜励德[①]

青青空空	玄玄常常
子子亥亥	子子亥亥
子子亥壬	子子亥壬
兄 辛亥 空	兄 辛亥 常
兄 壬子 青	兄 壬子 玄
子　卯 朱 ◎⊙	子　卯 贵 ◎⊙
贵后阴玄	朱六勾青
巳午未申	巳午未申
蛇辰　酉常	蛇辰　酉空
朱卯　戌白	贵卯　戌白
寅丑子亥	寅丑子亥
六勾青空	后阴玄常

此课先生曰："此课财禄甚稳，但身有膀胱气，及阴肿水气之扰。宅上帝旺，财物兴隆。今年进子又进孙，中传及宅皆子也。子边著亥，乃孩字也。末传门户上有不宁，乃是户役事，门户不安。堂上不合安符，主家中无一时安静。而家势得池塘之利，必然大发。尚有四四一十六年，寿终时主阴肿而亡也。"王德卿乃是士人，善能治家，正值长旺，只是被膀胱病。其年三月进子，十二月进孙，又为户役所扰。堂中挂一天师

① 四课贵后为微服，凡事阴私利干贵。

符，自是梦寐不安，怪异影响，即却之，果无事。至辛酉年，王德卿死，寿六十一。自戊申年至辛酉年，一十六年，其家池塘最盛，一年有数万斤鱼利，盖缘壬子日亥子甚盛之乡，亥子为江湖所居，壬禄居亥而旺于子也。亥主四数，身与初传是两个四，所以言四四十六寿也[①]。

《玉历钤》云：课虽伏吟，中传青龙颇吉，占官不为用也。《赋》云："青龙入海，宜求汗漫之财。"

上神德日。

课名伏吟。诸神不动。壬得亥，为上下得禄，秋冬占大吉，须有事稍迟亦称，久久通利，虽中末子卯相刑，不为凶，但卯为空亡，吉不十全，忧可解。

《义》曰：守之自足，仲冬纳福。有始无终，劳劳碌碌。病凶有解，谋望变更。机关万种，多失少成。

《象》曰：莫厌人生处世难，穷通造化谩相看。成中又见无终始，勉强由来未保全。

此自任之卦。夫自任者，乃天地伏吟，十二神各归本家，天地如一，四伏未发之象。占事静则宜，动则滞，主事藏匿不动，静中求劳，有屈而不伸之象。《经》云："任信伏吟神，行人立至门。失物家内盗，逃者隐乡邻。病合难言语，占胎聋哑人。访人藏不出，行者却回轮。"占遇三奇，百事咸吉，三奇消除万祸，此之谓也。吉事愈吉，凶事即解，冬占为旺禄临身，不可舍禄而他求，恐不如意也。夜占为励德，大吏升迁，小吏迍否。贵临二八，摇动迁移，修整而应。又谓之关格不通，下状多不理。占者遇之此课，占求官虽吉，不可太过用心，恐招不足，若有官守者，惟宜守于本等，加之公勤，则福禄自荣，不必他望也。占见贵者，始终有变。占婚姻勿成。占交易比和。占远行不利而有害，幸有维持。占求财难得，得之不能为用。占病者不妨，但倦言或不进饮食，先凶而后吉也，久病可忧，有德庶几。狱讼者，屈而后伸。行动不宜向西北戌方，避之免忧。逃亡纵得难用，忧惊渐解，甚勿畏之。

占出兵行师得此，昼占防欺诈，夜占稍吉，有始而无终也。

真一山人云：绿杨影里系扁舟，明月芦花满眼秋。看尽世间多少事，一蓑烟雨任遨游。

《无惑钤》云：德禄幸临，贪心再成。欲其兴旺，无礼遭刑。

《钤解》曰：亥乃日干之德禄，既幸临干，最宜坐守，亦自亨快。壬乃贪心不止，又援初传之德禄以成再成。欲就中传子水以冀兴旺，末传卯却刑子，遂为无礼，则刑狱之祸，不能免也。微服卦，《观月经》曰："君子赐衣冠进秩，小人退位有灾忧。"

---

① 《壬占汇选》作：王德卿辛酉生，四十八岁占宅，戊申年十月壬子日卯时卯将。

壬子日第二课

元首　不备　连茹

魁度天门关隔定

白空常白	白常空白
戌亥酉戌	戌亥酉戌
亥子戌壬	亥子戌壬
官 庚戌 白	官 庚戌 白
父 己酉 常	父 己酉 空
父 戊申 玄	父 戊申 青
蛇贵后阴	蛇朱六勾
辰巳午未	辰巳午未
朱卯　　申玄	贵卯　　申青
六寅　　酉常	后寅　　酉空
丑子亥戌	丑子亥戌
勾青空白	阴玄常白

《玉历钤》云：此课戌加亥，谓阳关，本是凶课，况又戌加日，兼乘白虎，乃凶中之凶也，凡占俱不可用。

《通神集》云：凡失物，若日上神克支上神，支上又乘天空、玄武，则为贼所窃，若见太阴、六合，则家人藏匿。此课壬上见戌，子上见亥，为外人侵，又支上天空，主贼盗去，不须疑人。

上神克日，日上克辰上，用克日。

课名元首、连茹、斩关。日加辰，去住不由己。天魁克日，凡占颇凶。中末皆生，始凶终吉。

《义》曰：守则有咎，进则生福。强之一步，自然得禄。病讼皆畏，凶中化吉。勿嫌破财，谓之有益。

《象》曰：魁度天门遇斩关，半凶半吉两相参。长教方寸中间好，何怕千山与万山。

此知一之卦，一曰斩关，亦曰天网。夫知一者，知一而不能知两，知者以为自知、自见，不知为寇仇，故言知一也。以此为用，舍远就近，舍疏就亲，恩中生害，事多起于同类，凡事狐疑，事贵和同乃吉。况斩关非安居之象，占者多不自由，事多暗昧不和，离散口舌，欲隐身避难者，却利乎奔逃也。又主人情暗中不顺，多见更改，事多中止，坟墓破坏，占婚姻强成，难于久远。凡事历遍艰辛，然后可遂。且天网四张，万物被伤，为阻滞，为疑难，为灾恼。占病大宜竭诚斋素，悔过迁善，庶几少解，昼夜所占皆然。此亦退连茹，应事多迟，欲进不进，欲止不止，节外生枝，根苗不断，旧事从新，一事未脱，一事相拘。占者遇之此课，乃魁度天门，事多关隔，占者多不自如。占求官不难，一曰催官星，不待正选，言速也。占见贵阻。占婚勿成。财难得。病凶，忌五、六月节，白虎同会为魄化，大可畏也。逃亡日归。占远行不利。投谒人者不吉。

占出兵行师得此，昼失利，大有可畏，夜占亦然，安营下寨，宜廻避。此课不利用兵，如不得已而用之，贵在将之机变也。勿忽！

病有膈宽利。

真一山人云：莫问前程与后程，都来心上辨枯荣。无人见处全由己，谁谓昭昭鉴不平。

《无惑钤》云：先疑后遂，佯输诈退。病讼逢斯，昼夜皆坏。

《钤解》曰：戌土临干作用，鬼至重也。壬干先已受此惊疑，乃惧而投酉申金上以就生，是遂其心也。又临子以就旺，所谓“佯输诈退”也。日上戌为初传，乃日鬼，弃其鬼就投中传酉生，奈酉乘常临戌，上下皆土，况壬水又败于酉，末传申金又入败乡，壬水不敢前进，佯为输败，退为子水之旺以自遂。壬日最怕土虎，若占病讼，昼夜皆主昏晦也。《集议》：“虎临干鬼凶速速”内列此日，凡占凶祸，速中又速。禄临支，佯输诈败。邵南《毕法》内列此日，龙虎拱卫子宅也，亥临其上，左子乘龙，右虎乘戌，主其家丰隆。

壬子日第三课

元首　斩关

催官使者赴官期

玄白阴常　　白青常空
申戌未酉　　申戌未酉
戌子酉壬　　戌子酉壬

官 庚戌 白　　官 庚戌 青
父 戊申 玄　　父 戊申 白
财 丙午 后　　财 丙午 玄

朱蛇贵后　　贵后阴玄
卯辰巳午　　卯辰巳午
六寅　未阴　　蛇寅　未常
勾丑　申玄　　朱丑　申白
子亥戌酉　　子亥戌酉
青空白常　　六勾青空

《玉历钤》云：此课日辰之鬼，临支辰上发用，凡占俱否，不可用。

《毕法》云：此课末传午火生初传戌土，而助其鬼来克日干，占者必有人排陷，旁有人主谋唆之者，其类必妇女，或无须人，或冯马朱周之姓，是为教唆之人也。

《金匮经》云：此课戌为支辰之鬼，上乘白虎加支，克干克支，值此者必家宅不安，众鬼为孽。嗟夫！妖孽自人而生，今有人为存心阴险行事，且诡谲专欲弄人害人，而排挤中伤，无时而不存，为吾之鬼耳。鬼因其类而起，妖孽随之，非自人兴而何？惟君子光明正大，如皎日当空，阴邪自伏矣。

上神生日，辰上生日上，用克日。

课名元首、斩关。凡占于中防小人夹带伤害。亥加丑，子加寅，谓之日辰互合，近贵进望吉。卯加巳，二贵相会，利动不利静，以日上吉、辰上凶也。

《义》曰：理无全吉，亦无全凶。所招否泰，都在人心。上门相助，不应有害。各怀异心，岂能成太？

《象》曰：催官使者占官速，上下人情贵和睦。用尽机关有命为，误却自己还招辱。

此元首之卦，一曰斩关，又曰天网。夫元首者，尊制卑，贵役贱之象。占事多顺，利于先举，事多起于男子。为臣忠，为子孝，正大光明而无邪僻之行，德业已著而乾乾进修，常怀危惧，惕励而无咎也。况斩关非安居之象，占者多不自由，事多暗昧不和，离散口舌，欲隐身避难者，却利乎奔逃也。又主暗中不顺，多见更改，事多中止，坟墓破坏，占婚亦强成，难于久远。凡事历遍艰辛，然后可遂。夫天网四张，万物被伤，为阻滞，为疑难，为灾恼。占者遇之此课，名悖戾，退间传也，退而有隔，隔而后进，进退不一之象。上神生日，凡事有人相助，所谋百事吉，运用如意，遇灾不凶。在秋占，有声名之显。占求官得此，为催官使者，得官最速。占见贵，主客未和顺。占婚姻不宜。占求财，恐因财得祸。占病者，凶中有救。占失物勿寻，破财为福。占远行阻滞。论讼不宜。占逃亡日归。占宅不宜。

占出兵行师，昼占不利于战阵，夜占吉，大抵为美中不美也。

难而易。

真一山人云：世人不知天理正，枉使机关未遂心。但怀中正为身计，祸患消之福自深。

《无惑钤》云：宅上兼初，昼占难居。争耐末午，助鬼越趄。

《钤解》曰：戌土乘虎，临宅作初，昼若占宅，则难居也。末午助初传，以为干鬼，至壬干越趄，不敢进步也。《集议》："末助初兮三等论"内列此日，午乃教唆之人也。午乃日财，尤不宜求财，反为祸也。悖戾："勉强前来勉强之，戌申午上不堪期。徒然欲壮培根本，凶咎从前定不遗。"支鬼乘虎。"苦去甘来"内列此日，为一喜一悲，夜占申乃长生乘虎，戌乃日鬼乘龙。

壬子日第四课

知一　高盖　龙战　三交　不行传　闭口

虎乘遁鬼殃非浅

后 常 贵 玄　　　　玄 空 阴 白

午 酉 巳 申　　　　午 酉 巳 申

酉 子 申 壬　　　　酉 子 申 壬

财 丙午 后　　　　财 丙午 玄

子　 卯 朱 ◎　　　　子　 卯 贵 ◎

兄 壬子 青 ⊙　　　　兄 壬子 六 ⊙

	六	朱	蛇	贵				蛇	贵	后	阴	
	寅	卯	辰	巳				寅	卯	辰	巳	
勾丑					午后		朱丑					午玄
青子					未阴		六子					未常
	亥	戌	酉	申				亥	戌	酉	申	
	空	白	常	玄				勾	青	空	白	

《通神集》云：凡占失财，看日辰冲克刑破，是为盗失。此课壬上见申，申之阴位上见巳，与日干亥相冲，子上见酉，酉之阴位上见午，与支辰子相冲，酉又为支破。午火为用，乃日之财，上见玄武加之，其财为贼盗窃也。如欲捕之，往东方近舟船处，必获其贼，勾连家中人递为盗窃，盖子加卯上，卯与初传午作六合故也①。

《龙首经》云：欲知奴婢利主否，当视日辰阴阳中从魁、天魁，若与吉将并，得旺相气，与日辰相生，用神无克，主奴婢利主，应用笃实，反此则奴婢背主，存心欺诞。此课传送与玄武临壬，从魁与太常临子，内从魁旺相，吉将相生，又在日辰阴阳中，胜光为用临酉，上克下，此占婢为良善，笃实利主。其奴欺诈不可用也。

《玉历钤》云：此课发用丁壬相合本吉，但嫌中传空亡，凡占吉凶皆不成。

《毕法》云：此课干上申生干，支上酉生支，发用又为财神，乃富贵之象也。但嫌酉虽生支，其实败支，值此必主安乐之中，内藏忧患，宁静之时，已兆躁端。占者切须预防，惟君子静可以待躁去静存，如疾风暴雨之过目，而平和之气常在焉。

上神生日，用克日上，日克用，末克初。

课名知一、三交。暗昧，凡占不免交加，或隔手。所幸壬日用午，丁壬合，中末空亡，凶吉多不成，然末生中，中生初，种种皆吉，凶亦自败。

《义》曰：欲动不动，欲成不成。虽有知者，鸟足长行。吉凶两般，俱莫相干。退而拙守，福自漫漫。

《象》曰：仲春见卯方奇特，不在斯为难喜悦。忧愁患难转欢忻，久病凶凶何所说。

此知一之卦，一曰三交，一曰高盖，又曰龙战，又曰闭口。夫知一者，知一而不能知两，知者以为自知、自见，不知为寇仇，故言知一也。以此为用，舍远就近，舍疏就亲，恩中生害，事当起于同类，凡事狐疑，事贵和同乃吉。夫三交家匿阴私客，不迩自将逃避迍。凡事失节阻碍，谋事被人阻破，不能成合。传见高盖，《经》云："紫微华盖居神后，天驷房星是太冲。马即胜光正月骑，六阳行处顺申同。高盖乘轩又

---

① 此句有讹。

骑马，更得龙常禄位丰。”况龙战，主人心疑惑，进寸退尺，动有乖离之象。闭口者，以应其闭口之象。凡访问，人或有事不可向人言者；或占病，而不进食者之谓也。上神生日，所谋百事吉，运用如意，遇灾不凶，逢吉愈吉。凡百有人上门相助，但传无用之乡，有始无终，又可惜也。占者遇之此课，初传内战，事多不顺，谋望百事，空脱难成。占忧疑、惊恐、患难之事，却喜忧疑患难解之也。

占出兵行师者不宜，以其有失众无威之象，不能成功，还当防范，勿致疏虞也。

真一山人云：莫道凶中无吉处，都缘学者自迷蒙。若人肯向心中检，一善还消数样凶。

《无惑钤》云：申夜虎戊，财亡妻苦。中末皆空，败坏门户。

《钤解》曰：申遁旬戊，夜乘白虎，病讼皆凶。午乃壬水妻财，作初逢玄后夹克，所以财亡妻苦也。中末空陷，子卯相刑，且壬水败于酉，卯酉门户，所以言门户财坏。《集议》：子加卯，夜合，主奸淫事。干上申遁戊鬼，夜虎临干，殃非浅也。

壬子日第五课

涉害　曲直　励德　不行传

众鬼虽彰全不畏　水日逢丁财动之

蛇玄朱阴	后白贵常
辰申卯未	辰申卯未
申子未壬	申子未壬
官　丁未　阴	官　丁未　常
子　　卯　朱◎	子　　卯　贵◎
兄　辛亥　空⊙	兄　辛亥　勾⊙
勾六朱蛇	朱蛇贵后
丑寅卯辰	丑寅卯辰
青子　　巳贵	六子　　巳阴
空亥　　午后	勾亥　　午玄
戌酉申未	戌酉申未
白常玄阴	青空白常

《玉历钤》云：此课丁壬相合，本吉课也，嫌本局盗气，中末传空亡，凡占不可用。

《毕法》云：未为日干官鬼，临于日上，上乘丁神，最为官鬼财动也，占者必有远方官贵寄物，或附近上司赐赍，或有妻妾之喜。

上神克日，日上生辰上，用克日，初克末。

课名涉害、见机。春占宛转可成，他时事干众，隔三隔四，徒劳心力，重求轻得。然壬日未用，丁壬相合，中末空亡，凡事从空散矣。

《义》曰：不惟欺侮，且被脱赚。事不遂心，钱财耗散。欲脱不脱，终须有脱。加之空空，必见消索。

《象》曰：鸡口焉能牛后多，凶吉中有自灭磨。只宜正顺随宜处，世机到此又如何。

此见机之卦，一曰天网，一曰曲直，又曰励德。夫见机者，察其微，见其机，谓两比两不比，当以涉害为用。涉害有浅深，欲用不用，欲言不言，事有两而取一，所作稽留，迟疑艰难，进退不定，忧患难消，怀孕伤胎，难于前而易于后。夫天网四张，万物被伤，为阻滞，为疑难，为灾恼。传见曲直，先曲而后直，象木之谓，当作成器。此乃五行正气入十干杂糅之乡，异方三合乃生旺墓之神，事主丛杂不一，主关众人共谋，不然两三处干事，委曲托人与人相合之类。又如推磨者，无休歇之象。况励德，主阴小有灾，此名关隔神，常人占此，身宅不安，宜谢土神，贵人则主升迁，要当消息而论也。上神克日，凡事不利，常占为人所欺负，终不畏也。占者遇之此课，乃先凶后吉之象，空脱虚耗，事不遂心。占求官求财，美中不足。占见贵、婚姻、交易、投谒、远行、谋望，欲遂未遂，欲成不成，好事不得称心，恶事终不成害。久病得之，谓之飞魂；暴病得之，乃为福星。占忧疑惊恐自消，尚见欲脱不脱。

占出兵行师得此，虚耗失脱，有损无益，吉不吉而凶不凶也。

有声无实。

真一山人云：万骑貔貅势力雄，韩侯复出未成功。虚声听处还宜察，智者方能保始终。

《无惑钤》云：丁鬼临身，暗戊加辰。财如刃蜜，夜卜为迍。

《钤解》曰：未乃遁丁，为鬼临干。申能长生，旬遁为戊，亦暗伤壬干。水日逢丁为财动，但此财藏于鬼内，取此财必有祸也。如置蜜刃上，焉可舔也？夜占天将皆土，其迍甚也。《集议》："水日逢丁财动之"内列此日，谓官鬼之财动。交互六害。未乘太阴加亥，主小儿婚姻。占讼则先直后曲。"众鬼虽彰"内有此日例，谓夜占天将皆克干，却被三传木局克，不可以传木为脱，以其能救祸故也。申遁戊鬼，夜虎临支，殃非浅也。

壬子日第六课

重审　泆女　递生

胎财生气妻怀孕　虎乘遁鬼殃非浅

六	阴	勾	后		蛇	常	朱	玄
寅	未	丑	午		寅	未	丑	午
未	子	午	壬		未	子	午	壬

财	丙午	后	财	丙午	玄
官	癸丑	勾	官	癸丑	朱
父	戊申	玄	父	戊申	白

	青	勾	六	朱			六	朱	蛇	贵	
	子	丑	寅	卯			子	丑	寅	卯	
空亥					辰蛇	勾亥					辰后
白戌					巳贵	青戌					巳阴
	酉	申	未	午			酉	申	未	午	
	常	玄	阴	后			空	白	常	玄	

此课名涉害，动涉之中，皆有利害，又名四绝，前程偃蹇不通。身与初传，玄武入庙，中传朱雀又入庙，末传申作白虎，又入墓。宅上未作太常六害，主亲戚入宅亦死，只缘掘损丑艮之方，父母葬在丑艮方上，所以无前程也。张判院丞议郎见授粮科运判，来年冬赴任。当年患眼，因闲步，屋倒遭惊，其眼愈昏，所授之任遂不赴。与妻不和，辛亥年妻死，却令姨母来家相伴，姨母于此又死。及仔细询问之，后之来山却是丑艮山，遂于半山葬父，所以自遭坏己身，主癸丑年死。壬日以申为父母，申墓在丑，作白虎，主损坏，所以父母之坟掘坏丑艮山，以致家势衰败，自身不荣故也①。

《玉历钤》云：此课午加亥，正时午，丁壬暗合，却缘天后、玄武夹克，又初传克末，乃吉轻凶重，凡占所求无成，所期不遂。

---

① 《壬占汇选》作：己酉年六月壬子日未将子时，盖判院辛未生，三十九岁占前程。

《毕法》云：此课初生中，中生末，末生日干，值此者，必有上下推重举荐，幸无空亡，终必成就也。

《灵辖经》云：此课末为太常克干，临于支上，如占病，必因喜事及筵饭，亲家带病而归，或是朝官，必因赐宴得病，甲乙日当安。

日克上神，日上生辰上，日克用，初克末。

课名重审。壬干得午火为绝，宜了绝旧事，阴极阳生，不可图新。此课利物不利人，初克末，吉轻凶重，勾雀在中，有接上引下，末玄有财意。

《义》曰：惟宜了旧，不可图新。将逢内战，动必多迍。课虽未吉，守正为荣。识多乖巧，诚多致成。

《象》曰：机关万种亦闲闲，莫把阴功将就看。一自香山还带后，声名大播在人间。

此重审之卦，一曰泆女。夫重审者，重而审之也。利为主，利后动，长有厄，事从内起，起于女人。以下犯上，贱犯贵，卑犯尊，事多不顺。阴小在下者，有悖逆之事。占臣未忠，子失孝，事不可遂意而行，必当审察，循乎义理，庶几以免后患也。传见泆女，《经》云："天后常为厌翳神，须知六合是私门。二将取名称泆女，夫妻失友异情恩。"夫泆女乃不正之象，阴私邪淫，占男女家宅有阴私暗昧之理。日上见午，妻美财福，利于求财，但此财乃不得自由之财，《经》云"初遭夹克不由己"。占者遇之此课，占求官，有人递相荐举，但有未顺，先见有成，而后退失。诸占皆如此论。占见贵、合婚，不宜。占交易，成未得济。占病凶，宜作福，余占阴暗未利。此四绝之卦，惟宜结绝旧事，不利新谋。夜占乃闭口卦，凡占莫知其机。占逃亡，昼占自归，夜占难获。占远行不利。讼宜和。

占出兵行师得此，昼占无威不宁，夜占失物忧疑。四绝之卦，小事而不宜用，况于兵事乎？

利小用。

真一山人云：巧拙都忘向理求，宣厄莫厌不封侯。子孙世禄由先祖，万代荣名播美休。

《无惑钤》云：夜申戊虎，长生无气。或卜亡财，或因奴婢。

《钤解》曰：申夜占乘虎，遁戊为暗鬼，若倚而为长生，则被初克、中墓，且末自投墓中，是无气矣。初午为壬水妻财，已遭夹克，夜乘玄武，卜值此课，非为亡财，或缘妻婢之事。《集议》："三传递生人荐举"内列此日，申遁戊鬼，夜虎入传，殃非浅也。"六爻现卦防其克"内列此日，谓长生无气。两贵相协。午乃壬水胎财，七月为生气，主有孕喜。墓门开，又为外丧入内，宜合寿木以禳之。

壬子日第七课

反吟　三交　励德　六月占为天烦

二贵受克难干贵

白	蛇	空	贵			六	玄	勾	阴
子	午	亥	巳			子	午	亥	巳
午	子	巳	壬			午	子	巳	壬

财 丙午 蛇　　财 丙午 玄

兄 壬子 白　　兄 壬子 六

财 丙午 蛇　　财 丙午 玄

	空	白	常	玄			勾	六	朱	蛇	
	亥	子	丑	寅			亥	子	丑	寅	
青戌					卯阴	青戌					卯贵
勾酉					辰后	空酉					辰后
	申	未	午	巳			申	未	午	巳	
	六	朱	蛇	贵			白	常	玄	阴	

《玉历钤》云：此课天将凶多吉少，课传冲刑，凡占所事无成。

《毕法》云：此课午加子为初传，被水克害，欲归本家，午上又有子水在焉，则午火两无所归，孑然如丧家之狗也。论其类神，午为日之财，则财耗；午为心之经，则心疾；午为妇女，则妇女不安；为屋为马，则屋马倾倒。推类言之，皆午受患故也。

日克上神，日克用。

课名反吟。反复无定，事涉两意，或动在远方，或隔在年岁，不宁无定准，日就贵人在财方，必所得利，往返三次方遂。

《义》曰：三交高盖，忧惊无害。仲春占之，官禄宜太。反吟刑冲，有始无终。吉呵未吉，凶呵未凶。

《象》曰：始终相生事有期，其间消息几人知？只因末后无归着，反复教人未可窥。

此无依之卦，一曰三交，又曰高盖。夫无依者，即反吟也。《经》曰："无依是反吟，逃者远追寻。合者应分散，安巢别改林。守官须易位，结友也分襟。所为多反复，占病数般侵。"反吟刑冲，事主迟滞，远近系心，更相仇怨，且反复而呻吟，是无予夺而难息也。夫三交家匿阴私客，不迩自将逃避迍。凡事失节阻碍，谋事被人阻破，不能成合。传见励德，阴妾立前阳处后，大吏升迁，小吏迍否。日上见巳，妻财不利。占者遇之此课，凡占惊疑不宁。占求官者，始终不宜。占见贵者，喜怒不常。占婚则夫妇难谐。占求财者，得而虑失。占病反复而未安。远行阻碍而不利。主客比和。交易欠顺。忌六月将占，为天烦，不利。占宅惊惕，人眷不安。占逃亡难获，盗失亦然。讼狱宜和，先难后易。

占出兵行师得此，昼占忧心众畏，夜占盗失忧疑。大抵三交、反吟，皆不宜于用兵，其他所占，亦难称意。若不得已而用之，惟在顺天时，明地利，达时变，凡处忧疑患难之中，先不足而后解散也。

慎终如始。

真一山人云：处世难云事不难，才成又变未成欢。只循道理行将去，行止从他着眼看。

《无惑钤》云：两贵无力，博弈有益。满目钱财，身心疲疫。

《钤解》曰：昼贵巳临壬，夜贵卯临酉，俱被克制，彼自无力，干则不济事也。干支所乘俱财，是以相对，若博弈赌赛，财必大获。但满目钱财，而往来奔驰，营营不止，所以终身疲疫，而不胜其劳矣。《集议》："前后逼迫难进退"内列此日，以初传言，谓克处回归，又被上克，虽虎贲之勇，亦不可当，尤以类推之。"传财化鬼财休觅"内列此日，谓借钱还债，若取他支上午财，必以干上巳财还他。

壬子日第八课

重审　铸印　斩关　不结果

青 贵 勾 后	青 阴 空 后
戌 巳 酉 辰	戌 巳 酉 辰
巳 子 辰 壬	巳 子 辰 壬

财 乙巳 贵	财 乙巳 阴
官 庚戌 青	官 庚戌 青
子 卯 阴 ◎	子 卯 贵 ◎

青空白常		青勾六朱	
戌亥子丑		戌亥子丑	
勾酉	寅玄	空酉	寅蛇
六申	卯阴	白申	卯贵
未午巳辰		未午巳辰	
朱蛇贵后		常玄阴后	

《灵辖经》曰：铸印卦者，谓天魁为印，巳丙炉冶，铸印之象。终于太冲，是为乘轩之象。天魁临太乙火，为铸印，太冲天车，卯为房宿，为天驷，以此占人，铸印乘马驾驷，富贵之象也。此课太乙临子为用，将得天乙；中传天魁临巳，为铸印，将得青龙；末传太冲，为乘轩，将得太阴。以此占人，初利占印绶，中有婚姻之喜，终见太阴，福恩赏赐之事。

《玉历钤》云：此课巳为德合加子，天将俱吉，末传虽空，乃吉重凶轻之象，凡占迟而成事。

《观月经》云：富贵天乙卦，发用最为良。因此名富贵，家门日月昌。四月时加卯，壬子入本乡。富贵兼权印，官私两用长。怀胎主贵子，生下置田庄。福德从天降，万里有声香。约信依时到，家业合宫商。

《毕法》云：此课初传巳加子，乃昼贵，末传卯加戌，乃夜贵，谓之两贵引从天干格，虽拱墓神在内，赖中传之戌冲破，不为墓蔽也。凡占此者，必得上人提携，或两处贵人引荐，必然成遂。若遇辰为月将，尤为妙也。

上神克日，辰上生日上，日克用。

课名重审。事主两事重谋，贵人在初末，而中末又合，是资始贵人以图事，空亡损模，终得合。虽墓自不明，然戌冲不蔽。传空，忧可解。

《义》曰：分明铸印，仕人加俸。不遇卯戌，又为勿用。可惜末传，空亡无力。勉强而成，终见有失。

《象》曰：病讼虽凶喜吉神，忧惊且见便欢忻。有此难处还为易，必见更张冬后春。

此重审之卦，一曰铸印。夫重审者，重而审之也。利为主，利后动，长有厄，事从内起，起于女人。以下犯上，贱犯贵，卑犯尊，事多不顺。阴小在下者，有悖逆之事。占臣未忠，子失孝，事不可遂意而行，必当审察，循乎义理，庶几以免后患也。传见铸印，《经》云：“天魁是印何为铸？临于巳丙冶之名。中有太冲车又载，铸印乘轩官禄成。”喜见太阴天马，否则为事迟钝。干上见日墓，乃五行潜伏之地，四时衰败气绝之乡。见墓不动，乃昏蒙不振之象，如人处云雾之中。此壬日以辰为夹科贵，若问功名者为福，不为墓。占者遇之此课，乃先暗后明，先难而后易也。占求官，宜见铸印，但不宜末传无力，过旬或改图，宜见卯岁月可也。占见贵虽和，隔角不顺。占交易亦如之。占远行及千里投人，主宾际会两殷勤，暮宴朝欢会无极。占宅不吉。婚姻无始终。求财乃得贵之财。病者先重后轻。惊疑解散。讼宜和。

占出兵行师得此，昼占开地千里，夜占中止，宜防范暗中侵袭，勿忽也！

虑有变更。

真一山人云：千里投人号有缘，相逢薄面笑相怜。美中未足君休讶，万里原来未得全。

《无惑钤》云：两贵引从，再复旧俸。久处沉沦，自然擢用。

《钤解》曰：墓覆日干，久处昏滞矣。两贵引从天干，但拱墓神在内，亥乃日禄，上为辰墓所蔽，喜得中传戌来冲破墓，则蒙蔽去而得禄发见。非再复旧俸而沉沦去耶？旧俸复则擢用之喜忽然而至也。《集议》："前后引从升迁吉"内列此日，谓两贵引从天干格，必得贵人提携，或两处贵人引荐成事，为月将尤妙。末助初传财神。墓加日，昼夜贵人拱夹罡，天门有北辰居其所，而众星拱之之象。壬日以辰为夹科贵，以墓为忌。若问功名用之，更遇辰为月将，尤妙。辰乃子日支辰华盖，作干之墓神，说见"华盖覆日"内。

壬子日第九课

重审　曲直　斩关

空空如也事休追

六 后 朱 阴	青 蛇 勾 贵
申 辰 未 卯	申 辰 未 卯
辰 子 卯 壬	辰 子 卯 壬

官 丁未 朱 ⊙	官 丁未 勾 ⊙
兄 辛亥 空	兄 辛亥 常
子　卯 阴 ◎	子　卯 贵 ◎

勾	青	空	白		空	白	常	玄
酉	戌	亥	子		酉	戌	亥	子
六申			丑常		青申			丑阴
朱未			寅玄		勾未			寅后
午	巳	辰	卯		午	巳	辰	卯
蛇	贵	后	阴		六	朱	蛇	贵

《玉历钤》云：此课用神临空亡之地，中传乘天空，末传又是空亡，凡占忧喜皆不成。

《毕法》云：此课三传木局，并来脱干，脱而又不脱，反为救神，且夜将太常、勾陈、天乙俱是土将，并来伤干，赖此木局神克制土将，则日干安宁矣。占者值此，脱耗之中而获福，得道者多助故也。

上神盗日，日上克辰上，日上克用，用克日，末克初。

课名重审、曲直。空亡加日，日墓加支。未加卯，门户塞而不通，谋事曲而后直，春占旺相，初末空亡无实，秋夏占费力，凡事指虚为实。

《义》曰：干支耗盗，徒招耻笑。防有相赚，托人无靠。得不偿费，家虚日坠。俭以自持，慎以自为。

《象》曰：空空何以用支持，南北东西更欲迷。进退无功难守旧，须从天理莫相违。

此重审之卦，一曰曲直，又曰天网，又曰龙战。夫重审者，重而审之也。利为主，利后动，长有厄，事从内起，起于女人。以下犯上，贱犯贵，卑犯尊，事多不顺。阴小在下者，有悖逆之事。占臣未忠，子失孝，事不可遂意而行，必当审察，循乎义理，庶几以免后患也。传见曲直，曲直者，先曲而后直，象木之谓，空亡难作成器。此乃五行正气入十干杂糅之乡，异方三合乃生旺墓之神，事主丛杂不一，主关众人共谋，不然两三处干事，委曲托人与人相合之类。夫天网四张，万物被伤，为阻滞，为疑难，为灾恼。且龙战，主人心疑惑，进寸退尺，动有乖离之象。卯酉为天之私门，生杀有限，分杜有期，雷动龙奔，示其有战。日上神并三传盗窃日干之气，主人宅虚耗，谋望不遂，盗失损财，人口衰残，休囚尤重，又为子孙脱漏之事。内外相脱赚。凡得此课，最不宜于托人干用，及有谋望，反生不足，得不偿费。凡占无益有损，虽能解难，脱事欲脱而不脱也。久病占之最凶，宜作福。诸占不利，以其脱空而无所用也。

占用兵忌之，脱耗不一[①]。

---

① 寅日即出空也。

真一山人云：凶事消亡吉未成，好行天理顺人情。兢兢为善终无悔，岁晚还期福自荣。

《无惑钤》云：夜将难受，木局为救。昼卜俱凶，占官虚谬。

《钤解》云：夜将皆土，壬水受克，三传木局为救也。卯未空陷，亥乘天空，昼占无美矣，岂不凶乎？初传官爻落空，虚谬甚矣。《神枢经》云：壬子日，初传见未是丁，因官鬼之财动矣。

壬子日第十课

弹射　三交　闭口

脱上逢脱防虚诈

蛇 阴 贵 玄　　　　六 贵 朱 后
午 卯 巳 寅　　　　午 卯 巳 寅
卯 子 寅 壬　　　　卯 子 寅 壬

财 丙午 蛇 ⊙　　　财 丙午 六 ⊙
父 己酉 勾　　　　父 己酉 空
兄 壬子 白　　　　兄 壬子 玄

六 勾 青 空　　　　青 空 白 常
申 酉 戌 亥　　　　申 酉 戌 亥
朱未　　　子白　　勾未　　　子玄
蛇午　　　丑常　　六午　　　丑阴
巳 辰 卯 寅　　　　巳 辰 卯 寅
贵 后 阴 玄　　　　朱 蛇 贵 后

《曾门经》云：日宿临四仲，斗系丑未，名曰天烦；不系丑未，名曰杜传。月宿临四仲，斗系丑未，名曰地烦；不系丑未，名曰杜传。当此之时，四位俱闭，三光不仁，德气在内，刑气在外，利以居家，不可远行。男子行年抵日，女子行年抵月，以举百事，祸更甚，殃及子孙。此课胜光加卯，日遥克神为用，将得螣蛇，主惊恐；中传从魁，将得勾陈，主有斗讼；末传神后，将得白虎，主有死丧。此时日月宿俱在午，下临太冲卯上，斗系丑，为二烦。此时德气在内，刑气在外，以举百事，刑戮大凶也。

《玉历钤》云：此课三交凶象，日上、辰上皆有空亡之神，吉凶不成，占无所用。

《毕法》云：此课干支俱被寅卯脱气，干支既脱，人宅不荣。值此能顺天地之情，识造化之用，则能转祸为福。

上神盗日，日克用，末克初。

课名弹射、三交。日上、辰上皆空，本是无力，又第四课为用，必是虚意指射，得之随失，忧可解，吉无终，亦须虚意指射方可。

《义》曰：凶吉两忘，患乎何伤？未防蛇虎，不过惊惶。祸福俱在，未免虚惊。君子固穷，守道亦亨。

《象》曰：有声无实亦徒然，得失荣枯总是天。看得干支无用处，水流花落又流年。

此弹射之卦，一曰龙战，亦曰三交，又曰泆女。夫弹射者，日克神之谓，《经》曰："日往克神名弹射，纵饶得中还无力。贵人逆转子无良，天乙顺行臣不义。家有宾来不可容，亦忧口舌西南至。"然事主动摇，人情倒置，更主蓦然有灾，求事难成，祸福俱轻，忧事立散，祸从内起。利客不利主，利先不利后。占行人不来，访人不见，不利占讼。弹射无力，不可用事，虽凶无畏。况龙战，主人心疑惑，进寸退尺，动有乖离之象。卯酉为天之私门，生杀有限，分杜有期，雷动龙奔，示其有战。且三交家匿阴私客，不迩自将逃避迍。凡事失节阻碍，谋事被人阻破，不能成合。夫泆女乃不正之象，阴私邪淫，占男女有阴私暗昧之理。日生上神，虚费百出，失盗损财，人口衰残，休囚尤重，又为子孙脱漏之事。占者遇之此课，主客无力，彼此不能用心干事，况发用亦然，吉凶之事，不过有声无实而已，假使日下有成，终难悠远，而不得用也。惟新病为福，久病为凶。占忧患，得之解散。

占出兵行师得此，防失众。其他诸占，凶不成凶，而吉不成吉也。

多虚少实。

真一山人云：谓尔从今勿远忧，人生何用苦贪求。且随知己盘桓乐，春日迟迟福自投。

《无惑钤》云：课无涯岸，执弓亡弹。末刃虎玄，凶存吉散。

《钤解》曰：寅卯旬空，巳午落空，课无涯岸矣。发用弹射，徒执弓无仇，是亡弹。午财既空，酉生又败，是吉乃消散。末传子乃旺刃，昼夜虎玄，非凶存吉散而何？《集议》："空上逢空事莫追"内有此法。遥克发用空亡，或坐空乡，及乘天空，凡占皆虚无也。干上脱气，昼占乘玄，亦如"脱上逢脱"之说。"空空如也事休追"内有此例，谓四课无形，事不出名，纵然出名，亦是虚声。凡初传遥克作空，尤无力。"人宅受脱俱招盗"内列此日，又互脱。又云：一箭射双雕。故曰："箭射双鸿喜，须知两用心。有谋虽可就，所望不全成。”又云：日克两神，一凶一吉。卦有两意，广求不如俭用。支干寅卯，是人宅受脱，况系空亡，其壬反于第二课寅上求巳火之财，巳加空乡，焉得为财？

壬子日第十一课

重审　登三天　泆女　六仪　励德　交车合

后 玄 阴 常	蛇 后 贵 阴
辰 寅 卯 丑	辰 寅 卯 丑
寅 子 丑 壬	寅 子 丑 壬

官 甲辰 后 ⊙	官 甲辰 蛇 ⊙
财 丙午 蛇	财 丙午 六
父 戊申 六	父 戊申 青

	朱 六 勾 青			勾 青 空 白	
	未 申 酉 戌			未 申 酉 戌	
蛇午		亥空	六午		亥常
贵巳		子白	朱巳		子玄
	辰 卯 寅 丑			辰 卯 寅 丑	
	后 阴 玄 常			蛇 贵 后 阴	

此登三天课，本是至高至危之象，占病者死，行人不归，讼至台省，必至凶也。此课乃自细微中出，却乃入显焕，又与其他富贵占者不同。何以见其细微？本身自木匠出，身宅俱西北极地，迤逦出东南来，将后不做木匠，必做富人。中传午火为财，末传长生，为有财有寿。申长生入午财位，诸子先死，孙送老矣。长生能害子孙，况寅卯空乎？邵匠占课时，年方四十四岁，有三子，其时至窘，与人工作。自后七年，因与成山寺造藏经殿，从此兴旺。年六十左右，其家典钱渐卖生活。绍兴十六年丙寅，丧一子；二十一年辛未，又丧一子；三十三年癸酉，又丧一子，是时年六十八矣。后得七孙。寿年七十七岁充保正。至孝宗淳熙甲午，九十岁，刘资库见充保正而死。夫壬子皆在西北至幽至阴之地，转出西南旺盛之方。宅上有寅，寅为子息，而落空亡，

初传斗罡为鬼，又临于子息空亡之地，中传为财，乃孙爻，末传长生，又临于财爻及子孙爻上，故有寿，得诸孙送老，自后诸孙亦长旺，家资巨万[①]。

《玉历钤》云：此课初传日鬼，临空亡之地为用，鬼亦不能为祸。凡占所求，费力难成。

《毕法》云：此课辰加寅为初传，申加午为末传，辰为水墓，申为长生，此乃自墓传生，先迷后醒之象。

《心照》云：此课干上丑与支合，支上寅与干合，彼此互为六合。但干丑合支，乃实心相合，是我无欺人之意；支寅合干，乃空诈来合，则人有诳我之心。盖物易感，而人难感也。古之人，若韩昌黎，止鳄鱼之暴，开衡山之云，而不能行其言于时。

上神克日，辰上克日上，用克日。

课名重审。干墓为用，又犯空亡。登三天，此凶课，而得空亡，亦解之，凡百阻而不遂。官在日干合上，前后有贵人拱之，六合在申，长生则吉。

《义》曰：传登三天，病不可占。远行吉利，驿马不前。凶吉未判，事有难干。舍此别图，自然成算。

《象》曰：昼逢内战夜忧惊，何事人心未合情。进退之间多阻隔，事多更变待时行。

此重审之卦，一曰泆女，亦曰天网。夫重审者，重而审之也。利为主，利后动，长有厄，事从内起，起于女人。以下犯上，贱犯贵，卑犯尊，事多不顺。阴小在下者，有悖逆之事。占臣未忠，子失孝，事不可遂意而行，必当审察，循乎义理，庶几以免后患也。传见泆女，《经》云："天后常为厌翳神，须知六合是私门。二将取名称泆女，夫妻失友异情恩。"夫泆女乃不正之象，阴私邪淫，占男女有阴私暗昧之理。夫天网者，即天网四张也，《经》曰"天网四张，万物被伤"，为阻滞，为疑难，为灾恼。上神克日，只利先讼，要有气，余不吉，常占为人所欺负。辰午申，登三天，远行难中有易，久病者凶，新病者宜作福，占大事宜，占小事未能，势若升天之难。占者遇之此课，乃进间传也，进中有间隔之象，隔而有退，退而后进也。丑寅隔角，求官虽易，亦各有时。占见贵未顺。占婚姻未和，先难后易。占失物宜寻。占身宅，脱耗不宁，失多得少。讼干天庭。逃亡盗贼难寻。忧疑可解。闻事多不实。

占出兵行师得此不宜，敌贼亦难获功，惟在将者权宜也。

事成方便。

真一山人云：风雨何尝去问晴，半晴半暗失常情。如今识得此般味，回首归家福自成。

《无惑钤》云：先迷后醒，交合相并。劣猴难靠，羸马难乘。

---

① 《壬占汇选》作：建炎戊申年十月初一，壬子日卯将丑时，邵木匠乙丑年六月六日未时生，四十四岁占终身。

《钤解》曰：初传辰乃日墓，末传申乃长生，自墓传生，先迷后醒也。子与丑合，寅与亥交相并矣。午马临辰，入于日墓被脱，马羸而力弱，何足乘乎？申猴入午受克，劣猴而无气，焉足以靠其生哉？《集议》："难变易"内列此义[①]。登三天："辰午申为课，三天不可登。病死遭刑极，讼须省部陈。"登三天，至高至危之象，占病死，行人不归，讼至朝省，至凶之课。此课乃自微细中出身，后却显焕，何也？壬子皆在西北至幽至阴之地，转出东南旺盛之方，必然富而有寿也。子息空亡，孙则财旺，出《邵南引证申集》，为邵木匠占。

壬子日第十二课

知一　不备　进茹　孤辰

进茹空亡宜退步

玄常常白　　　后阴阴玄
寅丑丑子　　　寅丑丑子
丑子子壬　　　丑子子壬

子　寅玄◎　　　子　寅后◎
子　卯阴◎⊙　　子　卯贵◎⊙
官 甲辰后⊙　　　官 甲辰蛇⊙

蛇朱六勾　　　六勾青空
午未申酉　　　午未申酉
贵巳　　戌青　朱巳　　戌白
后辰　　亥空　蛇辰　　亥常
卯寅丑子　　　卯寅丑子
阴玄常白　　　贵后阴玄

《玉历钤》云：此课空亡，连茹而进，忧喜不成，凡占宜静退，而不可前进也。

《毕法》云：此课干上子，三传寅卯辰，皆是空亡，次第前列，却不可前进也，只

① 辰寅子，此退间传，卦名涉疑，此课查无。

宜退步安身，就子上丑，为六合之神，存养身心，顿息躁妄，庶几壬水不被空神全脱，而可以远害矣。先贤云：神凝于静藏于密，故万物生焉，万事出焉，密者藏神之所，造化不敢窥也，时至则神动于密，故造化佑之。

辰上克日上，初克末。

课名知一、进茹。事干众，弃此就彼，虽有阴诈而终无功，盖三传脱空体，而入空亡也。辰加日，子丑合，凡事自和合。亦有贵人，传既空亡，吉凶皆散。

《义》曰：三传俱空，脱耗须逢。得不偿费，有始无终。虽得必失，课体无力。小人曰凶，君子乃吉。

《象》曰：无中望有有中无，知者于斯未可图。看破眼前难着力，春回方许乐樵苏。

此知一之卦，一曰孤辰。夫知一者，知一而不能知两，知者以为自知、自见，不知为寇仇，故言知一也。以此为用，舍远就近，舍疏就亲，恩中生害，事多起于同类，凡事狐疑，事贵和同乃吉。况孤辰有茕茕孑立之象，占人别离桑梓，凡所占谋，多虚少实，功名难遂，事业虚花。寅卯辰，乃进连茹也，进中有退，退而后进也。事主欲行不行，欲止不止，节外生枝，根苗不断，旧事从新，一事去而一事来也。三传盗泄干支之气，人宅虚耗，干事无益，虚费不足，盗失损财，人口衰残，休囚尤重，又为子孙脱漏之事，或两三人来啜赚盗脱。所占此课，最不宜托人，所托者皆不实，不能尽心成事，因求谋中反有损失，谓之得不偿费。占者遇之此课，宜守旧，不宜动谋。若有官者，防有不足，当加谨慎。占求官者，官未得，而耗财之法已至矣。占久病大畏。占见贵虚合。其他诸占，无益有损。占忧惊疑惑，虽不害事，但欲解脱，有欲脱而未脱也。

占出兵行师，脱空不足，虚耗百出，谋不宜用，惟在主将之机，勿忽！大抵诸占，皆指空话空而已矣。

徒劳心力。

真一山人云：人宅消疏事未成，明明白白夜间行。看他进退方知道，静守原来自识情。

《无惑钤》云：支神作旺，来于干上。倘欲别谋，迭遭欺诳。

《钤解》曰：子乃旺水，临干宜守，不宜妄动也。倘进而别谋，前途三传空陷，而遭败瞒虚诈也，何事之可成哉？《集议》："进茹空亡宜退步"内有此日例，谓占得此课，即宜退步，抽身缩首，却支干子与丑合，反有所得，庶使壬水不被三传全脱，可以全身又远害，尤不利托人。辰加卯，墓门开，又为外丧。"上下皆合两心齐"内有此法，谓支干相会，支干上神又作六合，乃相邻近，凡占皆主变换，彼我共谋求合之事。丑加子，旦常，求谋涉水过桥。发用旬空，昼玄，定主失脱。两贵不协，变成妒忌，巳加辰，卯加寅，互换作六害。

癸丑日

癸丑日第一课

伏吟　稼穑　游子

众鬼虽彰全不畏　水日逢丁财动之　任信丁马须言动

勾 勾 勾 勾	阴 阴 阴 阴
丑 丑 丑 丑	丑 丑 丑 丑
丑 丑 丑 癸	丑 丑 丑 癸

官 癸丑 勾	官 癸丑 阴
官 庚戌 白	官 庚戌 白
官 丁未 阴	官 丁未 勾

	贵 后 阴 玄		朱 六 勾 青
	巳 午 未 申		巳 午 未 申
蛇辰	酉常	蛇辰	酉空
朱卯	戌白	贵卯	戌白
	寅 丑 子 亥		寅 丑 子 亥
	六 勾 青 空		后 阴 玄 常

《玉历钤》云：此课三传皆为日鬼，至凶之象也，若年命上有木神可解，凶变为吉。

上神克日，三传克日。

课名伏吟、自信、稼穑、游子。三传皆土为鬼，虽三刑相制，不甚敢发，亦须窒碍艰难，所幸诸神各安方所，若寅卯生人，及占人命上见木将可解，末财终吉。

《义》曰：支干共处，混同无别。婚姻不明，事难剖决。似失未失，欲得难得。勾留不伸，且待时日。

《象》曰：病讼迟留日月间，凶神遇着犯重关。惟宜正守行仁义，莫向人前把事干。

此自信之卦，一曰稼穑，一曰游子，亦曰天网。夫自信者，乃天地伏吟，十二神各归本家，天地如一，四伏未发之象。占事静则宜，动则滞，主事藏匿不动，静中求劳，有屈而不伸之象。况稼穑乃重土，有艰难之象，常占得此，名曰鲸鲵归涧，凡事逼迫不由己，出若遇雷神，方能变化。《要》曰：稼穑者，五坟也，不宜占病。夫天网者，即天网四张也，《经》曰“天网四张，万物被伤”，为阻滞，为疑难，为灾恼。日上神克日，只利先讼，要有气，余不吉。若此课，虽有气而为不利者，以其土鬼之多，而克之甚也。若占人年命上俱见金，为不足中有济，以土生命金，金生水。若年命上重见火神，尤可深畏也。占者遇之此课，占求官虽宜，亦未免不足。其他诸占，屈而不伸，两意干事，滞碍难行，阴阳不备，混同而无分别，夫妇不同心，男女淆杂，宜谨慎动为，防有越礼。占见贵不顺。占婚姻难成。大不宜占身，恐因财致祸。病者凶。失物勿寻，破财为福。身宅不利。远行不宜。求谋难遂。逃亡自归。

占出兵行师，防伏兵侵掩，敌使强胜，不可交兵，主将善运谋而变化，智取可也。

虽凶勿畏。

真一山人云：求财枉自费精神，若更财多又害人。倘若一官饶驳杂，争如静里乐闲身。

《无惑钤》云：见财动心，取财祸侵。中传虎鬼，仕宦宜临。

《钤解》曰：末未遁丁，暗财也，结连三传，纯土化鬼，若取此财，凶祸不少。中传戌鬼乘虎，常人遇之，病讼深畏，仕宦值此，却为催官使者，最宜见之。《集议》：“水日逢丁财动之”内列此日，谓因官鬼之财动，但三传皆鬼，不可取也。“宾主不投刑在上”谓此三传，凡占恃强凌弱。“任信丁马”说见己酉日第一课。

癸丑日第二课

重审　退茹　不备

旺禄临身徒妄作

空青空青	常玄常玄
亥子亥子	亥子亥子
子丑子癸	子丑子癸

兄 壬子 青　　　　兄 壬子 玄

兄 辛亥 空　　　　兄 辛亥 常

官 庚戌 白　　　　官 庚戌 白

蛇 贵 后 阴　　　　蛇 朱 六 勾

辰 巳 午 未　　　　辰 巳 午 未

朱卯　　申玄　　贵卯　　申青

六寅　　酉常　　后寅　　酉空

丑 子 亥 戌　　　　丑 子 亥 戌

勾 青 空 白　　　　阴 玄 常 白

《玉历钤》云：此课神将凶多吉少，末传尤凶，又魁度天门，凡事阻隔不可用。

《毕法》云：此课子为日之禄神，又作日之旺神，临于干上、支上，占者宜守旧禄，不可别谋动作。

末克初。

课名重审、退茹。癸禄在子，旦龙暮玄，又子丑相合，须是干众，谋可遂，在冬令胜，在春夏则未也。所喜传皆同类，不脱日辰，退亦无灾。末克初，有终。

《义》曰：事绪牵连，行止不定。初吉中凶，遇解福应。青龙入海，财禄自然。审其取舍，福自绵绵。

《象》曰：冬占守禄自悠悠，何必区区向外求。若向夜占尤未美，也知闭口不相投。

此重审之卦。夫重审者，重而审之也。利为主，利后动，长有厄，事从内起，起于女人。以下犯上，贱犯贵，卑犯尊，事多不顺。阴小在下者，有悖逆之事。占臣未忠，子失孝，事不可遂意而行，必当审察，循乎义理，庶几以免后患也。一下贼上名重审，子逆臣乖弟不恭。事起女人忧稍重，防奴害主起妻纵。万般作事皆难顺，灾病相侵恐复重。论讼对之伸理吉，先讼之人却主凶。夫子亥戌，乃退连茹也，事主退中有进，欲行不行，欲止不止，节外生枝，根苗不断，旧事从新，一事去而一事来也。凡事牵绾迟滞。一曰旺禄临身，不宜妄动，宜守旧为福也。此课占求官得禄，不宜妄动。占见贵吉。占婚姻不宜，夫妇不贞。占财不吉。病瘥迟，宜善以禳之。失脱难得。占宅则吉，有财禄。远行吉，到地头宜慎。占讼比和。忧疑散迟。占逃亡自归。交易合，讲有成。

占出兵行师得此吉，昼占青龙，得宝货与图书，大胜之兆也，夜占失物忧疑，先易而后难，必欲得良将而用之，庶几有功也。

冬大利。

真一山人云：明理方知事不迷，且随时俗慢悽迟。有些未称终须称，春日园林花满枝。

《无惑钤》云：旺禄可用，多贪病讼。牛女宜婚，戌虎势重。

《钤解》曰：癸禄在子临干，乃旺禄临身，守则可用，不宜妄动也。丑中有牛宿，子中有女宿，牵牛织女之象。子来就丑，为牛女会合，占此最宜婚。癸日戌虎，其势最重，若占病讼，可畏之甚也。戌虎占官，为催官使者。《集议》："旺禄临身徒妄作"内列此日课，有说在钤内。又禄临支被克，必因起盖宅屋，而以俸禄偿债。魁度天门，说见壬子日第二课。

癸丑日第三课

重审　三奇　六阴　时遁

水日逢丁财动之

常空常空　　空勾空勾
酉亥酉亥　　酉亥酉亥
亥丑亥癸　　亥丑亥癸

兄 辛亥 空　　兄 辛亥 勾
父 己酉 常　　父 己酉 空
官 丁未 阴　　官 丁未 常

	朱	蛇	贵	后			贵	后	阴	玄	
	卯	辰	巳	午			卯	辰	巳	午	
六寅					未阴	蛇寅					未常
勾丑					申玄	朱丑					申白
	子	亥	戌	酉			子	亥	戌	酉	
	青	空	白	常			六	勾	青	空	

《玉历钤》云：此课癸为阴水，三传皆阴，末传日鬼为冲破，凡占暗昧无成。

《毕法》云：此课未生酉，酉生亥，为日上、辰上自刑，又夜将俱土，美里成忧之象。占者当慎防外患，不可以安乐忽之，惟君子防患愈密，则患愈不可入也。

末克初。

课名重审、三奇、间传。必须再谋，然后可行。末克初传，事可成，中间不说有隔耳。

《义》曰：外边相助，先难后易。君子知机，动必以义。常占不凶，好事渐通。谦谦谨慎，福自成功。

《象》曰：课体无凶不利明，暗私谋干合人情。止将忠孝为身计，饱暖无愆百福生。

此重审之卦。夫重审者，重而审之也。利为主，利后动，长有厄，事从内起，起于女人。以下犯上，贱犯贵，卑犯尊，事多不顺。阴小在下者，有悖逆之事。占臣未忠，子失孝，事不可遂意而行，必当审察，循乎义理，庶几以免后患也。阴阳不备，乃谓芜淫，夫妇失友，夫妇不贞。一下贼上名重审，子逆臣乖弟不恭。事起女人忧稍重，防奴害主起妻纵。万般作事皆难顺，灾病相侵恐复重。论讼对之伸理吉，先讼之人却主凶。亥酉未，退间传，为时遁，退而有隔，隔而后进，进退不一之象。占者遇之此课，占求官宜待时守正，则官禄可期也。占见贵不利。占婚姻别议，勉强成之，终非吉也。占财轻微，以其同类为妒财也。占谋事，必有人递相荐举以助其美。占病不妨，但有阻隔而不通。占失物难得。占远行未利。占身不利。公讼不凶。忧疑有解。占逃亡自归。

占出兵行师，昼占欺诈，宜加防范，夜占大为不吉。然用兵，贵在将之权谋，得此可谨慎也。

秋冬吉。

真一山人云：达时人物不寻常，临事兢兢自审详。但向理中求善处，也无败坏也无伤。

《无惑钤》云：行人出外，携财而至。未酉相依，难为亥类。

《钤解》曰：初传驿马，主行动。水日以丁火为财，发用驿马，临于身宅，末传丁未，必主出外得财而至也。酉旬遁己，未元遁又是己也，未与己酉并而为土，俱克初传亥水，又癸水败于酉地，非难为水类而何？《集议》：“水日逢丁财动之”内列此日，财因官鬼之财动。时遁：“时不利兮遁闭之，亥酉未兮报君知。君子待时方可吉，小人病患且防厄。”昼夜贵加，宜暗求关节。干支全逢自刑。

癸丑日第四课

元首　斩关　不备　稼穑　游子　闭口

催官使者赴官期

阴白阴白	常青常青
未戌未戌	未戌未戌
戌丑戌癸	戌丑戌癸

官 庚戌 白	官 庚戌 青
官 丁未 阴	官 丁未 常
官 甲辰 蛇	官 甲辰 后

六朱蛇贵	蛇贵后阴
寅卯辰巳	寅卯辰巳
勾丑　　午后	朱丑　　午玄
青子　　未阴	六子　　未常
亥戌酉申	亥戌酉申
空白常玄	勾青空白

《玉历钤》云：此课三传皆土，并来克日，又土神发用，白虎为凶，凡占所事无成。

上神克日，三传克日。

课名元首、稼穑。三传、日上皆鬼，惟春戌为天喜稍得，暮占青龙为有救，终不利。

《义》曰：一点之水，众土来侵。欲知免难，年命逢金。三传冲刑，彼自制忧。忧散祸消，阴骘济事。

《象》曰：重云蔽日失阳光，俗庶占来不可当。惟有阴功并积德，任他祸患尽消亡。

此元首之卦，一曰稼穑，亦曰天网，又曰斩关。夫元首者，尊制卑，贵役贱之象。占事多顺，利于先举，事多起于男子。为臣忠，为子孝，正大光明而无邪僻之行，德业已著而乾乾进修，常怀危惧，愓励而无咎也。况稼穑乃重土，有艰难之象，常占得此，名曰鲸鲵归涧，凡事逼迫不由己，出若遇雷神，方能变化。《要》曰：稼穑者，五坟也，不宜占病。夫天网者，即天网四张也，《经》曰“天网四张，万物被伤”，为阻滞，为疑难，为灾恼。且斩关非安居之象，占者多不自由，事多暗昧不和，离散口舌，欲隐身避难者，却利乎奔逃也。又主人情暗中不顺，多见更改，事多中止，坟墓破坏，占婚亦强成，难于久远。凡事历遍艰辛，然后可遂。五月占为魄化卦，不宜问病。三、九月为游子卦。占者遇之此课，占求官吉，未悦，多辛苦劳力。占见贵不宜。谋望、请求、干事、托人、求财、远行、婚姻、占宅、占身，俱不为美。占病凶，宜作福。凡得此课，宜正静以处，修德以待，若时至而行，则无往不利矣。大抵此课，忧多乐少，所幸三传凶神自相冲刑，不甚难也。

占出兵行师，昼占凶忌，夜占稍吉，亦未全美，谨之!

九月利。

真一山人云：十八滩头险难多，舟行惊却畏汹波。平生若不操阴德，到此无如奈若何?

《无惑钤》云：谋财祸攻，昼将弥凶。宜占官职，喜事重逢。

《钤解》曰：癸以丁未为财，众土类而为鬼，取必有祸。昼占将乃虎蛇，其凶弥甚。常人值此，必有病讼；占官则重重见喜，盖以官爻重叠，戌虎又为催官使者故也。《集议》：“催官使者赴官期”内列此法，占官赴任，见日鬼乘白虎临干，或年命之上，乃名催官使者。鬼临三四讼灾随。“水日逢丁财动之”内列此日，谓因官鬼之财动。“虎临干鬼凶速速”内列此日，凡占凶，而且祸速中更速，唯癸日戌临干最的。白虎乘戌，加丑被刑，主官事，吏人追呼。

癸丑日第五课

元首　从革　励德　不备

贵常贵常	阴空阴空
巳酉巳酉	巳酉巳酉
酉丑酉癸	酉丑酉癸

财 乙巳 贵	财 乙巳 阴
官 癸丑 勾	官 癸丑 朱
父 己酉 常	父 己酉 空

	勾	六	朱	蛇			朱	蛇	贵	后	
	丑	寅	卯	辰			丑	寅	卯	辰	
青子					巳贵	六子					巳阴
空亥					午后	勾亥					午玄
	戌	酉	申	未			戌	酉	申	未	
	白	常	玄	阴			青	空	白	常	

《心照》曰：龙德者，占时遇太岁为今日之贵神，在用传中兼发用，月将亦得。以此占人，利见大人，当有迁官进禄之事。此课太乙加酉为用，又是月将，六癸日，天乙旦莅太乙，为日贵神，以此占人，当遇天子恩泽除授官爵之事。

《玉历钤》云：此课日德为用，天将皆吉，嫌初传克末，吉重凶轻，求官求财皆遂，婚姻不成。

《毕法》云：此课三传巳丑酉，干支上见酉为自刑，歌云："三合犯煞少人知，惟防好里定相欺。笑里有刀谁会得，事将成合失便宜。"

上神生日，用克日上，日克用，三传生日，初克末。

课名元首、从革。三传生日，癸以巳为德，凡占皆和合，隔手图谋，先难后易，终有所合，秋夏占尤吉。

《义》曰：莫厌迟疑，迟中有益。凡占百事，斯乃全吉。众人相助，以贵致富。动必和谐，小逆勿顾。

《象》曰：桂树秋香种自奇，云晴雨露月明时。管弦声里人如玉，潇洒无拘乐便宜。

此元首之卦，一曰从革，一曰龙战。夫元首者，尊制卑，贵役贱之象。占事多顺，利于先举，事多起于男子。为忠臣，为子孝，正大光明而无邪僻之行，德业已著而乾乾进修，常怀危惧，惕励而无咎也。传见从革，有气则革而进益，无气则革而退失。一曰兵革，一曰金铁。大抵五行正气入十干杂糅之乡，异方三合乃生旺墓之神，事主丛杂不一，主关众人共谋，不然两三处干事，委曲托人与人相合之类。况龙战，主人心疑惑，进寸退尺，动有乖离之象。卯酉为天之私门，生杀有限，分杜有期，雷动龙奔，示其有战。占者遇之此课，日上神及三传俱来生助，所谋百事吉，运用如意，遇灾不凶，逢吉愈吉。若秋占，主声名显达，岁命生日者，尤为吉昌。求官有成。占见贵得助。占婚姻不宜。占病者有救，乃伤肺劳心。占官讼得理。生子敬。买仆得济。

所占百事俱吉。占忧患有解。凡事多先从而后变。

占出兵行师得此，昼占开地千里，夜占中止，有吉而无凶，但有迟疑之象。

秋大利。

真一山人云：月到中秋分外明，相逢知己动欢情。功名富贵都成就，改革从新福禄荣。

《无惑钤》云：将克传生，己酉败人。宅衰人盛，惟利缙绅。

《钤解》曰：昼占天将纯土克身，三传合金生日。癸水败于酉，而酉遁旬己，中丑又当破碎，其人败矣。三传脱支，宅则衰，却来生干，人则盛也。贵勾常为官，缙绅得此最宜。《集议》："眷属丰盈居狭宅"内列此日，谓占得此课，切不可迁居宽广之屋舍，反恐生起灾咎，此乃造物使然，不可逆天理而作为也。三传递生人荐举。"干支皆败势倾颓"内列此日，谓占身血气衰败，占宅屋舍崩颓，日渐狼狈，惟不宜捕捉阴私，告讦他人阴事，倘若到官，必牵连我之旧事同时败露，各获罪也。酉乃癸干、丑支败气，又为丑支之破碎，故总名为破败神。"乐里悲"内列此日，谓三传全生日，天将纯土克干，虽有面前之生，后反有深害，占病死、讼刑，即贪粟之喻。干支全逢自刑。

癸丑日第六课

重审　斫轮　寡宿

朽木难雕别作为

朱 玄 朱 玄	贵 白 贵 白
卯 申 卯 申	卯 申 卯 申
申 丑 申 癸	申 丑 申 癸

子　卯 朱 ◎	子　卯 贵 ◎
官 庚戌 白 ⊙	官 庚戌 青 ⊙
财 乙巳 贵	财 乙巳 阴

	青 勾 六 朱			六 朱 蛇 贵	
	子 丑 寅 卯			子 丑 寅 卯	
空亥		辰蛇	勾亥		辰后
白戌		巳贵	青戌		巳阴
	酉 申 未 午			酉 申 未 午	
	常 玄 阴 后			空 白 常 玄	

《玉历钤》云：此课旦暮贵神入传，十分吉课，然空亡为用，遂成虚喜，凡占所求，过旬方遂。

《毕法》云：此课乃斫轮之象也。卯为空亡，乃朽木不任斫削，故云“朽木不可雕也”，凡占值此，所谋不成，却宜改图。

上神生日，日上克用。

课名重审、斫轮。卯乃空亡为用，末传带德，大概虚喜，惟利结绝，早消散宿忧，凡占宜再进可遂。盖始终有贵人成之，可以望吉，须待出旬为佳。

《义》曰：指望生助，脱空无禄。理势如斯，自不相顾。虚喜虚声，主见变更。吉凶无据，何患有成。

《象》曰：机锦重闻春满枝，游人玩赏羡当时。谁怜风雨夜来急，不见秋成一果奇。

此重审之卦，一曰寡宿，亦曰斫轮。夫重审者，重而审之也。利为主，利后动，长有厄，事从内起，起于女人。以下犯上，贱犯贵，卑犯尊，事多不顺。阴小在下者，有悖逆之事。占臣未忠，子失孝，事不可遂意而行，必当审察，循乎义理，庶几以免后患也。传见寡宿，《赋》云：“寡宿孤辰，值此尤妨骨肉。”若占身得此，主见孤独，别离乡井，自立门户，财物虚耗，僧道宜之，俗不宜也。欲知斫轮，车临斧斤。又曰：“庚申共处为斤斧，卯木单称立作车。太冲作用来金上，斫削修轮官爵除。”上神生日，所谋百事吉，运用如意，遇灾不凶，逢吉愈吉。若当秋占，主声名显达，岁命生日者，尤为吉昌。传得四绝，止宜结绝旧事，不可图新也。占者遇之此课，有花无果之象，凡所谋望，如锦上添花，但始终未见其美也。占求官见贵，多失少成。占财问婚姻，难成易败。占暴病逢之作福，久病逢之为凶。忧疑解散，患难无危。公讼不成。

占出兵行师得此，忧失众、失物，昼占虚妄口舌，夜占美中虚美也。占身宅，耗盗而不宁也。

变更之象。

真一山人云：美玺良工斫不成，可怜徒费此虚名。归来且作诗书伴，高枕衡门梦不惊。

《无惑钤》云：溺没财爻，朽木难雕。两贵常怒，守旧逍遥。

《钤解》曰：巳乃日财，传入虎墓，而又坐鬼乡，是财爻没溺而不可取也。卯空木朽，斫轮难成，宜改科别业。巳昼贵入狱，卯夜贵临申被克，干之必怒而不喜矣。申乃长生临干，守则逍遥自适，虽乘玄虎，化为金水一类，稍有惊耗，无足虑矣。《集议》：“朽木难雕别作为”内列此日。辰戌加卯酉，为墓门开，又为外丧入内，宜合寿木以禳之。“苦去甘来”内列此日，为一喜一悲，夜占申乃长生乘虎，戌为日鬼乘龙。夜占贵人内战，必贵人作乱。两贵相协。

癸丑日第七课

反吟　稼穑　游子

常	朱	常	朱		朱	常	朱	常
丑	未	丑	未		丑	未	丑	未
未	丑	未	癸		未	丑	未	癸

官	丁未	朱		官	丁未	常
官	癸丑	常		官	癸丑	朱
官	丁未	朱		官	丁未	常

	空	白	常	玄			勾	六	朱	蛇	
	亥	子	丑	寅			亥	子	丑	寅	
青戌					卯阴	青戌					卯贵
勾酉					辰后	空酉					辰后
	申	未	午	巳			申	未	午	巳	
	六	朱	蛇	贵			白	常	玄	阴	

"此课旧政上有旧政，不知有几年也？"何丞曰："次第只有五年①。"先生曰："以某观之，第六年才得赴任。"何笑以为不然。后何贪湖州归安县离任远，若欲受之，被书铺与典吏差了一考，及后果然，知丞终于此任而已。后第六年得赴任，八月丧归。戊申年占，未为旧政，初末日宅皆见旧政，十二月月建丑，丑加于未上，来往皆是旧政，故云旧政。丑未数八，故旧政连我是八年。扶丧而归者，满盘皆鬼，丑为墓田，墓田上见太常，太常即亡化矣②。

《玉连环》占曰：此课据来意，此人因酒食过多，伤损脾胃，并下血痢，又小肠不通，又心腹胀满，药不效，饮食不进，旦夕而死。何知酒食伤于脾胃？盖日下小吉，主羊酒，太常主筵宴，土主脾胃，各乘休气，故言酒食伤于脾胃也。何知下痢、小肠

---

① 当作三年。

② 《壬占汇选》作：戊申年十二月癸丑日丑将未时，何知丞丙寅生，生于二月初三日酉时，四十三岁占赴任。

不通？缘癸亥水度痢，故言下痢。三传皆土，故癸亥水不得流行，故知小肠不通。心腹胀者，为亥水不得外行。何知服药不效、饮食不进？小吉为药，太常为饮食，既为日鬼，故不进也。言旦夕而死者，盖时为日驿马，卦得反吟游子，未为旬中六丁，又日下之天马也。病人得之，岂能出行？当是阴魂乘天马驭六丁，游于天涯地角之外也。其病身一虚壳，当旦夕死之兆也[①]。

《玉历钤》云：日冲、日鬼加日为用，凡占所求皆凶。

《毕法》云：此课干上、支上俱见未，太常临之，如占病，必因喜宴而得，因往妻家饮酒所致，此病四鬼同临，其势甚凶，若年命上有寅木，是得神护，可以无事矣。

上神克日，用克日。

课名反吟、稼穑、游子、自信。丑未皆土为鬼，不无临扰，凡所占望，重求再进，隔手相推，临峻翻易，未必遂能到手，旦有书信往来，暮有面食馈送。

《义》曰：君子尚义，小人逐利。利或未到，祸先而至。君子见机，小人惟欺。未欺他人，己先祸随。

《象》曰：深藏固密尚忧心，何况多贪致祸侵。浑俗和光廛市隐，待时尤听好佳音。

此无依之卦，一曰稼穑，亦曰天网。夫无依者，即反吟也。《经》云："无依是反吟，逃者远追寻。合者应分散，安巢别改林。守官须易位，结友也分襟。所为多反复，占病数般侵。"反吟刑冲，事主迟滞，远近系心，更相仇怨，且反复而呻吟，是无予夺而难息也。况稼穑乃重土，有艰难之象，常占得此，名曰鲸鲵归涧，凡事逼迫不由己，出若遇雷神，方能变化。《要》曰：稼穑者，五坟也，不宜占病。夫天网四张，万物被伤，为阻滞，为疑难，为灾恼。上神克日，只利先讼，要有气，余不吉。常占为人所欺负，种种不利。占者遇之此课，干支三传俱鬼，动用多阻滞，人多不利。若占人年上得申酉金，为化难生恩，方为福也。倘见重土披刑带煞者，百谋难成，尤生不足。占求官纵得，终不为欢。其他如干用、占财、占婚、远行、投谒，一无可取，惟当守礼循义，乐天知命，修德惕励，庶几保全，否则未之知也。占病大凶，宜先作福。余占俱不吉。占身宅，尤见不宁，人口不安。

占出兵行师不利，惟谨守，乘其不意，改图而别取可也。

事多侮慢。

真一山人云：非时不可妄贪求，命里生成亦有由。白酒新诗忘世态，醉来高卧自无忧。

《无惑钤》云：四丁为鬼，刃蜜舔悔。两贵受克，美中未美。

---

① 《一字诀玉连环》作：六月癸丑日巳将亥时，壬辰老人占。

《钤解》曰：四未遁丁，皆是暗财，财上带鬼，若取此财，如舔刃蜜，必伤舌也。巳贵临亥，卯夜贵酉，俱被下克，自为不暇，焉能为人？干则无益，凡占美中不美也。《集议》："水日逢丁财动之"内列此日例，谓干上并初俱未，虽曰皆财，不可取之，缘三传皆鬼故也。昼雀鬼加干，在朝防有章劾，若上书献策，反受责黜。鬼临三四讼灾随。

癸丑日第八课

重审

空蛇空蛇	勾玄勾玄
亥午亥午	亥午亥午
午丑午癸	午丑午癸

财 丙午 蛇	财 丙午 玄
兄 辛亥 空	兄 辛亥 勾
官 甲辰 后	官 甲辰 后

青空白常		青勾六朱	
戌亥子丑		戌亥子丑	
勾酉	寅玄	空酉	寅蛇
六申	卯阴	白申	卯贵
未午巳辰		未午巳辰	
朱蛇贵后		常玄阴后	

此课主宅后屋倒，及水沟不通。一主人患眼，二主人常有肠风痢泻之疾，三主妇人血脉不通，四主人浮肿而死。只缘西北水路不通，所以生许多事，若不通此水沟，主妇人颠狂。未占之前，有一人常患风眼，兼妇人有血疾。盖缘西北乾亥上水沟，为邻人所塞，凡值大雨，东侧及后屋皆为水浸，尽皆损坏。助教自有肠风之疾，兼其妻每有泻肚之患，事果如此也。此课病在日前，只缘辰土壅亥水，亥水克午火，午火却临身宅，身虽能制得他，宅却为他所害，宅被害，所以致克害人也。干属水，支属土，土来克水，中传又是水，末传天罡土壅住，主水不通，血脉不行，故生诸疾。至戌午

年，一妇人后遂害血癫，是为螣蛇乘午所挠，不行心血，但脉不通上冲，故主是病矣[①]。

同日同时[②]，姜伯达占前程，亦得此课。此课平生有三苦：一为屋所苦，二为妻所苦，三为心所苦。中传亥为同类，临于屋上，主讼争屋。末传墓神作天后，主妇人血气闷塞而死。自身随传入墓，必是公婆乾亥之坟内，有水浸椁，走兽入内为穴，所以见前程不通。九年心病，又四年遭水争屋，又五年内死。若不动移，必遭己身丧也。伯达乃士人也，占课时殊不觉，不意屋宅昏暗，又乃摧损，伯达遂拆了再造，造了心气发作，日夜呻吟，财帛耗散，其妻常常心血不安，或止或散，此乃九年午所管也。第十年，中传管四年，被兄弟日夜争吵，或塞东门，或开西户，又争三处屋及店屋，遂讼在此县。四年亥管了，却系末传辰五年所管。妇人血死，第三年自身大病。遂移公婆之坟，及开棺，泥土塞满，遂除泥移葬，自此宁息。大凡克处回归又受克，虽虎贲之勇，亦不可当，况劳弱者耶？且午来受癸克，走回本家午上，又有亥克，侵害来往不已。于所居之屋，所在之妻，何所能立？所视之眼，何以能明？我之心神，何以附体？盖午为心，为屋，为目，水日午为妻，皆不安也[③]。

《玉历钤》云：三传皆自刑，用神加丑为六害，凡占皆否塞不成。

日克上神，日克用。

课名重审。凡谋再进，先难后易，重求轻得，终有晦昧。

《义》曰：得失相仍，幸免忧惊。勾留欺诈，重叠相并。夜占暗昧，男女嫌忌。若同婚姻，急须求退。

《象》曰：妻财最忌有相伤，理数如斯岂泛常？倘使阴功曾积久，灾消祸退福尤长。

此重审之卦。夫重审者，重而审之也。利为主，利后动，长有厄，事从内起，起于女人。以下犯上，贱犯贵，卑犯尊，事多不顺。阴小在下者，有悖逆之事。占臣未忠，子失孝，事不可遂意而行，必当审察，循乎义理，庶几以免后患也。阴阳不备，谓之芜淫，《经》云"芜淫奸生于中"。况值蛇玄，又为惊恐不正之象，宜谨慎闺门，以防阴小越礼犯分。七月占为胎财生气，妻当有孕；正月为胎财死气，当主伤胎。午是初传，为癸水所克，急回本宫，又被亥水克之，使妻与财去住未能，必见妻财有伤，否则屋舍不宁，心目忧患，畜马死伤，夜占尤见身不自由，或受人驱策而不宁矣。占者遇之此课，凡占先难后易，不成中而有可成之象。占求官见贵，皆同此论。占婚姻不宜。占求财，防得中有失。占远行不利。此求吉未见其吉，问凶未必全凶。占得此

---

① 《壬占汇选》作：己酉年二月初四，癸丑日亥将午时，叶助教丙辰生，生于四月初九日寅时，五十四岁占家宅。

② 据宋本，不为同日同时所占。

③ 《壬占汇选》作：己酉年六月初六，癸丑日未将寅时，姜伯达丁卯生，四十三岁占前程。

课，惟利修德循理，其福自至，不可妄为，反招不足。

占出兵行师，昼占皆不宜，动则不利，惟在将之权变以保全也。

惊疑不宁。

真一山人云：知君来意生灾恼，何事机关不称情。顺理慢慢行得去，凶中化吉保安宁。

《无惑钤》云：午系财类，来往受制。妻病财亡，难就难弃。

《钤解》曰：午，财也，妻也，去而既被癸克，来家又受亥克。占妻必病，占财必亡。将欲弃之，财在目前，舍则难舍也；将欲就之，既遭夹克，不为己用，就非易也。《集议》："前后逼迫难进退"内列此日，谓初传既被下克，归于本家，又被上神所克，克处回归又受克，虽虎贲之勇，亦不可当矣。以发用言，午夜乘玄临丑，主走失之咎。干支全逢自刑。午乃癸水胎财，七月为生气，主有孕喜，亦主妻之姊妹有孕。

癸丑日第九课

涉害　从革　芜淫

夫妇芜淫各有私[①]

勾 贵 勾 贵　　　　空 朱 空 朱

酉 巳 酉 巳　　　　酉 巳 酉 巳

巳 丑 巳 癸　　　　巳 丑 巳 癸

父 己酉 勾　　　　父 己酉 空

官 癸丑 常　　　　官 癸丑 阴

财 乙巳 贵　　　　财 乙巳 朱

　勾 青 空 白　　　　空 白 常 玄

　酉 戌 亥 子　　　　酉 戌 亥 子

六申　　　丑常　　青申　　　丑阴

朱未　　　寅玄　　勾未　　　寅后

　午 巳 辰 卯　　　　午 巳 辰 卯

　蛇 贵 后 阴　　　　六 朱 蛇 贵

① 不作芜淫。

此课先生曰："人盛宅狭，人兴宅替。不出四年，必主修造酒缸、酒房，不合留厨丁，主一婢子酒中而死。不要买叔婆之产，主有退悔。又主有三所店，先开二所见财，后开一所主败。宅前不合置淘镬，主八年内，前面淘屋内必停丧，其时家分作四分矣。"郑宣义兄弟二人，四十余口，不曾分宅，自后事事皆符所言。先生所谓人兴者，癸日遇巳酉丑，八月金旺也；宅替者，丑日丑反生巳酉丑金也。癸水见酉，乃酒也。巳为厨灶也。三店者，日上、宅上、末传三个巳，巳为店业也。一所败者，癸水绝于巳也。又巳为锅镬，值癸水乃淘镬也。八年者，支干上有两个巳，巳乃四数也。丑为八月死气，加于婢妾之上，丑上又见巳，巳为厨灶，癸水见酉为酒，主婢死于酒房厨下也[①]。

《玉历钤》云：末传克初传，末传又为日德，是乃吉课也，凡占所事遂意。

《毕法》云：此课三传生其日干，反脱支辰，值此必人口丰盈，而居狭隘之宅也。

日克上神，日上克用，三传生日，末克初。

课名涉害、从革、芜淫。金生日，以巳为德，人宅安宁，上下和合。秋冬更变，重重皆利；夏秋[②]次之，虽有些口舌，亦无利害。但图谋必须隔手，重进再诉，往返逢之，亦见德合。

《义》曰：生者为凶，福禄临门。君子小人，喜乐纷纭。屈而未伸，勾留迟滞。岁晚宜田，谷收加倍。

《象》曰：从革鼎新易变旧，幸教癸日喜相逢。饶君静坐不出户，自有来助福禄丰。

此见机之卦，一曰从革。夫见机者，察其微，见其机，谓两比两不比，当以涉害为用。涉害有浅深，欲用不用，欲言不言，事有两而取一，所作稽留，迟疑艰难，进退不定，忧患难消，怀孕伤胎，难于前而易于后。传见从革，先从而后革，有气则革而进益，无气则革而退失。一曰兵革，一曰金铁。大抵五行正气入十干杂糅之乡，异方三合乃生旺墓之神，事主丛杂不一，主关众人共谋，不然两三处干事，委曲托人与人相合之类。又如推磨者，转去转来，非一遍也。所喜三传生日，事必有助。妻刚强，财有力。占者遇之此课，占求官有成。占见贵有助。占婚姻不宜，凡占得从革，岁中不利阴人。占财有望。谋事有功。占病者瘥迟，有伤心肺之象，虽危有救。百占皆有人相助，而无损失。占身吉，占宅衰，却有生人之气，不可移徙。其他忧疑患难之事，终不为害。占逃亡，虽目下难见，终得获。

真一山人云：三人作事共一心，入山采矿变真金。也知好事须难得，难里成时福

---

① 《壬占汇选》作：戊申年八月癸丑日巳将丑时，郑宣义己亥生，生于五月六日酉时，七十岁占家宅。

② 前言秋冬，此又言夏秋，原文如此，恐有讹误。

更深。

秋大利。

《无惑钤》云：人盛宅狭，彼恶己益。众口来生，官印显赫。

《钤解》曰：巳酉丑纯金，生干脱支，占宅则人盛宅衰，占彼己则人恶己益。且三传自末迤逦生干，众人称扬。官宦值此，必蒙推荐，而声名显达矣。《集议》："眷属丰盈居狭宅"内列此日，说详本日丑加亥。"三传递生人荐举"内列此日。"干支值绝凡谋决"内有此日，谓干支递互作绝神者，最宜两相兑换屋宅，或代替差遣，交代职任等事。"传墓入墓分爱憎"内列此日，为败气传墓入墓，如占行人来速。

癸丑日第十课

元首　斩关　稼穑　游子　闭口　六仪

水日逢丁财动之　支干乘墓各昏迷

朱 后 朱 后	勾 蛇 勾 蛇
未 辰 未 辰	未 辰 未 辰
辰 丑 辰 癸	辰 丑 辰 癸
官 甲辰 后	官 甲辰 蛇
官 丁未 朱	官 丁未 勾
官 庚戌 青	官 庚戌 白
六 勾 青 空	青 空 白 常
申 酉 戌 亥	申 酉 戌 亥
朱未　　子白	勾未　　子玄
蛇午　　丑常	六午　　丑阴
巳 辰 卯 寅	巳 辰 卯 寅
贵 后 阴 玄	朱 蛇 贵 后

《玉历钤》云：此课三传克日，神将俱凶，凡占百事皆凶。

《毕法》云：此课三传皆鬼，并克日干，幸得贵人临寅，杜塞鬼门，众鬼虽窥觇，不敢大作妖孽，占者宜书符叱道，致祭禳消，唯君子见理明白，存心中正，则阳光盛大，阴精邪魅不敢干矣。

上神克日，三传克日，用克日。

课名元首、稼穑、五墓、六仪。墓加干支，凡所图谋，止而不行，虽斩关有动意，其奈何人滞宅破，阴小有灾，何利之有？亥子生人尚可解。满盘官鬼，却宜求名问职。

《义》曰：内战不吉，事多丧失。以凶制凶，损中见益。君子乾乾，福禄自然。小人戚戚，灾害必及。

《象》曰：忧惊到此奈何如？只要平生为善多。干事未成犹谓福，病人占此是沉疴。

此元首之卦，一曰天网，亦曰稼穑。夫元首者，尊制卑，贵役贱之象。占事多顺，利于先举，事多起于男子。为臣忠，为子孝，正大光明而无邪僻之行，德业已著而乾乾进修，常怀危惧，惕励而无咎也。夫天网者，即天网四张也，《经》曰“天网四张，万物被伤”，为阻滞，为疑难，为灾恼。况稼穑乃重土，有艰难之象，常占得此，名曰鲸鲵归涧，凡事逼迫不由己，出若遇雷神，方能变化。《要》曰：稼穑者，五坟也，不宜占病。干上墓神克干，凡占不利。况斩关非安居之象，九月占为游子，身欲动往，途中多滞。课体本凶，幸六仪为解。占者遇之此课，占求官虽宜，亦不如意。举动不宜，况墓乃五行潜伏之地，四时衰败气绝之乡，逢墓不动，见墓即止，幸得末传冲破，以开昏蒙。用破身心，而无所归，凡事勿求，虽求亦无成，破财破产，若忧愁得此，亦能破散而有解。占人年命上见戌字，冲散其凶，若辰字，美中不足。若远行投谒，尤为不宜。

占出兵行师得此，不惟不宜，抑且防损，以其敌之强众，而我之寡弱，谨之勿忽！顺理则裕。

真一山人云：否极何时见泰临？谦谦正守待知音。一时要作徒为尔，莫为分毫失寸金。

《无惑钤》云：贼鬼纷纭，凶不可闻。纵寅卯命，亦作妖氛。

《钤解》曰：一癸水而敌众土，动则逢凶也。况三重辰墓，其昏塞滞迟焉可当？纵寅卯作占人年命以克之，殊不知彼先盗脱干气，亦作妖氛而已，安得能救乎？《集议》：贵人塞鬼门，鬼贼不凶，或不入传，年命亦可用。干支全逢自刑。鬼临三四讼灾随。干墓并关人宅废。此课在夏令占，辰为关神，加日又加辰，主人衰宅废。

癸丑日第十一课

元首　寡宿　迎阳　六阴

水日逢丁财动之　课传俱贵转无依

贵阴贵阴	朱贵朱贵
巳卯巳卯	巳卯巳卯
卯丑卯癸	卯丑卯癸
子　卯阴◎	子　卯贵◎
财乙巳贵⊙	财乙巳朱⊙
官丁未朱	官丁未勾
朱六勾青	勾青空白
未申酉戌	未申酉戌
蛇午　　亥空	六午　　亥常
贵巳　　子白	朱巳　　子玄
辰卯寅丑	辰卯寅丑
后阴玄常	蛇贵后阴

《玉历钤》云：此课昼夜贵人在传，中传又是贵人、德神，乃吉课也。但初传空亡发用，课虽吉，却主人情不喜，凡占所事无成。

《毕法》云：此课初传夜贵，中传昼贵，末传又在昼贵之上，干上、支上又是昼夜贵人，谓之遍地贵人。凡占事不归一，反无依倚。惟有官者占之，谓之贵人聚会，最为喜庆。占讼甚凶。

上神盗日，初克末。

课名元首、间传。空亡，凡图多虚少实。贵人入传，赖巳为德，虽得此力，亦无十全。初克末，末虽无畏，而亦受克也，凶吉不成。

《义》曰：脱空何遂？虚声毕集。侥幸而成，不义而失。回思自己，守之勿悔。末后一看，谨之不失。

《象》曰：课体无凶不足忧，满斟美酒醉江楼。功名富贵浑无用，瞬夕韶光春复秋。

此元首之卦，一曰寡宿。夫元首者，尊制卑，贵役贱之象。占事多顺，利于先举，事多起于男子。为臣忠，为子孝，正大光明而无邪僻之行，德业已著而乾乾进修，常怀危惧，惕励而无咎也。传见寡宿孤辰，值此尤妨骨肉。占身得此，主见孤独，别离乡井，自立门户，财物虚耗，僧道宜之，俗不宜也。日生上神，虚费百出，谋望不遂，盗失损财，人口衰残，休囚尤重，又为子孙脱漏之事。更作空亡，事多有影无形，多虚少实，大防为人脱赚也。占者遇之此课，占求官得之，如向空砍斧，徒然费力而不能成功也。若在卯年、卯月庶几，余月求之，未之知也。夜占为帘幕贵人高甲第，但惜其二贵皆空，不过虚喜而已。假使侥幸而成，难于悠远。见贵同此。占谋望、托人、求财、问婚、交易、投谒，号曰指空话空，何有益于我哉？占久病逢之大凶，暴病逢之作福。占忧惊解散，祸患不成。占狱讼无忧。传闻不可凭信。

占出兵行师，有失众，吉不成吉，而凶不成凶也。

凭虚望远。

真一山人云：笑看人事几纷更，枉费精神去务名。不识这些关棙子，徒劳话尽此平生。

《无惑钤》云：拟欲告贵，事致委靡。见在财亡，遁丁何济？

《钤解》曰：昼贵巳加于夜贵卯上，谓昼夜贵加，拟欲告贵，宜告两处贵人成事，但二贵空陷，且遍地贵人，所谓一国三公，十羊九牧，事不归一，反致委靡而不振发也。巳财落空，是见在之财，已不得用。末未遁丁财，果何益济之有哉？《集议》："课传皆贵转无依"内列此日，谓在人多差遣，或权摄所委不一。"昼夜贵加求两贵"内列此日。罡塞鬼户。"帘幕贵人高甲第"内有此日，若占人年命寅，上乘天罡，为二贵拱侍，占试中魁。两贵皆空虚喜期，干贵难允，但事未决，换旬有望。"人宅皆死各衰羸"内列此日。迎阳："过中将昃兮，迎阳急朝之。缓则将无气，卯巳未可知。"卯夜贵脱干，故被贵人脱嫌，或被神祇作祟，以致脱耗，前壬子日，卯加壬同。

癸丑日第十二课

元首　连茹　孤辰

脱上逢脱防虚诈　进茹空亡须退步

阴	玄	阴	玄	贵	后	贵	后
卯	寅	卯	寅	卯	寅	卯	寅
寅	丑	寅	癸	寅	丑	寅	癸

子		寅	玄 ◎	子		寅	后 ◎
子		卯	阴 ◎⊙	子		卯	贵 ◎⊙
官	甲	辰	后 ⊙	官	甲	辰	蛇 ⊙

蛇朱六勾　　六勾青空
午未申酉　　午未申酉
贵巳　戌青　　朱巳　戌白
后辰　亥空　　蛇辰　亥常
卯寅丑子　　卯寅丑子
阴玄常白　　贵后阴玄

《中黄经》占曰：此课病主九分重，惟有救神，所以不死，虽有孝服，亦不重也。何以言之？盖为本命上得戌，为白虎克日，病主死，又幸日上见寅，是救神当时，却克白虎，故不死。又虽有丧车，在行年巳上，加外有孝服死神临门，其辰在卯，则不动也。盖以日上加寅，克诸凶，故云救神有气，虽白虎克日不死。又白虎凶神立于衰败之地，日上寅木救之，病不成忧。日上有气，虽白虎克日，不为凶矣[1]

《玉历钤》云：此课三传连茹空亡，凡百无成。

《毕法》云：此课干支上寅卯皆是空亡，又更三传俱空，使癸水生其脱空，虽有千金之积，亦不足周其费矣。占讼费而不直，占病虚而甚弱。

上神盗日，初克末。

课名元首、连茹。初传、中传且并日辰，无非空亡，主进退牵连，阴贼同谋，彼此欺诈，欲休不休，久而自散，更无一点事十全，此吉凶无成之课。

《义》曰：无形无影，何所凭据？虚报虚声，不见实事。散凶忧解，此最为忧。久病大忌，余事勿愁。

《象》曰：空里逢空无可凭，扶摇徒见九天行。归来反顾无些意，兴来悄然向野僧。

此元首之卦。夫元首者，尊制卑，贵役贱之象。占事多顺，利于先举，事多起于男子。为臣忠，为子孝，正大光明而无邪僻之行，德业已著而乾乾进修，常怀危惧，惕励而无咎也。此课乃耗泄不实之课，百事占之无可成，终为无益，谓之形影俱无之象。惟利占忧惊之事，忧中望喜则可，占久病大不利，其他占无所用也。大抵此课，凡百所谋，占吉事不成吉，而凶事又能解散也。

虚堂习听。

真一山人云：到此无言是丈夫，功名富贵更休图。诗成酒醉随无好，天地茫茫不我拘。

《无惑钤》云：干支及传，脱空满前。子息耗盗，弱病淹缠。

① 《中黄经》作：假令丁酉人，十一月将，癸丑日子时占。

《钤解》曰：三传占病，虚损微弱，气息淹延，死日近矣。《集议》："进茹空亡宜退步"内有此日例，谓干上寅，自是空亡，那更寅卯辰为三传，使癸水生之，其脱空，虽千金亦不能周其足。如昼占，玄武乘空临干，尤甚。占讼费而不直，占病脱而极虚。终不能退步。旬空昼乘玄武，定主失脱。"脱上逢脱"内亦有此日。墓门开，又为外丧。两贵不协，变成妒忌，巳加辰，卯加寅，互换作六害。子息不肖，父母罹殃。

甲寅日

甲寅日第一课

伏吟　玄胎　六仪

任信丁马须言动

蛇蛇蛇蛇	青青青青
寅寅寅寅	寅寅寅寅
寅寅寅甲	寅寅寅甲
兄 甲寅 蛇	兄 甲寅 青
子 丁巳 勾	子 丁巳 朱
官 庚申 白	官 庚申 后

	勾青空白			朱蛇贵后	
	巳午未申			巳午未申	
六辰		酉常	六辰		酉阴
朱卯		戌玄	勾卯		戌玄
	寅丑子亥			寅丑子亥	
	蛇贵后阴			青空白常	

《玉历钤》云：此课旦贵不可用，夜贵颇可，小事可，大事不可。

《毕法》云：此课伏吟，乃刚日之自任也。初传为日之德禄，中传丁神，末传驿马，不可谓为伏匿不动，乃是由静而动，德禄俱进之象。常占访人必他出，期约不践，占身必动，而无阻滞。

《心照》云：此课末传乃日干之鬼，上乘白虎，凡占凶祸甚速，占讼被刑，占病危困，若非中传丁神为救，则讼杖流，病必危矣。

课名伏吟、玄胎。四课只有一课，三传互见三刑，诸神安然不动，百事仍旧。更支干临官在寅，为仪，为德禄，春占最吉，昼占不如暮占。中末巳申合，以刑中有口舌，不为害也。

上神德日，末克初。

《义》曰：上下相比，支干培本。官印加迁，声名耿耿。此课占用，尚有未宜。婚病远行，出兵用师。

《象》曰：天地之功尚未全，人间百事也如然。无凶便是为奇特，积善人家福自天。

此自任之卦，一曰玄胎。夫自任者，乃天地伏吟，十二神各归本家，天地如一，四伏未发之象。占事静则宜，动则滞，主事藏匿不动，静中求劳，有屈而不伸之象。况玄胎如婴儿隐伏之状，利上不利下，事主远而多伏，暗昧不通，触则成祸，惟君子守正修德则亨。六仪集聚千祥，凶消祸灭，福祉来归，尚有美中未足之象。况五日四辰，阴阳不备，日辰同位，乃曰芜淫，芜淫奸生于中。得此若占身宅者，宜谨之于始，以礼自防，虑有越礼犯分之事也。传见培本格，支来加干，培益于干，得同类相培，自然壮本基也。常占得自在用事，惟末传马载虎鬼而未美也。占者遇之此课，求官大宜，以其螣蛇生角，勾陈捧印，白虎入庙也。占婚不宜。求财不利。占病凶，宜作福。占见贵未足。远行不利。占望行人，不日回程。逃亡可得。不宜争讼。忧疑患难，先凶后吉。

占出兵行师不宜，惟夜占稍可，昼占乃曰忧心众畏，宜止。如不得已而用之，贵在将之得人可也。

春大吉。

真一山人云：一德能消几祸殃，君家积德达穹苍。更能从此行阴骘，禄足官高后世昌。

《无惑钤》云：德禄临身，夜贵有成。马载虎鬼，动则遭刑。

《钤解》曰：帘幕空。禄临支宅旺禄。寅乃甲之德禄，夜乘青龙，临身发用，可专守而不可妄动也。巳乃脱害居中，马在虎鬼居末，若不静守而妄动，则三传刑害冲击，其凶不可当矣。《集议》：权摄不正禄临支。末遁旬日之庚乘虎，凡占至凶至危、至怪至动，纵空亡不能解救，是殃非浅也。申乘白虎，冲支上寅，为对邻兽头冲其本家，以致家道衰替。“宾主不投刑在上”内谓此三刑入传，未免无恩之义，施恩反怨也。任信丁马，静中求动终是静。如占求，先蒙允许，后必改易。如占访人，虽不藏匿，必有事出干，或在他处相见。

甲寅日第二课

知一　连茹　孤辰　绝嗣

空上乘空事莫追

后	贵	后	贵	白	空	白	空
子	丑	子	丑	子	丑	子	丑
丑	寅	丑	甲	丑	寅	丑	甲

父　子　后　◎⊙　　父　子　白　◎⊙

父　癸亥　阴　⊙　　父　癸亥　常　⊙

财　壬戌　玄　　　财　壬戌　玄

	六	勾	青	空			六	朱	蛇	贵	
	辰	巳	午	未			辰	巳	午	未	
朱卯					申白	勾卯					申后
蛇寅					酉常	青寅					酉阴
	丑	子	亥	戌			丑	子	亥	戌	
	贵	后	阴	玄			空	白	常	玄	

《玉历钤》云：此课天地上下俱是空亡，四时皆不可用，闻忧不忧，闻喜不喜。

课名知一、逆连茹。主丑见天地上下皆是空亡，不可用事，只可散忧。贵加日，与用神子合，中传亥与日合，末为财喜，退而获吉。

日克上神，日上克用，用生日，末克初。

《义》曰：进退不定，事无机应。若有若无，空空不信。听起虚声，何处之鸣？静以待之，终见无成。

《象》曰：有意相逢未得成，谁怜好处又变更。满枝黄叶看看尽，岁到隆冬有令名。

此知一之卦，一曰绝嗣，亦曰孤辰，又曰泆女。夫知一者，知一而不能知两，知者以为自知、自见，不知为寇仇，故言知一也。以此为用，舍远就近，舍疏就亲，恩中生害，事多起于同类，凡事狐疑，事贵和同乃吉。况孤辰有茕茕孑立之象，占人别离桑梓，凡所占谋，多虚少实，功名难遂，事业虚花。夫泆女乃不正之象，阴私邪淫，占男女有阴私暗昧之理，占家宅宜谨慎闺门，以防阴小越礼，惟能以礼自防者可化之。日上见鬼墓，《经》云："鬼墓加干鬼暗兴。"墓中之鬼，危疑者甚，防暗中有人侵害也，讼病大忌，出兵者亦然，幸是贵人又是空，乃有解也。占者遇之此课，乃退连茹，退而有进，进而欲退，欲行不行，欲止不止，根苗不断，旧事从新。亦云见生不生，不如无生，号曰出闺。生我者落空，占病必死，占父母尤可畏。占求官者，文书难成。见贵不顺。婚姻不宜。占财难得。暴病不妨，久病大凶。失脱勿寻。逃亡得迟。占讼不成。百占皆有声无实，传事亦然。

占出兵行师得此，防有失众之象。大抵此课，诸占凶不成凶，吉不成吉，无益之象也。

冬吉。尤防更变。

真一山人云：莫道空中难就事，向前一步禄相逢。若是退步还无益，散尽忧愁不见凶。

《无惑钤》云：亥子空亡，戌又来伤。凡谋不利，讼病难当。

《钤解》曰：亥子，甲木所赖以生，既皆空陷，见生不生，遂投末传戌土之财，却被辛金暗伤，况昼夜乘玄，反主虚耗，三传俱无所益，凡谋岂得亨利乎？丑乃鬼墓加干，灾祸弥甚，若占病讼，实难当也，若占父母、生计，亦凶。《集议》：丑加寅，夜空，主人家兽头落。"空上逢空事莫追"内列此日，谓凡占指空说空，而无实迹之象，以夜贵言。昼贵临身，乘空虚，甲木克，欲告贵人求文书事，必贵人忌惮，而不用度止。

甲寅日第三课

元首　励德　悖戾　闭口　六阳

玄 后 玄 后	玄 白 玄 白
戌 子 戌 子	戌 子 戌 子
子 寅 子 甲	子 寅 子 甲

财 壬戌 玄 ⊙	财 壬戌 玄 ⊙
官 庚申 白	官 庚申 后
子 戊午 青	子 戊午 蛇

朱六勾青　　　　勾六朱蛇

卯辰巳午　　　　卯辰巳午

蛇寅　　未空　　青寅　　未贵

贵丑　　申白　　空丑　　申后

子亥戌酉　　　　子亥戌酉

后阴玄常　　　　白常玄阴

《玉历钤》云：此课谓之折腰炎上，用神加临空亡，天将又是玄武，凡占所求不成。

《毕法》云：此课干支上俱逢败气，占身主血气衰羸，占宅主房舍倾颓，凡占所事，狼狈不振，尤不宜占讼，两被损伤也。

《金匮经》云：此课末传午火助初传戌土，为日干之财，凡占值此，必有仗义之人暗中以财相济，助济一时之急用也。

课名元首、间传。子为空亡，戌午申，退传又间隔，冬春得之，仍旧是好课，主女子财物争斗，恐有奸邪成讼。占病出行，二者不可，空亡自散。

上神生日，日克用。

《义》曰：玄武乘空，盗贼不逢。逃亡虽难，得不成功。元首乃吉，于斯无益。谋事变更，再图勿失。

《象》曰：三传悖戾不相和，事事逢之进退多。好事不成凶事散，守之福禄若春波。

此元首之卦。夫元首者，尊制卑，贵役贱之象。占事多顺，利于先举，事多起于男子。为臣忠，为子孝，正大光明而无邪僻之行，德业已著而乾乾进修，常怀危惧，惕励而无咎也。戌申午，为悖戾，又曰退间传，退中有隔，隔而后进。一曰闭口，凡占不测其机，占病多哑，或咽喉之病，不能言，或禁口懒言，占产生子不能言，失脱访求于人，人多不肯言说，此大概之论。然而发用乘空，既空，虽有声，但恐不的实也。上神生日，所为百事吉，运用如意，遇灾不凶，逢吉愈吉。日是人相助，夜是神相助。若岁命生日者，尤为吉昌，若当季神来生，尤主声名显达，亦必虚喜多而实喜少也。占者遇之此课，占求官不实，文书难成。占见贵虚意。占婚姻无益。占求财难得，虽得不能为用，又因财惹恼。病者有膈气，或饮食之所隔，宜服调中快膈之剂。占讼者难成，无官主张，文书不行。占逃盗难获。

占出兵行师得此，所传所闻之事，虚诈不实，尤防失众。大抵此课，吉不成吉，凶不成凶也。

仲冬吉。

真一山人云：人来生助不寻常，何是逢空失主张。数有天然理已定，徒劳汲汲与忙忙。

《无惑钤》云：两水空润，虎鬼作釁。占婚冰人，言不足信。

《钤解》曰：支干上神，子水俱空，空润而已，无实生也。初财落空乘玄，主失脱，得不偿费，中传马载虎鬼，生祸遭釁，末传午又盗气，课传无一可者，不如守干支上子水之空生，犹之可也。神后旬空，天后临季，神后落空，二后失地，占婚不美，媒妁之言，无足凭矣。《集议》："干支皆败势倾颓"内列此日，为杀人一万，自损三千之意。"末助初兮三等论"内列此日，占者必暗中有人以财相助，如占博弈宜此，来意占婚尤的。申遁旬庚乘虎，殃非浅也。未乃干支墓神，临酉为内丧。悖戾："勉强前来勉强之，戌申午上不堪期。徒然欲壮培根本，凶咎前来定不遗。"又占婚，专看二后，此课神后临干，乃旬空，又为干支败气；天后乘申，临戌为季神。歌云："生气二后旺神兼，此女轻盈貌似仙。若临季神又囚死，媒人说好是虚言。"此可澄二后旬意。

甲寅日第四课

八专　帷薄　闭口　寡宿

白阴白阴	后常后常
申亥申亥	申亥申亥
亥寅亥甲	亥寅亥甲
财　丑贵◎	财　丑空◎
父癸亥阴	父癸亥常
父癸亥阴	父癸亥常
蛇朱六勾	青勾六朱
寅卯辰巳	寅卯辰巳
贵丑　　午青	空丑　　午蛇
后子　　未空	白子　　未贵
亥戌酉申	亥戌酉申
阴玄常白	常玄阴后

此课亥长生加临支干，而生支干，又是本命来生，身宅极好。不合亥是旬中闭口神，主父母闭口，兼行年亦在本命，又兼今日父母上见公婆，是父母见公婆也。天空作空亡为初，虚墓已动，加辰，辰为锹锄煞，当年十月母死，次年正月父亡。此人须入学馆，历台谏，过侍从，只不守土耳。至戊子年七十四，或七十八死矣。王司法当年十月丁母忧，次年正月丁父忧，三十七上七月从吉，前往参部，得温州法司，三十九上赴任，满得大学录，又迁国子簿，又迁丞权大学司业，迁右正言，又迁左正言，权礼部侍郎，入国子时，方年六十二，只是宫观，不曾守土，卒年七十八岁矣。此逢旬尾加旬首，名曰闭口，父母加之，主父母亡身。闭口仕途未通，后登馆职、台谏、侍从，并如先生所说，宫观十七年，即不能守土，至乾道八年壬辰岁十月初七日终矣。先生所谓七十四，又谓七十八者，何也？亥加寅，亥数四，寅数七，乃七十四也；亥有四个，又添四数，七十八岁，况甲上是亥，寅上亦是亥，所以用两个四数，故七十八。后果应其说[①]。

《玉历钤》云：八专本凶，缘此课贵人为用，又中传加寅上，为六合，却为吉课。初传空亡，克末传，却反为凶，凡占皆无所成。

《七十二占》曰：问囚狱情实，以今日制其神。问官坐青龙、功曹下，置囚于勾陈、天罡、白虎下，令玄武所居神畏今日及青龙所居神，则其囚吐实，不敢虚言。此课正月将，甲寅日寅时问囚，功曹在巳，胜光为青龙加酉，问官宜居巳地。天罡在未，勾陈在申，白虎在亥，以囚在亥、未、申地皆可。戌为玄武无气，又畏甲木，木又乘旺，此实本囚必吐实，不敢欺也。

《曾门经》云：日辰阴阳，共得二课，二神并杂，以此占人，内失其一，帷薄不修也。此课阴阳并不相克，甲刚日，从甲上神亥顺数三位，得大吉为初传，将得天乙，妻财为贵神，主见贵人，或妻子有喜。中末二传，重在日辰上，见登明父母太阴，主父母隐匿之事，奸淫家乱。

《毕法》云：此课夜占，太常加亥，临于干，与干为六合，来人所占，必有婚姻之喜，或有赐帛赏赍之庆。若占婚姻，必然成合也。课名八专，帷薄不修，内外不分，人宅无别。丑加辰为用，为贵人入狱不治事。暮占丑乘天空，为欺诈，奴仆不良。末传加在日辰上，占事向后可十全，日下恐未顺。丑是空亡，凡事守待为佳。亥乃日之长生，终有益，出旬可用。

上神生日，日克用，初克末。

《义》曰：帷薄不修，欲逞风流。逢空有解，难遂世谋。谋事未称，大求小用。更变一番，福禄自顺。

---

① 《壬占汇选》作：戊申年六月甲寅日未将戌时，王法司乙亥生，生于十二月八日未时，三十四岁占前程。

《象》曰：逢冬好事渐加新，一报阳和喜报春。忧患消磨呈福祉，凶中化吉日忻忻。

此帷薄不修之卦，一曰寡宿。夫帷薄不修者，乃八专也。《经》云：八专支干共位，阴阳两课。五日四辰，表里皆拱于八极。故曰：八专尊卑共室，人宅不分。又帷薄不修，内不隔而外不遏，事多重叠，忧喜两来，干涉妇人，久而反蔽。占身宅婚姻得此，恐男女有越礼之事，宜严谨闺门，慎守动静，能以此自防者，庶几免失。故曰："以道制欲，则能顺命。"传见孤辰寡宿，值此尤妨骨肉。若占身得此，主见孤独，别离乡井，自立门户，财物虚耗，僧道宜之，俗不宜也。上神生日，又为日之长生，所谋百事吉，运用如意，遇灾不凶，逢吉愈吉。日是人相助，夜乃神相助。若在孟冬得此，尤见声名显达，亦未免半实之象。占者遇之此课，占求官见贵，美中不足，成中有破，合而未合，见贵无力。不利于婚姻。求财虽见贵人之财，亦未实也，纵使空手，而失之也。占病讼，凶中有救。

占出兵行师得此，须防失众，而终有益也。昼占吉，夜占诈，但课体未宜。大抵此课，吉多而凶少，福重而祸轻也。

季冬吉。

真一山人云：虽有镃器且待时，更新事业几人知？莫嫌眼底未如意，冬末春初问事宜。

《无惑钤》云：幸有生谐，贵许空财。迂廻宛转，仍旧归来。

《钤解》曰：干乘亥生，寅亥相谐，足可守也。弃而投初传贵人以求财，不过空许而已。徒为委曲宛转，卒无所益，仍旧归于干上，以守亥水之生谐矣。《集议》：亥乃旬尾，加甲为旬首，闭口益甚。干支全逢自刑。夜常加长生临干，来意必占婚姻之喜，或有锡赐物帛之事，又临支宅，亦有婚礼之喜，宜开彩帛铺，或酒食店肆。

甲寅日第五课

重审　炎上　斩关　狡童　六阳

白六白六	后六后六
午戌午戌	午戌午戌
戌寅戌甲	戌寅戌甲

财 壬戌 六	财 壬戌 六
子 戊午 白	子 戊午 后
兄 甲寅 后	兄 甲寅 白

贵后阴玄	空白常玄
丑寅卯辰	丑寅卯辰
蛇子　　巳常	青子　　巳阴
朱亥　　午白	勾亥　　午后
戌酉申未	戌酉申未
六勾青空	六朱蛇贵

《玉历钤》云：此课三传火局，甲木泄气，又为泆女之卦，火局不正，凡占皆不可用。

《毕法》云：此课初传坐于克方，又被六合夹克，盖初传戌乃日之财也，被天将夹克，凡占值此，必主财不由己费用而不济事也。

《杂占》云：此课三传全脱干气，却生起日干财神，谓之取还魂债。

《灵辖经》云：占遇白虎乘死神，上下迫日辰，名曰魄化。以此占人，必有死亡，白虎在阳忧男，在阴忧女，下克上内丧，上克下外丧，行年在魁罡蛇虎下者，其人受殃。死神者，正月在巳，顺行十二支是也。此课天魁在甲，下克上为用，中传胜光，将得白虎，二月死神在午，白虎乘天上死神，下迫日辰，必有死亡之事。午为阳，忧在男子，下克上，主内丧。

课名重审、炎上、芜淫、斩关、狡童。凡狡童，主在宅有异姓同居。将得六合，为私门，狼狗相聚，不有官灾牢狱，必见哭声，凶事缠绵。天魁主众人，春夏占事可济。末归日辰，无凶。

日克上神，日克用，末克初。

《义》曰：三传脱耗，向谁倚靠？防来赚啜，否则失盗。莫论钱财，出多入少。无吉无凶，忧心悄悄。

《象》曰：阳微阴盛事乖张，谨守闺门莫放狂。此个机关端的准，婚姻男女切宜防。

此重审之卦，一曰炎上，亦曰斩关，又曰泆女。夫重审者，重而审之也。利为主，利后动，长有厄，事从内起，起于女人。以下犯上，贱犯贵，卑犯尊，事多不顺。阴小在下者，有悖逆之事。占臣未忠，子失孝，事不可遂意而行，必当审察，循乎义理，庶几以免后患也。且炎上，为日，象君，事主多虚少实。戌加寅，以火墓临于火之长生，谓火以明为主，虚则生明，实则生暗，是反其体也。况斩关非安居之象，占者多不自由，事多暗昧不和，离散口舌，欲隐身避难者，却利乎奔逃也。夫泆女乃不正之象，阴私邪淫，占男女有阴私暗昧之理，占家宅宜谨慎闺门，以防阴小越礼，惟能以礼自防者可化之。日上见戌，妻美财福，利于求财，但此财乃不得自由之财，夹克故也。占身者多不自由，常被人驱使，或多辛勤。三传盗气，人宅衰败，常有不足气象，谋事不成，耗财盗脱，所幸先见不足，后却成美也。占求官不得。占见贵不吉。所占无益而有损，惟利忧疑患难，尤见欲脱未脱，终不为凶。占病虚损，久病凶，暴病吉。

占出兵行师，虽吉而未免脱耗不足，防有赚脱误事。有所传闻，一而不实，不可忽之也。

耗盗不一。

真一山人云：被人驱逐更辛勤，时事遭逢莫认真。要把此心常坚起，丈夫志节不同人。

《无惑钤》云：三传全盗，无时免耗。夜贵登天，神祇宜告。

《钤解》曰：三传火局，全盗干气，无事亦不免虚费也。未临亥，乃夜贵登天，有病即宜祭祷神灵，以祈救祐也。《集议》："传鬼成财钱险危"内有此日例，谓三传脱干气，反生起干上财神，名取还魂债。财遭夹克，财不由己费用。"六爻现卦防其克"内有此日例，谓传戌乘六合临寅，奸丑不明，奴婢逃走。又云：传子息化财爻，先见戌土为财，化人子孙，识者详之。

甲寅日第六课

元首　不备　四绝

玄勾玄勾	玄朱玄朱
辰酉辰酉	辰酉辰酉
酉寅酉甲	酉寅酉甲
官 辛酉 勾	官 辛酉 朱
财 丙辰 玄	财 丙辰 玄
父 癸亥 朱	父 癸亥 勾

蛇贵后阴　　　青空白常
子丑寅卯　　　子丑寅卯
朱亥　　辰玄　　勾亥　　辰玄
六戌　　巳常　　六戌　　巳阴
酉申未午　　　酉申未午
勾青空白　　　朱蛇贵后

《心照》曰：罗网卦者，日前一辰为天罗，所冲辰为地网，若发用在日辰年命，应此也。徐道符曰：占见罗网，主火灾、疾病。此课酉加甲，上克下为用，应此卦。谓甲寅日，前一卯为天罗，所冲酉为地网，主其人有罗网刑狱事。

《玉历钤》云：此课日上官星发用，见贵求官最吉，求财求婚亦遂，出入更改如意。

《毕法》云：此课天盘干支坐于地盘墓上，乃心肯意肯，情愿受其暗昧，凡事皆自招其祸，不可怨天尤人也。至于家宅，亦情愿借赁于人，被其作践，欲兑赁，终不能出脱也。

课名元首、四绝。只宜结绝旧事。酉为用，甲以辛为官，辛禄在酉，问进必遂。三传虽各自刑，然辰酉合，寅亥合，外相刑，其中却合，亥乃长生，辰乃长生之库，支干有归宿，吉。

上神克日，用克日。

《义》曰：勾陈带剑，克日为忧。破财损失，事且未周。静亦未安，动亦难投。徐徐善处，福日攸攸。

《象》曰：两头干事不伸情，迟滞勾留未得宁。得失也知原有命，惟宜为善足平生。

此元首之卦。夫元首者，尊制卑，贵役贱之象。占事多顺，利于先举，事多起于男子。为臣忠，为子孝，正大光明而无邪僻之行，德业已著而乾乾进修，常怀危惧，惕励而无咎也。讼利先举。酉加寅，乃四绝之课，课体既绝，而少生意，不宜干图新事，惟宜了绝旧事可也。申酉时占，天网四张，万物被伤，为阻滞，为疑难，为灾恼。又酉为破碎而克日，事必难就，尤防损财不足之事。事有隔七隔八不顺，谋事多有二心，两头干事，屈而不伸。课传自刑，凡事自高自大，自逞自是，落败而多更改。占者遇之此课，占求官虽有，但未免勾留迟滞而不顺。占见贵不利。占婚姻不宜，勉强成之，亦终取讥于人也。占求财难。占病瘥迟。占讼主两家俱亏，以干支俱伤故也。

占出兵行师得此，昼夜所占，畏忌不宜。若不得已而用之，惟在将之得人以保无虞，甚勿轻举也。

事见勾留。

真一山人云：事到难时喜破财，钱财破去又还来。古言财破方为福，免得家人长幼灾。

《无惑钤》云：破碎伤人，又损宅庭。夏夜防火，病讼俱兴。

《钤解》曰：酉乃破碎，临于支干，伤人损宅。夏若夜占，酉又为火鬼，乘雀克宅，须防火患也。鬼乘朱雀，病讼不能免也。《集议》：“众鬼虽彰全不畏”内有此日例，为引鬼为生，初传酉乃日鬼，却生末传亥水育干。酉为胎神，十月占，主婢妾有孕。干支全逢自刑。“人宅坐墓甘招晦”内列此日。夜占雀鬼加干，虎临贵人本宅，占干贵，必招贵人嗔怒，尤忌占讼，彼此全伤，占讼两家皆被罪责，诸占各有所亏，占身被伤，占宅崩损。在干为木爰酉金作官禄，在支则支鬼朱雀可憎，鸡短嘴，一爱一憎，如何不辩。两贵相协。

甲寅日第七课

反吟　六仪　玄胎　六阳　芜淫

后青后青	白蛇白蛇
寅申寅申	寅申寅申
申寅申甲	申寅申甲
兄 甲寅 后	兄 甲寅 白
官 庚申 青	官 庚申 蛇
兄 甲寅 后	兄 甲寅 白
朱蛇贵后	勾青空白
亥子丑寅	亥子丑寅
六戌　　卯阴	六戌　　卯常
勾酉　　辰玄	朱酉　　辰玄
申未午巳	申未午巳
青空白常	蛇贵后阴

此课求财，乃反复争夺之财，甚薄，应在戌辰日得之。据课体，本无财，盖缘此

人己巳生，乃是寅作德，又蛇制中传金，行年临财，甲戌日得之也。此课又是论化气为财，甲日己年，甲己化土也[①]。

《玉历钤》云：此课反吟，寅加申，为甲木败绝之地，又为金鬼所制，主人离财散之象。

《毕法》云：此课干支俱被上神克制，本身又坐克方，值此主人宅两损，不可收拾，凡事被人伤害也。

上神克日，日上克用。

课名反吟、玄胎、六仪、四闭、四牡、芜淫。反吟惟甲寅日最凶，天地易位，阴阳反复，百事无定。生气、死气返会，大凶，死气带月厌发用，生气克日干，三传俱刑，暮见蛇虎，必主法死，不然跌死而已，立防吃跌。有德禄，旦暮贵人相加，添驿马，终不可得而救解。寅为吏神，行年在申，必有官事，好事先去，恶事彻底。

《义》曰：四课不备，占事废坠。禄马既绝，何问官贵？占病大凶，号曰老终。十危一解，大有阴功。

《象》曰：对神隔将虑灾凶，十事占来九事空。反复船车宜仔细，争如守旧自成功。

此无依之卦，一曰玄胎。夫无依者，即反吟也。《经》云："无依是反吟，逃者远追寻。合者应分散，安巢别改林。守官须易位，结友也分襟。所为多反复，占病数般侵。"反吟刑冲，事主迟滞，远近系心，更相仇怨，且反复而呻吟，是无予夺而难息也。况玄胎如婴儿隐伏之状，利上不利下，事主远而多伏，暗昧不通，触则成祸，惟君子守正修德则亨。玄胎不利久病，亦不利占老人小儿病。反吟占病反复。阴阳不备，乃曰芜淫。《经》云"芜淫芜淫，奸生于中"，此淫杂之卦也。对神隔将，灾祸难容。支干俱伤，两防有损，不可争讼，适问，恐两家不能保其全也。此乃四绝之课，干事不振，惟宜了结旧事，不可图新，幸得六仪，凶中有救。占者遇之此课，占求官无力，宜退身避位，若贪者，恐有不意。占见贵不利。婚姻不宜。占病大凶，得阴功庶解。占交易、投托，皆反复变更。

占出兵行师大忌，宜别图更改。如不得已而用之，亦须待别时换易，尤贵主将善用兵者可也。大抵此课，不足者多，遂意者少也。

事多反复。

真一山人云：人生动处莫强图，顺理修身是丈夫。天道昭昭如目睹，到头善恶影声呼。

《无惑钤》云：人己遭伤，马载鬼官。德禄乘虎，灾祸多端。

---

① 《壬占汇选》作：丙辰年八月甲寅日巳将亥时，某己巳生，四十八岁占求财。

《钤解》曰：干支俱被申克，彼己两遭其伤也。申乃官鬼，驿马载之，寅乃德禄，夜虎乘之，且往来受其绝克，而马鬼迅速，灾祸之来，殆非一端，君子俗庶，俱为不利。《集议》："前后逼迫难进退"内列此日，谓初传被下克，即归本家，又被上克，干支既被上下克制，进退俱难矣。夜贵加昼，宜暗求关节。干支受上克，又自坐于受克之方，彼此全伤，说见前课。"干支值绝凡谋决"内谓此乃绝神作鬼，止宜结绝凶事，亦宜解释官讼，占病痊。

甲寅日第八课

知一　无禄　孤辰　天狱

蛇空蛇空　　青贵青贵
子未子未　　子未子未
未寅未甲　　未寅未甲

父　子蛇◎　　父　子青◎
子丁巳常⊙　　子丁巳阴⊙
财壬戌六　　财壬戌六

　六朱蛇贵　　　六勾青空
　戌亥子丑　　　戌亥子丑
勾酉　　寅后　朱酉　　寅白
青申　　卯阴　蛇申　　卯常
　未午巳辰　　　未午巳辰
　空白常玄　　　贵后阴玄

此课本命自来墓身，谓之天罗自裹。又本命上发用就空亡，中传又临空虚，乃子息上又见子息，主退子克子。年命既空，是星运不通利。青龙既空，虽登仕路，亦无寸进。末又见财，妻必是再娶，末年始有萌芽之意。盖宅有井，未为井克人，若不迁移，必主十二年而死。未乃八数，两个八年，共十六年也，先个八年全用，后用一半，只四年，故十二年也。次年郭乃迁居①。

《玉历钤》云：此课夜贵颇吉，求望少遂；昼贵皆凶，不可用也。

《毕法》云：此课干支全被墓神覆蔽，值此人如昏雾中行，不得亨泰明爽，《经》云“墓覆日辰，人宅昏沉”是也。

日克上神，日上克用，末克初。

课名知一。甲以戊为财喜，图事可成，然子为空亡，凡事无头，出旬方可。

《义》曰：四课未全，干运不前。纵然见好，徒尔空怜。课体不备，乃曰未济。谦光退守，待尔时至。

《象》曰：忧惊坐见方消忘，君子常占也吉昌。诗酒且图今日乐，功名且不要商量。

此知一之卦，一曰绝嗣，又曰铸印，亦曰孤辰。夫知一者，知一而不能知两，知者以为自知、自见，不知为寇仇，故言知一也。以此为用，舍远就近，舍疏就亲，恩中生害，事多起于同类，凡事狐疑，事贵和同乃吉。传见铸印，《经》云：“天魁是印何为铸？临于巳丙冶之名。中有太冲车又载，铸印乘轩官禄成。”不见太阴天马，即非真体，常人反生灾咎，且为事迟钝。况孤辰有茕茕孑立之象，占人别离桑梓，凡所占谋，多虚少实，功名难遂，事业虚花，事多起于不实。干支皆墓，乃五行不正之气，四时衰败气绝之乡，覆日主昏蒙不明，如处云雾之中，宅舍亦无光明也，此干支乘墓尽皆迷也。斗罡加日本，春占土死，乃天狱卦。《心镜》云“斗加日本为死奇”，若得太阳照之为福。占者遇之此课，占求官，美中不足。占见贵不顺。占婚姻不宜，成则无益而有损。占暴病为福，久病不吉，宜修德。失物迟得。逃亡可觅。远行不利。谋望难成。占忧患易消。

占出兵行师得此，防失众。此课遇凶不凶，遇吉不吉，有声而无实之象。

形影不的。

真一山人云：久病占来未免忧，无心干事逞风流。吉凶从此浑无益，坐对清光醉白头。

《无惑钤》云：干支乘墓，己类无据②。嗣息动灾，讼则贵怒。

《钤解》曰：帘幕乘墓，支干俱被未墓所弊，人宅昏滞。二未乘空，二子旬空，四课无所据也。中传巳火，乃甲木嗣息，为初传子所克，又为末传戌所墓，动则必遭克墓之咎。夜占子又害贵，讼虽直，必遭屈断，是官必怒矣。《集议》：“干支乘墓各昏迷”内列此日。“害贵讼直遭屈断”内列此日。未乃夜贵加干，纵夜占，仍以墓论。

---

① 《壬占汇选》作：己酉年六月甲寅日未将寅时，郭仲起辛未生，三十九岁占宅。

② 一作彼我无据。

甲寅日第九课

八专　励德　六阳

六白六白	六后六后
戌午戌午	戌午戌午
午寅午甲	午寅午甲

官 庚申 青	官 庚申 蛇
子 戊午 白	子 戊午 后
子 戊午 白	子 戊午 后

	勾	六	朱	蛇			朱	六	勾	青	
	酉	戌	亥	子			酉	戌	亥	子	
青申					丑贵	蛇申					丑空
空未					寅后	贵未					寅白
	午	巳	辰	卯			午	巳	辰	卯	
	白	常	玄	阴			后	阴	玄	常	

此课日辰上皆见午，甲寅二木俱死于午，那堪中末又在午上，初传又是绝神，六月午为月将[①]，旺火蚀休木，则木无气，本主克父母，今既无父母，亦难为子息及自身。行年幸喜在亥上[②]，火不能侵。到三十七岁上，行年在寅，恐难过得。三十九上到辰见申，亦难过矣。须先丧克子了，便乃心病，且作废人，便不死，终作废人也。王知丞见授邵武军县丞，是年连丧男女四人，果然心病不赴任，却作道人，恣意而走。三十七上，痴颠不晓人事，亦不饮食，几两个月后却瘥。三十九上，又复如此，却又不死。至四十一上，太岁到寅，却死矣。且日与辰、中与末，四个午来蚀甲寅，四个病符，四个天鬼，四个天地转煞，作四个白虎，所以丧四子。盖自身是木，立在临官、

① 宜作月病符。

② 一作子上。

帝旺之地[1]而午火卒烧不尽，但为他白虎所扰，午为心，虎主狂，故主颠狂。木死于午，故为废人。天鬼多主疾病，故死者非二即三，非四即五矣。天鬼歌曰："天鬼常随四仲神，建寅居酉逆相巡。行年日上如遭值，殃伏兵伤乱杀人。天鬼时行降大凶，犯者家中更不容。三三五五皆遭疾，除非大福免危终[2]。"

《玉历钤》云：此课夜贵螣蛇，乘日鬼最凶，旦贵青龙稍吉，亦不可用，盖以日鬼发用破神故也。

上神盗日，日上克用，末克初。

课名八专、帷薄、励德。申为螣蛇大凶，青龙稍轻，亦不为吉。所喜日辰上有两午，虽有申克，得午可解不妨。

《义》曰：盗失损财，干事多乖。徒令见喜，不恼又灾。君子宜占，守旧为美。小人得此，忧惊相煎。

《象》曰：支干共位不相当，阳反阴兮阴反阳。若是夜占宜守理，莫教逞放此风光。

此帷薄不修之卦，一曰天网。夫帷薄不修者，乃八专也。《经》云：八专支干共位，阴阳两课。五日四辰，表里皆拱于八极。故曰：八专尊卑共室，人宅不分。又曰：帷薄不修，内不隔而外不遇。事多重叠，忧喜两来。干涉妇人，久而反蔽。占身宅婚姻得此，恐男女有越礼之事，宜严谨闺门，慎乎动静，惟能以礼自防者，庶几免失。故曰："以道制欲，则能顺命。"夫天网者，即天网四张也，《经》云"天网四张，万物被伤"，为阻滞，为疑难，为灾恼。日生上神，虚费百出，谋望不遂，盗失损财，人口衰残，休囚尤重，又为子孙脱漏之事。占者遇之此课，占求官难得，虽得尤恐有失。占见贵不宜。占财有耗，得不偿费。占病者危急，宜修德以禳之。占失物难得。远行未利。投谒无力。占讼者，凶中隐吉。交易难成。占盗逃，宜访缉。占久病得此，名曰不吉。

占出兵行师得此，昼占得失相半，夜占惊心众畏。八专课，非用兵之所宜，别为异图可也。若不得已而用之，贵在将之随宜处权，见机敏决，庶几保全。大抵此课，诸占而无益也。

事多未备。

真一山人云：用尽机关未称情，阿谁不为利和名？清风明月真堪兴，白酒新诗醉太平。

《无惑钤》曰：昼虎四排，却祸生财。求官成事，难称心怀。

---

① 行年立于水乡。

② 《壬占汇选》作：戊申年六月甲寅日未将卯时，王县丞甲戌生，三十五岁占病。

《钤解》曰：课传四午，昼俱乘虎，可谓四排矣。克初传申金之祸，生起戌土之财。若求官，则官爻重重被克，卒难称心。若占事，则脱神个个乘虎，欲称心怀，卒难矣哉？《集议》："人宅皆死各衰羸"内列此日。"人宅受脱"内列此日。未乃干支墓神，临卯为内丧出外，宜迁葬以禳之。干支全逢自刑。

甲寅日第十课

重审　玄胎　闭口　天网

脱上逢脱防虚诈

青常青常　　蛇阴蛇阴

申巳申巳　　申巳申巳

巳寅巳甲　　巳寅巳甲

官 庚申 青　　官 庚申 蛇

父 癸亥 朱　　父 癸亥 勾

兄 甲寅 后　　兄 甲寅 白

青勾六朱　　蛇朱六勾

申酉戌亥　　申酉戌亥

空未　　子蛇　　贵未　　子青

白午　　丑贵　　后午　　丑空

巳辰卯寅　　巳辰卯寅

常玄阴后　　阴玄常白

《玉门经》曰：天网四张，万物被伤，以此占人，身死家亡。谓时下之辰克今日之日干，及用起之辰复克今日之干，谓之天网卦。此课传送临巳，下克上为用，时加申时，是时用俱克日也。注云：《连珠》曰：假令甲乙用金神，时加申酉，主有斗讼毁伤，所为不成。丙丁日用水神，时加亥子，忧子并女，疾病争财。戊己日用木神，时加寅卯，忧争讼财物，毁伤对夹。庚辛日用火神，时加巳午，忧病恐怖，县官时吏。壬癸日用土神，时加辰戌丑未，忧斗讼争财，冢坟之事。

《玉历钤》云：此课用神为鬼，又为破绝，夜贵最凶，旦贵稍吉，凡占皆不可用。

《毕法》云：此课干支上俱乘脱气，人宅不荣之象。凡占值此，家宅倾颓，财物脱耗，妄费百出矣。

上神盗日，日上克用，初克末。

课名重审、玄胎。此课天盘地结，不宜占胎、出行。申为对神，克日作用，中末作合，为德禄，为合，申亦作马，此乃吉课。四角合备，日上见巳为救神，申加巳，鬼受制，不为鬼也。

《义》曰：课名富贵，占官最利。二贵履狱，贵不理事。占病大凶，渐觉利亨。欲识课理，吉凶两倚。

《象》曰：喜中须见耗钱财，富贵功名缓缓来。得失易时还保守，天公公道有安排。

此重审之卦，一曰天网，亦曰玄胎。夫重审者，重而审之也。利为主，利后动，长有厄，事从内起，起于女人。以下犯上，贱犯贵，卑犯尊，事多不顺。阴小在下者，有悖逆之事。占臣未忠，子失孝，事不可遂意而行，必当审察，循乎义理，庶几以免后患也。况玄胎如婴儿隐伏之状，利上不利下，事主远而多伏，暗昧不通，触则成祸，惟君子守正修德则亨。夫天网者，即天网四张也，《经》曰“天网四张，万物被伤”，为阻滞，为疑难，为灾恼。日生上神，虚费百出，谋望不遂，盗失损财，人口衰残，休囚尤重，又为子孙脱漏之事。更被所乘之将脱之，此愈见其脱之甚也。故曰：“丁马交并，岂容少停？提防失脱，病赴幽冥。”占者遇之此课，乃人宅受脱俱招盗，必被脱漏财物，彼此皆防受脱。若占宅，或缘起盖屋宅，干谋费用，以致心气脱弱而成疾。久病或老人小儿病，逢之危急。不利占出行，虽利而亦损财。占求官虽吉，但未免耗尽财物，费尽精神之象也。占见贵、占婚、交易、投谒，俱不宜。占求财，防因财惹讼，得不偿费。惊忧有解。

占出兵行师得此，善恶相半，昼占稍吉，夜占空，惟有德者，化祸而为祥也。

美中不足。

真一山人云：戒尔分明少爱财，因财虑惹恼家来。百占惟要持身谨，腊尽生春福禄谐。

《无惑钤》云：丁马交并，岂容少停？提防失脱，病赴幽冥。

《钤解》曰：巳丁申马，遍布四课，动用非细，岂容少停也？干支皆被巳火盗气失脱，须防占有马为驮尸煞，况日鬼乘马，占病必赴幽冥，死无疑矣。《集议》：脱上逢脱防虚诈。“人宅受脱”内列此日。得道者多助。《引证》上有占雨甚妙，未将得辰时。

甲寅日第十一课

重审　登三天　狡童　斩关　六阳

青六青六	蛇六蛇六
午辰午辰	午辰午辰
辰寅辰甲	辰寅辰甲

财 丙辰 六	财 丙辰 六
子 戊午 青	子 戊午 蛇
官 庚申 白	官 庚申 后

空白常玄	贵后阴玄
未申酉戌	未申酉戌
青午　　亥阴	蛇午　　亥常
勾巳　　子后	朱巳　　子白
辰卯寅丑	辰卯寅丑
六朱蛇贵	六勾青空

《玉历钤》云：此课辰午申，谓之登三天，升高临险之象。日上辰，作财发用夹克，凡占不可用。

日克上神，日克用。

课名重审、间传。午加辰，为化马化龙，本为吉，然此名登三天，至凶险，无空亡解。旦贵登天，神藏煞没，君子吉，小人凶，求望则可。

《义》曰：密谋私祷，为之福祥。书符合药，此时愈良。利干天庭，大人吉昌。庶人卜得，反惹灾殃。

《象》曰：初遭夹克不由己，屈抑于人从此耻。原来理数在于斯，进退之难而已矣。

此重审之卦，一曰泆女，亦曰斩关。夫重审者，重而审之也。利为主，利后动，长有厄，事从内起，起于女人。以下犯上，贱犯贵，卑犯尊，事多不顺。阴小在下者，有悖逆之事。占臣未忠，子失孝，事不可遂意而行，必当审察，循乎义理，庶几以免后患也。夫泆女乃不正之象，阴私邪淫，占男女有阴私暗昧之理，占家宅宜谨慎闺门，以防阴小越礼，惟能以礼自防者可化之。日上见财，妻美财福，利于求财，但此财乃不得自由之财，夹克故也。斩关非安居之象，占者多不自由，事多暗昧不合，离散口舌，欲隐身避难者，却利乎奔逃也。又主人情暗中不顺，多见更改，事多中止，坟墓破坏，占婚亦强成，难于久远。凡事历遍艰辛，然后可遂。辰午申，进间传，进中有隔，隔而后进。登三天，病死，远行不利，占大人事不合，小人事多艰难之象。占者遇之此课，乃夹克，事不由自己，而受屈抑于人。求大官宜，小官不利，事干天庭愈吉，诸占美中不利，惟在占人修德为福矣。

占出兵行师有阻，密谋暗计，昼夜占半吉。慎之勿忽！

间隔之象。

真一山人云：远行卜此自无愆，余事占来未足怜。若是病人逢此课，登三天也入黄泉。

《无惑钤》云：昼占可怖，虎鬼马负。贵登天门，罡塞鬼户。

《钤解》曰：初财夹克，中午脱干，申在末传，马载虎鬼，昼占深可畏也。昼贵临亥，为贵登天门，神藏煞没，诸凶消散。天罡临寅，为罡塞鬼户，众鬼潜伏，谋为任意。《集议》：“罡塞鬼户任谋为”内有此日例。贵登天门，谓甲戊庚三日最的。登三天：“辰午申为课，三天不可登。病死远行忌，讼须省部陈。”申遁旬庚。干支全逢自刑。

甲寅日第十二课

重审　进茹

初遭夹克不由己　费有余而得不足

六 朱 六 朱	六 勾 六 勾
辰 卯 辰 卯	辰 卯 辰 卯
卯 寅 卯 甲	卯 寅 卯 甲
财 丙辰 六	财 丙辰 六
子 丁巳 勾	子 丁巳 朱
子 戊午 青	子 戊午 蛇

	青空白常		蛇贵后阴
	午未申酉		午未申酉
勾巳	戌玄	朱巳	戌玄
六辰	亥阴	六辰	亥常
	卯寅丑子		卯寅丑子
	朱蛇贵后		勾青空白

此课身与宅皆值旺神，今六月占，非木之性，而守东方之旺，只宜安分守己，不宜运用。若安分，则眼前之卯，自然享福。才有运用，便见艰辛。辰加卯，六合又锁之。巳加辰，作勾陈，地网上又逢勾陈锁之。迤逦传出子息巳午火，为子息费用过钱物，因此衰败①。

《玉历钤》云：三传有气，春占百事可成。

《毕法》云：此课干上卯，乃日之旺神也，却被此神引入初传辰作六害，又入中末盗气，是皆贪卯之旺而被其引诱也，谚云“贪他一粒粟，失却半年粮”，此之谓也。

日上克用。

课名重审、进茹、死奇。加仲，主兄弟不吉，囚解复结，三传相顺，事主未来，巳午皆子孙爻，有福德，占此无不称意，皆取其有气旺相也。

《义》曰：进不能前，退不能止。失财之课，不由自己。守旺为吉，动多耗失。为正守真，好事自足。

《象》曰：六合青龙喜动宜，庆为事事要随时。莫教狂妄招虚耗，过却当时悔后迟。

此重审之卦，一曰龙战。夫重审者，重而审之也。利为主，利后动，长有厄，事从内起，起于女人。以下犯上，贱犯贵，卑犯尊，事多不顺。阴小在下者，有悖逆之事。占臣未忠，子失孝，事不可遂意而行，必当审察，循乎义理，庶几以免后患也。夫辰巳午，乃进连茹也，事主欲行不行，欲止不止，根苗不断，旧事从新，进中有退，退而后进。三位相连作三传，占者须知进退间。进行千里却回还，退中不久又升迁。阴阳不备，占事难全，人宅混杂，以礼防闲。且龙战，主人心疑惑，进寸退尺，动有乖离之象。卯酉为天之私门，生杀有限，分杜有期，雷动龙奔，示其有战。占者遇之此课，先旺而后脱，惟宜守旺，不宜妄动，动则有损而无益，不如不动之为贵也。一名抬土当门，动即有阻，凡远行出入，必有天时和合之阻，事多牵绾，诸占同断。若求官、见贵、谋望、婚姻、求财，皆不宜。惟利患难忧疑，得此为福。占病者亦不吉。

---

① 《壬占汇选》作：建炎己酉年六月甲寅日未将午时，郭德音壬申生，三十八岁占家宅。

占出兵行师得此，昼夜所占吉，但不宜妄动，以取耗失，宜斟酌之。

春吉。

真一山人云：诸事牵缠自未然，由来万事自前缘。功名富贵皆由命，也要存心上合天。

《无惑钤》云：前脱后亡，守之为强。贪一粒粟，失半年粮。

《钤解》曰：甲欲前进，逢巳午之脱，欲后退，遇子丑之空，不如守卯旺，助以为强。若贪初传夹克之财，遂引而入于脱盗之乡，所谓无益而有损，非“贪一粒粟，失半年粮”而何？《集议》：“末助初兮三等论”内列此日，为末助初财。“费有余而得不足”内有此例，甚详。“前后逼迫难进退”内列此日，以干言也。卯乘雀临寅，主口舌文书之事。六合在地盘羊刃煞上，所乘天罡与干支上卯又是六害，主损子孙及兄弟，眷属不合，财损于外。两贵不协，变成妒忌，申加未，子加亥。

乙卯日

乙卯日第一课

伏吟　不结果

六六勾勾	青青勾勾
卯卯辰辰	卯卯辰辰
卯卯辰乙	卯卯辰乙

财 丙辰 勾	财 丙辰 勾
兄 乙卯 六	兄 乙卯 青
父 　子 贵 ◎⊙	父 　子 常 ◎⊙

青空白常	六朱蛇贵
巳午未申	巳午未申
勾辰　　酉玄	勾辰　　酉后
六卯　　戌阴	青卯　　戌阴
寅丑子亥	寅丑子亥
朱蛇贵后	空白常玄

《玉历钤》云：此课天罡为用，又得勾陈，可以求名求财，士人应试进用，斗博得之必胜，病讼渐解，出入如意。

日克上神，日克用。

课名伏吟。末传子，上下空亡，有凶却解，凡百事俱无结果，反将真实作虚无，宜占捕捉及斗讼事，余占不利。

《义》曰：勾留迟滞，勿强干事。主客未和，岂能遂意？屈而不伸，此法最真。待时而进，顺理循循。

《象》曰：婚姻犹恐忌翁姑，纵是求干莫强谋。两意中间须自识，病人得此见号呼。

此自信之卦，亦曰斩关。夫自信者，乃天地伏吟，十二神各归本家，天地如一，四伏未发之象。占事静则宜，动则滞，主事藏匿不动，静中求劳，有屈而不伸之象。传见斩关，非安居之象，占者多不自由，事多暗昧不和，离散口舌，欲隐身避难者，却利乎奔逃也。又主人情暗中不顺，多见更改，事多不正，坟墓破坏，占婚亦强成，难于久远。凡事历遍艰辛，然后可遂。占者遇之此课，乃权摄不正之象，以干禄寄于支，凡占不自尊大，而受屈抑于人，或占差遣，主权摄不正，及遥受职禄，或替职与子孙。占求官难得。占见贵不顺，然旺禄临支，干禄得体。交易谋干，彼此猜疑。至于占婚，夫妻失和。占病犹未利也，凡有所占，皆勾留迟滞。

占出兵行师，不宜用之，虑战有伤。如不得已而行之，全在主将之权谋，机之微妙，有非人之可测者也。

勾留迟滞。

真一山人云：事贵人情两意和，意和成事不差讹。分明此理无难处，得意归来唱凯歌。

《无惑钤》云：彼此猜忌，渐变无礼。昼贵徒然，干禄得体。

《钤解》曰：禄临支宅旺禄。辰卯六害，干支皆遇，彼已猜忌也。卯子相刑，中末逢之，是为无礼也。先互猜忌，以渐而变为无礼，何和气之有？昼贵空亡，告亦徒然。旺禄临支，但可以干禄也。《集议》：权摄不正禄临支，凡占不自尊大，受屈折于人，或占差遣，主权摄不正，及遥受职禄，不然将本身之职替与子孙。

乙禄就干，学堂文笔星临支，迤逦退归于亥，长生、天门之地，自亥至卯，一带生旺，地支相连，朱雀是六仪，临官作之，必为京职，出《邵先生引证申集》为郑子云占[①]。

乙卯日第二课

重审　退茹　寡宿

空空如也事休追

蛇	朱	朱	六		白	空	空	青
丑	寅	寅	卯		丑	寅	寅	卯
寅	卯	卯	乙		寅	卯	卯	乙

① 此宜收入后乙卯日第二课中。

财　丑蛇◎　　财　丑白◎
父　子贵◎⊙　　父　子常◎⊙
父癸亥后⊙　　父癸亥玄⊙

勾青空白　　勾六朱蛇
辰巳午未　　辰巳午未
六卯　　申常　　青卯　　申贵
朱寅　　酉玄　　空寅　　酉后
丑子亥戌　　丑子亥戌
蛇贵后阴　　白常玄阴

此课来年主发解，亥年及第高甲，迤逦在朝，更不外任，直至八座了，却又贬降，终却不甚得地，无正宅而居。盖乙禄就干，学堂文章星临支，迤逦退归于亥，长生、天门之地，自亥至卯，自卯至亥，一带生旺，地支相连。禄神卯，是太阳作之，朱雀寅是六仪，临官作之，若不入空亡，则为京府之职，因迤逦而入，近天门地户，故八座也。子为紫微宫，亥为玄穹位，亦主八座也。退见空亡，故主晚年降谪矣[①]。

《玉历钤》云：此课丑子空亡，蛇虎皆凶，百事不可用。

《毕法》云：此课干上卯，为日之禄神，又作日之旺神，临身守之可也。却舍此而就初传之财、中末之生，皆是旬内空亡，既逢于空，不免惚惘，再归干上，就禄就旺，所谓“到处去来，不如在此”也。又皆有三处空亡，如设三阱，前既不进，若又舍此退后，必陷于阱矣。占病占讼大凶，惟士君子不能一日无忧，有忧故守有定，而不妄为。

日克用，日上克用，初克末。

课名重审、退茹、不备。丑子亥，三传皆空，蛇虎不能为害。天乙加合近贵，逢空图望干谋，亦不济事。朱雀、天空在门，有印信至，最利散忧。

《义》曰：空传无依，事不可期。宜守旺禄，是曰培基。苟或妄动，岂能得称？虽有忧惊，便看消尽。

《象》曰：退步何如进步高，谁知妄动也徒劳。安心守旧方为福，忧喜从今一笔销。

此重审之卦，一曰寡宿。夫重审者，重而审之也，利为主，利后动，长有厄，事从内起，起于女人。以下犯上，贱犯贵，卑犯尊，事多不顺。阴小在下者，有悖逆之

---

① 《壬占汇选》作：戊申年十月乙卯日卯将辰时，郑子云乙亥生，三十四岁占前程。

事。占臣未忠，子失孝，事不可遂意而行，必当审察，循乎义理，庶几以免后患也。传见寡宿，《赋》云：“寡宿孤辰，值此尤妨骨肉。”若占身得此，主见孤独，别离乡井，自立门户，财物虚耗，僧道宜之，俗不宜也。丑子亥，乃退连茹，退中有进，进而后退，事主欲行不行，欲止不止，节外生枝，根苗不断，旧事从新。占者遇之此课，号曰“三传俱空，万事无踪”，有声无实，有影无形之象也。凡占勿妄动，以其有旺禄而临身之谓，若舍此而他求，反招不足之悔。一曰出关格，缘日上有旺禄不守，却贪亥子来生，奈何皆空，不利用事，占病虚败而死，占讼虚妄，凡占百不遂一，此课大无成也。又曰壮基格，支加干，培益干，得同数相培，自壮本基也。此卦占成不成，惟利忧疑患难，大抵能散凶而消祸，谓之吉不成吉，凶不成凶也。所闻无实，有始无终。

占兵亦如之，防失众也。

守旧则吉。

真一山人云：无形无影是空空，谁谓空中有定踪？聚散浮生亦如梦，病人占此变成凶。

《无惑钤》云：坐守我旺，后退无况。动逢丁巳，岂宜前向？

《钤解》曰：旺禄临身，最宜坐守，不可妄动。三传皆空，喻如背后有三阱，转身必陷，岂可退乎？丁巳在前，动必脱盗，向前而进，又岂宜哉？《集议》：“脚踏空亡进用宜”内列此日课，名寻死格，占病最忌，占父母病死尤甚，占子息病无畏，占词理亏，必上人不作主张，缘生者空亡故也，凡占宜催督。

《毕法》与《钤》皆凌师断课心法，今以此钤参考《毕法》，似相矛盾，殊不知前二句即“旺禄临身徒妄作”之谓也，后二句又“脚踏空亡进用宜”之变例也。丑子亥，三者皆空，固不可退，则宜进用，乃曰“岂宜前向”者。因前逢丁巳之脱，即辛巳日，酉临干乃旺禄，但系空亡。

乙卯日第三课

涉害　九丑　察微　龙战　极阴　寡宿

后 蛇 贵 朱	玄 白 常 空
亥 丑 子 寅	亥 丑 子 寅
丑 卯 寅 乙	丑 卯 寅 乙

财　丑 蛇◎	财　丑 白◎
父 癸亥 后⊙	父 癸亥 玄⊙
官 辛酉 玄	官 辛酉 后
六勾青空	青勾六朱
卯辰巳午	卯辰巳午
朱寅　　未白	空寅　　未蛇
蛇丑　　申常	白丑　　申贵
子亥戌酉	子亥戌酉
贵后阴玄	常玄阴后

《金匮经》曰：天地之道，最殃者九丑是也。谓乙戊己辛壬日，加子午卯酉四辰，时加四仲，大吉临日辰，谓之九丑卦，必有不顺之事。臣反君，子害父，奴贼主，妻背夫。阳日杀男，阴日杀女。日辰与白虎并，必有死亡。日为长老，辰为少小。当此之时，不可举兵、嫁娶、移徙、筑室、起土、远行、埋葬，百事不可为，祸不出三月。此课丑临卯，下克上为用，时加四仲，大吉乘白虎带死气而临旺乡，在小时煞上，必有暴死。乙为柔日，杀女人。阳日日辰俱在天乙前，为重阳，主害父，阴日主伤母。

《玉历钤》云：此课蛇虎临支辰，幸乘空亡，不能为凶，凡占所求不成，所期不遂。

日上克辰上，日克用，日上克用。

课名涉害、九丑、察微。事甚丑恶，凡事宜详察其细微也，幸坐空亡，不为害。

《义》曰：善者既空，恶者反实。由此推之，何为补益？吉事不成，凶事解散。静室存诚，勿劳谋望。

《象》曰：忧惊从此放心宽，赐饮朝皆且解颜。莫向利名求进达，南窗高卧日立竿。

此见机之卦，一曰察微，一曰龙战，又曰寡宿。夫见机者，察其微，见其机，谓两比两不比，当以涉害为用。涉害有浅深，故欲用不用，欲言不言，事有两而取一，所作稽留，迟疑艰难，进退不定，忧患难消，怀孕伤胎，难于前而易于后。又曰察微，用临仲，家中产妇惊。夫龙战，主人心疑惑，进寸退尺，动有乖离之象。卯酉为天之私门，生杀有限，分杜有期，雷动龙奔，示其有战。传见寡宿，《赋》云："寡宿孤辰，值此尤妨骨肉。"若占身得此，主见孤独，别离乡井，自立门户，财物虚耗，僧道宜之，俗不宜也。此课丑加卯上，抬土当门，行人失约，不宜远行，凡事有阻，所喜逢酉冲其卯门而有解也。占者遇之此课，凡占谋望不遂，干事难成，所闻不实，事起自虚声。占求官者，反复难成，秋来可动。占见贵者，有心无力。占婚姻，欲成难成。占财似有而非有。暴病得此为福，久病遇此甚凶。托人多诈。交易难成。狱讼不成。凶殃释散。欲谋成者无益，欲解散者有功。能灭诸凶，能消奇祸。

占出兵行师得此，传闻不实，多不成功，昼夜所占，闻忧不忧，闻喜不喜，惟防失众而已矣。

虎头鼠尾。

真一山人云：久病逢之实为凶，也须作福未成功。事临好处多更变，徒向人前论始终。

《无惑钤》云：财生俱空，辛酉独逢。所恶实在，欲者无踪。

《钤解》曰：丑财亥生，所欲也，皆落空乡。酉鬼遁辛，所恶也，独居实地。可恶者森然而实在，而欲者寂然无踪矣。占者不可求遂所欲，尚当深避其所恶而已。《集议》："踏脚空亡进用宜"内列此日，谓三旬空亡，向后全无实义，尽无所就。丑加卯，乘虎，主妇人腹痛。极阴："极阴之课丑亥酉，百事逢之悉皆丑。占讼省部方端的，病死定为不长久。"墓虎临酉，墓门开，又外丧入内，宜合寿木以禳之。

乙卯日第四课

重审　励德　闭口　寡宿　稼穑

玄贵阴蛇	蛇勾朱青
酉子戌丑	酉子戌丑
子卯丑乙	子卯丑乙
财　丑蛇◎	财　丑青◎
财壬戌阴⊙	财壬戌朱⊙
财己未白	财己未后
朱六勾青	空白常玄
寅卯辰巳	寅卯辰巳
蛇丑　　午空	青丑　　午阴
贵子　　未白	勾子　　未后
亥戌酉申	亥戌酉申
后阴玄常	六朱蛇贵

《玉历钤》云：此课一木克三土，本不可用，又发用空亡，尤不可用也。

《毕法》云：此课干支上子丑作六合，其干支辰卯却作六害，合空而害实，占者值之，与人交，外有相合好之名，中存欺害之实，俗谓之“外好内槎芽”。

《龙首经》曰：此课子将卯时，乃太阳射宅屋光辉，太阳照耀而生其宅，如占宅，必是兴旺之地，下有宝藏，或是子年占之，其年必生贵子。神后虽是旬空，缘太阳乃悬空之象，愈空而愈明也。

日克上神，日上克辰上，日克用，日克三传。

课名重审、九丑、稼穑。空亡加日作用神，三传皆土，不宜力小任重，只利开店肆谋财，及问行人外，余皆不可用。所喜日上辰上，用神皆空，吉凶不成。

《义》曰：忧不成忧，喜不成喜。识得机关，如此而已。小人道长，君子道消。退身一步，事事为高。

《象》曰：人来谋害莫忧心，百计千方不得侵。事见成时须更变，待时自有好佳音。

此重审之卦，一曰寡宿，亦曰稼穑。夫重审者，重而审之也。利为主，利后动。长有厄，事从内起，起于女人。以下犯上，贱犯贵，卑犯尊，事多不顺。阴小在下者，有悖逆之事。占臣未忠，子失孝，事不可遂意而行，必当审察，循乎义理，庶几以免后患也。传见寡宿，《赋》云：“寡宿孤辰，值此尤妨骨肉。”占身得此，主见孤独，别离乡井，自立门户，财物虚耗，僧道宜之，俗不宜也。况稼穑乃重土，有艰难之象，常占得此，名曰鲸鲵归涧，凡事进退不由己，出若遇雷神，方能变化。《要》曰：稼穑者，五坟也，不宜占病。干乘鬼墓，恐暗中有人侵凌。夫鬼墓加干鬼暗兴，鬼住墓中，危疑者甚，所幸作空，虽有谋害之心，而终不能害也。占者遇之此课，三传俱财，不利父母，况财多不宜求财，反主劳碌而生不足。占求官、见贵、谋望、交易，皆美中之未美也。占婚姻，虽有成合之理，亦有不宜之象。占暴病为福，久病为忧。占公讼不成。忧疑解散，患难消除。占宅不利。

占出兵行师得此，忧心失众，昼占不利，夜占乃吉。闻事不实，敌使之言，不可听信，凡占忧喜俱不成也。

百事无功。

真一山人云：暴病无忧久病伤，有财空自不相当。忧疑患难逢为福，自是君家德泽长。

《无惑钤》云：两蛇虚布，鬼墓虎墓。外合无凭，内害可惧。

《钤解》曰：丑昼乘蛇，临于干上，又作发用，是两蛇也，乃旬中空亡，是为空布。未乃乙财，乘虎作墓，戌亦财也，入丑，又丑为乙之鬼墓，俱不可取。外面子与丑合，俱系旬空，无凭矣。然而干支卯辰，六害在内，岂不深为可怖？《集议》：“上下皆合两心齐”内有此日例，谓之“外好里槎芽”。干上丑与支上子作六合，支干辰卯却作六害，奈合空而害实，凡事乃空喜而实忧。“空空如也事休追”内列此日，谓四课无形，事不出名，纵然出名，也是虚声。夜占帘幕临支。丑乃金墓，金实日鬼，丑临乙，为鬼墓加干。《通神论》云：鬼墓加干，凶祸尤甚。宾主不投刑在上，谓此三刑入传，凡占恃强凌弱，若日上神生旺不空，更乘吉将，乃名能刑于他人。

乙卯日第五课

元首　曲直

白 后 常 贵　　　后 六 贵 勾
未 亥 申 子　　　未 亥 申 子
亥 卯 子 乙　　　亥 卯 子 乙

财 己未 白　　　财 己未 后
兄 乙卯 六　　　兄 乙卯 白
父 癸亥 后　　　父 癸亥 六

蛇 朱 六 勾　　　青 空 白 常
丑 寅 卯 辰　　　丑 寅 卯 辰
贵子　　巳青　　勾子　　巳玄
后亥　　午空　　六亥　　午阴
戌 酉 申 未　　　戌 酉 申 未
阴 玄 常 白　　　朱 蛇 贵 后

此课日上见贵人，又来生日，三传又是木局，乙木生于亥，旺于卯，库于未，自库传旺，自旺传生，亥子同途，故主荣显，官至侍从。但先丧妻，害眷属，须先纳兄弟一子为己子，后一少妻，大有财物，后近九十岁之寿矣。乙卯木局皆木，无火子，只是同类作合，是纳兄弟之子也。后妻财旺者，乃卯加未是禄，是以后妻财物旺也。又云：天后是妻，归于乙禄之地。亥子并生乙卯，而木局又助之，故主有寿。末传亥为天门，与乙卯合为木局助身，故主自微至显，官至侍从也[①]。

《中黄经》占曰：此课主本家妻财发旺，虽有官事，于身无害，远行则吉。何以言之？盖以初传白虎，未加亥无刑，本命申上见辰，为勾陈，虽元遁得庚辰为鬼，但是乙日，夫妇相合，主平顺无害。又庚辰到申，遁得甲申，是庚到家有财。初传未，财乘天后，其妇人有财。自无战斗，与勾陈相合。又中传六合乘卯禄，复有妻财。虽卦名天狱，支辰卯字入墓，纵有官司，于身无害。占病却凶，出入远行即吉矣[②]。

《玉历钤》云：初传日墓白虎，本凶，却得传至生，天后为父母，乃凶变为吉之象。

《毕法》云：此课发用乃干支之墓，却作财神，凡占值此，必主贩商折本，在路阻程，凡谋蹇滞不亨通也。

上神生日，日克用，用克日上，初克末。

课名元首、曲直、泆女。乙日曲直有气，墓为用事无气，凡占主重谋，所喜自身有党，宜干谒图事，只不利占财，春冬利，夏秋减利。

《义》曰：恩将仇报，笑里藏刀。用尽心机，难说躯劳。蜜中有砒，好里生欺。人面兽心，不使人知。

《象》曰：三合带煞几人知？惟防暗里使心机。笑里有刀人未识，莫教错认这些儿。

此元首之卦，一曰泆女，亦曰曲直。夫元首者，尊制卑，贵役贱之象。占事多顺，利于先举，事多起于男子。为臣忠，为子孝，正大光明而无邪僻之行，德业已著而乾乾进修，常怀危惧，惕励而无咎也。夫泆女乃不正之象，阴私邪淫，占男女有阴私暗昧之理，占家宅宜谨慎闺门，以防阴小越礼，惟能以礼自防者可化之。上神生日，所谋百事吉，运用如意，遇灾不凶，逢吉愈吉。但子为旬空，亦不过虚喜而已。传见曲直，先曲而后直，象木之谓，当作成器。此乃五行正气入十干杂糅之乡，异方三合乃生旺墓之神，事主丛杂不一，主关众人共谋，不然两三处干事，委曲托人与人相合之类。又如推磨者，无休歇之象。未卯亥三合，而不意子卯作刑，乃曰"合中带煞蜜中砒"也，然子字空亡，占事欲成不成，欲合不合之象。占者遇之此课，不宜占婚姻，不宜妻病，不利求财，不利占父母，其他所占，当成事中间又有不成之理。占忧疑患难，却有解也。

占出兵行师，闻事多虚，敌使之来，言不可信。旦占凶，夜占无威。凡事先难后易，先迷后醒。

---

① 《壬占汇选》作：建炎戊申年十月乙卯日卯将未时，刘运干丁卯生，四十二岁占前程。

② 《中黄经》作：假令甲申人，十一月丑将，乙卯日巳时。

春占大吉，冬亦吉。

真一山人云：对面相逢莫认真，闺门须谨要防人。如今世上稀君子，亲者恩深反作嗔。

《无惑钤》云：禄神墓神，俱与虎并。空贵生干，自墓传生。

《钤解》曰：卯禄未墓，皆乘白虎，病凶禄危也。子贵生干，奈是旬空，虽见生不生也。但自墓传生，先迷后醒，凡占未免先值昏滞，而后通利矣。《集议》："支坟财并旅程稽"内列此日，未乃支卯之墓，为日财发用，主商贩折本，在路阻程，凡谋蹇滞不亨通也。占讼先直而后曲，难变易，凡占先暗后明。"合中犯煞蜜中砒"内有此例，未虎发用，占病腰痛。乙卯上见亥子并生，而三传曲直又助，自墓传生，一则有寿，二则自微至显，即先生《引证申集》为刘干运占，《引证》楚衍为李都尉公主占病，未将亥时。

乙卯日第六课

涉害　斩关　不行传　四绝

白朱空蛇	玄朱阴六
巳戌午亥	巳戌午亥
戌卯亥乙	戌卯亥乙
子 戌午 空	子 戌午 阴
财　丑 后 ◎	财　丑 青 ◎
官 庚申 勾 ⊙	官 庚申 贵 ⊙
贵后阴玄	勾青空白
子丑寅卯	子丑寅卯
蛇亥　　辰常	六亥　　辰常
朱戌　　巳白	朱戌　　巳玄
酉申未午	酉申未午
六勾青空	蛇贵后阴

《玉历钤》云：此课自脱气而传入德乡，先凶后吉之象，凡占小用，迟而后成。

《毕法》云：此课申为官鬼，而入于墓，乃为官鬼入墓也。有官人占则不宜，必主暗昧失职，常人占之反吉，盖为鬼入墓，不能为用。

日上克用，初克末。

课名涉害、闭口、斩关。此课结绝旧事则可，传入德乡，凡事如意，然中末皆空，凶吉皆从空散。

《义》曰：脱空相继，于人无益。成事未成，徒劳用力。虚力虚名，尤见变更。理数如此，难遂衷情。

《象》曰：退闲一步福无涯，勉强些须便有差。识得这回容易事，无拘无束漫还家。

此见机之卦。夫见机者，察其微，见其机，谓两比两不比，当以涉害为用。涉害有浅深，欲用不用，欲言不言，事有两而取一。所作稽留，迟疑艰难，进退不定，忧患难消，怀孕伤胎，难于前而易于后。神有两比两不比，上天垂象见人机。涉深发处为之用，作事迟留当有疑。失物不过邻里取，逃亡亲隐是遥知。喜日上神生日，所谋百事吉，运用如意，遇灾不凶，逢吉愈吉。日是人相助，夜是神相助。占者遇之此课，乃四绝之卦，不宜占成期，惟利结绝旧事，亦不宜占病。课体绝空，病乃不利，宜当修德。凡事虽见递生干上亥以生干，惜其落空，归于无力之乡，凡事有始无终，中有不成之象。若占求官、见贵、婚姻、交易、投谒、谋干百事，未能成遂，若勉强成之，亦不为用也。占忧惊患难，却有解也。

占出兵行师得此，所闻多虚，作事不可托人，到底俱归于空，吉不成吉，凶不成凶，谋事宜详审。勿忽！勿忽！

梦幻泡影。

真一山人云：用尽心机事未然，人生万物俱由天。忧惊险难浑无事，认得前三与后三。

《无惑钤》云：昼传皆空，夜贵无踪。占官不利，免祸有功。

《钤解》曰：午昼乘空，丑乃旬空，申又落空，三传俱空也。申夜贵人，官爻入墓，落空无气，无踪矣。仕宦占官则不利，常流脱灾远祸，反有功也。《集议》："苦去甘来乐里悲"内列此日，为恩多怨深。两贵相协。"六爻现卦防其克"内列此日，为官鬼无气。巳乘白虎临戌，主人家镬破。

乙卯日第七课

反吟　龙战　交车合　三交

玄六常朱	白蛇常朱
卯酉辰戌	卯酉辰戌
酉卯戌乙	酉卯戌乙

兄 乙卯 玄	兄 乙卯 白
官 辛酉 六	官 辛酉 蛇
兄 乙卯 玄	兄 乙卯 白

	蛇	贵	后	阴			六	勾	青	空	
	亥	子	丑	寅			亥	子	丑	寅	
朱戌					卯玄	朱戌					卯白
六酉					辰常	蛇酉					辰常
	申	未	午	巳			申	未	午	巳	
	勾	青	空	白			贵	后	阴	玄	

《玉历钤》云：此课反吟，支干日辰皆受克制，凡占凶否不可用。

日克上神，日上生辰上，用克日上。

课名反吟、三交。三传往来，近贵和合，阴阳反复，百事无定，始终皆禄，虽被酉制，亦可问禄。

《义》曰：反复重叠，若有阻隔。成败相仍，动往不获。难中见易，凶有隐吉。私意多端，得而复失。

《象》曰：隔神对将未安宁，几欲成时又未成。君子循循惟是德，小人汲汲恐遭倾。

此无依之卦，一曰三交，亦曰龙战。夫无依者，即反吟也。《经》云："无依是反吟，逃者远追寻。合者应分散，安巢别改林。守官须易位，结友也分襟。所为多反复，占病数般侵。"反吟刑冲，事主迟滞，远近系心，更相仇怨，且反复而呻吟，是无予夺而难息也。夫三交者，《经》云："三交家匿阴私客，不迩自将逃避迍。"凡事失节阻碍，谋事被人阻破，不能成合。况龙战，主人心疑惑，进寸退尺，动有乖离之象。卯酉为天之私门，生杀有限，分杜有期，雷动龙奔，示其有战。占者遇之此课，支干上下六害，彼此俱有猜忌之意。夫害者，碍也，阴阳伏而不流，欲达不达之意，递相克贼，争进侵凌，仇仇悖戾，己欲害人而人欲害己，此乃求望不如意也。欲求成事，岂可得乎？占忧惊凶险，虽见反复，终有解散。

占出兵得此为不宜，昼占失物忧疑，夜占大畏，亦始凶终吉，贵在将之机微也。

事多不一。

真一山人云：吉人终见吉神扶，临事还须莫强图。好把此心常坦坦，自然福禄有称呼。

《无惑钤》云：交互反吟，卯虎酉雘。夜占夏令，火烛惊人。

《钤解》曰：酉与辰合，卯与戌合，交互虽合，却辰戌卯酉反吟相冲，支上干上酉戌相害，地盘干支辰卯相害，主和中有变。三传卯虎酉蛇，往来相制，病讼惊忧，不能免也。酉夜乘蛇克宅，夏占为火鬼，当有火烛惊恐，此皆以夜占言也，倘若昼占，淫泆不正。《集议》："金日逢丁灾祸动"内有此法。夏占火鬼是酉，乙卯日夜占，火鬼乘蛇克宅，定主火灾。上下俱作六害，此等戾害犹甚。

乙卯日第八课

重审　六仪　不结果

后	勾	阴	六	青	贵	空	蛇
丑	申	寅	酉	丑	申	寅	酉
申	卯	酉	乙	申	卯	酉	乙

兄	甲	寅	阴	兄	甲	寅	空
财	己	未	青	财	己	未	后
父		子	贵◎	父		子	勾◎

	朱	蛇	贵	后			朱	六	勾	青	
	戌	亥	子	丑			戌	亥	子	丑	
六	酉			寅	阴	蛇	酉			寅	空
勾	申			卯	玄	贵	申			卯	白
	未	午	巳	辰			未	午	巳	辰	
	青	空	白	常			后	阴	玄	常	

《灵辖经》云：太岁为天子，月建为青龙，若太岁、月建发用，临日辰人年，以此占之，利见大人，福祐相助。用得太岁为天子，传得月建为青龙，主望见天庭，福神

相助，当有官禄之象。此课初传功曹临酉，下克上为用，此名发用太岁为天子也，中传见小吉为月建也，将得青龙，此课占人，利见大人，必有冥福相助。

《玉历钤》云：此课中墓末空，皆凶象也，凡占所事无成。

《毕法》云：此课干上酉克寅木为财，迤逦克之，直至于末，是为取财乃大获也，虽有子空，亦不虚过。

上神克日，日上克用。

课名重审。盖酉加辰为合中有伤，所喜末传子空亡。酉作六合，对神隔将，主人离财散；作蛇外战，主官讼病疾。杀神入宅，刑用克干作勾，主官事重重，幸中传见墓为脱体，吉凶从空而散。六仪成吉事，解凶事，克行年则不吉。

《义》曰：用逢夹克，事不由己。欲识何如，相参泰否。下多犯上，进退相疑。惟正可守，心不可欺。

《象》曰：将神内战事危疑，君子逢之早见机。好事到头还未美，忧愁解散亦前知。

此重审之卦，一曰龙战，亦曰六仪。夫重审者，重而审之也。利为主，利后动，长有厄，事从内起，起于女人。以下犯上，贱犯贵，卑犯尊，事多不顺。阴小在下者，有悖逆之事。占臣未忠，子失孝，事不可遂意而行，必当审察，循乎义理，庶几以免后患也。况龙战，主人心疑惑，进寸退尺，动有乖离之象。卯酉为天之私门，生杀有限，分杜有期，雷动龙奔，示其有战。上神克日，只利先动，要有气，余不吉，常占为人所欺负，进用不遂。日是人相损，夜乃鬼为殃。不宜占讼，亦不宜占病。占者遇之此课，三下贼上，乃悖逆不顺之象也。占求官未称。见贵无功。占婚姻，有始无终，亦见难成，假使有成，终归无益。占求财难得，虽得必失，以其不受实惠也。病者不宜，暴病吉，久病凶。占失物难得。占远行不利。投谒未遂。占讼者，先凶后吉，难里生恩。所占吉事，欲成不成，欲遂不遂。若忧疑患难逢之，反为福兆，虽见凶畏，而后见有解也，所谓“苗而不秀，秀而不实”也。

至于用兵，亦先难后易，凡有占谋，皆主无功也。

但看结果。

真一山人云：迤逦克伐不为忧，何事谋为未得周？但把阴功勿损失，到头富贵不须求。

《无惑钤》云：干上至末，迤逦征伐。祸里财至，互相触突。

《钤解》曰：干上酉克初寅，寅克中未，未克末子，迤逦征伐也。酉克乙，本祸也，却递克为财，乃害里财至也。酉既克乙，而又克卯，申既克卯，而又克乙，非互相触突而何？《集议》：“三传互克众人欺”内列此日，为求财大获。“避难逃生宜弃旧”内列此日，谓乙被酉克，遂逃而加亥以取财，故应此法。昼占乃帘幕临支。酉乃胎神，非妻占，主婢妾有孕。丑加申，夜龙，主吃药。三传全受夹克。夜贵作鬼，入宅克宅，占病必家堂神像不肃所致，宜修功德安慰免祸。彼此全伤，说见甲子日第六课。

乙卯日第九课

察微　曲直　龙战

蛇 青 贵 勾　　　六 后 勾 贵
亥 未 子 申　　　亥 未 子 申
未 卯 申 乙　　　未 卯 申 乙

财 己未 青　　　财 己未 后
父 癸亥 蛇　　　父 癸亥 六
兄 乙卯 玄　　　兄 乙卯 白

六 朱 蛇 贵　　　蛇 朱 六 勾
酉 戌 亥 子　　　酉 戌 亥 子
勾申　　丑后　　贵申　　丑青
青未　　寅阴　　后未　　寅空
午 巳 辰 卯　　　午 巳 辰 卯
空 白 常 玄　　　阴 玄 常 白

《玉门经》曰：此三阴卦也。天乙逆治，三丘五墓临日辰，是一阴也；用神囚死，三传上下相克，二阴也；正时又克占人行年，是三阴也。三阴者，用在其中，以占病人，虽能起行，其精已入棺矣。以占囚人，其祸难解，所为百事，受凶殃祸害也。此课小吉临卯为用，未是乙之墓神，为一阴；终传太冲，又带死气，为二阴；丑时为土克人行年亥水，为三阴，以此占人，当有死亡之事。

《玉历钤》云：此课虽墓神临辰为用，然自墓传生，又德神临日，乃凶变为吉之象，凡占所求皆可成。

《毕法》云：此课支上未生起干上申，为日鬼克日，大不利求谒求财，不然即有祸患迭至而不能免也。

上神克日，辰上生日上，日克用，用生日上，末克初。

课名涉害、察微、曲直。自身有党，凡占宜委曲下人，用墓传生，先难后易，惟冬得天喜最吉，春次之。德神加干，凶化为吉，墓支不利宅舍。

《义》曰：木旺于春，逢春畅茂。诸吉骈臻，乃为福兆。夏秋木灸，亦不为晦。夜不宜婚，斯理为最。

《象》曰：曲直原来木旺东，三传亥卯未相并。占人伐木并栽树，病者因风致有困。

此见机之卦，一曰曲直，亦曰龙战，又曰泆女。夫见机者，察其微，见其机，谓两比两不比，当以涉害为用。涉害有浅深，欲用不用，欲言不言，事有两而取一，所作稽留，迟疑艰难，进退不定，忧患难消，怀孕伤胎，难于前而易于后。传见曲直，凡事先曲而后直，象木之谓，当作成器。此乃五行正气入十干杂糅之乡，异方三合乃生旺墓之神，事主丛杂不一，主关众人共谋，不然两三处干事，委曲托人与人相合之类。况龙战，主人心疑惑，进寸退尺，动有乖离之象。卯酉为天之私门，生杀有限，分杜有期，雷动龙奔，示其有战。夜占为泆女，乃不正之象，阴私邪淫，占男女有阴私暗昧之理，占家宅宜谨慎闺门，以防阴小越礼，惟能以礼自防者可化之。日上见申，凡事抑塞不足，谋望不遂，或被人欺负而不得伸也。占者遇之此课，有先屈后伸之象者，春占大旺，事事有成，更遇吉神，若锦上添花也。惟占婚姻、占财，美中未美，其他百事，上吉之象也。余月占，亦有吉无凶。

占兵有大胜之兆，但事迟疑也。

利春。

真一山人云：三阳开泰道方亨，百事谋为尽有成。更是君家阴骘厚，满门朱紫渐光荣。

《无惑钤》云：夜贵克身，昼贵虚陈。职禄恼怀，家晦人迍。

《钤解》云：申为夜贵克干，子乃昼贵，虽生系旬空，虚陈而已。末传卯乃日禄，昼玄夜虎，耗费惊疑，所以恼怀。未乃日墓，覆蔽支宅，所以家晦暗，人迍邅矣。《集议》："末助初兮三等论"内有此法，谓支上未生起干上申作日鬼，大不利求谒及求财，即有祸出，犹申德遁庚。"支坟财并旅程稽"内列此日。邵南《毕法》云：用未为先难后易，墓先施用，亥寻比，则为有始无终，生值墓，灾祸频异，占讼先曲后直。昼贵作鬼临身，占病必神祇为害，不可作鬼祟论。

乙卯日第十课

涉害　三交　龙战　励德　闭口　不行传

六空朱青　　后朱阴蛇
酉午戌未　　酉午戌未
午卯未乙　　午卯未乙

官 辛酉 六　　官 辛酉 后
父 　子 贵◎　　父 　子 常◎
兄 乙卯 玄⊙　　兄 乙卯 青⊙

勾六朱蛇　　贵后阴玄
申酉戌亥　　申酉戌亥
青未　　子贵　　蛇未　　子常
空午　　丑后　　朱午　　丑白
巳辰卯寅　　巳辰卯寅
白常玄阴　　六勾青空

《中黄经》占曰：此课占奴走，于正东有树木，窑冶处捉得。何以知之？盖初传酉临午为六合，中传子加酉为天乙，末传卯加子为玄武[①]。若走了男子，往正东下去，转正南住，家午上止，其数上六下九，共计五十四里，合于正东，其前有树，坟茔后有窑冶处捉得，为中传子克玄武神午，合主败也。若问走女子，玄武阳神去也，玄武卯临子为阳，合正北亦败，为初传是酉，酉克卯，合败也。算里数，以玄武上下二位相乘之，便是里数。看初传及日上，有克玄武之神，便是捉得月日也。《经》云：玄武三传，上下相乘，地里便是。

《玉历钤》云：此课日鬼为用，墓神覆日，初又克末，乃凶兆也，凡占所事皆凶。

《毕法》云：此课干上未与支上午作六合，干辰支卯却作六害，乃是面是心非之象，凡占主客，似乎情意相合，却乃各怀谋害，甲出乙处，彼是此非，徒为面前虚情交合而已。

《李九万百章歌》曰："酉居午上婢登堂，匪人为正宠偏房。"

日克上神，辰上生日上，用克日，日上生用，初克末。

课名重审、三交。又见初酉克卯支，未墓加乙干，酉为鬼，中末子卯无礼刑，皆不佳，然中末空亡，吉凶随空而散也。

① 无月将占时，而以昼占为例。

《义》曰：吉中有凶，凶中有吉。欲成不成，欲失未失。事宜缓图，顺理则裕。为善最乐，自然有益。

《象》曰：好事惟怜又变更，天公未尽顺人情。一心守礼存仁义，富贵荣华准有成。

此见机之卦，一曰三交，亦曰天网。夫见机者，察其微，见其机，谓神有两比两不比，当以涉害为用。涉害有浅深，欲用不用，欲言不言，事有两而取一，所作稽留，迟疑艰难，进退不定，忧患难消，怀孕伤胎，难于前而易于后。《经》云："三交家匿阴私客，不迩自将逃避迍。"凡事失节阻碍，谋事被人阻破，不能成合。且天网者，即天网四张也，《经》云"天网四张，万物被伤"，为阻滞，为疑难，为灾恼。干乘墓神，乃昏蒙之象，如人处云雾之中，昏蒙而无所见，喜中空，亦有先晦后明之象。在三月月将占，行年抵酉，为天烦卦，男子占之凶，若此课，凶中有吉也。占者遇之此课，有交加不明之象。占求官不遂，以其酉金官为午火所制，何暇与人为福也？占见贵，欲合而未合。占人宅，犹为昏蒙耗盗。凡事先成后破，先难后易，先凶后吉。占婚、求财、谋望、进用，亦同此论。惟忧疑病患得此，渐渐解散。

占出兵行师，虽有获金宝美利，亦不宜。若不得已而用之，贵在将之权谋，不可轻忽也。慎之！慎之！

真一山人云：课体中空号折腰，忧疑从此渐知消。谋为好事未全就，待得时亨福自饶。

《无惑钤》云：面善心毒，常招耻辱。问吉问凶，皆不从欲。

《钤解》曰：日上神未与辰上神午作六合，地盘日辰卯辰作六害，外面虽善，就里怀毒也。墓神覆日昏滞，所以常招耻辱之事。发用酉乃日鬼，宜有凶也，临午受克，鬼入克方无畏，问凶，凶不从也。中传子乃旦贵生干，宜有吉也，临于破败之地，不能生干，问吉，何吉之可从乎？《集议》："上下皆合两心齐"内有此法，谓天将贵人主尊长灾咎。

乙卯日第十一课

重审　涉三渊　不结果　天网

二贵受克难干贵　人宅受脱俱招盗

青白勾空	蛇六贵朱
未巳申午	未巳申午
巳卯午乙	巳卯午乙

官 庚申 勾　　　　官 庚申 贵

财 壬戌 朱　　　　财 壬戌 阴

父 　子 贵◎　　　父 　子 常◎

青勾六朱　　　　蛇贵后阴

未申酉戌　　　　未申酉戌

空午　　亥蛇　　朱午　　亥玄

白巳　　子贵　　六巳　　子常

辰卯寅丑　　　　辰卯寅丑

常玄阴后　　　　勾青空白

《玉历钤》云：此课日德为用，末传空亡，乃吉重凶轻之象，凡占小吉，有始无终也。

《毕法》云：日上重脱防虚诈，此课干上午火脱日干之气，又作天空，谓之脱空，凡占无中生有，尽是脱空，全无实迹，不足取信也。

上神盗日，用克日，日上克用。

课名重审。申加午用，口舌财物欺诈，勾陈官事，两贵不安，贵人不睦，凡事间隔，幸末见空亡，有始无终。

《义》曰：屈而不伸，勾留迟滞。小人道长，君子藏器。勉强而成，终未亨利。守正待时，福禄渐至。

《象》曰：彼此年来不遂心，相逢何事少知音。徒然干就难为久，才见升迁又陆沉。

此重审之卦，一曰天网。夫重审者，重而审之也。利为主，利后动，长有厄，事从内起，起于女人。以下犯上，贱犯贵，卑犯尊，事多不顺。阴小在下者，有悖逆之事。占臣未忠，子失孝，事不可遂意而行，必当审察，循乎义理，庶几以免后患也。传见天网，《经》云“天网四张，万物被伤”，为阻滞，为疑难，为灾恼。申戌子，乃进间传，进中有退，退中有隔，隔而后进，凡事隔手阻隔。夫申戌子，乃涉三渊也。两贵克制，难于干贵；贵人自受制，自怒不安，必不能成就人之事也。凡事多被贵人阻抑，一名遍地贵人，多相靠，不能归一，无可相依，在任者多差使，或权摄不正，委托不一，俗谓“尖担两头脱”，且贵人逆行，犹不顺也。人宅受脱，彼此皆防脱赚。占者遇之此课，占谋望不遂，虚费不足，盗失损财，人口衰残，休囚尤重，又为子孙脱漏之事。吉事难成，凶事消散。占事两头用意，勾留迟滞，不伸之象。所占无益而有损，亦不利于用兵也。勿忽！勿忽！

真一山人云：常占无吉亦无凶，若欲谋求失始终。守旧安心勿妄动，渐看好事自相从。

《无惑钤》云：两贵无力，所求难得。家事惊慌，丁马入宅。

《钤解》曰：昼贵子水临戌，履狱被克，夜贵申金入午，为火所制，俱无力而难干也。巳为丁马入宅，昼占乘虎，惊恐危惧，其变动殆非寻常比也。《集议》：“贵人坐狱宜临干”内有此法，子贵临戌，名贵人入狱，干官贵怒，惟宜私谋阴祷，亦名贵人受贿。脱上逢脱。人宅受脱。涉三渊云：“欲动不动涉三渊，申戌子兮在目前。进退艰难还万状，对面言之是隔年。”“空上逢空事莫追”内以干上午为脱空神。

乙卯日第十二课

重审　进茹　不备　斩关　乱首　龙战

青 勾 空 青	六 勾 朱 六
巳 辰 午 巳	巳 辰 午 巳
辰 卯 巳 乙	辰 卯 巳 乙

财 丙辰 勾	财 丙辰 勾
子 丁巳 青	子 丁巳 六
子 戊午 空	子 戊午 朱

	空 白 常 玄			朱 蛇 贵 后	
	午 未 申 酉			午 未 申 酉	
青巳		戌阴	六巳		戌阴
勾辰		亥后	勾辰		亥玄
	卯 寅 丑 子			卯 寅 丑 子	
	六 朱 蛇 贵			青 空 白 常	

《神翼经》曰：此课主家宅不宁，卑凌尊长，因此蹇难，天地闭塞，门户不通，又主雷雨闪电。何以言之？盖天罡为关，下加卯为门户，卯震为雷，而临寅为乘旺，中见青龙，雨之象也，又是巳，巽风之象也，又见勾陈，卦名龙战，必有风雨、关津之

阻焉。

《玉历钤》云：日辰相加，自为六害，凡占皆阻隔不成。

《观月经》云：日辰是卯酉，所临作用神。名为龙战卦，进退事逡巡。父子难同处，夫妻亦不亲。分财争内外，偷盗在比邻。立秋乙卯日，辰时发用深。天罡临卯上，六害正含嗔。人年立卯酉，伫见涉迷津。

上神盗日，日上生辰上，日克用。

课名重审、进茹。日就辰被克用事，是我带财与他替我干事，事干众。干加辰害卯，有虚声争财，难阻之事。三传皆子孙生财，福德之爻。春夏占，十分有用，凡事先难后易。龙合在中，和合喜庆。

《义》曰：屈而不伸，大求小得。所求未顺，出门阻隔。反之于心，推之以恕。善以自持，福禄自至。

《象》曰：费尽工夫方始得，而今不比昔年时。看来世事多颠倒，笑杀山翁醉似泥。

此重审之卦，一曰龙战，亦曰斩关，又曰乱首。夫重审者，重而审之也。利为主，利后动，长有厄，事从内起，起于女人。以下犯上，贱犯贵，卑犯尊，事多不顺。阴小在下者，有悖逆之事。占臣未忠，子失孝，不可遂意而行，必当审察，循乎义理，庶几以免后患也。夫龙战，主人心疑惑，进寸退尺，动有乖离之象。卯酉为天之私门，生杀有限，分杜有期，雷动龙奔，示其有战。斩关非安居之象，占者多不自由，事多暗昧不合，离散口舌，欲隐身避难者，却利乎奔逃也。乱首者，臣悖君，子害父，妻背夫，弟克兄，奴婢不堪主使令，将军出战损其兵。此乃下欺上，悖逆紊乱之象。又曰："因名为乱首，老者必低甤。家内应无礼，官中岂有仪？先宗或外姓，上祖别人儿。纵然家和顺，官司必被欺。"宜更改为吉也。占者遇之此课，进中有退，退而后进，事主欲行不行，欲止不止，根苗不断，旧事从新，惜其传归脱气，虚耗不足，欲成不成，得失相半。占忧疑患难，却有解散。占大不宜，勉之慎之，耗脱之象。

真一山人云：用尽心机事未谐，东边成就又西乖。难中有易还须识，始信人情去复来。

《无惑钤》云：丁马空动，动则费用。末助初财，屈尊就俸。

《钤解》曰：巳为丁马，动则被脱，未免费用也。末午助起初传财爻，已足用也。乙又屈尊以求卯禄，所失者少，所得者多也。占禄犹宜。《集议》：此芜淫卦。《观月经》云："辰阳见天罡，太乙作阴神。日上无阳类，二女竞男心。"辰加卯用，作勾陈，主斗打，出痨病人。两贵不协，变成妒忌，申加未，子加亥。

丙辰日

丙辰日第一课

伏吟　玄胎　斩关

任信丁马须言动

<table>
<tr><td></td><td>青 青 空 空</td><td></td><td>青 青 勾 勾</td><td></td></tr>
<tr><td></td><td>辰 辰 巳 巳</td><td></td><td>辰 辰 巳 巳</td><td></td></tr>
<tr><td></td><td>辰 辰 巳 丙</td><td></td><td>辰 辰 巳 丙</td><td></td></tr>
<tr><td></td><td>兄 丁巳 空</td><td></td><td>兄 丁巳 勾</td><td></td></tr>
<tr><td></td><td>财 庚申 玄</td><td></td><td>财 庚申 蛇</td><td></td></tr>
<tr><td></td><td>父 甲寅 六</td><td></td><td>父 甲寅 白</td><td></td></tr>
<tr><td></td><td>空 白 常 玄</td><td></td><td>勾 六 朱 蛇</td><td></td></tr>
<tr><td></td><td>巳 午 未 申</td><td></td><td>巳 午 未 申</td><td></td></tr>
<tr><td>青辰</td><td></td><td>酉阴　青辰</td><td></td><td>酉贵</td></tr>
<tr><td>勾卯</td><td></td><td>戌后　空卯</td><td></td><td>戌后</td></tr>
<tr><td></td><td>寅 丑 子 亥</td><td></td><td>寅 丑 子 亥</td><td></td></tr>
<tr><td></td><td>六 朱 蛇 贵</td><td></td><td>白 常 玄 阴</td><td></td></tr>
</table>

《玉历钤》云：此课伏吟，旦暮贵神皆凶，凡占所事无成。

《毕法》云：此课伏吟，虽主伏匿不动之象，然巳为丁神发用，寅为驿马在传，却主动也。凡占在君子为官动，在常人为身动，官动利占官，则必加禄，身动利占身，则必获食。但嫌昼之天将脱空，夜之天将勾连，皆不为全吉之课，故曰“任信丁马须言动”。

上神禄德日，日上生辰上。

课名伏吟、玄胎、斩关。初德禄，中财合，末寅虽害，毕竟生日干，此乃大吉之课，虽蛇虎不能为灾。

《义》曰：禄马财全，福自绵绵。初丁末马，动必忧煎。不宜占病，更妨狱讼。余占吉昌，夜占凶甚。

《象》曰：逃盗难寻莫虑过，其他有事漫张罗。功名富贵终须有，积善人家福自多。

此自任之卦，一曰玄胎。夫自任者，乃天地伏吟，十二神各归本家，天地如一，四伏未发之象。占事静则宜，动则滞，事主藏匿不动，静中求劳，有屈而不伸之象。况玄胎如婴儿隐伏之状，利上不利下，事主远而多伏，暗昧不通，触则成祸，惟君子守正修德则亨。占遇玄胎，多是为财，若不如此，室孕婴孩。伏吟举动未遂，刚日占行人，将到门庭。三传俱孟是玄胎，五行生处主婴孩。所占百事皆新意，或不怀胎结偶来。夫六丙日，太乙作天空，利于进取功名，若常人得之，反生口舌。占者遇之此课，求官有禄有财有马，仕人得之为吉，若春夏占，又谓之福也，常人不宜。占见贵和允，事未克济。占婚姻不宜。占求财有得。占病者凶，多不言，或不进饮食，宜作福则吉。占讼宜和，亦先难而后易。

占出兵行师得此，昼占多虚诈不实，言词诡诞，夜占不宜，慎勿妄动也。

夜占宜求官。

真一山人云：此课原来最吉昌，病人逢此不相当。难中有易还饶福，渐看他时佩宠光。

《无惑钤》云：禄财长生，空虎马丁。静中须动，所作无成。

《钤解》曰：巳禄申财寅生，将值天空玄虎，昼夜纵横交错。伏吟丁马，静中动矣。寅虽长生，既被初中递克，所作岂有成哉？《集议》：“宾主不投刑在上”内谓此三刑入传，未免无恩之意，凡占恩反怨也。

丙辰日第二课

元首　不备　斩关　退连茹　不结果

六勾勾青　　白空空青
寅卯卯辰　　寅卯卯辰
卯辰辰丙　　卯辰辰丙

父 乙卯 勾　　　　父 乙卯 空
父 甲寅 六　　　　父 甲寅 白
子　 丑 朱◎　　　子　 丑 常◎

青空白常　　　　青勾六朱
辰巳午未　　　　辰巳午未
勾卯　　申玄　　空卯　　申蛇
六寅　　酉阴　　白寅　　酉贵
丑子亥戌　　　　丑子亥戌
朱蛇贵后　　　　常玄阴后

《玉历钤》云：此课三传俱退，又入空亡，日辰上神，又为六害，凡占不可用，只宜解散忧事。

《毕法》云：此课干上辰与支上卯作六害，值此我欲欺人，人亦将害我，两家潜谋，各欲遂讦。幸得末传退入空亡，必不能成。在君子则自反愈修其德，而在人之谋害自亡矣。

上神盗日，辰上克日上，用生日，用克日上，初克末。

课名元首、退茹、斩关。虽进退龃龉之象，然卯寅皆生日干丙火，末丑又是空亡，吉凶皆从空散。

《义》曰：有始无终，先实后虚。事见变更，善保为奇。正静勿妄，方得自如。凶中隐吉，君子当知。

《象》曰：花开欲问果何如？漫向枝头自羡奇。只恐东君不作主，临时又怕被风吹。

此元首之卦。夫元首者，尊制卑，贵役贱之象。占事多顺，利于先举，事多起于男子。为臣忠，为子孝，正大光明而无邪僻之行，德业已著而乾乾进修，常怀危惧，惕励而无咎也。《经》云："四课之中一克下，卦名元首是初神。臣忠子孝皆从顺，忧喜因男非女人。上则为尊下卑小，斯为正理悉皆真。论官先者常为吉，后对之人理不伸。"卯寅丑，退连茹，事主欲行不行，欲止不止，节外生枝，根苗不断，旧事从新。退茹空亡宜进步。日生上神，虚费不足，谋望不遂，盗失损财，人口衰残，休囚尤重，又为子孙脱漏之事，得不偿费。占者遇之此课，占求官，始如锦上添花，终是秋风落叶。占见贵不利。主客不和，由彼此有忌之意。谋望交易，百事卒难成也。占病为不吉，宜修德以禳之，幸传空为之解也。占忧疑患难得此，先见不足，而后解脱。至于婚姻勿用，他日有反目之象。

占出兵行师得此，为不宜，若勉强用之，未足为美也。

得失相半。

真一山人云：散尽忧疑喜气添，人间万事总由天。只因彼此无和气，事欲成来又未然。

《无惑钤》云：还嗣息债，长生宁耐。后未解忧，退空无害。

《钤解》曰：丙火，卯木之嗣息也。辰来脱丙，实被卯逼，卯却作初传以生丙，遂足丙气，非还嗣息之债而何？寅为长生，上带白虎，惊危之甚，须宁耐以受生也。末传丑空，可以解忧散虑，退虽逢空，亦无害矣。《集议》："彼此猜忌害相随"内列此日，干支上神六害。父母发动，于日有情，冬春占，主进益之喜。子孙有灾，因在禄乡，不为凶也。

丙辰日第三课

重审　极阴　寡宿　龙战

蛇 六 朱 勾	六 青 勾 空
子 寅 丑 卯	子 寅 丑 卯
寅 辰 卯 丙	寅 辰 卯 丙
子　丑 朱 ◎	子　丑 勾 ◎
官 癸亥 贵 ⊙	官 癸亥 朱 ⊙
财 辛酉 阴	财 辛酉 贵
勾 青 空 白	空 白 常 玄
卯 辰 巳 午	卯 辰 巳 午
六寅　　未常	青寅　　未阴
朱丑　　申玄	勾丑　　申后
子 亥 戌 酉	子 亥 戌 酉
蛇 贵 后 阴	六 朱 蛇 贵

《玉历钤》云：此课空亡为用，又传隔位而退，占忧退散，占喜无成，凡事费力。

《毕法》云：此课丑加卯为初传，乃本旬之空；亥加丑为中传，乃次旬之空；酉加亥为末传，乃又次旬之空。三传次第挨旬而空，是所行步步皆不着实也。占者必当践履务求实地，方始举足，虽有妄诞之灾，则不为患矣。

上神生日，日上克用，初生末。

课名重审、间传，又名杜塞。抬土当门，凡事费力，不利占病讼，所幸初中空亡，吉凶皆从空散，只可守常，动则失利，盖三传隔退，空亡为用，忧则散，喜则无。

《义》曰：既无可托，又无所凭。退守待时，将见利亨。暴病即瘥，久病为凶。欲求成事，未见全成。

《象》曰：一片虚心未可凭，九流艺术利为僧。徒劳百巧还如拙，争似当初守拙荆。

此重审之卦，一曰龙战。夫重审者，重而审之也。利为主，利后动，长有厄，事从内起，起于女人。以下犯上，贱犯贵，卑犯尊，事多不顺。阴小在下者，有悖逆之事。占臣未忠，子失孝，事不可遂意而行，必当审察，循乎义理，庶几以免后患也。况龙战，主人心疑惑，进寸退尺，动有乖离之象。卯酉为天之私门，生杀有限，分杜有期，雷动龙奔，示其有战。丑亥酉为极阴，利暗不利明。又为寡宿，《赋》云："寡宿孤辰，值此尤妨骨肉。"若占身得此，主见孤独，别离乡井，自立门户，财物虚耗，僧道宜之，俗不宜也。上神生日，所谋百事吉，运用如意，遇灾不凶，逢吉愈吉。日是人相助，夜乃神相助，此乃有人上门来相助，不待我之往求也。占者遇之此课，占求官，虚声未实。占见贵，无益于事。占婚姻不宜。占求财不定，虽得必失。占病有阻滞不通，久病者凶，暴病者为福。占忧疑、患难、官讼，却有解散。诸占吉不成吉，凶不成凶也。

占出兵行师，防失众，所闻不实，恐有变更，昼夜占俱不宜，惟在将之权谋也。

有心无力。

真一山人云：徒来生助未能全，患难忧疑变好颜。好待时来方见就，功名富贵有余权。

《无惑钤》云：两相交会，各有戾害。昼夜贵加，亥贵休赖。

《钤解》曰：干支上下，寅卯辰巳交会，然而辰卯、寅巳又为六害，各有戾害也。酉夜贵临亥，是夜贵入昼贵之家，但昼贵亥临丑落空，诚不可赖矣。《集议》："踏脚空亡进用宜"内有此法，为三旬空亡，向后全无实义，尽无所就。三传丑亥酉为极阴，凡占生灾生变，却喜中末空亡，庶不入于亥极阴之地，虽无灾变，须防暗失财物。极阴："极阴之课丑亥酉，百事逢之悉皆丑。占讼省部方的端，病死定为不长久。""昼夜贵加干两贵"内列此日，谓亥贵落空，不可干也。

丙辰日第四课[1]

蒿矢　闭口　三奇　玄胎

后朱贵六　　蛇勾朱青
戌丑亥寅　　戌丑亥寅
丑辰寅丙　　丑辰寅丙

官 癸亥 贵　　官 癸亥 朱
财 庚申 玄　　财 庚申 后
兄 丁巳 空　　兄 丁巳 常

	六	勾	青	空			青	空	白	常	
	寅	卯	辰	巳			寅	卯	辰	巳	
朱丑					午白	勾丑					午玄
蛇子					未常	六子					未阴
	亥	戌	酉	申			亥	戌	酉	申	
	贵	后	阴	玄			朱	蛇	贵	后	

《玉历钤》云：此课虽是蒿矢，用神亥临寅，与地盘相合，又乘贵人，凶中有吉。

上神生日，用克日，日上克辰上。

课名蒿矢。中末刑中合、合中刑，初自刑，百事成了也坏，坏了又成，中见虚诈，亦不为不好，以末传得禄也。

《义》曰：有人相助，福禄并至。见贵未忻，渐生眷意。夜占口舌，容忍可绝。难化为易，盖因硕德。

《象》曰：来意何如意不欢，劝君从此放心宽。莫言难处终无吉，须知难中见喜颜。

此蒿矢之卦，一曰玄胎，亦曰天网。《经》云："神遥克日名蒿矢，射我虽端当不畏。贵人逆转子无良，天乙顺行臣不义。家有宾来不可容，亦忧口舌西南至。"事主动

[1] 原抄本此课收录之案例移至丙辰日第十课中。

摇，人情倒置。象如以蒿为矢，射虽中而不入，祸福俱轻，求事难成，利主不利客。占行人来，访人见，主蓦然有灾。玄胎如婴儿隐伏之状，利上不利下，事主远而多伏，暗昧不通，触则成祸，惟君子守正修德则亨。《经》云“天网四张，万物被伤”，为阻滞，为疑难，为灾恼。上神生日，所谋百事吉，运用如意，遇灾不凶，逢吉愈吉。此乃旬中长生之助，可见生生不已，即所谓有人上门助我之意。此乃闭口之课。占者遇之此课，神遥克日，事从外来。占求官宜，但大亨小否。占见贵未合。占身吉。占宅门户虚耗，人口不宁。占婚不宜。占病，老人小儿凶，旺者不畏。其他谋望、主客、交易，辰上乘空，有难成之象。占忧疑病患，亦不为凶。占投人者，亦徒劳而已。

占出兵行师，开地千里，夜占不利，为将者宜消息之。

冬吉。

真一山人云：门楣虚耗从心头，须待时光听好音。大望小成方有益，高山流水听瑶琴。

《无惑钤》云：破碎临庭，耗散财婚。昼占告贵，不语沉吟。

《钤解》曰：丑为破碎临宅。申乃妻财乘玄，定主耗散。亥乃昼贵闭口，若告贵，必沉吟不语也。《集议》：“闭口卦体两般陈”内有此日，谓闭口乘贵人，贵不允。丑加辰，昼雀，家有口舌。

丙辰日第五课

重审　润下　孤辰　励德

众鬼虽彰全不畏

玄 蛇 阴 朱	后 六 贵 勾
申 子 酉 丑	申 子 酉 丑
子 辰 丑 丙	子 辰 丑 丙

官　子 蛇 ◎	官　子 六 ◎
财 庚申 玄 ⊙	财 庚申 后 ⊙
子 丙辰 青	子 丙辰 白

朱六勾青	勾青空白
丑寅卯辰	丑寅卯辰
蛇子　巳空	六子　巳常
贵亥　午白	朱亥　午玄
戌酉申未	戌酉申未
后阴玄常	蛇贵后阴

《玉历钤》云：此课丙日得子发用，非鬼乃真官也，君子宜，求官如意，常人得之，必有公讼之挠，官空过旬再议。

《毕法》云：此课三传皆鬼，并来克日，诚为凶也。然却有干上丑，可以敌其三传之水，制鬼不能为害，况发用之鬼又是空亡，无足畏也。占者值之，先必惊险，后得康宁。

《集灵经》云：此课三传皆水，来伤丙火，却为三六相呼之格，带恶不成嗔也，又兼干上丑土能制其水，凡谋皆有成意，然必惕励儆畏，方始获意，稍有怠忽，终取祸也。先生云：滟滪、吕梁之险，舟行其间而无恙，由能慎之，大江长河而倾覆者，怠忽故也。

上神盗日，日上克辰上，日上克用，末克初。

课名重审、润下。秋冬旺相，春夏无力，发用、人宅俱是空亡，吉凶虽散，人宅自不利。丙见子为真官，出旬可以求名。

《义》曰：彼既不实，己亦未成。必且如此，事多虚声。惊惕亦消，耻辱关情。成而未利，以防变更。

《象》曰：彼此空空未足论，韬光养晦杜衡门。时来自有徵书至，一旦声名动帝阍。

此重审之卦，一曰狡童，亦曰润下，又曰天网，又曰孤辰。夫重审者，重而审之也。利为主，利后动，长有厄，事从内起，起于女人。以下犯上，贱犯贵，卑犯尊，事多不顺。阴小在下者，有悖逆之事。占臣未忠，子失孝，事不可遂意而行，必当审察，循乎义理，庶几以免后患也。且润下，主沟渠、水利、舟楫、渔网之类，动而不息之象，流而必清，滞则不竭，宜动不宜静，主关众亲朋相识之务。夜占狡童，乃不正之象，阴私邪淫，占男女有阴私暗昧之理，占家宅宜谨慎闺门，以防阴小越礼，惟能以礼自防者可化之。日生上神，虚耗不足，盗失损财，人口衰残，休囚尤重，又为子孙脱漏之事。况天网四张，万物被伤，为阻滞，为疑难，为灾恼。孤辰有茕茕孑立之象，占人别离桑梓，凡所占谋，多虚少实，功名难遂，事业虚花，僧道宜之，俗不宜也。占者遇之此课，三传申子辰合而为鬼克身，喜丑为敌，虽见不足，或三两人作伙相侵，而终不能害也。占求官，须得水旺时可成。诸占有名无成，彼此无心，岂能成事？若勉强成之，未美也。惟利忧疑不足、惊恐患难，得之反为福。

占用兵者不宜，昼防失众惊恐，夜占稍吉，为徒劳而无功也。

未定何如。

真一山人云：暴病无伤久病忧，得无头处且藏头。临欺不必丁宁脱，成脱原来各有由。

《无惑钤》云：课传没溺，凶灾事释。外勾里连，夜占淫泆。

《钤解》曰：四课三传，皆是空陷，可以脱灾释祸。水局克干，盖由支上子水发用，与申辰合而为鬼，是家中之人外勾里连以生祸也。夜占合后，多主淫泆不正之事。《集议》："众鬼虽彰全不畏"内有此法，谓之家鬼取家财。子加辰，将蛇，主妇人哭泣。四课无形。螣蛇内战。"传鬼成财钱险危"内列此日，申金之财，乃名全鬼变为财。三六相呼见喜忻，纵然带煞不成嗔。助桀为虐，递生日鬼。

丙辰日第六课

知一　不行传

白	贵	常	蛇	玄	朱	阴	六
午	亥	未	子	午	亥	未	子
亥	辰	子	丙	亥	辰	子	丙

兄 戊午 白　　兄 戊午 玄

子 　丑 朱◎　　子 　丑 勾◎

财 庚申 玄⊙　　财 庚申 后⊙

	蛇	朱	六	勾			六	勾	青	空	
	子	丑	寅	卯			子	丑	寅	卯	
贵亥					辰青	朱亥					辰白
后戌					巳空	蛇戌					巳常
	酉	申	未	午			酉	申	未	午	
	阴	玄	常	白			贵	后	阴	玄	

《玉连环》占曰：此课据来意，事主邻右人与无子妇人私通事露，不得到官，至戊午日辰时无事。何知邻右？卦得知一，为北邻也。盖时丑为日干三合，传送为日干六合，上带天后，天后主厌翳，六合为私门，又用起玄武，名泆女卦，岂不是阴人暗昧私通？申为子嗣部，上得天后，三水俱克日干，岂不败露？何知不到官？盖日上为空亡。何知戊午日辰时无事？缘直使门丑为中传，大吉上得勾陈，二土克水，为今日救神，戊午日者，戊亦土也，及勾陈、正时，三土俱为救，至辰时水气墓绝，故见戊午日辰时无事也①。

《玉历钤》云：此课初传午为刃，加亥，上乘玄白凶神，子水空亡，临日克日为鬼，凡占所求皆无成。

《毕法》云：此课申金为日之财，被初传午火所克，又被中传丑土所墓，其中金全无气象。占者不可求财，不然得一费十，勾惹官讼，且人因不知分限，则必失之矣。失之则必灾，及其身可不畏哉？

上神克日，日上克用，初克末。

课名知一。宜了旧事，宜静不宜动，传归空亡，亦无大吉。

《义》曰：三传无力，事宜止息。忧喜无成，何劳汲汲。君子坦坦，小人戚戚。理势如斯，有损无益。

《象》曰：久病来占不可当，命如衰草值秋霜。其他忧患逢惊恐，遇此由来是吉昌。

此知一之卦。夫知一者，知一而不能知两，知者以为自知、自见，不知为寇仇，故言知一也。以此为用，舍远就近，舍疏就亲，恩中生害，事多起于同类，凡事狐疑，事贵和同乃吉。《经》云："知一卦何如？用神今日比。事因同类起，婚姻失谐为。失物亲邻取，逃亡不远离。论讼和允好，为事尚狐疑。"上神克日，只利先讼，要有气，余不吉，常占为人所欺负，种种不利，却喜所克之神不得其位，亦不过虚声而已，终不为害也。午加亥，乃四绝之课，宜结绝旧事，不宜图新，不能为福也。占者遇之此课，初传为日之刃，沉坐自绝之乡，丑为中传，又作空亡，申陷空乡，由此论之，三传俱无可倚，其余谋望，进用百事，有影无形，逢喜不喜，遇忧不忧，事有传闻，及用兵、飞报军情，多是不的，宜详审密察可也。

真一山人云：忧中见喜早开颜，干事求谋尽是难。待得时来还有遇，福如东海寿南山。

《无惑钤》云：中末俱无，独用乎初。动逢羊刃，昼贵狱庐。

《钤解》曰：中传末传，丑申空陷，不必论也，初传午实，所当考也。丙被子克，

---

① 《一字诀玉连环》作：四月丙辰日申将丑时，丙寅人占。

若动而又逢羊刃，守动俱不可也。昼贵亥临辰地，为贵人入狱，干之必不喜矣。《集议》："不行传者考初时"内有此例，谓之中末既空，只宜以初传断其吉凶，言其事类。子乃胎神，不是财神，十月主婢妾有孕，在七月为死气，主鬼胎。丑加午，夜勾，主田宅争竞事。午加亥，乘虎，火灾。亥加辰，夜雀，主小儿哭泣。局内辰乘龙，加酉，主人腿上刺龙。"六爻现卦防其克"内列此日，为财爻无气。辰戌加卯酉，为墓门开，又为外丧。"支乘墓虎有伏尸"内列此日，为外鬼呼。亥为日鬼，加辰支上，自居墓中。邵《毕法》以此亦作"狐假虎威"，谓巳中有戊喻虎。两贵相协。昼贵作日鬼入宅，占病必家堂神像不肃所致，宜修功德安慰免咎。

丙辰日第七课

反吟　玄胎　斩关

白 蛇 空 贵	白 蛇 常 朱
辰 戌 巳 亥	辰 戌 巳 亥
戌 辰 亥 丙	戌 辰 亥 丙

兄 丁巳 空	兄 丁巳 常
官 癸亥 贵	官 癸亥 朱
兄 丁巳 空	兄 丁巳 常

贵 后 阴 玄	朱 六 勾 青
亥 子 丑 寅	亥 子 丑 寅
蛇戌　　　卯常	蛇戌　　　卯空
朱酉　　　辰白	贵酉　　　辰白
申 未 午 巳	申 未 午 巳
六 勾 青 空	后 阴 玄 常

《玉历钤》云：此课反吟，天将吉凶相半，占事反复无成。

《毕法》云：此课反吟，凡占必主病讼。若已见凶灾，反为结绝之神。又作昼贵，犹宜告贵结绝凶事。

上神克日，辰上克日上，日上克用。

课名反吟、玄胎、斩关、无依、四牡、四闭。阴阳俱极，事极则变，始终皆禄，然受制于亥，灶口破，人口迍，家人多灾。死神死气，又主孝服。亥加身巳上，巳又元遁得是癸。巳乘天空下泪。亥加巳，天地真空。又丙日，巳为截路空亡，始终反复不定。

《义》曰：谦退谨守，福自有期。东西不定，南北相违。事防更变，人意参差。勉之和好，久久化之。

《象》曰：婚姻主客不相当，也要人情奈久长。但看秋风时节至，东篱满径菊生香。

此无依之卦，一曰玄胎，一曰斩关。夫无依者，即反吟也。《经》云："无依是反吟，逃者远追寻。合者应分散，安巢别改林。守官须易位，结友也分襟。所为多反复，占病数般侵。"反吟刑冲，动摇不宁，事主迟滞，远近系心，更相仇怨，且反复而呻吟，是无予夺而难息也。况玄胎如婴儿隐伏之状，利上不利下，事主远而多伏，暗昧不通，触则成祸，惟君子守正修德则亨。上神克日，只利先讼，要有气，余不吉，病讼可畏，常占为人所欺负，作事有不遂心者。占者遇之此课，夜占帘幕贵人临日干上，宜占甲第，必高登矣。犹畏夫主客未和，虽然，必见反复，变易官司，然后方就。占见贵求官，亦同此论。占婚姻得此不宜，若勉强成之，他日失和，夫妻既不合，则乖戾生矣，当黾勉同心可也。君臣父子兄弟朋友，亦同此义。占病者可畏，修德禳化。占远行不利。占宅不吉。

占出兵行师，得此不宜用，防客兵侵凌，事多变不常。若不得已而用之，全在主将善用兵而致胜也。戒之！慎之！

反复失和。

真一山人云：相逢自古贵同心，须看他人义让金。行好到头返有好，知音终始遇知音。

《无惑钤》云：满地皆丁，动遇贵成。夜占不动，鬼墓难兴。

《钤解》云：巳为遁旬丁，满地皆是也，乃日之德禄。亥临干，动则遇贵，与官并，仕宦得以成其事也。倘夜占不动，亥水为鬼，戌土为墓，丙火焉得兴旺？士庶占之皆不利。若占人年命在辰，为两贵拱之。《集议》：天罡乘虎加戌，占宅西北上有破罐。夜占朱雀作鬼加干，为官遭章劾。鬼乘天乙乃神祇。制鬼之位乃良医。

丙辰日第八课

重审　不结果

两蛇夹墓凶难免　三传互克众人欺

玄朱常蛇	青贵空蛇
寅酉卯戌	寅酉卯戌
酉辰戌丙	酉辰戌丙

父 甲寅 玄	父 甲寅 青
子 己未 勾	子 己未 阴
官 子 后◎	官 子 六◎

蛇贵后阴	蛇朱六勾
戌亥子丑	戌亥子丑
朱酉　　寅玄	贵酉　　寅青
六申　　卯常	后申　　卯空
未午巳辰	未午巳辰
勾青空白	阴玄常白

《玉历钤》云：此课天魁加日为墓神，却得寅木发用，夜贵又是青龙，变凶为吉，凡占一切成就。

《毕法》云：此课初传寅克中传未，中传未克末传子，末传子克日干丙火，凡值此者，必有人递互相害，以为凶也。虽然末传之子是为日鬼颇凶，劫自此辈而兴，此子却生寅木以生养日干，则害丙之事虽行，而佑丙之念却起，诚“祸兮福所倚”也。徽宗时，中贵误举黄琮，其事类此。

上神盗日，日上生辰上，用克日上。

课名重审、斩关。课传墓覆日干，凡事间隔，财物事勿图，逃盗相凌，所喜为空亡不凶。传归空亡，出旬可问官，不利他占。

《义》曰：主客未和，况多反复。事见再来，人不相睦。切莫侵损，勿生嫉妒。福自喜生，祸从恶逐。

《象》曰：课逢长幼有来由，老者低薤好便休。两姓聚来非偶尔，事还更变解仇尤。

此重审之卦，一曰龙战。夫重审者，重而审之也。利为主，利后动，长有厄，事从内起，起于女人。以下犯上，贱犯贵，卑犯尊，事多不顺。阴小在下者，有悖逆之事。占臣未忠，子失孝，事不可遂意而行，必当审察，循乎义理，庶几以免后患也。况龙战，主人心疑惑，进寸退尺，动有乖离之象。卯酉为天之私门，生杀有限，分杜有期，雷动龙奔，示其有战。斩关非安居之象。况三传互克众人欺，此三传迤逦相克，遂致众口相攻，如官员宜自检束，防台史上言相害。且干上相害，彼此猜忌，宾主不相顾接，两有谋害之心，如已欲害人，而人欲害已。此若求望，彼此俱不如意也。人宅受脱，虚耗不宁，自招悔吝。两蛇夹墓，其凶可畏，常占昏迷不快，或缘修置屋宅，以致脱耗而生疾，或有积块于中。此课本凶，幸末子作空，亦可解也，犹防盗失，宜以礼防闲。诸占无益，惟宜守正修德，自警惕励，庶几化恶为善，化灾为福，否则必有不虞。

占出兵行师，忧惊盗失，夜占稍吉，宜别为选图可也，为将者慎之！

谨始慎终。

真一山人云：课凶人善自无忧，积善之家福有由。更向此时能点检，福星光照祸星休。

《无惑钤》云：多财虽美，恋之害已。众口一辞，乘马无喜。

《钤解》曰：酉遁旬辛，丙之妻财，固美也。丙若恋之，反被酉之地盘辰脱，有害于已也。三传自初递克至干，必被众口攻讦。初寅乃驿马，似为可喜，但昼占乘玄，俯仰丘仇，遭制而不能行也。两蛇夹墓，凶祸难免。《集议》："两蛇夹墓凶难免"内有此日例，占病必有积块在腹，不能救，或本命行年是戌，死而犹速，如年命居亥，上乘天罡，用辰虎冲戌蛇，破墓冲蛇，庶得少延。占讼被禁。凡占事已见凶，被墓卒难脱免，转昏转晦，不能亨快。占病难愈，占产凶。此例邵师喻为"抱石投江"。"末助初兮三等论"内谓末助初生干，欲年命制末，姑可言吉；年命生末，反凶。人宅受脱。长上不睦。初稚罹殃。酉戌相害。

丙辰日第九课

重审　从革　交车合

初遭夹克不由已

后 六 阴 朱	玄 蛇 常 贵
子 申 丑 酉	子 申 丑 酉
申 辰 酉 丙	申 辰 酉 丙

财 辛酉 朱	财 辛酉 贵
子　丑 阴 ◎	子　丑 常 ◎
兄 丁巳 空 ⊙	兄 丁巳 勾 ⊙

朱蛇贵后		贵后阴玄	
酉戌亥子		酉戌亥子	
六申	丑阴	蛇申	丑常
勾未	寅玄	朱未	寅白
午巳辰卯		午巳辰卯	
青空白常		六勾青空	

《玉历钤》云：此课阳火得阴金，可以成器，金虽多，不为害也。夜贵又得天乙、太常为吉，凡占所求，一切可成。

《毕法》云：此课干上酉及三传皆财，夜将又皆土神，尽生起财神，大宜求财，尤宜成合万事，却不利父母。盖以求财之人，取之虽有二途，行之同为一害。为官者，或巧立名色，或酷行捶楚，剥民之膏血以肥家润屋，此为官之取财也。为商者，或昧己瞒人，或网罗垄断，肆己之奸贪以害众成家，此为商之取财也。且财者，怨之府也，财之所在，怨之所在，岂但父母之灾，虽妻子或恐不能免矣。歌云：三传俱作日之财，占者须防长上灾。

日克上神，日克用，末克初。

课名重审、从革。凡占宜革故取新，然终无所益，近贵望事皆宜，中空歇灭而后成，然中末既空，吉凶亦从空散。

《象》曰：开尽春园万树花，看花人远向天涯。可怜不作东风主，任意飘零几度嗟[1]。

此重审之卦，一曰从革。夫重审者，重而审之也。利为主，利后动，长有厄，事从内起，起于女人。以下犯上，贱犯贵，卑犯尊，事多不顺。阴小在下者，有悖逆之事。占臣未忠，子失孝，事不可遂意而行，必当审察，循乎义理，庶几以免后患也。传见从革，先从而后革也，凡事阻隔，有气则革而进益，无气则革而退失。一曰兵革，一曰金铁。大抵五行正气入十干杂糅之乡，异方三合乃生旺墓之神，事主丛杂不一，主关众人共谋，不然两三处干事，委曲托人与人相合之类。又如推磨之象，转去转来，非一遍也。夜贵加干，为帘幕贵人高登甲第，惜其传归无力之乡，谓之美中虚喜，而不能永久也。虽见三合，乃合而不合之象，恐蜜中砒、笑里刀也，亦能为害。夜将助财，乃不由自己之财也。凡占无用，由其初受制，而中末传归空脱之乡也。占暴病为福，久病为祸。占忧疑患难得之，凶中有救，祸里生恩，吉事不成，凶事消释也。

---

① 原抄本此句前缺《义》文。

占出兵行师及他占，皆有始无终也。

力不周完。

真一山人云：望尽天边好事来，不知君意怎安排。从今早把初心改，免使传来作祸胎。

《无惑钤》云：交关利己，昼贵莫倚。夜将助财，金多生水。

《钤解》曰：申与巳合，酉与辰合，申酉俱作日财，此交关有利于己也。昼贵临未受克，又名执拗煞，不可倚恃。夜将纯土，助起金局财旺，切不可贪恋其财，金多却生支之阴神上子水，化而为鬼矣。《集议》：“三传递克众人欺”内有此法，谓求财大获。此课三传皆财，夜将皆土，生起财神，大宜求财，尤宜成合万事，却不利己父母并营生，占病必死，兼此人贪财，不义横发。“互生”内亦列此日，大宜取财，财神传中传丑入墓。

丙辰日第十课

重审　玄胎　闭口　六仪

三传递生人举荐

蛇 勾 贵 六　　　　后 朱 阴 蛇
戌 未 亥 申　　　　戌 未 亥 申
未 辰 申 丙　　　　未 辰 申 丙

财 庚申 六　　　　财 庚申 蛇
官 癸亥 贵　　　　官 癸亥 阴
父 甲寅 玄　　　　父 甲寅 白

　六 朱 蛇 贵　　　　蛇 贵 后 阴
　申 酉 戌 亥　　　　申 酉 戌 亥
勾未　　　子后　　朱未　　　子玄
青午　　　丑阴　　六午　　　丑常
　巳 辰 卯 寅　　　　巳 辰 卯 寅
　空 白 常 玄　　　　勾 青 空 白

此课先生曰："我欲占动静，得此尚有缘在。申生于巳，亥生于申，寅生于亥，宅上又是阴[①]，是辛亥年十月须得动身，日后动于东北近二百里，又转西北，终于东北原处之上，年六十九矣。"先生丁未到官堂，果辛亥年十月十七日辞相，十八日辛巳起行，过婺州至乡里，行去一百八十里。壬子年过严州，来至乡中，过东北，又自东北过西北，癸丑年又到婺州，终于州衙客位中矣。盖丙日以申为妻，巳与申合，所以恋轩，卒难脱解。至辛亥年相冲，巳上见申，又与寅相冲，十月又是亥月，三个亥上见寅，冲巳上三个申。何以三个申？初传上一个，太岁一个，命上一个[②]，所以三申而用三寅冲也。癸丑年六十九也，五行自投生方，动于东北，乃寅马合亥难脱，转于西北，乃寅与亥合也[③]。

《玉历钤》云：此课日刑为用，阳火得阳金，无用之象，凡占辛苦不能成也。

《毕法》云：此课初生中，中生末，末生日干，占者值此，必然众口推荐，上下同一辞也。但嫌发用之申，与日相刑，与中传相害，与末传相冲，不为全美，是以推荐之中，而有毁谮之辞。于此时，常人必闻誉而喜，闻毁而怒，举千万同一情也。惟君子不以毁誉动，其不知我而誉我，不知我而毁我，无损益于我也。

日克上神，辰上生日上，初克末。

课名重审、玄胎。天绊地结，宜谋新，始终得合，贵在中，有接上引下之意。虽申巳合，中则亥为日鬼，然合多，终是吉。

《义》曰：三传递生，以助己身。谋为称遂，福自来并。婚姻勿用，恐未全真。财官有气，喜事重重。

《象》曰：久病将来福欲消，也须阴德泰华高。动摇作事未由己，善德遥看荐举朝。

此重审之卦，一曰玄胎。夫重审者，重而审之也。利为主，利后动，长有厄，事从内起，起于女人。以下犯上，贱犯贵，卑犯尊，事多不顺。阴小在下者，有悖逆之事。占臣未忠，子失孝，事不可遂意而行，必当审察，循乎义理，庶几以免后患也。况玄胎如婴儿隐伏之状，利上不利下，事主远而多伏，暗昧不通，触则成祸，惟君子守正修德则亨。玄合互传，事多私暗，占玄者以礼表正闺门，占婚勿成，庶几无后日之悔。日上乘财，妻美财利。占者遇之此课，三传递生人举荐。占求官问名，必有人递相荐举，于朝廷而受清誉，始终成就。占见贵不宜。占产乃天地盘结，须至诚修心以祈祐可也。占病忌老人小儿病，寅马名曰驮尸煞，又为棺椁神，非有夫阴德者不能

---

① 《壬占汇选》作勾陈人庙，却是夜占用昼将。此课疑点甚多，恐是门人附会。

② 据此句可知此课乃丙辰日第十课，非第四课也。

③ 《壬占汇选》作：戊申年十月丙辰日卯将子时，自占动静，本命乙巳年十月十八日亥时生，六十四岁。

免也。夫人何不早修德行，行方便？至临患难，欲修德行，又未之能也。如侥幸之富贵，若浮云之聚散，不如有德，甘贫乐道，反为福也。占财有。占失物得。占远行吉，不利夜。占讼和解。走失自归。

占用兵，昼占得金宝美利，夜占惊忧也。

始勤终怠。

真一山人云：财官禄马萃当时，常庶占之未足奇。若是仕人占得此，恩光浩荡下天池。

《无惑钤》云：财贵长生，传内俱逢。迤逦相荐，夜变成凶。

《钤解》曰：申财亥贵寅生，三传全值，吉课也。且自初迤逦生干，当有推荐之喜。若夜占，初末蛇虎，则吉变而成迍矣。《集议》："三传递生人荐举"内列此日。邵先生《引证申集》内，自占得此课[①]。

丙辰日第十一课

重审　涉三渊　励德　蹉跎[②]　狡童

六青朱勾　　　蛇六贵朱
申午酉未　　　申午酉未
午辰未丙　　　午辰未丙

财 庚申 六　　　财 庚申 蛇
子 壬戌 蛇　　　子 壬戌 后
官　 子后◎　　　官　 子玄◎

勾六朱蛇　　　朱蛇贵后
未申酉戌　　　未申酉戌
青午　　亥贵　　　六午　　亥阴
空巳　　子后　　　勾巳　　子玄
辰卯寅丑　　　辰卯寅丑
白常玄阴　　　青空白常

① 余于寅将卜为功名，乃龙德，主有君恩及升迁之荣。作霖记。
② 四课贵前为蹉跎，凡事跌足。

《玉历钤》云：此课发用申与日刑，干上未又为盗气，昼占为狡童，皆不吉之象，凡占不可用。

上神盗日，辰上生日上，日克用。

课名重审。末传神后乘天后，空亡克日，妇人出入非良。今此合后武，且墓在传，干上有未土脱气，复见羊刃入宅，且宜防中侵害。末是空亡，凡占初虽日辰见合，既而首尾不相应，有始无终，终于吉凶无成，事宜急谋。

《义》曰：勿涉三渊，阻隔于前。进退合宜，事非偶然。课义不正，婚姻勿用。男女闺门，君子必敬。

《象》曰：常占无吉亦无凶，若是逢之号一中。事到临机须善处，闺门谨慎莫从容。

此重审之卦，一曰狡童。夫重审者，重而审之也。利为主，利后动，长有厄，事从内起，起于女人。以下犯上，贱犯贵，卑犯尊，事多不顺。阴小在下者，有悖逆之事。占臣未忠，子失孝，事不可遂意而行，必当审察，循乎义理，庶几以免后患也。夫狡童乃不正之象，阴私邪淫，占男女有阴私暗昧之理，占家宅宜谨慎闺门，以防阴小越礼，惟能以礼自防者可化之。日生上神，虚耗百出，谋望不遂，盗失损财，人口衰残，休囚尤重，又为子孙脱漏之事，所得不偿所费。申戌子，涉三渊，乃进间传也，进中有隔，隔而后进。占者遇之此课，占求官有始无终。见贵相和，事难克济。占求财，不宜缓。占病凶中隐吉。失脱速寻。远行途次难阻。婚姻不宜。病者隔塞不利，多有积块，宜用消积去滞养胃之剂。其他诸占得此，难于前而易于后，利占忧疑、惊恐、讼狱，以其中末有解。凡所干谋，多致耗脱，反招不足，劳而无功之象。

占出兵行师得此，有传报，宜密察，恐为不实误事，不宜夜占，亦吉未吉而凶未凶也。

待时而成。

真一山人云：月过十五渐消光，莫向愚人论短长。若有诚心专奈守，殷勤何必问行藏。

《无惑钤》云：初财末官，仕宦欣欢。戌墓遁鬼，玄子偷瞒。

《钤解》曰：初申财爻，末子官星，仕宦遇之，忻然而悦，常人深畏。戌日墓，遁壬遥克丙干。子鬼乘玄，克日盗财，所以被其偷窃欺瞒也。《集议》：申加午用，主炉火事。涉三渊："欲动不动涉三渊，申戌子兮在目前。进退艰难还万状，对面言之是隔年。"

丙辰日第十二课

别责　三奇　不备

权摄不正禄临支

青空勾青	六勾朱六
午巳未午	午巳未午
巳辰午丙	巳辰午丙

官 癸亥 贵	官 癸亥 阴
兄 戊午 青	兄 戊午 六
兄 戊午 青	兄 戊午 六

	青	勾	六	朱			六	朱	蛇	贵	
	午	未	申	酉			午	未	申	酉	
空	巳			戌	蛇	勾	巳			戌	后
白	辰			亥	贵	青	辰			亥	阴
	卯	寅	丑	子			卯	寅	丑	子	
	常	玄	阴	后			空	白	常	玄	

《玉历钤》云：此课别责，亥加戌入墓，幸而传出旺乡，然犹不可用，况四课不备，凡事多不足也。

用克日，初克末。

课名别责、三奇。凡事谋用，全不由己，只倚靠人，亦不志诚，只宜别图，幸而因火旺于午，不可专以刃言，若退守为佳。

《义》曰：既曰不备，事全未济。守则有余，动则未利。舍此更求，也须合义。命数有定，何能改易？

《象》曰：从今切莫上人门，一为他人减自分。顺理谋为终见福，自然温饱度朝昏。

此别责之卦，一曰芜淫，乃阴阳不备之谓。《经》曰："芜淫芜淫，奸生于中。"又曰："阴阳不备是芜淫，夫妇奸邪有异心。二女争男阳不备，两男争女为单阴。上之克下缘夫恶，反此诚为妇不仁。阳即不将阴处合，阴来阳反畏刑临。”此别责亦有不正之象，《经》云：别责旧事脱体，终须再求，终不为吉。丢了现行，别寻头绪。别责改图终是歉。四课不全，名为别责。男孤女寡，多致困厄。日临辰上，招两姓以同居，权摄不正，不自尊大，受屈折于人。又名历抵虚格，喻我上他门，而将我之所有，尽心力而悉与之，岂不历抵也？凡所占谋，耗盗而无所得。占者遇之此课，百占未遂，所喜者，主客相比和，而亥为旬奇，却能消释凶祸。其于求官、见贵、交易、占婚、求财，未之准也。占病者，宜作福，乃天神为祟，竭诚祷之。占失脱难得。占远行有阻。占逃亡自归。占忧惊者，凶中有救。

占出兵行师得此，昼占吉，夜占难行，余在为将者得人得机可也。

事多未全。

真一山人云：婚姻谋望未相当，顺理原来得吉昌。富贵荣华还有用，凶中化吉致祯祥。

《无惑钤》云：贵及旺龙，昼吉相逢。鬼贼羊刃，夜卜须凶。

《钤解》曰：禄临支宅受脱。亥贵作初，午旺乘龙临干，昼占逢之则为吉，若是夜占，则亥为鬼贼，午为羊刃，逢凶咎矣。《集议》：禄临支被脱，必因起盖屋宅，而以禄偿债，难以权摄不正论。戌乃日墓，加酉门户上，昼占乘蛇，为墓门开，又外丧入内，宜合寿木以禳之。两贵不协，变成妒忌，酉加申，亥加戌。

丁巳日

丁巳日第一课

伏吟　玄胎

虎乘遁鬼殃非浅

空空常常	勾勾朱朱
巳巳未未	巳巳未未
巳巳未丁	巳巳未丁

兄 丁巳 空	兄 丁巳 勾
财 庚申 玄	财 庚申 蛇
父 甲寅 六	父 甲寅 白

	空白常玄			勾六朱蛇	
	巳午未申			巳午未申	
青辰		酉阴	青辰		酉贵
勾卯		戌后	空卯		戌后
	寅丑子亥			寅丑子亥	
	六朱蛇贵			白常玄阴	

此课先生曰："来年发举。行年到卯，寅同卯扶官，只是当时不得及第。主妻为猿猴所迷，四年移于妻家外屋居，因妻家子死，遂并为一家居，终久合居。至科举充解，却及第，授州刑官[①]，的任满丧妻，再授管财赋官，到任七月而没，没于奴婢之手，不见子息在前，一边动哀，一边子息有喜事而至。"童秀才次年果得解，至冬赴省。其人

① 一作推官。

家近山居，妻被猿精所迷惑，终日歌笑不已。邻人思之曰：“记得邵先生言，主妻为猿猴所迷，必是此也。”后令人治之不瘥。第四年正月初一日作贺岁，遂移居妻家，果病止。居七年，妻之父母只有一子而亡，遂令他入内同居共食。戊辰年充解及第，授南安州司理。任将满，妻叶氏亡。再得临安府楼店务官，到任七个月而死。二子归乡秋试不在，童秀才死，只有五六奴婢措置后事，及子息至，扶丧归，第二子得第七名解，亦见先生神妙之术。盖丁巳以末传寅为学堂，行年遇卯，寅卯扶为官。日上太常为职，初传临官，天空主声誉，做得充解。中传妻宫有玄武，乘光怪煞，申为猿，玄武为贼，故主猿猴为鬼。而言去妻家居者，其丁日只是一个，巳有两个，是宅与初传也，皆生于寅，宅为妻，故主入妻家居，丁火生于寅，故后与同居也。充解及第者，是末传寅也。死不见子者，传中无子孙也[①]。

《玉历钤》云：此课旦暮贵神皆凶，凡占不可用。

《毕法》云：此课支干拱定日禄，最宜占食禄事。

上神盗日，辰上生日上。

课名伏吟。三刑互相见制，不为刑，所喜日辰相合，静中有动意，兼马，恐有奸盗，暮生疾病不一，带煞或使亡，幸而寅为截路空亡，凶咎自空而散，不得不防。

《义》曰：昼占哀鸣，夜占迟滞。惟静乃宜，君子藏器。事宜缓图，渐生光彩。屈而方伸，行义则泰。

《象》曰：失而复得晦而明，难里生恩福自成。莫道眼前不容易，迷途见路渐光亨。

此自信之卦，一曰玄胎。夫自信者，乃天地伏吟，十二神各归本家，天地如一，四伏未发之象。占事静则宜，动则滞，主事藏匿不动，静中求劳，有屈而不伸之象。况玄胎如婴儿隐伏之状，利上不利下，事主远而多伏，暗昧不通，触则成祸，惟君子守正修德则亨。《经》云：“任信伏吟神，行人立至门。失物家内盗，逃者隐乡邻。病合难言语，占胎聋哑人。访人藏不出，行者却回轮。”天乙居卯酉为励德，阴妄立前，阳处其后，大吏得之升迁，小吏反生迍否，梦寐未安，宜谢土神。贵临二八，摇动不安，居住迁移，关隔不通，状多不理。占者遇之此课，日生上神，虚费百出，谋望不遂，盗失损财，人口衰残，休囚尤重，又为子孙脱漏之事。占求官未准。夜占凡事勾留迟滞，屈而不伸之象。占婚姻不宜。占病不吉。占求财有，但见动摇暗昧之义。病者有怠。占失脱宜寻。公讼有解。占逃亡，畏家不敢归，宜寻觅，男子东南方，女子西南方。传闻不实。

---

① 《壬占汇选》作：建炎戊申年六月丁巳日未将未时，童七秀才壬申命，九月二十四日巳时生，三十七岁占前程。

占出兵行师得此，昼占多诈，夜不吉，宜别为选择。若临敌，不宜之。

夏吉。

真一山人曰：事多摇动未平宁，为有知音善守亨。病者早宜勤作福，多积阴功保和平。

《无惑钤》云：支干拱禄，财丁交逐。夜寅虎壬，双丁动速。

《钤解》曰：干支拱日禄午，干未支巳，拱侍午禄在内，官宜食禄事。初丁中财，交相以逐。末传寅木，寅夜乘虎，元遁得壬，乃虎遁鬼也。支上、发用两巳，旬遁皆丁，所以动摇，速其禄也。《集议》："前后引从升迁吉"内有此法，为支干拱定日禄格，最宜占食禄事。"宾主不投刑在上"内谓三刑在传，未免无恩之意，凡占恩反怨也。

丁巳日第二课

元首　退茹　不结果

脚踏空亡进用宜

勾青空白　　空青勾六
卯辰巳午　　卯辰巳午
辰巳午丁　　辰巳午丁

父乙卯勾　　父乙卯空
父甲寅六　　父甲寅白
子　丑朱◎　　子　丑常◎

青空白常　　青勾六朱
辰巳午未　　辰巳午未
勾卯　申玄　　空卯　申蛇
六寅　酉阴　　白寅　酉贵
丑子亥戌　　丑子亥戌
朱蛇贵后　　常玄阴后

《玉历钤》云：此课三传退入空亡，有声无形，凡占百事皆虚妄，只宜散忧。

日上生辰上，初克末。

课名元首、连茹。事干众，初中生日，退入空亡，凶吉皆无成。

《义》曰：旺禄宜守，动改则非。病者凶畏，作福祐之。事防公扰，屈而不伸。百事不顺，终不伤身。

《象》曰：三春喜见木成林，遇此终知若宝金。好事将完还见变，问侬只此是佳音。

此元首之卦。夫元首者，尊制卑，贵役贱之象。占事多顺，利于先举，事多起于男子。为臣忠，为子孝，正大光明而无邪僻之行，德业已著而乾乾进修，常怀危惧，惕励而无咎也。卯寅丑，逆连茹也，事主欲行不行，欲止不止，节外生枝，根苗不断，旧事从新。占宜进不宜退，所谓退入空亡宜进步。凡事迟滞。日上见午，夏为旺禄临身，不宜妄动，否则失其禄而为他人所有。由此论之，此课午破卯，又见动摇不足之象，若求解事，可退入空，则凶忧解散矣。占者遇之此课，占求官者，宜由旧规而进，不然守旧亦可，但不宜强进及谦退，反生不足。占见贵虽和，而未济事。占远行投谒不宜，徒费粮裹，而终无益于己也。占婚姻未美。病者惊危，非有大阴德不能免也。占讼狱，亦不吉。占逃亡，难得而无用。凡占百事，事有两意，俱主勾留迟滞，屈而不伸之象。所谓略无少成，此一课之大义。

占出兵行师得此，昼大不利，夜稍吉，不可轻举。慎之！

占名利宜进，占忧疑宜退。

真一山人云：多少忧惊自见消，莫将巧计枉徒劳。人生自有天之数，动静由来不可逃。

《无惑钤》云：旺禄长生，昼夜虎并。身心费尽，略无少成。

《钤解》曰：午旺禄，寅长生，昼夜俱乘白虎。末值空脱，惊危耗费则有。若望成事，枉费身心而已。

丁巳日第三课

重审　极阴　寡宿　六阴

昼夜贵加求两贵

朱 勾 勾 空　　　　勾 空 空 常

丑 卯 卯 巳　　　　丑 卯 卯 巳

卯 巳 巳 丁　　　　卯 巳 巳 丁

子　丑朱◎　　子　丑勾◎
官癸亥贵⊙　　官癸亥朱⊙
财辛酉阴　　　财辛酉贵

勾青空白　　空白常玄
卯辰巳午　　卯辰巳午
六寅　未常　青寅　未阴
朱丑　申玄　勾丑　申后
子亥戌酉　　子亥戌酉
蛇贵后阴　　六朱蛇贵

此课六阴相继，更无阳神，兼六月占，又是阴月，丁巳土命，又是阴命，从此衰败不振，兼不测，退人口。丁巳之火，上自旺方逆归死绝湮没之地。宅前有大朽之树，急宜去之，若不去之生事。有一子，患腹气。又不合将后阁为猪栏养猪，猪盛克人，主四年败，六年尽废也。童保义因地方寇发，遂得名目，自后成家延盛。及邵先生占云“四年败退，六年败尽”，彼不甚信。当年十月，一婢因上厕，不知觉死于厕中，是不测，退人口也。宅前果有二百余年大枫树，已朽大半，系族人亲坟。十二月，外乡一人来枫树上自缢。更第二子常患痺气，次年二月亡。其人家屋阔，兄弟分出去了，无人居，遂将后阁养猪。第四年拆四畔闲屋，六年果败尽，见存止有五口，移出店屋歇矣。凡丑亥酉卯此四支，邵先生皆以为极阴课，那又丁巳日，遂退归幽阴之地、死绝之方。宅上卯、末传酉，皆六数，故主六年败尽。加于巳亥上，四数，主四年败。卯来加宅，甲寅旬有乙卯真木，故有大树在门前，天空主朽。丑为阁，亥加丑上，故阁养猪。酉加亥，为今日死神，故婢死于厕中[①]。

《玉历钤》云：此课发用空亡，幸得中传日德，末传日财，凡占虽有小成，多虚诈不实。

辰上生日上，日生用。

课名重审。旦占太阴不正之象，暮作贵人，口舌疾病之非，入宅不宁。初中空亡，辰往加日，为退课，又不备，凡事皆滞，所喜中德末财，二贵并见。占事宜重谋再进，近贵进望，俱难入头。

《义》曰：有所见闻，未可遽信。仔细审详，便见斜正。当忧不忧，闻喜不喜。谋

---

① 《壬占汇选》作：建炎戊申年六月初七，丁巳日未将酉时，童保仪丁巳生，五十二岁占宅。

望何如？亦斯而已。

《象》曰：善恶从今且罢休，免教闲事系心头。所图富贵真如意，好事来时不用求。

此重审之卦，一曰龙战，亦曰寡宿。夫重审者，重而审之也。利为主，利后动，长有厄，事从内起，起于女人。以下犯上，贱犯贵，卑犯尊，事多不顺。阴小在下者，有悖逆之事。占臣未忠，子失孝，事不可遂意而行，必当审察，循乎义理，庶几以免后患也。况龙战，主人心疑惑，进寸退尺，动有乖离之象。卯酉为天之私门，生杀有限，分杜有期，雷动龙奔，示其有战。传见寡宿孤辰，值此尤妨骨肉。若占身得此，主见孤独，别离乡井，自立门户，财物虚耗，僧道宜之，俗不宜也。丑亥酉，退间传也，占事退而有隔，隔而后进，多系隔越，又为极阴之象。不备，宅盛人衰，君子道消，小人道长，然居无力之乡，亦不堪为用，亦无足畏者。占者遇之此课，发用无力，闻事不实，谋望不遂，干事难成，假使用尽心机，不过弄巧成拙，枉费精神，到底终归无益，若图成而卒不能成。占忧惊之事，却有解散。得此课者，当知进止，不可妄动，惟正以德则利。

占出兵行师得此，失众无益之象，夜占犹可畏。谨之！谨之！

待价沽诸。

真一山人云：寄与痴人莫望为，自然理数不须疑。事逢更变非由己，天道昭昭不教亏。

《无惑钤》云：丁马俱现，人宅相恋。亥酉全亏，两贵相见。

《钤解》曰：干上巳丁、中传亥马俱现，动摇不容已也。巳支求就于干，人宅眷恋。亥水酉金，昼夜贵人，并入传内，且夜贵临于昼贵之家，是两贵相见也。酉贵受日克，亥贵落空受克，是全亏矣，干则无力。酉贵却作日财，远动以求贵财乃可。《集议》："踏脚空亡进用宜"内有此法，谓之三旬空亡，向后全无实义，尽无所就。极阴："极阴之课丑亥酉，百事逢之悉皆丑。占讼省部方端的，病死定为不长久。"

丁巳日第四课

蒿矢　玄胎　斩关　三奇　闭口　天网

贵 六 朱 青　　　朱 青 勾 白
亥 寅 丑 辰　　　亥 寅 丑 辰
寅 巳 辰 丁　　　寅 巳 辰 丁

官 癸亥 贵	官 癸亥 朱
财 庚申 玄	财 庚申 后
兄 丁巳 空	兄 丁巳 常

六勾青空	青空白常
寅卯辰巳	寅卯辰巳
朱丑　午白	勾丑　午玄
蛇子　未常	六子　未阴
亥戌酉申	亥戌酉申
贵后阴玄	朱蛇贵后

《玉历钤》云：此课虽蒿矢，然亥中有壬，乃与日干为丁壬德合，天将贵朱，气象颇和，凡占可成。

上神盗日，辰上克日上，用克日，初克末。

课名蒿矢、玄胎、斩关不断。凡事先损后益，暮不如旦。亥贵塞鬼门，鬼贼不能作凶，万事宽裕。丁壬德合，中末作合，亥又为驿马，凡事多吉。

《义》曰：见贵不喜，公讼失理。先难后易，以消迍否。防他口舌，风波偶起。惟正以德，自然已矣。

《象》曰：一德能消百种愁，忍将闲事挂心头。渐看腊尽春光至，多少阳和播九州。

此蒿矢之卦，一曰天网，亦曰玄胎。《经》云："神遥克日名蒿矢，射我虽端当不畏。贵人逆转子无良，天乙顺行臣不义。家有宾来不可容，亦忧口舌西南至。"然事主动摇，人情倒置，象如以蒿为矢，射虽中而不入，祸福俱轻，求事难成，利主不利客。占行人来，访人见。虽带金煞，然被巳丁克制，不能伤人。《经》曰"天网四张，万物被伤"，为阻滞，为疑难，为灾恼。玄胎如婴儿隐伏之状，利上不利下，事主远而多伏，暗昧不通，触则成祸，惟君子守正修德则亨。不宜占老人小儿病，久病亦凶。久病人身怕见马，煞名驮尸归地下。日生上神，虚费百出，谋望不遂，盗失损财，人口衰残，休囚尤重，又为子孙脱漏之事。占者遇之此课，占求官，美中不足，未尽善也。占见贵不利。占交易未顺。占婚姻难成，勉强成之，终难和睦。况旬尾加旬首，此真闭口卦，凡事不肯言。若访求于人，人多隐而不发，或所占事有不可向人说者。所占之事，俱未见美，惟宜修德守正，乃获亨利也。

占出兵行师得此，昼占开地千里，夜占口舌，合中带破。谨之！

似易实难。

真一山人云：来意灾迍多致恼，也应小运未亨通。兢兢过此无忧虑，红日东升万里明。

《无惑钤》云：龙虎斩关，逃者不还。马射弧矢，委镞难残。

《钤解》曰：天罡临干，未又属日，为昼斩关也。乘龙奋万里之翼，白虎道路之神，且又初传乘马，若占逃亡，远去而不还矣。申为箭，巳为弓，传金为有镞，有弓有矢，乘马而射。但初亥克巳为弓坏，末巳克申为委镞，弓坏镞委，何被伤残之有？《集议》：亥旬尾，寅旬首，亥加寅为用，闭口犹甚。

丁巳日第五课

蒿矢　曲直　三奇

阴朱贵勾	贵勾朱空
酉丑亥卯	酉丑亥卯
丑巳卯丁	丑巳卯丁
官 癸亥 贵	官 癸亥 朱
子 己未 常	子 己未 阴
父 乙卯 勾	父 乙卯 空
朱六勾青	勾青空白
丑寅卯辰	丑寅卯辰
蛇子　　巳空	六子　　巳常
贵亥　　午白	朱亥　　午玄
戌酉申未	戌酉申未
后阴玄常	蛇贵后阴

《预见经》曰：此课来意，主尊长不利，失脱衣服，既而所失之衣自至。亦主刑狱不利，先屈后伸，只是淹滞。兼坟在西南，被贼劫挖有损，八年内尊长不安，财帛耗

散，多生官事。何以言之？盖初传见贵人亥[①]加于死地，是尊长不利也。遇两重天贼神，故主失脱衣服，太常为印绶、酒食、衣服，贼神与太常并，故主失脱衣服，在未上，亥卯未三合，故衣服自至。卦名曲直，末传卯上见勾陈，为入狱，卯木至正月、二月方得旺地，故曰刑狱不利，先曲而后直，而勾留迟滞也。未为坟墓，其位西南，其数八，亥为贼，贵人居之，为冲井栏，故云其坟遭劫，八年内尊长不安。末传卯上见勾陈，故主财散，多官事。

《玉历钤》云：此课日德为用，火日得木局，乃为有气，天将又吉，可以谋动百事。

上神生日，日上克辰上，用克日，三传生日。

课名蒿矢、曲直。三传生日，亥为日德，传归日上生日，主向后可十全，春冬得之吉。

《义》曰：传来相生，百事皆成。众人助力，福自来并。此课虽善，不宜占子。自然之福，富贵易矣。

《象》曰：春日荣和万象新，时当斯令利占人。九重又见恩光照，万里飞腾到紫宸。

此蒿矢之卦，一曰曲直，一曰天网，又曰龙战，又曰励德。《经》云："神遥克日名蒿矢，射我虽端当不畏。贵人逆转子无良，天乙顺行臣不义。家有宾来不可容，亦忧口舌西南至。"然事主动摇，人情倒置。象如以蒿为矢，射虽中而不入，祸福俱轻，求事难成，利主不利客。占行人来，访人见。传见曲直，先曲而后直，象木之谓，当作成器。此乃五行正气入十干杂糅之乡，异方三合乃生旺墓之神，事主丛杂不一，主关众人共谋，不然两三处干事，委曲托人与人相合之类。夫天网四张，万物被伤，为阻滞，为疑难，为灾恼。况龙战乃天之私门，生杀有限，分杜有期，雷动龙奔，示其有战。且励德，阴小有灾，名关隔神。常人占此，身宅不安，宜谢土神，大吏则主升迁，小吏反生迍否，要当消息而论也。上神生日，凡事有人相助，况三传又来生日，所谋顺遂，诸事吉昌，遇灾不凶，逢吉愈吉。若春占，尤有声名显达，喜庆之事，然事多牵缩迟滞，亦美中未足者。占者遇之此课，不足中而相美之意，虽难实易，虽凶实吉，惟主客不和，投谒不喜，其他所占，乃吉而有喜之象。

占出兵行师，亦如此，得道者多助。

春大利。

真一山人云：从今美事自天来，富贵荣华不用媒。天上蓬莱真有望，人间万事尽和谐。

---

① 知乃昼占。

《无惑钤》云：将脱传生，蒿矢惊人。末至初位，迤逦克身。

《钤解》曰：昼将全土脱干，三传全木生干，半喜半忧也。有马而射，蒿矢虽曰无力，亦足以惊人也。但自末迤逦克身，防人谮己。《集议》：“三传递克众人欺”内有此例。

丁巳日第六课

涉害　长幼　四绝

常 蛇 阴 六 未 子 酉 寅 子 巳 寅 丁	阴 六 贵 青 未 子 酉 寅 子 巳 寅 丁
财 辛酉 阴 子 丙辰 青 官 癸亥 贵	财 辛酉 贵 子 丙辰 白 官 癸亥 朱
蛇 朱 六 勾 　　子 丑 寅 卯 贵亥　　　　辰青 后戌　　　　巳空 　　酉 申 未 午 　　阴 玄 常 白	六 勾 青 空 　　子 丑 寅 卯 朱亥　　　　辰白 蛇戌　　　　巳常 　　酉 申 未 午 　　贵 后 阴 玄

《玉历钤》云：此课丁火死于酉，酉金绝于寅，又阴火不能制阴金，凡占费力无成。

《毕法》云：此课神后乘螣蛇，加巳克巳，巳者宅也，秋占乃是鬼临宅，凡占必主天降灾。降灾者天也，禳灾者人也，人能修德感天，天必不以非灾加人。

上神生日，辰上生日上，日克用。

课名涉害。又三上克下为长幼，只宜结绝旧事，难以图新事，所幸终始。又支上子水生干上寅木以生干，初贵助末贵以生干上以生干，有自相庆会之吉。

《义》曰：有人相助，福自来临。甚勿干贵，讼失之音。进退未定，安可图新？了绝旧事，又见忻忻。

《象》曰：主客虽和未定和，劝君回首漫张罗。若能守正还饶福，妄动些儿便见讹。

此见机之卦。夫见机者，察其微，见其机，谓两比两不比，当以涉害为用。涉害有浅深，欲用不用，欲言不言，是有两而取一，所作稽留，迟疑艰难，进退不定，忧患难消，怀孕伤胎，难于前而易于后。发用无力，不可图新，惟宜结绝旧事。此结绝之课也，谓四绝了旧莫图新。又见贵人差迭，贵多反不得力。此是遍地贵人，求贵者，美中不遂其意；居官在任者，多差使，权摄不正，事且无成。占防口舌灾讼，惟守正修德，可化门户家宅虚縻不足。不宜谒人，有求未准也。惟喜上神生日，所谋百事吉，运用如意，遇灾不凶，逢吉愈吉。日是人相助，夜乃神相助。事在难中，亦当有救。自刑者，凡事自高自大，自逞自恃，由此而失和，由此而招不足。占者遇之此课，凡事阴谋多私。占求官，迟得乃吉。占婚姻不宜，成则未美。占求财得轻。占病瘥迟，久病可畏。占逃亡可觅。占讼不成。忧有解。凡得此课，难而易，易而难，当顺理守正利亨。

占出兵行师，昼占中止，夜稍利而已。

谦光益德。

真一山人云：自高自大枉徒然，行止由来总系天。无吉无凶为上吉，莫言容易度华年。

《无惑钤》云：夜贵坏寅，亥力极轻。秋占火厄，三传自刑。

《钤解》曰：寅乃丁火长生，酉乃夜贵，临而克之，寅遂投墓中。寅木之坏，夜贵酉坏之也。亥乃日贵入狱，参干则不喜。子乘螣蛇克宅，秋时则为火鬼，主有火惊。三传自刑，过于自高，失和以招不足，宜加谦抑为妙。《集议》：“金日逢丁凶祸动”内有此法，为火鬼乘蛇克宅，子乃秋蛇火鬼。中传辰乘青龙临酉，主人腿上刺龙。交互六害。两贵相协。辰戌临卯酉，为墓门开，又为外丧。

丁巳日第七课

反吟　玄胎　六阴

空 贵 勾 阴　　常 朱 阴 勾
巳 亥 未 丑　　巳 亥 未 丑
亥 巳 丑 丁　　亥 巳 丑 丁

兄 丁巳 空	兄 丁巳 常
官 癸亥 贵	官 癸亥 朱
兄 丁巳 空	兄 丁巳 常

贵后阴玄	朱六勾青
亥子丑寅	亥子丑寅
蛇戌　　卯常	蛇戌　　卯空
朱酉　　辰白	贵酉　　辰白
申未午巳	申未午巳
六勾青空	后阴玄常

《玉历钤》云：此课反吟，旦将天空，不可用，夜将太常，仅可求事，反复后成，亦不大遂也。

上神盗日，日上克辰上，用生日上。

课名反吟。反复无定，德神、日支往返三传，凡所图谋，只宜先了绝一项，然后重谋再整，庶几有图。毕竟进退无定，终有不足，然丁壬、巳丑皆合，静守求之亦可。

《义》曰：反反复复，未见和睦。事非偶然，必招不足。惟德是辅，方见少补。顺理循义，好事见睹。

《象》曰：一般事业两般谋，不见难来不肯休。争似见机还是福，好将此理记心头。

此无依之卦，一曰玄胎。夫无依者，即反吟也。《经》云："无依是反吟，逃者远追寻。合者应分散，安巢别改林。守官须易位，结友也分襟。所为多反复，占病数般侵。"反吟刑冲，事主迟滞，远近系心，更相仇怨，且反复而呻吟，是无予夺而难息也。况玄胎如婴儿隐伏之状，利上不利下，事主远而多伏，暗昧不通，触则成祸，惟君子守正修德则亨。日生上神，虚费百出，谋望不遂，盗失损财，人口衰残，休囚尤重，又为子孙脱漏之事。所占必有两事，重求轻得。支上见驿马，宅居动摇，有迁徙之意。占者遇之此课，占求官见贵，反复不一，经历多司。凡事多见虚声，宜详察，而不可遽信，恐为诬也。占婚姻不宜，不惟难成，抑且夫妇平生失和。占财不利。占病者，反复瘥迟，宜修德可也，否则恐有惊危之兆。其他占主客、交易、投谒，未见全美。诸占逢之，为不遂意，宜守止顺理以待之，则裕矣。

占出兵行师得之大忌，须别图乃吉，慎之勿忽！

致和乃吉。

真一山人云：顺理方知福自然，人生安得有周全。半难半易还为福，识得机微便是仙。

《无惑钤》云：脱空宜弃，丁马迭值。夜动文书，昼动因贵。

《钤解》曰：丑乃空脱，宜弃而不可守也。巳丁亥马，三传更还而致也，其动自不由己。昼占亥为贵人，必因贵而动；夜占亥乘朱雀，盖因官中文书而动用。《集议》：脱上逢脱防虚诈。昼贵作日鬼入宅，占病必家堂神像不肃所致，宜修功德安慰免咎。亥德遁癸。夜占朱雀乘亥，加于宅上克宅，故曰："朱雀临辰克日支，定知宅上火殃时。不然门户讼官司，此法幽玄奇又奇。"

丁巳日第八课

重审　铸印　斩关

两蛇夹墓凶难免

常 蛇 空 后　　　　空 蛇 常 六
卯 戌 巳 子　　　　卯 戌 巳 子
戌 巳 子 丁　　　　戌 巳 子 丁

兄 丁巳 空 ⊙　　　兄 丁巳 常 ⊙
子 壬戌 蛇　　　　子 壬戌 蛇
父 乙卯 常　　　　父 乙卯 空

蛇 贵 后 阴　　　　蛇 朱 六 勾
戌 亥 子 丑　　　　戌 亥 子 丑
朱酉　　寅玄　　贵酉　　寅青
六申　　卯常　　后申　　卯空
未 午 巳 辰　　　　未 午 巳 辰
勾 青 空 白　　　　阴 玄 常 白

《玉历钤》云：此课巳加子上，脚踏空地，又日干上子水，亦是空亡，克日为鬼，凡占百事，皆无所成。

上神克日，辰上克日上。

课名重审、铸印。空亡克日，用落空上，为铸印损模，虽有乘轩吉象，但虚诈无成，首尾不应，宜出旬重进。

《义》曰：事有未顺，下多逆上。幸尔空空，自消蔽障。声虚勿听，宜细详之。成亦变更，要识此机。

《象》曰：有人来说是和非，仔细丁宁漫察机。谁解成中还便改，徒劳南北走东西。

此重审之卦，一曰铸印。夫重审者，重而审之也。利为主，利后动，长有厄，事从内起，起于女人。以下犯上，贱犯贵，卑犯尊，事多不顺。阴小在下者，有悖逆之事。占臣未忠，子失孝，事不可遂意而行，必当审察，循乎义理，庶几以免后患也。传见铸印，《经》曰："天魁是印何为铸？临于巳丙冶之名。中有太冲车又载，铸印乘轩官禄成。"不见太阴天马，即非真体，常人反生灾咎，且为事迟钝。上神克日，只利先讼，要有气，余不吉，常占为人所欺负，干事不顺，有人阻抑，幸乘空作空，虽有谋害欺忤者，终不能害之也。占者遇之此课，占求官本吉，以其铸印，惜乎炉冶不成，何由而铸印？则是虚名而已矣。占见贵不和，亦难成事。占婚姻不宜，勉强成之，终见反目。占求财难得，忌此肩用事。占暴病吉，久病凶，非有阴德者，难保其愈也。占狱讼有解。闻事不实。所干难遂。大抵诸占，凶不成凶，吉不成吉，宜正顺而守待之，则亨利矣。

占出兵行师，防欺诡。有所传闻，不可遽信，宜密察详审，亦防失。谨之勿忽！

变更之象。仲冬吉。

真一山人云：吉凶两事尽消磨，钩艇滩头乐亦多。回首清平真可羡，笑他名利又如何？

《无惑钤》云：空鬼加身，实耗临庭。欲动不动，守则虚惊。

《钤解》曰：子乃空鬼，加身而克身，戌乃实墓覆宅，占身则有虚惊，占宅实有昏蔽。初传逢丁，欲动也，中传遇墓，则又止焉，不免坐守，而甘受空鬼之虚惊耳。《集议》：子乃胎神，十月占，婢妾有孕旬空；七月为死气，主鬼胎。丙丁太乙作天空，利于进取名显通。常人口舌上门攻，求利求迁事可容。两蛇夹墓凶难免，占疾有积块而死，如年命在亥，上见辰，冲开戌墓，庶得少延。

丁巳日第九课

重审　从革　不行传

初遭夹克不由己

阴 朱 常 贵　　　常 贵 空 阴
丑 酉 卯 亥　　　丑 酉 卯 亥
酉 巳 亥 丁　　　酉 巳 亥 丁

财 辛酉 朱　　　财 辛酉 贵
子　丑 阴◎　　　子　丑 常◎
兄 丁巳 空⊙　　　兄 丁巳 勾⊙

朱 蛇 贵 后　　　贵 后 阴 玄
酉 戌 亥 子　　　酉 戌 亥 子
六申　　丑阴　　　蛇申　　丑常
勾未　　寅玄　　　朱未　　寅白
午 巳 辰 卯　　　午 巳 辰 卯
青 空 白 常　　　六 勾 青 空

此课亥作贵人加丁，亥是日干丁火绝神，又来克我，本主行人来，盖缘所干事未遂，更移处所，宅上酉财作文书乘破碎，次第文书未备，尚有更改之意。行年在辰，辰上见申，亥水又生在申，绝神带生，目下未归，在三月子日归也。黄秀才占朋友过浙西干事，行人命系庚午，午加寅上，行人脚上生气，踪迹不定，是又过东北干事。丁日见亥，是绝神临日，克我者又临日上，是一不归也；行年上见申，绝神又求生，是二不归也；又不合传自宅上发出，末传见今日之支神，巳在东北上，作末传生宅上酉金，反生出在彼，是三不归也；日上见亥水，命在于东北方上，绝神又去被绝，其来人在彼，是四不归也。果三月初九日，乃辰月戊子日归也[①]。

《玉历钤》云：两火克一金，虽有争财之象，却日上见德神，所占成遂，但行人未归。

《毕法》云：此课干上亥、支上酉，拱定天魁一神，若人年命在午，占试必作魁元，缘昼夜贵人俱在干支之上，年命又乘天魁故也。

《灵辖经》云：此课三传金为财，干上亥为鬼，夜占皆土将，克去亥鬼，生起金财，虽然财旺，又能生鬼，占者鬼固不伤身，财亦不可取，苟欲贪得而取其财，财至则鬼至矣。欲其无祸，其能免乎？

---

① 《壬占汇选》作：戊申年二月丁巳日亥将未时，黄秀才占庚午命行人。

上神克日，辰上生日上，日克用，日克三传，末克初。

课名重审、从革。三传皆财，事干众，有口舌，日上见德，凡百如意，中末皆空，亦宜急图，秋得之佳，兼利更改。

《义》曰：破碎为财，去而复来。不能结果，空有花开。干事更改，忧虑消散。久病最忌，婚姻再看。

《象》曰：口舌文书丑未成，求官徒自枉行程。纵然得意还非吉，守旧将来福自生。

此重审之卦，一曰从革。夫重审者，重而审之也。利为主，利后动，长有厄，事从内起，起于女人。以下犯上，贱犯贵，卑犯尊，事多不顺。阴小在下者，有悖逆之事。占臣未忠，子失孝，事不可遂意而行，必当审察，循乎义理，庶几以免后患也。传见从革，主事阻滞，有气则革而进益，无气则革而退失。一曰兵革，一曰金铁。大抵五行正气入十干杂糅之乡，异方三合乃生旺墓之神，事主丛杂不一，主关众人共谋，不然两三处干事，委曲托人与人相合之类。又如推磨之象，转去转来，非一遍也。三传皆财，以生干上之鬼克日，必见众人相助以侵谋克害，凡行阻滞不通，被人欺负，病讼可畏，行兵亦然，幸传入空乡，庶几凶化为吉，难里生恩。占者遇之此课，占求官，秋冬吉，春夏不宜。占见贵虽和，亦难就事。占求财，因财生祸，占财不吉，破财为福。占病者，先凶后吉。其他占谋，始如锦上添花，终似秋风败叶。占事到头终不吉，凶殃到底不成殃。最利解散忧疑。

占出兵行师得此不宜，亦有始而无终也。

事多不实。

真一山人云：机关多种漫安排，虚喜令人笑满腮。识得这些关棙子，教君眼底到蓬莱。

《无惑钤》云：两贵并排，夜将助财。舍财不已，生鬼为灾。

《钤解》曰：昼贵临干，夜贵临支，两贵共排也。夜将纯土，则生起三传金局而助其财。若贪此财而不知止，反生干上亥水之鬼，而灾不浅矣。《集议》："帘幕贵人登甲第"内有此法，若占人年命在午，上乘河魁，干上亥、支上酉为昼夜贵人拱定，试必中魁。"前后引从"内谓两贵拱命，必得两处贵人成就。"传财化鬼财休觅"内列此日，谓三传金生亥水，亥乃丁之贵德，最宜占长上，占病则因伤食以致邪祟侵缠，如得占人年命去其干上之鬼稍轻。支上生干上鬼，干谒求财，不利有祸。"课传俱贵转无依"内有此日例。财神传墓入墓。干支乘昼夜贵人，必得两贵人周全成事。昼贵作鬼临身，占病必神祇为害，不可作鬼祟论。

丁巳日第十课

重审　玄胎　闭口

三传递生人举荐

贵	六	阴	蛇		阴	蛇	常	后
亥	申	丑	戌		亥	申	丑	戌
申	巳	戌	丁		申	巳	戌	丁

财	庚申	六		财	庚申	蛇
官	癸亥	贵		官	癸亥	阴
父	甲寅	玄		父	甲寅	白

	六	朱	蛇	贵				蛇	贵	后	阴	
	申	酉	戌	亥				申	酉	戌	亥	
勾未					子后		朱未					子玄
青午					丑阴		六午					丑常
	巳	辰	卯	寅				巳	辰	卯	寅	
	空	白	常	玄				勾	青	空	白	

《玉历钤》云：旦将六合，稍可用，虽是内战不妨，夜贵螣蛇乘申，又加四孟，主有孕喜，余占颇遂。

《毕法》云：此课初生中，中生末，末生日干，凡占必有人推荐，幸无空亡，可成就。又云：昼占天将六合加申，其申金加巳火之上，此乃六合内战，又为发用，凡占用事，将成合而被人搅扰也。

上神盗日，日上生辰上，日克用，初克末。

课名重审、生玄胎。墓加日上，支辰上下见合，宜静不宜动，先晦而后明，有生意。亥与日干，丁壬德合，寅亥又合，虽见蛇虎，不为灾，有贵人接上引下。

《义》曰：名曰官禄，自然绰绰。经官易司，婚姻未合。事当审察，不可妄为。君子修德，有福有危。

《象》曰：干乘日墓事昏蒙，见耗方知福日隆。若是仕人占得此，财官禄位喜重重。

此重审之卦，一曰玄胎。夫重审者，重而审之也。利为主，利后动，长有厄，事从内起，起于女人。以下犯上，贱犯贵，卑犯尊，事多不顺。阴小在下者，有悖逆之事。占臣未忠，子失孝，事不可遂意而行，必当审察，循乎义理，庶几以免后患也。况玄胎如婴儿隐伏之状，利上不利下，事主远而多伏，暗昧不通，触则成祸，惟君子守正修德则亨。日生上神，虚费不足，谋望不遂，盗失损财，人口衰残，休囚尤重，又为子孙脱漏之事。占者遇之此课，墓覆日干，主人昏蒙不明，如处云雾之中。墓神覆日愦难通，四十九日多昏蒙。占求官得此，乃三传递相生干，有人荐举之意，他占亦如此论。占见贵、交易，主客暗中不和。婚姻美中不足。占病忌老人小儿，谓之弃故生新，再投胎也，久病名驮尸煞。天盘地结，不宜占产，不利母子，宜为善。斩关传金，利逃亡也。占财有。占逃亡自归。不利远行。利占名利。狱讼有解。

占出兵行师，先难后易，事有不实，须详审之。昼占吉，夜占忧惊，利后进，利为主也。

顺理则吉。

真一山人云：半明半晦足和平，先困还须后利亨。万事临机当合理，自然福向善中生。

《无惑钤》云：舍去疑虑，宅财可取。迤逦生干，宜文宜武。

《钤解》曰：戌墓覆日，疑虑太甚，宜舍去而不可固守也。申财临宅发用，是可取矣。因此财而迤逦生干，必得众人推荐，文武俱宜值此，盖寅为天吏、申为天城故也。《集议》：“三传递生人荐举”内列此日。

丁巳日第十一课

重审　不备　凝阴　励德　不结果

昼夜贵加求两贵　罡塞鬼户任谋为

朱 勾 贵 朱	贵 朱 阴 贵
酉 未 亥 酉	酉 未 亥 酉
未 巳 酉 丁	未 巳 酉 丁
财 辛酉 朱	财 辛酉 贵
官 癸亥 贵	官 癸亥 阴
子　 丑 阴 ◎	子　 丑 常 ◎

勾六朱蛇	朱蛇贵后
未申酉戌	未申酉戌
青午　　亥贵	六午　　亥阴
空巳　　子后	勾巳　　子玄
辰卯寅丑	辰卯寅丑
白常玄阴	青空白常

《玉历钤》云：此课丁火力微，不能制酉，幸加日上，为力则易，故凡占颇可成就。

《毕法》云：此课末传丑土生金，助初传酉金为日干之财，凡占值此，必暗有人以财相助，可以济用。

日克上神，辰上生日上，日克用。

课名重审、芜淫。本凶，有间隔，然旦暮贵人俱入传，须是重谋再进，不免费力。末传归空，凡事宜急图。丁壬暗合贵人，向后可成，恐以末空，不成凶，亦无吉也。

《义》曰：有头无尾，不足称奇。动定谨守，切莫妄为。君子得吉，小人招凶。凡事止息，其道光亨。

《象》曰：破碎钱财多聚散，凝阴之课未为奇。但能守待终为吉，渐渐时亨得自知。

此重审之卦。夫重审者，重而审之也。利为主，利后动，长有厄，事从内起，起于女人。以下犯上，贱犯贵，卑犯尊，事多不顺。阴小在下者，有悖逆之事。占臣未忠，子失孝，事不可遂意而行，必当审察，循乎义理，庶几以免后患也。酉亥丑，为凝阴，亦积极阴之象。夫极阴无阳，乃阳不得位也。此小人道长，君子道藏。夫物盛则衰，阴极生阳，此自然之理也。若小人得此，当退畏自敛，否则恐履其祸；若君子得此，且宜谨守，阴极尽而阳将生，君子道亨之渐也。占者遇之此课，乃进间传也，进而间隔，隔而后退，退而复进之象。凡占必隔手之事，有始而无终也。占求官，美中不足。占见贵虽和，未克济事。破碎发用，非求财不遂，必见破财，占者未之美也；惟利夫牙行、经纪之人，空手求财可得，其求之亦不难也。占婚姻，勿令勉强成之，不吉。占病有隔塞属里①，先重后轻。占远行不宜。占狱讼忧惊，得此有解。

占出兵不宜，秋占大凶，须得德神、解神方可。大抵吉事难成，凶事有散之象也。

后来防变。

---

① 疑有讹误，以俟高明。

真一山人云：春风未得足人情，阴里生阳刚健成。事有定期非是偶，也宜敬慎保安平。

《无惑钤》云：夜贵多嗔，破败财婚。昼贵闭口，力弱言轻。

《钤解》曰：夜贵发用，名咄目煞，况临丁受克，加之执拗，干之必多嗔也。酉乃丁火妻财，为破碎煞，故曰“破败财婚”。亥乃夜贵，系旬尾，为闭口，居于败地，其力则弱，其言则轻矣，干亦无力。《集议》：“课传俱贵转无依”内有此日例，谓遍地贵人，又谓夜贵用为咄目煞，如贵咄目专视，大不宜告贵，占讼尤凶，反坐罪也。凝阴：“凝阴酉亥丑大凶，幽暗不通理不直。作祐禳灾始可宁，不然损财人又失。”末助初财，末空无力。

丁巳日第十二课

重审　进连茹　交车合

权摄不正禄临支

勾	青	朱	六		朱	六	贵	蛇
未	午	酉	申		未	午	酉	申
午	巳	申	丁		午	巳	申	丁

财	庚申	六		财	庚申	蛇
财	辛酉	朱		财	辛酉	贵
子	壬戌	蛇		子	壬戌	后

	青	勾	六	朱				六	朱	蛇	贵
	午	未	申	酉				午	未	申	酉
空	巳			戌	蛇	勾	巳			戌	后
白	辰			亥	贵	青	辰			亥	阴
	卯	寅	丑	子				卯	寅	丑	子
	常	玄	阴	后				空	白	常	玄

《玉历钤》云：此课丁火微弱，而申酉旺盛，幸得支有午火，巳午并助，故旺金得用，凡占所事可成。

《毕法》云：此课三传俱日之财，占病必因伤食而得，以致危笃，盖以丁火逢病死墓故也。如占求财，春夏二季最宜，丁火干旺。

日克上神，辰上克日上，日克用。

课名重审、进茹。火日金为财，夏秋占之，其财大旺，下来克上，重求必遂，其他时不免干众隔手，然所图亦必获利。丁随未加午为合，朱雀在中，因贵人成始成终。

《义》曰：欲进不进，欲止不止。公中干谒，贵人未喜。主客失和，枉自张罗。随财入墓，惊恐尤多。

《象》曰：行止非人力可图，固穷和合是规模。事当难处宜中立，方许男儿是丈夫。

此重审之卦。夫重审者，重而审之也。利为主，利后动，长有厄，事从内起，起于女人。以下犯上，贱犯贵，卑犯尊，事多不顺。阴小在下者，有悖逆之事。占臣未忠，子失孝，事不可遂意而行，必当审察，循乎义理，庶几以免后患也。申酉戌，乃进连茹也，事主欲行不行，欲止不止，进中有退，退而后进，根苗不断，旧事从新，节外生枝，缠绵进退，疑惑推迁之象。支上见午，乃权摄不正，凡占不自尊大，受屈折于人，或占差遣不正，或将职役解于子孙。自支上旺，入中末死墓，犹蛾之扑灯，百无所济，占讼恐因财争之不已，必致入狱，君子宜见机容忍，以修厥德可也。占者遇之此课，占求官，主权摄不正，交关相合，不成中有可成者，不利解散。然昼占，贵人克日，不宜谒贵。占讼，贵不喜多，不吉。占产忌交合连茹，虑惊厄，宜为善以消禳。占病瘥迟且惊。占逃亡自归。占远行不宜。

占出兵行师，先易后难，惟在将者审其时势，察其缓急，严防动静，以保无虞，此善兵者也。

秋吉。

真一山人云：一善惟诚福自然，也知由己不由天。欲教祸去求多福，莫纵私心结恶缘。

《无惑钤》云：交车和顺，求财急进。病讼因贪，昼贵休近。

《钤解》曰：禄临支宅旺。申巳午未，交车相合，人情和顺。申，财也，若用财，宜急进，少缓必为戌墓而死于酉矣。贪财必致祸讼。昼贵履狱，干谒必怒，慎勿近也。《集议》：权摄不正禄临支。戌，日墓，昼占乘蛇临酉，为墓门开，又为外丧入内，宜合寿木以禳之。全财病体难担荷，占病必因伤食而得，以致不救，缘丁火逢病死墓之乡。秋冬占之，决死无疑，年命有制财之神可救；若逢春夏，却有所得，缘干强之故。两贵不协，变成妒忌，酉加申，亥加戌。

戊午日

戊午日第一课

伏吟　玄胎

苦去甘来乐里悲　三传递克众人欺　任信丁马须言动

青 青 勾 勾　　蛇 蛇 朱 朱
午 午 巳 巳　　午 午 巳 巳
午 午 巳 戊　　午 午 巳 戊

父 丁巳 勾　　父 丁巳 朱
子 庚申 白　　子 庚申 后
官 甲寅 蛇　　官 甲寅 青

勾 青 空 白　　朱 蛇 贵 后
巳 午 未 申　　巳 午 未 申
六辰　　酉常　六辰　　酉阴
朱卯　　戌玄　勾卯　　戌玄
寅 丑 子 亥　　寅 丑 子 亥
蛇 贵 后 阴　　青 空 白 常

《玉历钤》云：旦将蛇虎皆凶，不可用事，夜将朱青见官，求官如意，求财求婚不成，占病渐安，公私渐散，占产未生，行人未来，盗逃不获，出入更改平稳。

上神德日。

课名伏吟。守静平安，又丁神主动，上乘雀勾，不免动人闹处，虽末见螣蛇，有变怪，三刑递制不为凶，盖一德扶身，万凶皆散。

《义》曰：人情未知，事须详慎。佛口蛇心，终不成用。课见勾留，事干两头。庶人不吉，仕宦宜求。

《象》曰：课体虽云屈未伸，仕人占此倍欢忻。难中生易君知否？禄马相宜富贵春。

此自任之卦，一曰玄胎。夫自任者，乃天地伏吟，十二神各归本家，天地如一，四伏未发之象。占事静则宜，动则滞，主事藏匿不动，静中求劳，有屈而不伸之象。况玄胎如婴儿隐伏之状，利上不利下，事主远而多伏，暗昧不通，触则成祸，惟君子守正修德则亨。《经》云："任信伏吟神，行人立至门。失物家内盗，逃者隐乡邻。病合难言语，占胎聋哑人。访人藏不出，行者却回轮。"夫三传互克，有众人相欺之象，以致众口相攻。如官员，宜自检束，以防台宪上言相害，翻为两面是非，其意谓始赖巳火而生，不觉迤逦克至日干，所喻"成也萧何，败也萧何"，占事中必有两面刀、是非之人，切宜见机，善而处之可也。占者遇之此课，虽云如此，亦终必有解。占求官者最宜，以其迁官捧印，白虎入庙为威，螣蛇生角，大利求官入任。占见贵和顺，四十五日之左右，当有恩命之荣。婚姻合。占求财难。常占摇动不宁。占宅吉。占病忌老人小儿，久病凶，暴病作福。凡事勾留迟滞。

占出兵不宜，昼占防战士有伤，夜占口舌，谨之勿忽！

仕宦宜。

真一山人云：功名得此必称心，病者逢之祸患侵。惟有善功并积德，凶中化吉是佳音。

《无惑钤》云：末助初生，迤逦相侵。干丁中马，佛口蛇心。

《钤解》曰：末传寅木，生起初传巳火以生戊土；巳又迤逦下克，以致寅木克戊。始而作德禄生干，是佛口也，终则使寅木乘蛇为鬼，非蛇心而何？其用心也险矣哉！初丁马，动用亦不容已。《集议》："三传递生人荐举"内有此法，谓生变克，翻为两面刀，以巳喻萧何，占者必被工匠，或干人，或巳生人作两面刀也。"三传互克众人欺"内列此日。"苦去甘来"谓寅先被递克伤干后，却上生巳火作戊土长生，即苦去甘来，寅即萧何也。长生乘虎，幸中不幸；日鬼乘龙，不幸中幸。"宾主不投刑在上"谓此三刑在传，未免无恩之义，凡占恩反怨也。任信丁马，主静中求动终是静，如占干求，先蒙允许，后必改易。如占访人，虽不藏匿，必有事出干，合在他处相见。

戊午日第二课

元首　不备　退茹　斩关　不结果

避难逃生须弃旧　众鬼虽彰全不畏　脚踏空亡进用宜

六勾朱六　　六朱勾六
辰巳卯辰　　辰巳卯辰
巳午辰戊　　巳午辰戊

官乙卯朱　　官乙卯勾
官甲寅蛇　　官甲寅青
兄　丑贵◎　　兄　丑空◎

六勾青空　　六朱蛇贵
辰巳午未　　辰巳午未
朱卯　　申白　　勾卯　　申后
蛇寅　　酉常　　青寅　　酉阴
丑子亥戌　　丑子亥戌
贵后阴玄　　空白常玄

《玉历钤》云：卯为日之官星，加临六害，兼传入空亡，求事不成，只宜散忧，见贵求名、求财求婚，一切皆不成，占病则安，公讼即散，占产生女，行人即来，逃盗即获，出入更改有阻。

辰上生日上，用克日，初克末，用克日上。

课名元首、退茹。墓覆日，寅卯为鬼，无一件吉，所幸末归空亡，凶从空散。以戊日干往下加支午上，宜屈己下人乃吉，终无成。

《义》曰：传卯寅丑，大利春占。文词口舌，虑有相干。占病凶危，所幸末吉。百事得此，变更消释。

《象》曰：事遇昏蒙未爽明，目前问事未能成。但能守正循乎理，竚看将来好事生。

此元首之卦，一曰天网。夫元首者，尊制卑，贵役贱之象。占事多顺，利于先举，事多起于男子。为臣忠，为子孝，正大光明而无邪僻之行，德业已著而乾乾进修，常怀危惧，惕励而无咎也。夫天网者，即天网四张也，《经》曰“天网四张，万物被伤”，为阻滞，为疑难，为灾恼。日上见墓神，乃昏蒙不明之象。夫墓乃五行潜伏之地，四时衰败气绝之乡，如人处云雾之中而无所见。四十九日身昏蒙，夜里惶惶日里慵。卯寅丑，退连茹也，事主欲行不行，欲止不止，疑二牵滞，根苗不断，旧事从新。寅卯为棺椁煞，丑为墓田，大不宜占病，幸有些解，非大阴德者不能也。占者遇之此课，占求官宜，有文书之象，惜与宅神午相破不和，善处之可，否则唇吻惊疑也。婚未尽善。占求财难。占讼宜和。远行退中有进。此课凡占吉事必宜进，占忧疑惊恐宜退。占产不宜。占行人，有归期。占宅，人旺宅不备。用神值破神，凡事难于始终，此权摄不正禄临支也。

占出兵行师得此，亦不宜，当防范侵侮，夜占尤凶。

只争一着。

真一山人云：寅卯东方木喜春，斯时得此便精神。只因末后些须子，又见将来改更新。

《无惑钤》云：昏晦其身，宅值丁神。鬼居墓上，招呼病人。

《钤解》曰：禄临支宅旺刃。避辰墓难，逃午生。身被墓覆，昏晦甚也。宅值丁神，动变至也。卯乃日鬼，居于墓中，以呼病者，占病必死。三传俱鬼，仕宦最宜，常人可畏也。《集议》："支乘墓虎有伏尸"内列此日，为鬼呼。禄临支。卯乘雀临辰，主口舌文书事。避难逃生，干就支旺。日阴克日在墓上，是在暗处为龃龉，出《九天照胆经》。又卯鬼乘朱雀在日阴，主文书口舌之事在暗中。

戊午日第三课

重审　励德　斩关　寡宿　九丑

脚踏空亡进用宜

蛇 六 贵 朱	青 六 空 勾
寅 辰 丑 卯	寅 辰 丑 卯
辰 午 卯 戊	辰 午 卯 戊
兄　丑 贵 ◎	兄　丑 空 ◎
财 癸亥 阴 ⊙	财 癸亥 常 ⊙
子 辛酉 常	子 辛酉 阴
朱 六 勾 青	勾 六 朱 蛇
卯 辰 巳 午	卯 辰 巳 午
蛇寅　　未空	青寅　　未贵
贵丑　　申白	空丑　　申后
子 亥 戌 酉	子 亥 戌 酉
后 阴 玄 常	白 常 玄 阴

《玉历钤》云：日上卯木官鬼，又乘朱雀、勾陈，皆不可用。用神又空亡，亦不可用。见贵、求名、求财、求婚皆不成，占病并公私不凶，占产未生，行人未来，盗逃不获，出入更改无成。

上神克日，日上克辰上，日上克用。

课名重审、斩关。凡占初空，难入头，向后虽有财喜，亦无始终，可解忧。

《义》曰：既空且脱，无可捉摸。虽有侵谋，亦自消烁。事多未准，要须详审。耗失频仍，动宜敬慎。

《象》曰：欲望春花结实成，可怜风力太无情。谁知好处生嫌隙，多少人心又变更。

此重审之卦，一曰励德，亦曰龙战，又曰寡宿。夫重审者，重而审之也。利为主，利后动，长有厄，事从内起，起于女人。以下犯上，贱犯贵，卑犯尊，事多不顺。阴小在下者，有悖逆之事。占臣未忠，子失孝，事不可遂意而行，必当审察，循乎义理，庶几以免后患也。且夫励德，阴小有灾，此名关隔神。常人占此，身宅不安，宜谢土神，大吏则主升迁，小吏反主迍否。况龙战，主人心疑惑，进寸退尺，动有乖离之象。卯酉为天之私门，生杀有限，分杜有期，雷动龙奔，示其有战。传见寡宿孤辰，值此尤妨骨肉。若占身主孤独，别离乡井，自立门户，财物虚耗，僧道宜之，俗不宜也。上神克日，凡事阻滞疑难。占者遇之此课，占求官见贵，美中不足，有声无实，徒劳心志。占婚姻难成，勉强成之，终难偕老。占求财费力。暴病宜作福，久病恐成凶，非有大阴德者，不能保也。占狱讼忧惊有解。此课凡占成事难成，惟利散忧解难，却为福也。

占出兵行师，防失众，防侵侮，未得成算，欲行未准，闻事有不的，宜密察之，吉不吉而凶不凶也。

真一山人云：事当行处且休行，好向林泉乐性情。凶吉到头浑解散，伫看他日显功名。

《无惑钤》云：伤身墓宅，用传空域。末逢脱败，略无少益。

《钤解》曰：戊被卯克，午为辰墓，身受伤而宅被昏滞也。初中贵财空陷，末值脱败，三传如此，何曾有少益耶？《集议》："三传互克众人欺"内有此法，谓雀鬼加干，在朝官防遭章劾，不宜上书献策，必遭责黜。戊上卯，午上辰，日辰上神六害。"踏脚空亡进用宜"内谓此课为三旬空亡，向后全无实义，尽无所就。极阴："极阴之课丑亥酉，百事逢之悉皆丑。占讼省部方端的，病死定为不长久。"

戊午日第四课

元首　闭口　玄胎　六仪

苦去甘来乐里悲

后 朱 阴 蛇	白 勾 常 青
子 卯 亥 寅	子 卯 亥 寅
卯 午 寅 戊	卯 午 寅 戊
官 甲寅 蛇	官 甲寅 青
财 癸亥 阴	财 癸亥 常
子 庚申 白	子 庚申 后
蛇 朱 六 勾	青 勾 六 朱
寅 卯 辰 巳	寅 卯 辰 巳
贵丑　　午青	空丑　　午蛇
后子　　未空	白子　　未贵
亥 戌 酉 申	亥 戌 酉 申
阴 玄 常 白	常 玄 阴 后

《玉历钤》云：此课日鬼临干，昼占螣蛇，乃凶课也；夜占青龙，其凶稍轻。见贵求名稍吉，求财求婚皆不成，占病者有鬼不死，占官司有刑，占产即生男，行人来，逃盗获，出入更改，阻隔费力。

上神克日，用克日，末克初。

课名元首、玄胎。天绊地结。寅虽为鬼，亥合申制难凶，凡占初难后易，艰辛费力，亦不可以有成也。

《义》曰：求官为吉，利乎春寅。螣蛇生角，变化惟新。久病忌卜，暴病养神。动勿妄行，百福咸臻。

《象》曰：常占须忌递相欺，台谏文章早见知。若是庶人尤可畏，虚惊饶得是和非。

此元首之卦，一曰天网，亦曰玄胎。夫元首者，尊制卑，贵役贱之象。占事多顺，利于先举，事多起于男子。为臣忠，为子孝，正大光明而无邪僻之行，德业已著而乾乾进修，常怀危惧，惕励而无咎也。《经》曰“天网四张，万物被伤”，为阻滞，为疑难，为灾恼。玄胎如婴儿隐伏之状，利上不利下，事主远而多伏，暗昧不通，触则成祸，惟君子守正修德则亨。上神克日，只利先讼，要有气，余占不吉，病讼俱畏，常占得此，为人所欺负，运用不遂，防有人侵害。出兵安营，切防伏兵，宜申严号令御备，或用奇谋以待之，夜占尤宜关防为要，贵在用兵者之妙也。占者遇之此课，占求官大利，惟末后小滞。占婚姻，多是非。占见贵，不济事。病困重，幸有救。出行逃亡者，避寅方。不利占老人小儿及久病者。常占防官事灾祸之侵，惟有德者可以当之。占狱讼者，先忧后喜。占逃亡者自回。

占出兵行师，昼占忧心惊畏，夜占大胜，得宝货与图书，尤防侵损之扰，不可忽之！

真一山人云：久病人身不可当，占胎犹有病相妨。先难后易还为福，君子逢之道益昌。

《无惑钤》云：见处危险，求申救援。迍邅生寅，因财致谴。

《钤解》曰：寅木临干发用，重重克戊，是见处险危之地矣。遂求末传申金以为救援，赖申以祛祸也。申又上生中亥，亥生寅木，反递克干，致此灾谴。初奈申以救祸，又因申致灾，萧何之喻，不亦宜乎？《集议》：赖末申冲克干上寅木，又为戊土长生。“苦去甘来乐里悲”内有此日例，谓凡占未免先受折磨，而后安逸。萧何之喻，亦列在此内。寅鬼加戊，又作六害，其戊土却加申上受生。

戊午日第五课

重审　炎上　交害　九丑

空上乘空事莫追　合中犯煞蜜中砒　初遭夹克不由己

六后勾贵	六白朱空
戊寅酉丑	戊寅酉丑
寅午丑戊	寅午丑戊

兄 壬戌 六	兄 壬戌 六
父 戊午 白	父 戊午 后
官 甲寅 后	官 甲寅 白

贵 后 阴 玄　　　　空 白 常 玄

丑 寅 卯 辰　　　　丑 寅 卯 辰

蛇子　　巳常　　青子　　巳阴

朱亥　　午白　　勾亥　　午后

戌 酉 申 未　　　　戌 酉 申 未

六 勾 青 空　　　　六 朱 蛇 贵

《玉历钤》云：三传火局，又传入鬼乡，凡事费力无成。见贵、求名、求财、求婚皆不遂，占病不死，公私亦散，占产未生，行人未来，逃盗不获，出入更改，费力无成。

辰上克日上，辰上克用，三传生日，末克初。

课名重审、炎上、九丑。三传火局生日，又自墓传生，凡占有生意，先难后易，火性本虚，而天官又有不实者，所谋皆有虚诈，狼狗相争吉，生日不凶。

《义》曰：三合相生，万事欢忻。诸吉骈集，不宜问婚。成中忌破，好里生嗔。暗有鬼贼，不可因循。

《象》曰：恩中致怨笑中刀，成事谁知又破消。用尽时人多少力，临期难得保坚牢。

此重审之卦，一曰炎上，亦曰狡童。夫重审者，重而审之也。利为主，利后动，长有厄，事从内起，起于女人。以下犯上，贱犯贵，卑犯尊，事多不顺。阴小在下者，有悖逆之事。占臣未忠，子失孝，事不可遂意而行，必当审察，循乎义理，庶几以免后患也。夫炎上，为日，象君，事主多虚少实。戌加寅，以墓临生，谓火以明为主，虚则生明，实则生暗，是反其体也。占明事反为暗昧，亦主枉图不遂。占人性刚急，占天晴明。三合，事带众牵连，主两三处干事，又如推磨之象，亦不凶也。传见狡童，《经》云："天后常为厌翳神，须知六合是私门。二将取名称泆女，夫妻失友异情恩。"夫狡童乃不正之象，阴私邪淫，占男女有阴私暗昧之理，占家宅宜谨慎闺门，以防阴小越礼，惟能以礼自防者可化之。占者遇之此课，大体诳惑党谋，占讼是朋党扇惑，故皆纵狂而起，一熄而为灰，故无副为，所谓有头无尾。占婚姻，两姓翁姑，隔地为亲，皆不宜也。占宅，两姓、三姓同居。此课本吉，但不宜合中带煞，为蜜中砒、笑里刀，谋事必被人暗破也，然凶事亦解破。

占用兵虽吉，亦防有谋计解破也。

夏利益。

真一山人云：忧中见喜喜中忧，此中消息未相投。说与知音早廻避，恩人却变作仇尤。

《无惑钤》云：传火生身，夜占畏寅。修身谨行，美里成嗔。

《钤解》曰：三传火局生身，可谓美矣。夜占寅虎遁鬼，可畏之甚也。传虽会合全生，奈干上丑与中传午却作六害，即“合中犯煞蜜中砒”也。占者不可恃其三合之生，务必修身谨行以自待也。《集议》：“合中犯煞蜜中砒”内有此法，歌云：“三合犯煞少人知，惟防暗里定相欺。笑里有刀谁会得？事将成就失便宜。”凡占值此，必至恩中变冤，合中有破，虽系属我之事，亦被人在中阻隔，俗谓“笑里刀、蜜中砒”，止此是也。然虽合中犯煞，所幸丑乃空亡，徒为冤憎，下稍不成，阻隔不免，先应其事。“六爻现卦防其克”内列此日，为传父母化兄弟。“空上逢空事莫追”内列此日占。交互六害。寅遁甲鬼，夜虎临宅入传，虎乘遁鬼殃非浅也。

戊午日第六课

重审　孤辰　四绝　九丑

胎财生气妻怀孕　空空如也事休追　贵害讼直遭屈断

青贵空蛇	蛇空贵青
申丑未子	申丑未子
丑午子戊	丑午子戊

财　子蛇◎	财　子青◎
兄 己未 空⊙	兄 己未 贵⊙
官 甲寅 后	官 甲寅 白

蛇贵后阴	青空白常
子丑寅卯	子丑寅卯
朱亥　　辰玄	勾亥　　辰玄
六戌　　巳常	六戌　　巳阴
酉申未午	酉申未午
勾青空白	朱蛇贵后

《玉历钤》云：夜将青龙最吉，见贵、求名、求财、求婚皆如意；昼占螣蛇，则前

事不成，占病难安不死，官司难散。宜夜占，不宜日占。

日克上神，辰上克日上，日克用。

课名重审。空亡为用，只宜结绝旧事，不宜图新。虽虎寅为鬼，毕竟空亡，凶吉皆从空散。

《义》曰：闻忧不忧，闻喜不喜。惊恐消弥，万事莫理。守旧自然，白手寻钱。若或妄动，徒被熬煎。

《象》曰：虚名虚利竟何如？好事从来未足奇。惟有九流僧道吉，空中却反得便宜。

此重审之卦，一曰孤辰。夫重审者，重而审之也。利为主，利后动，长有厄，事从内起，起于女人。以下犯上，贱犯贵，卑犯尊，事多不顺。阴小在下者，有悖逆之事。占臣未忠，子失孝，事不可遂意而行，必当审察，循乎义理，庶几以免后患也。况孤辰有茕茕孑立之象，占人别离桑梓，凡所占谋，多虚少实，功名难遂，事业虚花。日上见财，多虚惊不宁，闻事不的，干事不准，传言难信。况四绝，只宜了旧莫图新，宜结绝旧事也。占者遇之此课，求官得此，事不实而谋难遂，时未至而理未伸，且宜缓图，以待顺时而动，自然声誉昭著也。占见贵虽合，而两无实意，或彼此有事相妨。占求财，乃空手惊疑之财，或得之而不偿费。其他占婚姻、交易、投谒、进用，凡有动谋，不过指空话空，捕风捉影，徒劳精神，而竟无可成，设使侥幸，不过一时而已，又焉足为用也？占久病得之凶，暴病得之吉。占产得之，必难育。惟利夫忧惊、患难、狱讼、被围，诸凶厄之事，却能解之，化难而生恩也。

占出兵行师得此，忧失众，吉不成吉，而凶不成凶也。

难着力。

真一山人云：空上乘空事莫追，徒然南北又东西。哲人知己终无损，动定兢兢福自归。

《无惑钤》云：四课无形，事悉难明。夜鬼俱来，木鬼犹轻。

《钤解》曰：子丑旬空，未申落空，四课无形也，事迹凭何而名？末寅夜虽乘虎，然而俯仰丘仇，力极轻也，何足畏哉？《集议》："空空如也事休追"内列此日，谓四课无形，事不出名，纵然出名，也是虚声。寅加未，夜虎，主恶神庙及事祖之事。壬寅年十月三十日占得此课，王前峰。子乃戊土妻财，正月为生气，主有孕喜，旬空后必有损。寅遁甲鬼，夜虎入传，虎乘遁鬼殃非浅也。克者回归，又受上克。四绝占病凶。两贵相协。九丑极凶。

戊午日第七课

反吟　三交

来去俱空岂动移

白蛇常朱	后青阴勾
午子巳亥	午子巳亥
子午亥戊	子午亥戊

父 戊午 白 ⊙	父 戊午 后 ⊙
财　子 蛇 ◎	财　子 青 ◎
父 戊午 白 ⊙	父 戊午 后 ⊙

朱蛇贵后	勾青空白
亥子丑寅	亥子丑寅
六戌　　卯阴	六戌　　卯常
勾酉　　辰玄	朱酉　　辰玄
申未午巳	申未午巳
青空白常	蛇贵后阴

《玉历钤》云：土日以水为财，虽课名反吟，然皆日之财也。夜将天后、青龙，见贵、求名、求财，皆先反复而后成，求婚不利，占病进退不死，公私反复，占产未生，行人未来，逃盗不获，出入更改，却主如意。

日克上神，日上克用。

课名反吟。事主反复。午为刃，子为财，既子为空，凶吉皆从空而散。

《义》曰：得而反失，成而复离。仰天长啸，徒生企思。静以待之，时至而行。为善为福，自有前程。

《象》曰：望尽天涯好事来，不知天道又安排。东风不解春花好，几度清光几度摧。

此无依之卦，一曰三交。夫无依者，即反吟也。《经》云："无依是反吟，逃者远追寻。合者应分散，安巢别改林。守官须易位，结友也分襟。所为多反复，占病数般侵。"反吟刑冲，事主迟滞，远近系心，更相仇怨，且反复而呻吟，是无予夺而难息也。传见三交者，前不能进，后不能退，交加其象。此三交也，《经》云："三交家匿阴私客，不迩自将逃避迍。"凡事失节阻碍，谋事被人阻破，不能成合，幸传中有解也。占者遇之此课，占求官见贵，如望空斫斧。占交易问婚，似捕风捉影。以至求财、远行、谋望、托人、投谒、干用，凡所占谋，百无一成，设有一成，亦未坚久。由其课体三传无位而空空如也，课既无位，则神将何所依归？假使谋干，全无着力，徒劳碌碌而已。占久病，得此最凶。闻事不的。诸凶忧惊狱讼，解散为福。

占出兵行师得此，忧失众，亦不成凶吉也。

何所凭据？

真一山人云：事势如斯可奈何？得而复失枉奔波。争如静坐山窗下，诗酒琴书乐趣多。

《无惑钤》云：来往皆空，凡事无踪。喜事不喜，凶为不凶。

《钤解》曰：子旬空，午落空，凡事皆无踪迹也，吉凶皆无凭矣。《集议》："来去皆空岂动移"内列此日，为长生无气。亥乃财神闭口。秋火鬼是子，昼乘蛇克宅，防火灾。夜贵加昼，宜暗求关节。

戊午日第八课

涉害　长幼　斩关

虎乘遁鬼殃非浅

玄 朱 阴 六　　　　玄 勾 常 六
辰 亥 卯 戌　　　　辰 亥 卯 戌
亥 午 戌 戊　　　　亥 午 戌 戊

兄 丙辰 玄　　　　兄 丙辰 玄
子 辛酉 勾　　　　子 辛酉 朱
官 甲寅 后　　　　官 甲寅 白

六 朱 蛇 贵　　　　六 勾 青 空
戌 亥 子 丑　　　　戌 亥 子 丑
勾酉　　　寅后　　朱酉　　　寅白
青申　　　卯阴　　蛇申　　　卯常
未 午 巳 辰　　　　未 午 巳 辰
空 白 常 玄　　　　贵 后 阴 玄

《玉历钤》云：三传自刑，又是隔将，兼与日辰上下无情，见贵、求名、求财、求婚皆难而无成，占病不死难安，官司难散，占产未生，行人未来，盗逃难获，出入无成。

日上克辰上，末克初。

课名知一、斩关。日墓为用，末见寅为鬼，支辰上见亥，克支辰，助寅鬼，不可言吉。

《义》曰：课体不凶，亦未全吉。惟在占人，阴德福及。玄武墓日，鬼贼须防。幸逢戌冲，又见昭彰。

《象》曰：大事勿成宜小就，吉凶悔吝在乎人。阴阳微妙难推测，惟有昭昭天道真。

此知一之卦，一曰长幼。夫知一者，知一而不能知两，知者以为自知、自见，不知为寇仇，故言知一也。以此为用，舍远就近，舍疏就亲，恩中生害，事多起于同类，凡事狐疑，事贵和同乃吉。《经》云："知一卦何如？用神今日比。事因同类起，婚姻失谐为。失物亲邻取，逃亡不远离。论讼和允好，为事尚狐疑。"夫斩关非安居之象，占者多不自由，事多暗昧不和，口舌离散，欲隐身避难者，却利乎奔逃也。又为长幼卦，以三上克下，老者必低萎也。占者遇之此课，乃闭口，莫测其机，以其不欲向人言者。占病必哑，或禁口之疾，而病不能言。占产生哑人。占失脱或寻访，人见之亦不言。占求事，亦闭口而不言其允否。玄武作浴盆，病凶。人宅昏蒙。所干不称。惟宜循理守正以待，则庶几亨利，事宜容忍吉。

占出兵行师，昼夜皆不宜，勿勉强而误事，以招悔吝也。其他诸占不宜，勿忽云耳。

动必以礼。

真一山人云：课凶人吉自无疑，人也凶时祸便随。此个机关人不会，失却便宜得便宜。

《无惑钤》云：传墓脱鬼，可谓不美。端坐家中，饮食倍费。

《钤解》曰：辰墓、酉脱、寅鬼，三传全值，甚不美矣。既不可投，坐守宅上亥水之财，坐以听其耗费者也。《集议》：天罡乘玄加亥，走失必败归本家玄武亥上，本家亥又被天罡罩却。闭口财临支。寅遁甲鬼，夜虎入传殃非浅也。

戊午日第九课

元首　炎上　六仪　斩关　励德

合中犯煞蜜中砒　虎乘遁鬼殃非浅

后六贵勾	白六空朱
寅戌丑酉	寅戌丑酉
戌午酉戌	戌午酉戌

官 甲寅 后	官 甲寅 白
父 戊午 白	父 戊午 后
兄 壬戌 六	兄 壬戌 六

	勾六朱蛇			朱六勾青	
	酉戌亥子			酉戌亥子	
青申		丑贵	蛇申		丑空
空未		寅后	贵未		寅白
	午巳辰卯			午巳辰卯	
	白常玄阴			后阴玄常	

《玉历钤》云：三传归墓，又兼土日得火局，凡百用事，难而无成，见贵、求名、求财、求婚难，占病必死，公私难散，占产未生，逃盗不获，出入更改无成。

上神盗日，辰上生日上，用克日，初克末。

课名元首、炎上、斩关。三传生日，可以托人干事，自有得，凡事可成，但不十全。

《义》曰：失中有得，散中望成。婚姻勿用，用则不贞。占宅不宜，事主迟疑。若欲速成，反见披离。

《象》曰：合中有破未坚牢，空有英雄志气豪。若是两家心不契，鸡群争得凤凰毛。

此重审之卦，一曰炎上，亦曰泆女。夫重审者，重而审之也。利为主，利后动，长有厄，事从内起，起于女人。以下犯上，贱犯贵，卑犯尊，事多不顺。阴小在下者，有悖逆之事。占臣未忠，子失孝，事不可遂意而行，必当审察，循乎义理，庶几以免后患也。且炎上，为日，象君，事主多虚少实。寅加戌，以生临墓，谓火以明为主，虚则生明，实则生暗，是反其体也。占明事反为暗昧，亦主枉图不遂。占人性刚急，卜天晴明。炎上，事干窑冶。三合，事带众，牵绾迟滞，必两处计议干事。夫泆女乃不正之象，阴私邪淫，占男女有阴私暗昧之理，占家宅宜谨慎闺门，以防阴小越礼，惟能以礼自防者可化之。日生上神，虚费百出，谋望不遂，盗失损财，人口衰残，休囚尤重，又为子孙脱漏之事。虽见此不足，又喜三合生助，如人遇困中，复得两处相助，以长精神，此乃困中得助之象。占者遇之此课，先难后易，先失后得，先损后益。占求官迟。占见贵未顺，否则有人损破。干支上见六害，凡占必有侵争，彼此猜忌，所喜化火生助，不成中而有可成之象，未免事有迟疑，应期过月。大不宜占婚，占宅亦不宜。占散事虽不凶，但迟月日。

占出兵行师，昼占吉，夜占凶。一云：此课有头无尾也。

真一山人云：去了嫌疑好事兴，自家有宝远求人。楱心坐待春光至，必见高人助尔身。

《无惑钤》云：夜虎临寅，可见灾迍。酉不能制，转见伤身。

《钤解》曰：寅鬼发用，夜占乘虎，其灾迍可立而见也。干上酉金，不能为救，以三传火局克酉故也。若是昼占，自支上传为火局生干，当以人盛宅衰论也。《集议》：寅遁甲鬼，夜虎发用，殃非浅也。

戊午日第十课

重审　闭口　三交

蛇勾朱青	青朱勾蛇
子酉亥申	子酉亥申
酉午申戊	酉午申戊
子 辛酉 勾	子 辛酉 朱
财　子 蛇 ◎	财　子 青 ◎
官 乙卯 阴 ⊙	官 乙卯 常 ⊙
青勾六朱	蛇朱六勾
申酉戌亥	申酉戌亥
空未　子蛇	贵未　子青
白午　丑贵	后午　丑空
巳辰卯寅	巳辰卯寅
常玄阴后	阴玄常白

《玉历钤》云：凡三传自四课而生，用神须与日辰上下相合，方是吉课，若全无气，还非吉也。此课用神与日辰全不相干涉，若占见贵、求名、求财、求婚皆不成，占病不死，公私难解，占产难生，行人未来，盗逃不获，出入更改无成。

上神盗日，初克末。

课名重审、三交。三传与日辰全无情，所幸中末空亡，虽无吉，亦无凶也。

《义》曰：既脱又空，何以施工？欲知相侣，捕影捉风。事多不顺，勿劳费心。君子知微，可以待时。

《象》曰：年来事事未如心，才得如心失好音。看到这般难着力，不如回首乐山林。

此重审之卦，一曰三交。夫重审者，重而审之也。利为主，利后动，长有厄，事从内起，起于女人。以下犯上，贱犯贵，卑犯尊，事多不顺。阴小在下者，有悖逆之事。占臣未忠，子失孝，事不可遂意而行，必当审察，循乎义理，庶几以免后患也。夫三交者，《经》云："三交家匿阴私客，不迩自将逃避迍。"凡事失节阻碍，谋事被人阻破，不能成合。日生上神，虚耗百出，谋望不遂，盗失损财，人口衰残，休囚尤重，又为子孙脱漏之事。虚喜虚惊，不足论也。占者遇之此课，占求官不利，目下无力，须当顺理以待其时可也。占见贵虽和，终难济美。占婚姻不宜。占求财难得，纵使空手得之，亦随失之，所谓得不偿失也。占久病者凶，恐脱气而有伤身之理，新病反为福。远行、投谒、干用、谋望，皆欲成不成，欲就虽有巧计奇谋，卒难济事。惟利狱讼、忧惊之事，却能转祸为福，化难生恩也。

占出兵行师得此不宜，用之有损无益，昼占凶，夜占口舌，吉不成吉，而凶不成凶之象也。

未如意。

真一山人云：散尽忧疑消尽凶，人间万般尽空空。甫能得了些儿个，不遂西风又遂东。

《无惑钤》云：贵坐魁罡，中末空亡。独有初酉，脱败非常。

《钤解》曰：昼贵坐魁，夜贵坐罡，不可干也。中子旬空，末卯落空，不行传也。独存初传酉金，又戊土败脱之乡，干上申金又脱，课传俱无益矣，其费耗何可当哉？《集议》：不行传者考初时，初乃脱败。

戊午日第十一课

重审　涉三渊　不结果　交车合

罡塞鬼户任谋为

玄白常空	玄后阴贵
戌申酉未	戌申酉未
申午未戌	申午未戌
子 庚申 白	子 庚申 后
兄 壬戌 玄	兄 壬戌 玄
财 子后◎	财 子白◎
空白常玄	贵后阴玄
未申酉戌	未申酉戌
青午 亥阴	蛇午 亥常
勾巳 子后	朱巳 子白
辰卯寅丑	辰卯寅丑
六朱蛇贵	六勾青空

《玉历钤》云：日刑为用，传入空亡，凡事有头无尾，见贵、求名、求财、求婚皆不成，占病不死难安，公私亦不凶，占产未生，行人未来，逃盗不获，出入更改不利。

日上生辰上，日生用，日上生用。

课名重审。末空，凡占有始无终，告贵虽不允，而亦无凶也。

《义》曰：疑二不决，未免多惑。成之无益，大求小获。婚不可成，事要见明。末后一着，方见前程。

《象》曰：泆女分明理未真，闺中须得谨闲人。虽然只是虚言论，争似无言不惹嗔。

此重审之卦，一曰泆女。夫重审者，重而审之也。利为主，利后动，长有厄，事从内起，起于女人。以下犯上，贱犯贵，卑犯尊，事多不顺。阴小在下者，有悖逆之事。占臣未忠，子失孝，事不可遂意而行，必当审察，循乎义理，庶几以免后患也。夫泆女乃不正之象，阴私邪淫，占男女有阴私暗昧之理，占家宅宜谨慎闺门，以防阴小越礼，惟能以礼自防者可化之。日上见鬼墓，夫鬼墓加干鬼暗兴，若明见其鬼，尤可制之。墓中之鬼，危疑者甚。凡占人防有暗中侵害，昏暗不明。出兵行师，防袭击侵扰，必须申严号令，以备暗中之贼，尤当密察人情真伪，勿中彼之计也。占者遇之此课，乃进间传也，进中有隔，隔而后退，退而复进。涉三渊，难疑阻隔之象。占求官见贵，未足称心。占婚求财，美中不足。占交易、投谒、远行，亦有阻滞，欲行不行，欲动不动。占病者，胸膈不利，先逆后顺。其他所占，皆有始无终。占狱讼、忧惊之事，却能解散，化难而生恩也。

占出兵行师不宜，昼占无威，余已见前，亦吉不吉而凶不凶也，由其末传之无力也。

牢牢把捉。

真一山人云：苗而不秀事难全，此个机关不偶然。看到这般难着力，散忧解难效如仙。

《无惑钤》云：来往交媾，长生可就。惟忌取财，苗而不秀。

《钤解》曰：巳与申合，午与未合，干支上下往来交媾矣。且发用申金，则可就以资其长生也。虽乘白虎，临支烧身，不能为祸。末财空亡，切不可取，如苗而不秀，何益哉？反有所费。《集议》：申加午用，主炉火，若天后临支，主不成，谓水破火也。涉三渊，欲动，干支互脱，即“天网恢恢”、“东手得来”之喻。“罡塞鬼户”内列此日。

戊午日第十二课

别责　不备　六仪

白空空青	后贵贵蛇
申未未午	申未未午
未午午戊	未午午戊
官 甲寅 蛇 ⊙	官 甲寅 青 ⊙
父 戊午 青	父 戊午 蛇
父 戊午 青	父 戊午 蛇
青空白常	蛇贵后阴
午未申酉	午未申酉
勾巳　　戌玄	朱巳　　戌玄
六辰　　亥阴	六辰　　亥常
卯寅丑子	卯寅丑子
朱蛇贵后	勾青空白

《玉历钤》云：此课别责，寅乃戊日之鬼，夜占青龙，宜占官求名，俗庶占之，主有公私之扰，其余求财求婚俱不遂，占病有鬼，官词难散，占产即生男，行人来，逃盗获，出入更改不可用。

上神生日，日上生辰上，用克日。

课名别责、三奇、六仪。春占旦贵可以言吉，余不吉，若能改图，向后事十全，初传空亡，鬼不足畏。

《义》曰：彩云易散，琉璃易脱。正好相生，何如空遇。子丑逢冬，福自丰隆。龙蛇成类，惊喜重重。

《象》曰：小事图成尚有疑，倘谋大事失便宜。眼前得意浑无喜，只恐临时又变之。

此芜淫之卦，一曰天网。夫芜淫者，乃阴阳不备之谓。《经》曰："芜淫芜淫，奸生于中。"又曰："阴阳不备是芜淫，夫妇奸邪有异心。二女争男阳不备，两男争女有单阴。上之克下缘夫恶，反此诚为妇不仁。"夫天网者，即"天网四张，万物被伤"，为阻滞，为疑难，为灾恼。上神生日，所谋百事吉，运用如意，遇灾不凶，逢吉愈吉。凡占有人上门助我之意，不等我之求人也。言凡事不待己之力，而尚有相助之者，又况用力乎？然而别责之课，有舍此而别求之象，亦美中终见未足。又云：支就干宫，寄一身而匹偶，乃自在格也，内外有和顺之象。占者遇之此课，阳不备，事未周。占求官、见贵、交易、婚姻、求财、谋望、投谒、远行，凡占未得如意，以其发用地盘空亡而无力也。占新病得之吉，久病亦未吉也。占狱禁、忧惊之事，由利乎初传之空也。

占出兵行师得此，昼占忧心众畏，先难后易，夜占先喜后忧，幸有解也。

宜见机。

真一山人云：课体无凶福自然，纵教舍此不为愆。渐看好事频频见，富贵荣华总在天。

《无惑钤》云：彼来生己，守之如意。倘若动谋，鬼刃俱值。

《钤解》曰：支来生干，上门相惠也。守其生旺，则如意矣。倘若狂谋妄动，则逢初传寅鬼、中传刃网，为祸不浅也。《集议》："上下皆合两心齐"内有此法，干上午与支上未作六合，又是支加干，兼支干相邻近也，凡占主有变换彼我、共谋求合之事也。二、六、十月占，午乃火鬼煞。青龙乘寅作日鬼生干上，《引证申集》为江司户占家宅[①]。两贵不协，变成妒忌，丑加子，未加午。

① 《壬占汇选》作：建炎戊申年十月初七，戊午日卯将寅时，汪司户辛未生，十二月二十一日午时，三十八岁占官职。邵彦和曰："司户今无正位，必主上司责罚而别有迁改。寅乃今日之鬼，鬼生午火，午乃今日羊刃煞，且是天鬼，在于中末传，与支上未合，亦忧宅眷人口有死者。"后果病死三人，又为米仓事发，遂罢去也。盖寅乃日鬼，生三个午，十月建亥，合寅来生。宅犯丁神，以未中有丁，非旬丁也，丁主动，天空主空，是宅因有事动而空虚矣。汪司户，饶州人，为衢州司户，起得此课，后果宅中患时气，遂死三人。十月间因提举检踏常平仓，事露，遂致贬斥。

己未日

己未日第一课

伏吟　折腰　稼穑　八专　帷薄　六阴

不行传者考初传

白	白	白	白		蛇	蛇	蛇	蛇
未	未	未	未		未	未	未	未
未	未	未	己		未	未	未	己

兄	己未	白		兄	己未	蛇	
兄	丑	蛇	◎⊙	兄	丑	白	◎⊙
兄	壬戌	阴		兄	壬戌	阴	

	青	空	白	常			六	朱	蛇	贵
	巳	午	未	申			巳	午	未	申
勾辰				酉玄		勾辰				酉后
六卯				戌阴		青卯				戌阴
	寅	丑	子	亥			寅	丑	子	亥
	朱	蛇	贵	后			空	白	常	玄

《玉历钤》云：伏吟见螣蛇，无有不凶者也。见贵、求名、求财、求婚，一切皆不可用，占病不死难安，公私亦散，占产未生，行人未来，逃盗不获，出入更改不利。

课名伏吟、自信、稼穑。三传刑战，安得宁静？伏吟之凶，莫甚于此。所喜中传上下空亡，虽凶亦不甚凶也。

《义》曰：支干同类，课此未济。常占平安，谋事则废。事到中途，凶吉俱无。欲遂未遂，吾已矣夫。

《象》曰：中间无力难负荷，哲人知机高枕卧。笑对南山看白云，白酒黄花香满座。

此自信之卦，一曰稼穑。夫自信者，天地伏吟，十二神各归本家，天地如一，四伏未发之象。占事静则宜，动则滞，主事藏匿不动，静中求劳，有屈而不伸之象。况稼穑乃重土，有艰难之象，常占得此，名曰鲸鲵归涧，凡事逼迫不由己，出若遇雷神，方能变化。《要》曰：稼穑者，五坟也，不宜占病。《经》云："任信伏吟神，行人立至门。失物家内盗，逃者隐乡邻。病合难言语，占胎聋哑人。访人藏不出，行者却回轮。"夫支加干，乃培益于干，得同数相培，自然壮本基也，故曰壮基格。阴阳不备，日辰同位，事主驳杂，同类必有夺。又三传支干皆土，不宜占财，不宜占父母病。凡占得此，培本之象，自在用事，宜向外前，运用遇凶，亦可以成就，则栽培吉也。应事迟缓，须待出旬。稼穑从土，辟地开田而用也。占者遇之此课，号曰折腰空亡，凡占举用百事，始如锦上添花，终似秋风落叶，所喻不异独足，言独足则不能行矣。吉事得之不足喜，凶事得之不足忧，吉凶两事，俱难成用。

占用兵，昼则有败绩之象，夜则惊忧不宁，得空解之，但功业有所未能，亦吉凶不成之义。

真一山人云：婚姻男女不相当，富贵荣华渐渐昌。万事尽从忙里错，此心须向静中藏。

《无惑钤》云：支干相逢，中末俱空。无异独足，昼虎三重。

《钤解》曰：真朱雀，夜占，辰戌丑未年吉，申酉年凶。支干同宫，而支又加干，相逢一处也。中间旬空，末戌来刑。且己未日，酉加己，乃名独足，众皆知也。殊不知此日伏吟，亦可以独足名，虽未丑戌为三传，丑既旬空，岂能刑末传之戌乎？中末既无，惟支与干并初传皆在未上，与独足何异耶？课传三虎，非独谋不能有成，病讼必不能免。独足占病必死。此课凶尤甚矣。《集议》："不行传者考初时"内有此日例，同钤。未虎临干支发用，占病腰痛。"宾主不投刑在上"谓此三刑入传，若日上神生旺不空，更乘吉将，凡恃强凌弱，名能刑于他人。损不足而奉有余，详丁未日。

己未日第二课

八专　帷薄　三交　励德蹉跎[1]

① 四课贵前为蹉跎，凡事跌足不安。

青空青空　　六朱六朱
巳午巳午　　巳午巳午
午未午己　　午未午己

官乙卯六　　官乙卯青
父戊午空　　父戊午朱
父戊午空　　父戊午朱

勾青空白　　勾六朱蛇
辰巳午未　　辰巳午未
六卯　申常　青卯　申贵
朱寅　酉玄　空寅　酉后
丑子亥戌　　丑子亥戌
蛇贵后阴　　白常玄阴

《玉历钤》云：卯午相破为用，凡事最难，见贵、求名、求财、求婚皆无成，占病不死，公私不凶，占产生女，行人即来，盗逃不获，出入更改不利。

上神生日，用克日。

课名八专、帷薄。干上支上，午未相合，初卯为鬼，中末双禄加日辰上，此先难后易之课也。

《义》曰：课体平平，未足为奇。喜来生耶，吉福相宜。四课不备，难全人事。得失相须，惟德为最。

《象》曰：君子逢之最吉昌，小人得此不相当。人间祸福还由己，天道昭昭影响彰。

此帷薄不修之卦，一曰天网，亦曰三交。夫帷薄不修者，乃八专也。《经》曰：干支共位，阴阳两课。五日四辰，表里皆拱于八极。故曰：八专尊卑共室，人宅不分。又曰：帷薄不修，内不隔而外不遏，事多重叠，忧喜两来，干涉妇人，久而反蔽。占身宅婚姻，不宜得此，恐男女有越礼之事，宜严谨闺门，慎乎动静，能以礼自防者，庶几免失。故曰："以道制欲，则能顺命。"夫天网者，即天网四张也，《经》曰"天网四张，万物被伤"，为阻滞，为疑难，为灾恼。且三交者，前不能进，后不能退，交加其象，家匿阴私，或欲自逃隐避。凡事失节阻碍，谋事被人阻破，不能成合也。所喜先难后易，难里生恩。一云：上神生日，所谋百事吉，运用如意，遇灾不凶，逢吉愈吉。若当季神来生，主声名显达，岁命生日，尤为吉昌。占者遇之此课，诸占有吉无凶，惟不利占婚姻，占婚必暗昧不明，不执妇道，将来恐有丑声，亦不利占夫妇、家宅，余占皆平吉。

占出兵行师，昼夜所占皆不利，余在将者之权谋也。

美中不足。

真一山人云：男女婚姻是本根，本根能立正家门。不修帷薄无根本，享福偏宜食禄均。

《无惑钤》云：从军食禄，方才享福。惟忌昼空，占病必哭。

《钤解》曰：真朱雀生日干。禄临支宅脱合。未乃日刃临申，申者身也，为从军。旺禄并临干支，是食禄方才享其福矣。昼若占病，禄乃乘空，必绝食而死矣。《集议》：旺禄临身徒妄作。干支全逢自刑。禄临支被脱，必因起盖宅屋，而以禄偿债，难以权摄论。夜占真朱雀。凡八专皆有失礼、内外不分之象。干支上自刑，宾主不投。

己未日第三课

八专　帷薄　六阴　寡宿

六 青 六 青	青 六 青 六
卯 巳 卯 巳	卯 巳 卯 巳
巳 未 巳 己	巳 未 巳 己
兄　丑 蛇 ◎	兄　丑 白 ◎
父 丁巳 青	父 丁巳 六
父 丁巳 青	父 丁巳 六
六 勾 青 空	青 勾 六 朱
卯 辰 巳 午	卯 辰 巳 午
朱寅　　未白	空寅　　未蛇
蛇丑　　申常	白丑　　申贵
子 亥 戌 酉	子 亥 戌 酉
贵 后 阴 玄	常 玄 阴 后

《玉历钤》云：八专课，螣蛇为用，无有不凶，幸而空亡，此凶减半耳。大抵八专

课，多暗昧虚诈之事，凡用皆然，占病并公私亦无凶，却为空亡也。占产未生，行人未来，盗逃不获，出入更改并无成。

上神生日。

课名八专、帷薄。凡所图谋，必有虚诈，宜退不宜进。蛇虎为用，幸而丑为空亡，毕竟凶吉无成。龙合加日辰，作中末，事主向后十全。

《义》曰：虚惊虚喜，虚名而已。不备芜淫，慎乎失礼。课曰孤辰，男女茕茕。惟利僧道，骨肉无恩。

《象》曰：谋望功名事有声，到头犹恐变将生。千般好事千般怪，理势如斯少见成。

此帷薄不修之卦，一曰寡宿，亦曰龙战。夫帷薄不修者，即八专也。《经》云：八专支干共位，阴阳两课。五日四辰，表里皆拱于八极。故曰：八专尊卑共室，人宅不分。又曰：帷薄不修，内不隔而外不遏，事多重叠，忧喜两来，干涉妇人，久而反蔽。占身宅婚姻得此，恐男女有越礼之事，宜严谨闺门，慎乎动静，能以礼自防者，庶几免失。故曰："以道制欲，则能顺命。"传见寡宿，《赋》云："寡宿孤辰，值此尤妨骨肉。"若占身得此，主见孤独，别离乡井，自立门户，财物虚耗，僧道宜之，俗不宜也。况龙战，主人心疑惑，进寸退尺，动有乖离之象。卯酉为天之私门，生杀有限，分杜有期，雷动龙奔，示其有战。占者遇之此课，事多起于虚声，闻事不的，谋望百事，欲成未成之象，更变改图。所幸上神生日，所谋百事吉，运用如意，遇灾不凶，逢吉愈吉。先不足，然后美利。占新病得此宜作福，久病得此必凶危，驿马一名驮尸煞，当修德以禳之。占讼狱忧难有解。

占出兵行师得此，昼夜占皆不宜，尤防事起不的，有失众之象也。

夜占宜慎。

真一山人云：凶吉本来无着相，是非几个得先知？如今静默勿过想，这等存心便是奇。

《无惑钤》云：破碎作空，费耗贫穷。丁马遍布，一世飘蓬。

《钤解》曰：真朱雀生岁干已。丑乃旬空，为破碎煞发用，耗费无算，必至贫穷而后已也。巳为丁马，遍布课传，动变非细，踪迹不定，一世飘蓬而已。《集议》：无[1]。

---

① 闻动占得此课。支阴克日，若言真也，阴克则又不可信；日阴克支，言不真也。明明亦阴克支，诚哉不真，两下皆怀变诈，祸将不测，乘马且重，速而又速，是我打人，反被人打之意。乘丁在目前，蛇虎作初，又是破碎，虽空亦难免，马带劫。闻动，九月初五日寅时有声。按：此乃读者杂占，寅时闻声，却非寅时所占，或辰将午时课。

己未日第四课

八专　帷薄　闭口　泆女　斩关　三奇　励德[1]

干支乘墓各昏迷

蛀勾蛇勾　　青常青常
丑辰丑辰　　丑辰丑辰
辰未辰己　　辰未辰己

财 癸亥 后　　财 癸亥 六
兄 丙辰 勾　　兄 丙辰 常
兄 丙辰 勾　　兄 丙辰 常

朱六勾青　　空白常玄
寅卯辰巳　　寅卯辰巳
蛇丑　午空　　青丑　午阴
贵子　未白　　勾子　未后
亥戌酉申　　亥戌酉申
后阴玄常　　六朱蛇贵

《玉历钤》云：虽名八专，其实斩关，昼夜天将皆不凶，小事可用，如求财之类如意，但见贵、求名、求婚之事，不宜用尔。占病不死，公私亦散，占产未生，行人未至，盗逃不获，出入更改如意。

课名八专、帷薄。墓覆干支，凡事不备，昏暗郁塞，难以自明，谋图切不可轻动，久久可用。

《义》曰：帷薄不修，勿恃风流。动必以礼，何以他求？事惟小就，不宜大谋。关防出入，可以远忧。

《象》曰：阴阳不备未相当，事欲谋成岂可量？君子识时终见用，小人勉强不无妨。

---

① 四课贵前为蹉跎，凡事跌足不安。

此帷薄不修之卦，一曰斩关。夫帷薄不修者，乃八专也。《经》云：八专支干共位，阴阳两课。五日四辰，表里皆拱于八极。故曰：八专尊卑共室，人宅不分。又曰：帷薄不修，内不隔而外不遏，事多重叠，忧喜两来，干涉妇人，久而反蔽。占身宅、婚姻得此，恐男女有越礼之事，宜严谨闺门，慎乎动静，惟能以礼自防者，庶几免失。故曰："以道制欲，则能顺命。"一曰斩关，非安居之象，有奔亡之意。传中无金，关有难斩者，虑夫责扰，当谦退修德以化之可也。支干皆乘墓神，夫墓者，五行潜伏之地，四时衰败气绝之乡，逢墓即止，传墓不顺，如人处云雾之中，昏蒙而无所见。占病气逆食不通，夜里惶惶日里慵。宅舍亦不光明，彼此皆昏暗也。此名闭口卦，凡占不欲与人说，或事有不可告人者，占病不语，或咽喉闭口之类，寻访于人，人亦不肯言。凡百所占，皆不快利，不堪用事。占婚姻不宜，惟守正顺理则吉，凶则恐有不足之忧。谨之！谨之！所幸奇神为解。

占出兵行师不宜，勿妄动也。慎之！

守正利亨。

真一山人云：男女人伦不可偏，道通天地古今传。知机可享平生福，妄作招凶岂偶然？

《无惑钤》云：财神闭口，不得入手。四墓乘勾，昏迷难受。

《钤解》曰：亥，己土之财也，加旬首发用，闭口之财，况坐于寅木鬼方，不惟难于闭口，亦且不得入手矣。四重辰墓，俱乘勾常之土，其昏昧迟滞，何可当耶？《集议》："宾主不投刑在上"内列此日，乃干支全逢自刑。干支乘墓各昏迷。

己未日第五课

八专　芜淫　曲直　元首　狡童　六阴

众鬼虽彰全不畏

后 六 后 六	六 白 六 白
亥 卯 亥 卯	亥 卯 亥 卯
卯 未 卯 己	卯 未 卯 己

官 乙卯 六	官 乙卯 白
财 癸亥 后	财 癸亥 六
兄 己未 白	兄 己未 后

蛇朱六勾　　　青空白常

丑寅卯辰　　　丑寅卯辰

贵子　　巳青　　勾子　　巳玄

后亥　　午空　　六亥　　午阴

戌酉申未　　　戌酉申未

阴玄常白　　　朱蛇贵后

《玉历钤》云：卯为日鬼，兼木局又克日，凡占不宜得此，用事阻隔难成，见贵、求名、求财、求婚皆不成，占病死，公私难散，占产即生，行人来，逃盗获，出入更改有阻。

上神克日，用克日，三传克日，初克末。

课名元首。凡百所占皆不吉，旦防阴小淫乱，暮虑疾病死丧。然土日以木为官，若图勾留，不可求偏官，冬春占为佳。小人占，必有刑责。

《义》曰：木局类官，仕宦宜占。病讼深畏，常人忧烦。支干不备，婚姻尤忌。事欲望成，何多阻滞。

《象》曰：来情灾恼欲前知，细玩斯文向理推。识得就中别滋味，修身慎行莫强为。

此知一之卦[①]，一曰曲直，亦曰天网，又曰狡童。夫知一者，知一而不能知两，知者以为自知、自见，不知为寇仇，故言知一也。以此为用，舍远就近，舍疏就亲，恩中生害，事多起于同类，凡事狐疑，事贵和同乃吉。传见曲直者，先曲而后直，象木之谓，当作成器。此乃五行正气入十干杂糅之乡，异方三合乃生旺墓之神，事主丛杂不一，主关众人共谋，不然两三处干事，委曲托人与人相合之类。又如推磨之象。夫天网者，即“天网四张，万物被伤”，为阻滞，为疑难，为灾恼。泆女乃不正之象，阴私邪淫，占男女有阴私暗昧之理，占家宅宜谨慎闺门，以防阴小越礼，惟能以礼自防者可化之。上神克日，凡事不利，只利先讼，要有气，余不吉，病有鬼，常占为人所欺负，防人侵害，里勾外连而相为攻击也。用兵同此意，慎宜防范。又况男女淫杂，男诱女，占婚大忌，不然暗有私情，不可不察也。此课占求官吉，但不能胜任。占干谋，迟滞多阻。占病讼凶。不宜占解散事，亦不利占产，其他事有千辛万苦之难。

占出兵行师，昼虽吉，亦不利。慎之！慎之！

鬼多事阻。

① 此非知一之卦。

真一山人云：内外交攻志不伸，待时畅志养精神。人来谋事当知止，莫把仇尤认作亲。

《无惑钤》云：虎乙夜占，木局为传。常人仕宦，总受迍邅。

《钤解》曰：廻还格。卯夜乘虎，临干发用，且合为木局克干。常人值此，病讼事扰；官被虎伤，仕宦逢之，必受迍邅矣。此虎鬼不可以催官使者概论。《集议》："人宅皆死各衰羸"内列此日，谓止宜休息万事，不宜谋动，占讼先直后曲。曲直作鬼，主枷杻，此法见"害贵讼直遭屈断"内。"首尾相见始终宜"内列此日，为廻还格。支鬼夜虎，卯又遁乙发用，殃非浅也。"彼此全伤"说见下课。自下传上，未加亥。占讼枷杻。先直后曲，卯加未。

己未日第六课

知一　八专　芜淫　无禄　四绝　狡童

六阴六阴	蛇空蛇空
酉寅酉寅	酉寅酉寅
寅未寅己	寅未寅己
子 辛酉 六	子 辛酉 蛇
兄 丙辰 常	兄 丙辰 常
财 癸亥 蛇	财 癸亥 六
贵后阴玄	勾青空白
子丑寅卯	子丑寅卯
蛇亥　　辰常	六亥　　辰常
朱戌　　巳白	朱戌　　巳玄
酉申未午	酉申未午
六勾青空	蛇贵后阴

《玉历钤》云：三传虽是自刑，然日上功曹为鬼，喜从魁制之，见贵、求名、求财、求婚皆有成，占病得此，无禄必死，公讼事绝，占产未生，行人未来，盗逃不获，出入更改如意。

上神克日，用克日上。

课名知一、无禄、四绝。宜结绝旧事，犹恐不用，虚诈侵凌，隐忍而退，方可免凶，稍迟终于不免后患。三传皆自刑，然辰酉合、寅亥合，可以近公进望，但与日辰不相关，为不切耳。

《义》曰：酉金绝寅，是何无力。旧事宜结，新奇止息。勉强而行，未见有益。病不宜逢，阴德须积。

《象》曰：无禄占官大不宜，病家逢此倍嗟咨。夫妇父子疏恩义，修德行仁预可期。

此知一之卦，一曰无禄。夫知一者，知一而不能知两，知者以为自知、自见，不知为寇仇，故言知一也。以此为用，舍远就近，舍疏就亲，恩中生害，事多起于同类，凡事狐疑，事贵和同乃吉。传见无禄，上下之分，贵于忠恕，今四上克下，是上不容其下，为不恕矣。得此卦者，主奴仆失散，子孙他之，孤子空室，上不能保其禄位，下不能保其妻子，不友不交，不弟不义之耻，惟君子能持守中正，谨守义理，修德行仁，而自改变其美也。夫四绝，惟宜结绝旧事，不宜干用新奇之事。占者遇之此课，隔七隔八，六合不合，公私销铄，人宅未宁，彼此不安，求官待时而动，少加妄为，难保始终。占见贵，未能济事。占婚姻，阴阳不备，乃为不宜。占求财，迟得吉。占病者瘥迟，凶中隐吉。占失物急寻。远行不利，忌西北方。占狱讼解。其他所占，凶不致于全凶，吉不致于全吉，乃中平之象。又贵占者能修德畅利，不轻率妄举，庶能得全其所有，自然亨利。

占出兵行师，亦防侵袭，昼占稍吉，夜占忧惊，不可轻忽也。

忌占婚、问病。

真一山人云：占得凶爻是福神，哲人得此便行仁。喻如垂象能修省，反福为祥吉事臻。

《无惑钤》云：鬼宿鬼门，课号离魂。酉金勿恃，生祸之根。

《钤解》曰：寅乃干鬼，临干发用，酉金可恃以为救也。殊不知寅往临已，酉实逼迫进之也，诚乃生祸之源，焉足恃哉？寅鬼门，未鬼宿，两相加临，课号离魂格，占病必死，或有鬼邪魇魅之事。《集议》：未为鬼宿寅鬼门，太阴莫使更相并。此个离魂人不识，邪鬼欺人魇魅行。又寅德遁甲。彼此全伤，占讼两家皆被罪责，诸占各有所亏，占身被伤，占宅崩损。己德在甲，干遇之则为德合，支遇之则为有伤。两贵相协。

己未日第七课

反吟　井栏射　八专　帷薄　不行传

青后青后	后青后青
未丑未丑	未丑未丑
丑未丑己	丑未丑己
父 丁巳 白	父 丁巳 玄
兄 丑 后◎	兄 丑 青◎
兄 丑 后◎	兄 丑 青◎
蛇贵后阴	六勾青空
亥子丑寅	亥子丑寅
朱戌　卯玄	朱戌　卯白
六酉　辰常	蛇酉　辰常
申未午巳	申未午巳
勾青空白	贵后阴玄

《玉历钤》云：八专本凶，此课传入空亡，凶事不成，然亦不可用。见贵、求名、求财、求婚皆无成，占病公私皆不凶，占产未生，行人未来，盗逃不获，出入更改无成。

课名反吟、八专、帷薄。三传皆凶，课名虽凶，以传入空，日辰四课三传皆空，凶事不成，亦无可用。

《义》曰：大事化小，小事化无。虚多实少，莫听传呼。事多有诈，真中有假。谋则不成，成而变化。

《象》曰：凶吉都无免去谋，得潜休处且潜休。忧惊患难浑消尽，久病占之便可愁。

此无依之卦，一曰帷薄不修。夫无依者，即反吟也。《经》云："无依是反吟，逃者远追寻。合者应分散，安巢别改林。守官须易位，结友也分襟。所为多反复，占病数般侵。"反吟刑冲，事主迟滞，远近系心，更相仇怨，且反复而呻吟，是无予夺而难息也。夫帷薄不修，内不隔而外不遏，事多重叠，忧喜两来，干涉妇人，久而反蔽。占身宅、婚姻得此，恐男女有越礼之事，宜严谨闺门，慎乎动静，惟能以礼自防者，庶几免失。故曰："以道制欲，则能顺命。"此又名井栏课，井上架木为栏之象，只利目下，尚未能成事，久则坏矣。况日上乘空，事多起于虚声。占者遇之此课，占求官未遂。占见贵徒然。占婚姻难成，事多不顺，若勉强成之，终为无益。占财难得，得不偿费。新病不畏，久病见驿马，名驮尸煞。占失物难寻。所占百事，皆有声无实，欲占成事而未成也。占忧疑患难之事，得此反为福庆，昼夜所占虽凶，幸有解也。

占兵家之事，不可听信人言，多不实也，不宜用兵，或见止而不行，动则无益也。

始终不一。

真一山人云：识得当时是丈夫，隐居抱道莫贪图。知机自有安居乐，自古由来德不孤。

《无惑钤》云：初值丁马，动意难舍。守空撞空，渐为贫者。

《钤解》曰：巳乃丁马发用，动不容已。丑空亡临干，既又入传，己土守之既空，投传又撞空也，是为贫穷之渐矣。《集议》：无。

己未日第八课

知一　八专芜淫　铸印乘轩　励德　不备　绝嗣

胎财生气妻怀孕　虎乘遁鬼殃非浅

白 贵 白 贵	玄 勾 玄 勾
巳 子 巳 子	巳 子 巳 子
子 未 子 己	子 未 子 己

父 丁巳 白 ⊙	父 丁巳 玄 ⊙
兄 壬戌 朱	兄 壬戌 朱
官 乙卯 玄	官 乙卯 白

	朱	蛇	贵	后			朱	六	勾	青	
	戌	亥	子	丑			戌	亥	子	丑	
六酉					寅阴	蛇酉					寅空
勾申					卯玄	贵申					卯白
	未	午	巳	辰			未	午	巳	辰	
	青	空	白	常			后	阴	玄	常	

《玉历钤》云：日上空亡，用神又加空亡，又传入鬼乡，用事无形影，虚诈之象。见贵、求财、求名、求婚皆不成，占病、公私皆不凶，占产未生，行人未至，盗逃不获，出入更改无成。

日克上神，日上克用。

课名知一、铸印乘轩。日辰上空亡，休举事，然三传既吉，重重见合，事终可成，更须出旬为佳。支干凶，三传吉，占事须成。

《义》曰：传得铸印，官得符信。谁料踏空，有名无用。四绝宜废，图新未遂。了旧惟宜，事宜远虑。

《象》曰：目下谋成未有成，营营徒使致虚声。而今说与真消息，少隐尘中且待亨。

此知一之卦，一曰绝嗣，亦曰铸印。夫知一者，知一而不能知两，知者以为自知、自见，不知为寇仇，故言知一也。以此为用，舍远就近，舍疏就亲，恩中生害，事多起于同类，凡事狐疑，事贵和同乃吉。传见铸印，《经》云："天魁是印何为铸？临于巳丙冶之名。中有太冲车又载，铸印乘轩官禄成。"此巳落空为损模，又非真体，常人反生灾咎，且为事迟钝。占者遇之此课，干上旦贵，立害乡受克，占讼者理虽直必遭屈断，事虽小而必有大凶，皆弄巧成拙，惟宜识时知机，庶免祸也。占见贵不顺。占婚姻不成。占宅不宁，虚忧虚恼。占暴病宜作福，久病不吉。占访谒，人不准凭。凡事欲动不动，欲成不成，多虚少实，所闻不的，不宜躁率，事宜谦谨守正，则终见亨利也。闻忧不忧，闻喜不喜。

占出兵行师，彼此猜忌，有闻不可遽信，宜密察。况昼夜所占不宜，惟在主将之机微也。慎之勿忽！

事多不实。

真一山人云：藏器待时君子道，强为妄作小人行。老天自有安排处，莫为忧愁白鬓生。

《无惑钤》云：财既双空，丁马宜逢。卯鬼宜动，因祸难容。

《钤解》曰：子水为财，临身临宅，但皆空而无用也。巳乃丁马发用，落空而过，虚逢而已。末传卯鬼，宜助初传丁马之动，但虎玄重叠，其凶祸之动，有难容于止息矣。《集议》："传墓入墓分爱憎"内列此日，谓长生传墓入墓，大不利占生计及长上之事。末助初生，有人暗地相助推荐。夜占帘幕临支。卯遁乙鬼，夜虎入传，殃非浅也。子乃己土胎财，正月为生气，主妻有孕喜，一主妻之姊妹有孕，子空，后必有损。昼贵临身，被朱雀乘神所克，欲告贵人求文书事，贵必忌惮。

己未日第九课

重审　曲直　狡童　三奇　八专芜淫

虎乘遁鬼殃非浅

玄蛇玄蛇	白六白六
卯亥卯亥	卯亥卯亥
亥未亥己	亥未亥己

财 癸亥 蛇	财 癸亥 六
官 乙卯 玄	官 乙卯 白
兄 己未 青	兄 己未 后

	六朱蛇贵				蛇朱六勾		
	酉戌亥子				酉戌亥子		
勾申		丑后		贵申		丑青	
青未		寅阴		后未		寅空	
	午巳辰卯				午巳辰卯		
	空白常玄				阴玄常白		

《玉历钤》云：此课末传克初传劫财，却为中传日鬼所制，则鬼为用而财亦得也。见贵、求名、求财、求婚皆如意，占病必死，公私难了，占产生女，行人来，盗逃获，出入更改如意①。

日克上神，日克用，末克初。

课名重审、曲直、失友、三奇。三传全克日，亥为财爻，木局乃财化鬼也，凡占宜宛转托人，先损后益，隔而后通之象。若是休囚时，却反为鬼。宜近公图望，盖官鬼为传，合向公中求禄也。

《义》曰：三传克日，事必蹉跎。不灾即恼，忤意缠磨。木喜春占，大利求官。因风致患，受在于肝。

① 《经》曰“八专芜淫卦，占婚不正”，此云如意，何也？

《象》曰：事多惊怖不安宁，春月占来反利亨。好处生嫌难里易，占婚且莫与相成。

此知一之卦[1]，一曰曲直，又曰狡童。夫知一者，知一而不能知两，知者以为自知、自见，不知为寇仇，故言知一也。以此为用，舍远就近，舍疏就亲，恩中生害，事多起于同类，凡事狐疑，事贵和同乃吉。曲直者，先曲而后直，象木之谓，此乃五行正气入十干杂糅之乡，异方三合乃生旺墓之神，事主丛杂不一，主关众人共谋，不然两三处干事，委曲托人与人相合之类。事主迟滞，远近系心，更相仇怨。传见狡童，天后常为厌翳神，须知六合是私门。二将取名称泆女，夫妻失友异情恩。夫狡童乃不正之课，夜占男女有阴私暗昧之象，占家宅防阴小有越礼犯分者，媒妁不明，不宜占婚姻，惟能以礼自防者，谨守闺门而自化其事也。占者遇之此课，惊恐不宁，传来克日，万事难成，乃劳神费力之象。占求官难宜，终见奔驰劳碌不足，迟则吉也。占见贵未顺。不宜占求财，恐因财而取祸。常占不足，必有沾亲带故，里勾外连，相为克害，宜善处之。三亥自刑，不宜自高自大、自逞自是，而招怨悔。三合犯刑，乃“笑里刀、蜜中砒”，不可不防。不宜占婚姻。占病因风而肝受症，喜生气、德神，瘥亦迟。不宜擒奸、捕盗并逃亡。凡事宜迟，忧疑散缓。

占出兵行师，敌兵众盛，不可轻举，昼占凶，夜占吉，以法御之，勿忽云耳。

真一山人云：事虽稳当也迟迟，守理循规莫弄奇。自古拙中多见巧，巧中生拙便多亏。

《无惑钤》云：三木并立，合成曲直。取财为灾，不取可惜。

《钤解》曰：亥乃己土之财，临干临支，及又是发用，三财在目前，不取诚可惜矣。但合起三传，会为木局，反作日鬼，取此三财，则必生祸，如刃上蜜，岂可舔乎？《集议》：“首尾相见始终宜”内列此日，为廻还格，占凶不成凶，吉不成吉，止宜守旧，凡占皆不能动作。卯遁乙鬼，夜虎入传，殃非浅也。“干支值绝凡谋决”内列此日，宜结绝旧事，不宜占食禄事。占讼先曲后直。卯加亥，曲直作鬼，主枷杻。财神闭口，取财不言，有祸。干支全逢自刑。“传财化鬼财休觅”内有此日，谓亥虽日财，生鬼伤干。自上传下，亥加未也。夜占狡童，不宜男女之事。

己未日第十课

八专　帷薄　励德　斩关　三奇　闭口

人宅坐墓甘招晦

① 此非知一之卦。

后朱后朱	白阴白阴
丑戌丑戌	丑戌丑戌
戌未戌己	戌未戌己
财 癸亥 蛇	财 癸亥 玄
兄 壬戌 朱	兄 壬戌 阴
兄 壬戌 朱	兄 壬戌 阴
勾六朱蛇	贵后阴玄
申酉戌亥	申酉戌亥
青未　　子贵	蛇未　　子常
空午　　丑后	朱午　　丑白
巳辰卯寅	巳辰卯寅
白常玄阴	六勾青空

《玉历钤》云：此课中末两传皆与干支相刑，又初传天将蛇玄皆凶，不可用事。见贵、求名、求财、求婚皆凶，只在求财稍如意，占病困极不死，公私反复，费力难了，占产未生，行人未至，盗逃不获，出入更改如意。

日克用，日上克用。

课名八专、帷薄、三奇、斩关。凡谋望不定，但干支坐墓，事多昏昧，所喜亥为财星，亦可少少如意。

《义》曰：彼此昏迷，不暗则痴。用加于亥，事多披离。惊恐亦消，婚姻莫为。吉凶在人，君子知微。

《象》曰：事多动处先思礼，得意还须戒慎微。此语莫教容易说，兢兢方得保无虞。

此帷薄之卦。夫帷薄不修者，乃八专也。《经》云：八专支干共位，阴阳两课。五日四辰，表里皆拱于八极。故曰：八专尊卑共室，人宅不分。又曰：帷薄不修，内不隔而外不遏，事多重叠，忧喜两来，干涉妇人，久而反蔽。占身宅、婚姻得此，恐男女有越礼之事，宜严谨闺门，慎乎动静，惟能以礼自防者，庶几免失。故曰："以道制欲，则能顺命。"占者遇之此课，占求官不遂。占见贵不顺。干上见天魁，有斩关之义，亦有奔亡之象，所喜奇神解凶。人宅坐于墓上，凡事自招其晦。占婚姻，遇此大忌。占求财，有争竞之端。占远行不利。占交易、干谒及有人来访，亦当以礼善处，尤当慎加防御。占逃亡盗贼难获，亦不宜捕捉。其他诸占，皆不宜。占者修德善处，谦恭谨守，以待其时，则自然福生而祸患消弭。

占出兵行师亦不宜，昼夜占未吉，为将者明此，当密察而详审，然后行之。

妄动招愆。

真一山人云：事能谨戒自生祥，作善人家福履昌。祸里几番生出福，与君仔细漫评量。

《无惑钤》云：一位财星，四戌来争。争之不已，致讼遭刑。

《钤解》曰：真朱雀生岁干、日干。一位亥水为财，课传四重戌土来争，财少人多，争必不公，必致讼以遭刑也。戌乘朱雀，口舌词讼难免。戌未恃势之刑，其遭刑必矣。《集议》：戌作雀加未，犬吠人。

己未日第十一课

八专　帷薄　独足

脱上逢脱防虚诈　二贵受克难干贵

蛇 六 蛇 六　　　玄 后 玄 后
亥 酉 亥 酉　　　亥 酉 亥 酉
酉 未 酉 己　　　酉 未 酉 己

子 辛酉 六　　　子 辛酉 后
子 辛酉 六　　　子 辛酉 后
子 辛酉 六　　　子 辛酉 后

青 勾 六 朱　　　蛇 贵 后 阴
未 申 酉 戌　　　未 申 酉 戌
空午　　亥蛇　　朱午　　亥玄
白巳　　子贵　　六巳　　子常
辰 卯 寅 丑　　　辰 卯 寅 丑
常 玄 阴 后　　　勾 青 空 白

《玉历钤》云：此课宜占更改之事，望信亦来，如见贵、求官、求婚不可用，占病不死难安，公私难散，占产未生，逃盗不获。

上神盗日。

课名八专、帷薄。凡占有变异，终成不足。飞散作三传亦可，其三传飞散，以为酉亥丑。此课昼夜作后合，又有掩翳，终为不足，亦名独脚课。若酉亥丑作三传，则卦名凝阴，昼将乃六螣后，夜将乃后玄白。

《义》曰：六合不合，事多败落。此占婚姻，必见丑恶。病讼皆凶，惟宜静待。守旧尚吉，动则迍邅。

《象》曰：独足逢之不可行，人财耗失丧元精。可怜到此无生意，谨守规模勉致诚。

此帷薄不修之卦，一曰三交。夫帷薄不修者，乃八专也。《经》云：八专支干共位，阴阳两课。五日四辰，表里皆拱于八极。故曰：八专尊卑共室，人宅不分。又曰：帷薄不修，内不隔而外不遏，事多重叠，忧喜两来，干涉妇人，久而反蔽。占身宅、婚姻得此，恐男女有越礼之事，宜严谨闺门，慎乎动静，惟能以礼自防者，庶几免失。故曰："以道制欲，则能顺命。"传见三交，前不能进，后不能退，交加其象，家匿阴私，或欲自逃隐避。凡事失节阻碍，谋事被人阻破，不能成合也。日辰为酉所脱，虚费不足，谋望不遂，盗失损财，人口衰残，休囚尤重，又为子孙脱漏之事。占者遇之此课，占求官不遂。有官者得之，尚当保爱，尤虑有求全之毁。至若其他，百占而无一美。夫课以独足为名者，如人一足，而安能行步？古人以独足名者，示其不能行也。人宅倾颓，财官不称。若专守此一途，又不足为美，亦当待时而动，顺理而行，渐有生意。占病者凶。占难者脱。公事不利。

占出兵不宜，慎防脱诈之事。勿忽！勿忽！

亦不可得也。

真一山人云：课虽不吉在人为，积善能教祸不随。常把此心勿放肆，消灾福降乐怡怡。

《无惑钤》云：此系独足，脱欺叠逐。行利舟车，逃婢归屋。

《钤解》曰：真朱雀生日干、岁干。七百二十课，独足止此一课也。己土生于酉，而酉脱己土之气，重叠相逐，不利甚矣。出外商贩，宜乘车驾舟。有婢妾逃走，必归于家，谓三传三个酉字，皆归于支上故也。《集议》："不行传者考初时"内列此日，谓独足不能行，商贩宜舟行，逃亡者亦然，占病死。脱上逢脱。"我求彼事干传支"内列此日。"干支皆败势倾颓"内列此日，谓占身血气衰败，占宅舍有奸私，渐渐狼狈，全无长进，不宜捕捉奸私，讦告他人阴私，到官必牵连我之旧事，同时发落，各获罪也。其余占用，彼此皆值衰败，谚云"杀人一万，自损三千"之谓也。干支全逢自刑。

《心镜》云："有时数到日辰上，三传飞散莫重临。"

《观月经》云："逆到日辰上，三传别此根。"此亦飞散之说，若使飞散，则无独足卦矣。邵先生曾与人占得此课，乃云"明年行年到来，是行年日辰并聚，却成飞散之法"，谓并聚即散，此乃独足飞散并谓也[①]。

己未日第十二课

八专　帷薄

玄常玄常　　后贵后贵
酉申酉申　　酉申酉申
申未申己　　申未申己

兄 己未 白　　兄 己未 蛇
子 庚申 常　　子 庚申 贵
子 庚申 常　　子 庚申 贵

空白常玄　　朱蛇贵后
午未申酉　　午未申酉
青巳　　戌阴　　六巳　　戌阴
勾辰　　亥后　　勾辰　　亥玄
卯寅丑子　　卯寅丑子
六朱蛇贵　　青空白常

《玉历钤》云：用神是日辰，乘蛇虎，中末两传，虽得太常、天乙，乃盗脱日干。占求名、求财、求婚皆无成，占病难安，公私难散，占产未生，行人有信，逃盗不获。

① 《壬占汇选》作：建炎己酉年九月己未日卯将丑时，陆孔目己巳生，四十一岁占官事。先生曰："己巳生人，见酉为破碎。今日又是己日，未即是己，支干又皆败于酉，酉合己成配字，行年更在背后乘悬针煞，一因奸事，二防官钱，三防酒，必配本州。盖独足不远行也。配后当再配西北牢城方止耳。"陆漫应之。月余太守差沽酒，渠夹带刘宅私酒，又与二夫娘何盼盼凭照，因太守轿出，见陆在面店，即搜寻他事迹，共用官钱五十多贯，及招认与何盼盼有奸，乃发配本州牢城。后在通判厅，累与人作闹，仍与何盼盼往来。通判大怒，禀过太守，断配润州。盖独足课，故在本州，来岁行年到日辰之上，与日辰并聚。凡并聚者，必飞散。既飞散，必再出外方。[若何解元占子嗣课，行年不加，故不飞散。]况并众即散，来年行年并聚，遂即飞散。兼有二己字，岂一番可了？不合是己巳生。酉上见亥，不离西北。亥乃江海，必润州矣。不合是己巳生，末传飞开，丑加亥是西北海角，况亥为点水，酉为门，酉上见丑土，似王字，合之成润字也。

上神盗日。

课名八专、帷薄。喜有二贵在传，暮占为佳。末传归日上，谋事向后可成，但事不完，以阴阳不备也。

《义》曰：脱支脱干，恼人心肝。事多不遂，何以为欢？阴阳不备，谋事难济。纵然得成，终见弛废。

《象》曰：帷薄不修多失礼，婚姻得此不相宜。若占身宅当虚耗，先易后难亦可知。

此帷薄不修之卦。夫帷薄不修者，乃八专也。《经》云：八专支干共位，阴阳两课。五日四辰，表里皆拱于八极。故曰：八专尊卑共室，人宅不分。又曰：帷薄不修，内不隔而外不遏，事多重叠，忧喜两来，干涉妇人，久而反蔽。占身宅、婚姻得此，恐男女有越礼之事，宜严谨闺门，慎乎动静，惟能以礼自防者，庶几免失。故曰："以道制欲，则能顺命。"日生上神，虚费百出，谋望不遂，盗失损财，人口衰残，休囚尤重，又为子孙脱漏之事。占遇此课，鬼墓发用，夫墓者，五行潜伏之地，四时衰败气绝之乡，传墓不吉，逢墓则止，事多阻滞，暗中防有侵害，所幸又传脱为解，当忧不忧，闻喜不喜。占者遇之，支干混同，阴阳不备，难于成事。占求官得此，名曰"帘幕贵人高甲第"，但有此不修，终为不美。况传中泄气，虚多实少，所占吉事难成，成则有损无益。占凶事，却喜有解。占病者凶，当有大阴德可也。

占出兵行师不宜，不可妄动，再立处诫，另为所祝方可，惟哲人知机可也。

待缓则亨。

真一山人云：未济还须且待时，暗中尤恐被人欺。知机退守终须吉，阴德生阳造化奇。

《无惑钤》云：申类子孙，却互长生。慈乌反哺，夜贵尤荣。

《钤解》曰：真朱雀生日干、岁干。土生申金，申乃己之子孙也；申生土，申又己土之长生矣。彼此互生，如乌之哺雏，雏之反哺也。夜占申乃贵人，其荣显盛矣。《集议》：昼占帘幕临于干支。人宅受脱。昼常加长生临干，来人必占婚姻之喜，或有锡赐物帛之事。又长生临支宅，有婚姻之喜，宜开彩帛或酒食店肆。夜贵临身，被朱雀乘午所克，说见本日第八卦。己禄在午，羊刃在未，未作螣蛇，主捧状，必非横得罪。此夜贵人也，中末见，皆长生贵人，可以立身。己、未土俱生申金，故我有物与人；夜贵己土又生于申，贵亦照顾我也。中末皆然，故周全始终。两贵不协，变成妒忌，申加未，子加亥。

庚申日

庚申日第一课

伏吟　玄胎

任信丁马须言动

白白白白　　后后后后
申申申申　　申申申申
申申申庚　　申申申庚

兄 庚申 白　　兄 庚申 后
财 甲寅 蛇　　财 甲寅 青
官 丁巳 勾　　官 丁巳 朱

勾青空白　　朱蛇贵后
巳午未申　　巳午未申
六辰　酉常　　六辰　酉阴
朱卯　戌玄　　勾卯　戌玄
寅丑子亥　　寅丑子亥
蛇贵后阴　　青空白常

《玉历钤》云：此课伏吟，昼将皆凶不可用，夜将多凶少吉，凡占亦不全遂。

上神德日，末克初。

课名伏吟、玄胎。德禄发用，中为财马，末是生方，虽刑又合，日贵不如夜贵，然虎亦带德不相害也，蛇为日制，亦不凶。

《义》曰：禄马财官，仕宦忻欢。小人未吉，君子迁官。讼病可畏，德神为最。昼胜夜占，此理不昧。

《象》曰：擒奸捕盗莫轻为，这个机关说向谁？病险履危惟赖德，屈伸消长在于斯。

此自任之卦，一曰玄胎。夫自任者，乃伏吟之谓。天地伏吟，十二神各归本家，天地如一，四伏未发之象。占事静则宜，动则滞，主事藏匿不动，静中求劳，有屈而不伸之象。况玄胎如婴儿隐伏之状，利上不利下，事主远而多伏，暗昧不通，触则成祸，惟君子守正修德则亨。《经》云："任信伏吟神，行人立至门。失物家内盗，逃者隐乡邻。病合难言语，占胎聋哑人。访人藏不出，行者却回轮。"申加庚，乃旺禄临身，不可妄动。占者遇之此课，占求官大利，以其财官禄马，天吏天城，白虎入庙，螣蛇生角，勾陈捧印，三传俱吉，仕君子得此，乃为得意之时，须得吉神扶合乃为妙也，勉之以德为助。占婚姻不宜。占求财难得，得之恐因财生恼。占病，不利占老人小儿病，亦不利占久病，必死，占初病不妨，乃曰天地盘结，宜祈福以祐之。其他所占，美中不足。占公讼，恐惹刑责。事多动摇不宁。

不利占出兵，用之必凶，以其冲刑而神将不吉之谓，惟当见机可也。

真一山人云：天吏天城禄马奇，迁官捧印在人为。挺然高出非容易，年命休教冲战之。

《无惑钤》云：昼逢四虎，动无少助。丁马入传，行人商旅。

《钤解》曰：群虎布列，丁马纵横，申又道路，虎又行移，课虽伏吟，岂容少停？行人在外，商旅在程。《集议》："任信丁马须言动"内列此日，谓伏吟伏匿而不动，有丁马处静而求动，占访人必出，干人先允许，后必改易，故名无任无信也。庚申日伏吟，天后临申，出患头风之妇。旺禄临身，又禄临支。"宾主不投刑在上"内谓此三刑在传，未免无恩之意，恩反怨也。

庚申日第二课

八专　帷薄

青空青空	蛇贵蛇贵
午未午未	午未午未
未申未庚	未申未庚
兄 辛酉 常	兄 辛酉 阴
父 己未 空	父 己未 贵
父 己未 空	父 己未 贵

六勾青空　　　六朱蛇贵
辰巳午未　　　辰巳午未
朱卯　　申白　勾卯　　申后
蛇寅　　酉常　青寅　　酉阴
丑子亥戌　　　丑子亥戌
贵后阴玄　　　空白常玄

《玉历钤》云：此课大体虽凶，天将稍吉，小事可用，大不可用。

《毕法》云：此课干支全受上神来生，彼此和顺，同在一处，最宜常人，两家合本做营生而有生意也。

上神生日。

课名八专。凡事隔手转托，终不免诈，幸天将稍吉，不为大凶，此以下役上之象也。中末归日辰，事主向后可成。

《义》曰：支干共位，乃曰不备。帷薄不修，勿逞风流。遇吉则吉，逢凶见凶。兢兢顺理，贵乎守中。

《象》曰：课理人心未得中，莫教妄动致灾凶。求成未必能成济，且待时光命运通。

此帷薄不修之卦。夫帷薄不修者，乃八专之谓。《经》云：八专支干共位，阴阳两课。五日四辰，表里皆拱于八极。故曰：八专尊卑共室，人宅不分。又曰：帷薄不修，内不隔而外不遏，事多重叠，忧喜两来，干涉妇人，久而反蔽。占身宅、婚姻得此，恐男女有越礼之事，宜严谨闺门，慎乎动静，惟能以礼自防者，庶几免失。故曰："以道制欲，则能顺命。"上神生日，所为百事吉，运用如意，遇灾不凶，逢吉愈吉。若六月内占者，主声名显达，岁命生日者，尤为吉昌。又以未为财库，又可发财，亦难免小人暗中不足。天空乘未，宅中有井，必为怪，主人不利，而有宿患之缠。庚日羊刃在酉，酉加戌，动为防刀刃伤之。占者遇之此课，占求官，美中不足。占婚姻，若帷薄，定为乖戾非常。凡占百事，遇八专非全美之象，惟在占人顺理守正，谨始虑终，不可轻动妄为以招耻辱，大抵凶事亦有解也。

占出兵行师，虽曰稍吉，还要为将者审其机，达其时可也。

真一山人云：天罗遇处未亨通，作事虽难少时终。惟有吉人天默相，纵教凶处不为凶。

《无惑钤》云：初遭网罗，障隔无那。秋冬事贵，得助极多。

《钤解》曰：酉为天罗羊刃，乘常发用，主难，障蔽甚矣。秋冬夜占，事贵极得相助之力，未乃夜贵，临身入传，庚金属秋故尔。《集议》：用酉乘太常，不宜宴会，出《犀华百章》。昼占帘幕临日。

庚申日第三课

元首　顾祖　励德　八专　芜淫

彼此全伤防两损

六 青 六 青	六 蛇 六 蛇
辰 午 辰 午	辰 午 辰 午
午 申 午 庚	午 申 午 庚
官 戊午 青	官 戊午 蛇
父 丙辰 六	父 丙辰 六
财 甲寅 蛇	财 甲寅 青
朱 六 勾 青	勾 六 朱 蛇
卯 辰 巳 午	卯 辰 巳 午
蛇寅　　未空	青寅　　未贵
贵丑　　申白	空丑　　申后
子 亥 戌 酉	子 亥 戌 酉
后 阴 玄 常	白 常 玄 阴

此课先生曰："此不是蓦然生讼，自有源头。其日得巳时，其事再发。况顾祖课，主原有讼根。庚日得巳时为先锋门，上见卯，乃地网也，亦是满盈，到此事已亢极。止缘一吏人大不足，终始被他害。末传寅木，只管生午火，遂来克身。又须自恨你命自灾也，兼为事大过。"何以见之？曰："行年自会起寅午戌，所以招致用火自去烧身。甲寅旬，乃第一名公人害你。午为火针，配一千八百里也。"陆应祥，初与京[①]都院不足，被他招拾，他不服，遂至后来有短事，再被窘拾，遂被送至院勘问，众人又来首。初间缘陆氏不合强口詈骂众人，因被众谮，所谓会起干上寅午戌火局，乃是他自辏起，

① 他本作徐。

又是地网，亦是自网也。缘彼之身与宅先见克，则末传之鬼乘势而生起火，彼却又辏成寅午戌火局，若不是自招，如何得见此事？事了，配下鄂州，却一千八百里也。缘午见午，二九一十八，是其数也。午加申，乃西南之方。羊刃破碎加本命，真针也。青龙加申乘午，谓之退鳞，所以鞭背。行年见戌，又为军也。命内自招，非别人造作，不自识，却乃恨天怨地。不足者，蛇也。太过者，乃火局全备也。火为火针，金为金针①。

《玉历钤》云：此课昼将青龙颇吉，所求可遂，夜将则凶不可用。

上神克日，用克日。

课名元首。旦占终不如始，暮占先损后益，凡占只宜守旧，占此多不见吉，以日辰俱被克也。

《义》曰：格名顾祖，凡事见阻。不灾即恼，匪甘匪苦。难终有易，害里生恩。祸及恶家，福及善门。

《象》曰：阻滞难疑事若何？自知自见不为多。只宜仕宦求名贵，士庶逢之转见讹。

此知一之卦②，一曰天网。夫知一者，知一而不能知两，知者以为自知、自见，不知为寇仇，故言知一也。以此为用，舍远就近，舍疏就亲，恩中生害，事多起于同类，凡事狐疑，事贵和同乃吉。知一卦何如？用神今日比。事因同类起，婚姻失谐为。失物亲邻取，逃亡不远离。论讼和允好，为事尚狐疑。夫天网者，即天网四张也，《经》曰“天网四张，万物被伤”，为阻滞，为疑难，为灾恼。上神克日，只利先讼，要有气，余不吉。病讼可畏，常占为人所欺负，必被屈抑，不宜占财，恐因财致祸。午辰寅，退间传，进退有间隔之象，乃曰顾祖，又名虚一待用。占者遇之此课，占求官，见贵而后方成，必待戌年月日时，虽得官，亦未免辛苦多劳。占婚姻不宜，因妻惹祸而起争端。占病凶危可畏，必待月解、德神方吉。余占皆有阻滞不和悦，但当为善修德，以候时而行，庶不悔吝也。

占出兵行师、安营下寨，大宜防范侵扰，必先申明号令，以警备之，少懈则不利，所幸昼占有吉胜之理，惟夜占忧心而众畏也。

真一山人云：婚姻病讼不相宜，若也求官号作奇。历遍几多辛苦处，自然名誉播当时。

《无惑钤》云：若取寅财，生起祸来。财官印绶，君子宜哉。

《钤解》曰：寅财午官，辰印相生为助，君子占官最吉。庚金若取寅财，则必生起

---

① 《壬占汇选》作：陆孔目癸亥生，四十七岁，于己酉年九月庚申日卯将巳时占讼。

② 此非知一之卦。

午鬼伤身以致灾祸，此以常人而言也。《集议》：“干支皆败势倾颓”内列此日，谓占身血气衰败，占宅屋舍崩颓。若先讼，必连累我之旧事同时败露，各获罪也。其余占用，彼此皆值衰败也，谚云“杀人一万，自损三千”。春火鬼在午，夜占乘蛇，防火灾。干支全逢自刑。“末助初兮三等论”内列此日，谓末助初克日，为教唆之人。顾祖：“顾祖迎新复旧庐，求财谋望始堪图。惟有庚日不宜见，鬼来又向鬼乡居。”彼此全伤，说见己未日第六课。

庚申日第四课

元首　玄胎　八专　芜淫　闭口

蛇勾蛇勾　　青朱青朱
寅巳寅巳　　寅巳寅巳
巳申巳庚　　巳申巳庚

官 丁巳 勾　　官 丁巳 朱
财 甲寅 蛇　　财 甲寅 青
子 癸亥 阴　　子 癸亥 常

蛇朱六勾　　青勾六朱
寅卯辰巳　　寅卯辰巳
贵丑　午青　　空丑　午蛇
后子　未空　　白子　未贵
亥戌酉申　　亥戌酉申
阴玄常白　　常玄阴后

《玉历钤》云：此课夜将颇吉，虽朱雀不妨，凡占小事，亦可成就。

《毕法》云：丁乃动神也，庚日之动也，发用乘勾朱之神，必主官司动摇，勾连口舌，故云“金日逢丁凶祸动”。

《龙首经》云：此课十上巳，虽作庚之长生，却被末传生中传，中传生初传之巳火而克庚干，是欢乐之中而有悲哀之祸。凡占值此，祸福虽由天，而感召则在人也。《书》曰“天道福善祸淫”，祸福似乎天之降也，而为恶之人自投祸网者何哉？天即理也，违天逆理，理所不容，虽天使祸，实人自召之也。

上神克日，用克日，末克初。

课名元首、玄胎。三传俱合，凡占先难后易，先损后益。末克初传，事可有成，但不免口舌挠坏。暮雀克日辰，有妇人挠，有火烛灾，宜防之。

《义》曰：勾留二事，事有两头。动摇不定，灾恼之由。彼己未利，犹见暗昧。有始无终，小心翼翼。

《象》曰：驿马财官利仕途，远行更有福相扶。动为莫讶多坷坎，行过难时可易图。

此见机之卦[①]，一曰玄胎，亦曰天网。夫见机者，察其微，见其机，谓两比两不比，当以涉害为用。涉害有浅深，欲用不用，欲言不言，事有两而取一，所作稽留，迟疑艰难，进退不定，忧患难消，怀孕伤胎，难于前而易于后。玄胎如婴儿隐伏之状，利上不利下，事主远而多伏，暗昧不通，触则成祸，惟君子守正修德则亨。夫天网者，即天网四张也，《经》曰“天网四张，万物被伤”，为阻滞，为疑难，为灾恼。上神克日，只利先讼，要有气，余不吉。病讼凶，皆由自取而生悔吝。常占为人所欺负，谋望不遂，凡事屈抑。支干全伤，须防两损，占讼者主客必两有所亏。玄胎忌占久病及老人小儿病症。玄胎占孕，胎中受病。占者遇之此课，占求官吉，始终未准，却有迁官捧印之美，螣蛇生角之祥。占见贵求事不宜，贵神履狱，则贵人不喜。占婚姻不宜。凡占百事，必然两头干用，勾留迟滞，有屈而不伸之象。

占出兵行师得此，两军俱未利，尤宜防备贼兵侵袭，中间恐有能成能败、萧何两面之人，不可不知。昼占凶，夜占次凶也。

真一山人云：课理分明屈未伸，人情对面未知真。防他递互来欺忤，台省之言奏紫宸。

《无惑钤》云：夜克昼生，丁马俱临。末之亥水，能败能成。

《钤解》曰：巳火临身发用，昼乘勾陈类土而为生，夜乘朱雀朋火而克干，昼生夜克也。丁马交并，动不容已。末传亥水，若克初巳，为庚去祸，是能成也；若迤逦生起巳火，助其日鬼，是能败也。取喻萧何，不亦宜乎？《集议》：亥乃旬尾，加寅旬首，为真闭口。夜占雀鬼加干。“金日逢丁灾祸动”谓此因官鬼及长上而凶动，临干而凶，昼将身不凶，反有所生。彼此全伤，说见己未日第六课。助桀为虐，递生日鬼。“乐里悲”内列此日，先生而又互克。

---

① 此非见机之卦。

庚申日第五课

重审　润下　斩关　八专　芜淫　孤辰

蛇玄蛇玄	青玄青玄
子辰子辰	子辰子辰
辰申辰庚	辰申辰庚
子　子蛇◎	子　子青◎
兄 庚申 青⊙	兄 庚申 蛇⊙
父 丙辰 玄	父 丙辰 玄
贵后阴玄	空白常玄
丑寅卯辰	丑寅卯辰
蛇子　　巳常	青子　　巳阴
朱亥　　午白	勾亥　　午后
戌酉申未	戌酉申未
六勾青空	六朱蛇贵

《玉历钤》云：此课三传盗气，发用空亡，凡占所事，皆不可用。

上神生日，日上克用，日生用，末克初。

课名重审、润下。三传全水，庚日为子孙爻。初传子为空用，凶吉无成，兼又木将，脱之又脱，却可无凶。末传归日辰上，出旬别图，尚可有望。

《义》曰：脱空叠逢，捕影捉风。忽有忽无，载西载东。虽难称遂，遇凶不凶。功名欲闻，须待运通。

《象》曰：人生百岁等浮云，聚散由来不可闻。万事由来浑不解，东西南北总纷纷。

此知一之卦[①]，一曰润下，亦曰孤辰。夫知一者，知一而不能知两，知者以为自知、自见，不知为寇仇，故言知一也。以此为用，舍远就近，舍疏就亲，恩中生害，

① 此非知一之卦。

事多起于同类，凡事狐疑，事贵和同乃吉。且润下，主沟渠、水利、舟楫、渔网之类，动而不息之象，流而必清，滞则不竭，宜动不宜静，主关众亲朋相识之务，应期多过月，不然两三处与人相合相议之事。孤辰有茕茕孑立之象，占人别离桑梓，凡所占谋，多虚少实，功名难遂，事业虚花，僧道宜之，俗不宜也。上神生日，所谋百事吉，运用如意，遇灾不凶，逢吉愈吉。若当季神生日者，主声名显达，岁命生日者，尤为吉昌。此占有人上门相助，惜其传入脱空之乡，又不见其实用也。占者遇之此课，传逢空脱，占事多虚少实，或不要紧之事，凡事有损而无益，占子孙不成家。占官难遽发。占家宅虚耗不足，出者多而入者少。事事有影无形，闻事不的，不可遽信，干事目下不成。暴病吉，久病凶。课中亦见喜而不实，惟利凶忧、狱讼之事，讼不得理亦不妨。

占出兵行师不宜空，空而多不遂，犹见失象，事多不实也，宜加详察焉。

脱空无益。

真一山人云：事到成时有变更，不须疑虑保平宁。从今祸患俱消尽，久病逢之未保生。

《无惑钤》云：盗气传逢，初中幸空。独存辰土，生意无穷。

《钤解》曰：三传水局，俱盗干气，幸而初中空陷，盗党解体。独存末传辰土生气，则生意有无穷之利矣。《集议》：意或两家合本生理尤应，若逢月内之生气尤的。干支全逢自刑，宾主不投。

庚申日第六课

知一　八专　芜淫　绝嗣　龙战　狡童

胎财生气妻怀孕　害贵讼直遭屈断　支干坐墓全招晦

六 阴 六 阴	六 常 六 常
戌 卯 戌 卯	戌 卯 戌 卯
卯 申 卯 庚	卯 申 卯 庚

父 壬戌 六	父 壬戌 六
官 丁巳 常	官 丁巳 阴
子 　子 蛇◎	子 　子 青◎

蛇贵后阴		青空白常	
子丑寅卯		子丑寅卯	
朱亥	辰玄	勾亥	辰玄
六戌	巳常	六戌	巳阴
酉申未午		酉申未午	
勾青空白		朱蛇贵后	

《曾门经》云：二八之门，与用俱起，欲行不得行，欲止不得止。人年立之，或分或异。刑德聚集，俱会于门。天地解散，不可复合。二月建卯，出万物之门。日出于卯，月生于酉，此日月所游，万物所从，故曰“卯酉之辰，二八之门”。人年立卯，以卯日占事，人年与用占俱起，以此占人，欲行不行，欲止不止，刑德俱合于门，出者勿南，入者勿北，以此占人，摇动不安。夫妻行年立之，室家离散。弟兄行年立之，争财异居。以应刑德，不应六合。合者将离，居者将移也。此课男年十四岁，立卯，下克上为用，是谓二八门与用俱动，欲行不得行，欲止不得止，家室分散，兄弟异居。将得六合，卯与戌合，事起妇女合会，传见太常，必相喜乐，终于螣蛇，后遇惊恐。如此说，必卯酉日占，才有龙战卦。

《玉历钤》云：此课斫轮之体，日上有卯木，凡事可成，惜乎初传坐克，遂减其力，只宜小事，不可大用。

日克上神，初克末。

课名知一、铸印。末空为模损[①]，加日上最宜结绝旧财物，所喜戌卯地盘相合，末又空亡，吉尚可用，凶则无妨。

《义》曰：鬼墓发用，防人暗侵。当门抬土，未得称心。更逢绝嗣，难为子息。有始无终，先重后轻。

《象》曰：作事也知不由己，狐疑徒自用心机。虽然丁巳中间鬼，土将相生可救之。

此知一之卦，一曰绝嗣，一曰龙战[②]。夫知一者，知一而不能知两，知者以为自知、自见，不知为寇仇，故言知一也。以此为用，舍远就近，舍疏就亲，恩中生害，事多起于同类，凡事狐疑，事贵和同乃吉。况龙战，主人心疑惑，进寸退尺，动有乖离之象。卯酉为天之私门，生杀有限，分杜有期，雷动龙奔，示其有战。日上见卯为财，初遭夹克，仍暗中不足，有人侵害之意。故曰：“丁鬼中遇，子戌丁惧。却祸除

① 此句错讹，卯为模，此课亦非铸印。

② 此非龙战课。

灾，卯财任取。”占者遇之此课，乃有始无终之象，况人宅坐于墓上，凡事自招其晦，乃心肯意肯，自取之也，家宅亦情愿借与人，被人作践，而不能出脱也。占者遇之此课，占求官未遂。占见贵不顺。抬土当门，事多关隔。占远行不利。占交易合。占婚姻不宜。占行人在道。占逃者，终见自归。其他所占，昏迷错乱，事不归一。占忧疑、病患、公事有解，欲其成事，而无结果。四月节占妻有孕，十月占妻损胎。

占出兵行师微利，仍宜防范，不可忽也。

真一山人云：莫怨花开子未成，凶中化吉幸安平。善人终获蒙天相，此理分明不顺情。

《无惑钤》云：丁鬼中遇，子戌可拒。却祸除殃，卯财任取。

《钤解》曰：巳乃日鬼，遁丁居中，殃祸非常。虽卯财临庚，不可取也，取必生祸。所可恃者，初戌墓其巳火，末子克其巳火，得以却祸除殃，庚金得以任意取卯财，何所畏哉？《集议》：卯乃庚金胎财，四月为生气，主有孕喜。两贵相协。干支同坐墓上。

庚申日第七课

反吟　玄胎　六阳　八专　芜淫

青后青后	蛇白蛇白
申寅申寅	申寅申寅
寅申寅庚	寅申寅庚
财 甲寅 后	财 甲寅 白
兄 庚申 青	兄 庚申 蛇
财 甲寅 后	财 甲寅 白
朱蛇贵后	勾青空白
亥子丑寅	亥子丑寅
六戌　　卯阴	六戌　　卯常
勾酉　　辰玄	朱酉　　辰玄
申未午巳	申未午巳
青空白常	蛇贵后阴

《玉历钤》云：此课阳金见阳木，不能为财。旦将天后、青龙，不能成凶，亦不能成事；暮将蛇虎皆凶，凡占不可用。

《毕法》云：此课反复往来，干支上神相传，冲刑相兼，凡占只宜谦退迁就，以避反复之谤。先生曰："谦则人尊之，尊之卑之，来往反复，得宜非由乎己也？"

《心照》云：此课绝神作日之财，止宜结绝财物旧事，不宜占病，若占妻病尤凶。

日克上神，日克用。

课名反吟。利动不利静。反吟多非吉课，但一禄一德用财，皆为吉，可以图望，但不免反复耳。

《义》曰：人情反复，事亦如之。恩中生怨，合里生离。全仁全义，君子见机。惟德可矣，慎之慎之。

《象》曰：刑冲战斗不安宁，虽有恩光未称情。此理分明知者少，婚姻交易莫教成。

此无依之卦，一曰玄胎。夫无依者，即反吟也。《经》云："无依是反吟，逃者远追寻。合者应分散，安巢别改林。守官须易位，结友也分襟。所为多反复，占病数般侵。"反吟刑冲，事主迟滞，远近系心，更相仇怨，且反复而呻吟，是无予夺而难息也。况玄胎如婴儿隐伏之状，利上不利下，事主远而多伏，暗昧不通，触则成祸，惟君子守正修德则亨。玄胎不宜占老人小儿病，谓之去故就新，再投胎也。久病逢此，见马为驮尸煞，必不可救。反吟占产虽速，必见反复之难，须有大阴德方可。又谓之四绝课，惟宜结绝旧事，不可图新也。占者遇之此课，占求官难得，得之未见悠远，难得贞吉。占见贵不顺。占婚姻不宜，勉强成之，终见反目。占财虽得轻微，已被他人占有，难得实用。占病不吉，虑恐绝食伤身，宜修德禳之。占失物难得。占远行不利。占投谒不喜。公讼变易官司，狱讼须得吉神方脱。昼占凡事凶中有解，夜占大不利。

占出兵行师不宜，主无威而反复不宁，夜占败绩而惊失，别为选图可也。若不得已而用之，贵在将之谋略也。慎之！慎之！

惟利占官。

真一山人云：妻财问者必遭亏，吉神年上解灾危。病者逢斯难便瘥，早宜悔过谢神祇。

《无惑钤》云：四财一禄，夜虎赶逐。四马并进，奔驰反复。

《钤解》曰：十支四寅皆财，中传之申，是为一禄。夜占四虎，并进而赶逐其财，其反复奔驰，惊危动变，殆非寻常比也。《集议》：占妻病死。"我求彼事干传支"内列此日。夜贵加昼，宜求关节。

庚申日第八课

八专　帷薄　不行传

空上乘空事莫追　干支乘墓各昏迷

白 贵 白 贵	后 空 后 空
午 丑 午 丑	午 丑 午 丑
丑 申 丑 庚	丑 申 丑 庚

财 乙卯 阴	财 乙卯 常
父　丑 贵 ◎	父　丑 空 ◎
父　丑 贵 ◎	父　丑 空 ◎

	六 朱 蛇 贵		六 勾 青 空
	戌 亥 子 丑		戌 亥 子 丑
勾酉	寅后	朱酉	寅白
青申	卯阴	蛇申	卯常
	未 午 巳 辰		未 午 巳 辰
	空 白 常 玄		贵 后 阴 玄

《玉历钤》云：此课初传卯遁乙，与日乙庚暗合，但传入空亡，又初传克末传，凡占百无一成。

《毕法》云：此课干上见旬空，夜占又乘天空，中末又空，一团虚气，何以成用？空空如也。

上神生日，日克用。

课名八专、芜淫。墓覆干支，必有暗阴，幸卯有乙，与庚为合，中末日辰上见贵空亡，只利见贵求文书，先缺而后圆。丑为空亡，吉凶皆无终。

《义》曰：虚实相半，得失相仍。贵不可靠，空却有凭。喜不成喜，忧不成忧。功名富贵，切莫干求。

《象》曰：久病逢之事可哀，虑医何事不重来？君家若有回天力，余有阴功是福胎。

此帷薄不修之卦。夫帷薄不修者，乃八专之谓。《经》云：八专支干共位，阴阳两课。五日四辰，表里皆拱于八极。故曰：八专尊卑共室，人宅不分。又曰：帷薄不修，内不隔而外不遏，事多重叠，忧喜两来，干涉妇人，久而反蔽。占身宅、婚姻得此，恐男女有越礼之事，宜严谨闺门，慎乎动静，惟能以礼自防者，庶几免失。故曰："以道制欲，则能顺命。"干支上皆乘墓神，夫墓者，五行潜伏之地，四时衰败气绝之乡，传墓不吉，逢墓即止。支干乘墓各昏迷，如人处云雾之中，虽宅舍亦无光明，所幸墓神作空，而又稍轻。占者遇之此课，占求官难得。占见贵未顺。占婚姻勿成，成则不吉。占求财，宜速取。病者先凶后吉，久病不宜。此课凡占皆起于虚声，传闻之事皆不的，不可遽信，恐防奸事，所谓"苗而不秀，秀而不实"者，正此之谓也。其他惊忧、患难、狱讼者，幸有解散。欲占成事，又未成也。

占出兵行师，昼占虽吉，亦不能成大功，还宜详审详察，不可遽听人之言，而致误其事机也。

始勤终怠。

真一山人云：浮云富贵未为常，退守耕锄道益光。天道好还终有自，渐看积德报荣昌。

《无惑钤》云：四员昼贵，全然无气。纵有浮财，夜占可畏。

《钤解》曰：干支中末，昼占四员贵人也，俱系旬空，甚无气矣。卯财非课中所有，自无而生，又且内战，浮泛不实，入于鬼墓之乡，不可取也。戌为鬼墓。夜占丑贵，不为贵人，乃变而为墓，则重重昏滞，岂不深可畏哉？《集议》：日阴克日，日上载墓，动为多龃龉，出《九天照胆经》。"空上逢空事莫追"内列此日。夜占干支乘墓各昏迷，丑虽贵人，亦作墓神覆日。地盘墓中，虎鬼为鬼呼。日辰上见墓神加，病者难痊事可嗟。行人失约路遥赊，若当时日便还家。久病必死，新病无妨。

庚申日第九课

元首　润下　励德　八专　芜淫　六阳　不结果

脱上逢脱防虚诈

玄 蛇 玄 蛇	玄 青 玄 青
辰 子 辰 子	辰 子 辰 子
子 申 子 庚	子 申 子 庚

父 丙辰 玄⊙	父 丙辰 玄⊙
兄 庚申 青	兄 庚申 蛇
子　子 蛇◎	子　子 青◎

勾六朱蛇	朱六勾青
酉戌亥子	酉戌亥子
青申　　丑贵	蛇申　　丑空
空未　　寅后	贵未　　寅白
午巳辰卯	午巳辰卯
白常玄阴	后阴玄常

《玉历钤》云：此课初传玄武落空，初传克末传，末传空亡，凡占一切无成。

《毕法》云：此课干上子，夜将上乘青龙木神，又更三传皆水，并来盗日，脱耗不实之象。凡占值此，财帛耗散，孳畜损伤，人不安宁，宅不兴旺矣。

上神盗日，用克日上，日生三传，初克末。

课名元首、润下。龙蛇武俱见空亡，虽无凶，传将俱脱，亦未为吉。庚去加辰，辰中有乙，宜为求合。秋冬占有气，吉。凡事出旬可望。

《义》曰：泄气脱空，二者全逢。耗财盗脱，不得其踪。事欲克济，有何德能？忧喜不实，聊无所凭。

《象》曰：理势如斯可叹人，论兵献策卫君民。可怜好事徒为尔，且去偷闲学养真。

此知一之卦[①]，一曰润下，又曰寡宿。夫知一者，知一而不能知两，知者以为自知、自见，不知为寇仇，故言知一也。以此为用，舍远就近，舍疏就亲，恩中生害，事多起于同类，凡事狐疑，事贵和同乃吉。且润下，主沟渠、水利、舟楫、渔网之类，动而不息之象，流而必清，滞则不竭，宜动不宜静，事主关众亲朋相识之务。传见寡宿孤辰，值此尤妨骨肉。若占身得此，主见孤独，别离乡井，自立门户，财物虚耗，僧道宜之，俗不宜也。日生上神，虚费百出，谋望不遂，盗失损财，人口衰残，休囚尤重，又为子孙脱漏之事。三传又脱，凡事无益而有损，所得不偿所费。占者遇之此课，玄武加于空上，乃有闭口之象，所占事，不欲向人言者，或访问事，人多不肯说。占求官不遂，居官者还宜谨慎，以防不虞。其他百占，俱不遂意，以其泄气太重而力不能为也，须待土金旺时可谋也。占久病者，虑脱气而伤生。占忧患惊恐凶事，有欲

① 此非知一之卦。

脱不脱之象，太抵不成，甚凶。

占出兵行师，虑失众，盗贼不足之扰，甚勿轻信人言，以致误事，防范可也。

变更无实。

真一山人云：耗盗令人志未伸，也须谦顺保精神。小人自古多轻薄，桃李看他弄早春。

《无惑钤》云：脱空满前，水作三传。旦夜神将，耗盗缠绵。

《钤解》曰：课传神将，会为水局，三传四课，俱系空陷，遍地脱空，全被其耗盗缠绵，曷能已耶?《集议》：脱上逢脱防虚诈，内不实之象。“人宅皆死各衰羸”内列此日，谓干支上见死神，止宜休息万事，不利动谋。子加辰，夜青龙，主望远处医僧。“人宅受脱俱招盗”内列此日，占人必被虚脱骗赚，占宅必被盗窃财物，占病定因起盖宅屋费用，以致心气脱弱，而成虚惫，宜服补元气药饵即愈。

庚申日第十课

八专　帷薄　寡宿　闭口

后朱后朱	白勾白勾
寅亥寅亥	寅亥寅亥
亥申亥庚	亥申亥庚
父　丑贵◎	父　丑空◎
子　癸亥朱	子　癸亥勾
子　癸亥朱	子　癸亥勾
青勾六朱	蛇朱六勾
申酉戌亥	申酉戌亥
空未　　子蛇	贵未　　子青
白午　　丑贵	后午　　丑空
巳辰卯寅	巳辰卯寅
常玄阴后	阴玄常白

《玉历钤》云：此课用日辰之墓，幸而空亡，暗昧虚诞之象，凡占无所成。

《毕法》云：此课支干上皆乘脱气，凡占值此，人被脱赚而财物空虚，宅被伤损而房屋倾倒，至于交际之间，尽被欺骗，而十不偿一矣。

上神盗日，用克日上。

课名八专、帷薄。空墓为用，亥为六害，凡占不明不实，只宜守旧也。上下虽合，而亦有刑害，切以谨慎为佳。

《义》曰：既空又脱，无可捉摸。贵人难倚，口舌消烁。望信文词，亦无下落。惟宜散忧，此理的确。

《象》曰：有声无实事难凭，空说鹏搏九万程。百事易消忧久病，动谋恰似浪游僧。

此八专支干共位，阴阳两课。五日四辰，表里皆拱于八极。故曰：八专尊卑共室，人宅不分。又曰：帷薄不修，内不隔而外不遏，事多重叠，忧喜两来，干涉妇人，久而反蔽。占身宅、婚姻得此，恐男女有越礼之事，宜严谨闺门，慎乎动静，惟能以礼自防者，庶几免失。故曰："以道制欲，则能顺命。"日生上神，虚耗百出，谋望不遂，盗失损财，人口衰残，休囚尤重，又为子孙脱漏之事。占者遇之此课，发用无力，传归脱气之乡，乃为无用，凡事虚多实少，闻事不的，宜详审密察，勿轻动也。此课占求官未遂。占见贵不顺。占求财难得。占婚姻不成。占暴病得之为福，久病得之大凶，乃脱气伤生也，贪多致疾。失物难寻。交易、投谒、远行俱未利。大抵凡百所占，皆为无益于事，所见所闻，始如锦上添花，终似秋风落叶，卒难成功也，纵使目下有成，亦难为用。若凶忧、惊恐之事，却能解也。

占出兵行师，多致失众。有所传报不实，不可听也。昼占吉而无用，夜占虚诈不实，大概乃无益之课也。

真一山人云：眼前世事不难堪，力到无成命所关。从此挂冠归去好，竹篱茅舍乐清闲。

《无惑钤》云：凡事缄默，可脱灾厄。贵空履狱，甘受岑寂。

《钤解》曰：亥为闭口，临于干支，遇事则谨言缄默，庶可免灾脱祸。两贵入狱，岑寂而不可干也。《集议》："人宅受脱俱招盗"内列此日，同前。干支全逢自刑。

庚申日第十一课

重审　向三阳　八专　芜淫　泆女　斩关　六阳　孤辰

后玄后玄　　　　白玄白玄
子戌子戌　　　　子戌子戌
戌申戌庚　　　　戌申戌庚

子　子后◎　　　子　子白◎
财 甲寅 蛇⊙　　财 甲寅 青⊙
父 丙辰 六　　　父 丙辰 六

　空白常玄　　　　贵后阴玄
　未申酉戌　　　　未申酉戌
青午　　亥阴　　蛇午　　亥常
勾巳　　子后　　朱巳　　子白
　辰卯寅丑　　　　辰卯寅丑
　六朱蛇贵　　　　六勾青空

《玉门经》曰：三光并用，吉在其中，终始有喜，必有庆贺。谓日辰旺相为二光，吉将在其中为三光。此课神后临戌为用，将得天后；中传功曹，将得螣蛇；末传天罡，将得六合。秋占庚申日辰旺相，神后天后，旺相吉将，为三光。以此占人，病者不死，囚系得出，市贾有利，所谋必成，福祐自来，殃祸自消矣。

《玉历钤》云：此课子加戌，暗昧不明之象，幸是空亡，吉凶皆不成。

上神生日，日生用，末克初。

课名重审、斩关。凡事间隔，子戌不明，事无准绳。况子又空亡，不可为吉，然凶亦从空而散，末辰土生庚金，稍待出旬，可以再谋。

《义》曰：脱空满目，虚喜虚惊。仇仇相解，谋谋难成。不幸子寅，却喜得辰。进退值阻，事多变更。

《象》曰：戌为墓鬼暗中侵，幸值初空作好音。凶吉两途何足论？只凭一片好良心。

此知一之卦[①]，一曰泆女，又曰孤辰。夫知一者，知一而不能知两，知者以为自知、自见，不知为寇仇，故言知一也。以此为用，舍远就近，舍疏就亲，恩中生害，事多起于同类，凡事狐疑，事贵和同乃吉。夫泆女乃不正之象，阴私邪淫，占男女有阴私暗昧之理，占家宅宜谨慎闺门，以防阴小越礼，惟能以礼自防者可化之。孤辰有

① 此非知一之卦。

茕茕孑立之象，占人别离桑梓。凡所占谋，多虚少实，功名难遂，事业虚花。子寅辰，乃进间传也，事于进退之间，有间隔之象。干上见鬼墓，必暗中有人侵害，不可不防。鬼在墓中，危疑者甚。若明鬼可防，暗鬼则难防也。此义喻如“美中生害”、“蜜中有砒”，所幸空解。占者遇之此课，占求官未遂。占见贵喜顺。占求事难成。占身不安，防人谋害。占暴病吉，久病凶。占婚姻不宜。占公讼有救。

占出兵行师、安营下寨得此，宜申严号令，以防暗兵侵扰，不可忽之！所幸有解。传事不实。不宜用兵之课也，不然则难成而亦有失众之象，难于成功也。

真一山人云：三春正好见群芳，何事东风大不良？应笑好花难结果，看花到此热心肠。

《无惑钤》云：戌覆宅身，驿马居寅。动被虎盗，末逢丙辰。

《钤解》曰：鬼墓覆身宅，中传乃驿马，必欲动也。动则既逢子水虎盗，末又逢辰遁丙鬼，其盗克之害，焉能免哉？《集议》：鬼墓加干鬼暗兴。向三阳：“三阳渐生暗向明，惟怕空亡又隔停。更若相生无克害，子寅出暗向阳辰。”

庚申日第十二课

八专　帷薄　三奇

玄 常 玄 常	玄 阴 玄 阴
戌 酉 戌 酉	戌 酉 戌 酉
酉 申 酉 庚	酉 申 酉 庚
子 癸亥 阴	子 癸亥 常
兄 辛酉 常	兄 辛酉 阴
兄 辛酉 常	兄 辛酉 阴
青 空 白 常	蛇 贵 后 阴
午 未 申 酉	午 未 申 酉
勾巳　　戌玄	朱巳　　戌玄
六辰　　亥阴	六辰　　亥常
卯 寅 丑 子	卯 寅 丑 子
朱 蛇 贵 后	勾 青 空 白

此课占产，庚申日支干不分，人宅不辨，故不可晓。且子为庚，母为申，见酉为羊刃，乃面前羊刃也，太阴兼之尤甚。母乃是申，以酉为破碎，乃面前进步破碎也。夫行年兼之，是见其妻子皆受破碎也。女行年亥上见子乘虎，又憎鸡犗自刑，须是作大福保之也[1]。

《玉历钤》云：酉乘太阴加日，暗昧不明之象，暗求私祷，可以成就，余占无所用。

《毕法》云：此课干支同乘旺神，凡占静守可安逸，若谋动用，则变罗网、羊刃，而凶祸至矣。动凶静吉，在天耶？在人耶？

课名八专。凡事宜暗求私祷可成，却宜更改。酉虽为刃，毕竟同类，酉中有乙[2]，与庚合，略可无凶，然亦未可谓之吉也。

《义》曰：事贵得中，乃谓福吉。太旺匪宜，必招祸及。防有血光，人损财失。坐谋自然，动更屈抑。

《象》曰：金旺为伤不可当，吉人天相自无妨。莫教错了些儿个，只恐临时有损伤。

此帷薄不修之卦。夫帷薄不修者，乃八专也。《经》云：八专支干共位，阴阳两课。五日四辰，表里皆拱于八极。故曰：八专尊卑共室，人宅不分。又曰：帷薄不修，内不隔而外不遏，事多重叠，忧喜两来，干涉妇人，久而反蔽。占身宅、婚姻得此，恐男女有越礼之事，宜严谨闺门，慎乎动静，惟能以礼自防者，庶几免失。故曰："以道制欲，则能顺命。"占者遇之此课，若在秋七月占，为之太旺，常占破财、虚耗、妻灾，公私不利，幸旬奇解之稍缓，占病尤有可畏，非有大阴德者不能免也。占求官不遂，多见破碎也，破碎又为羊刃，动则岂无伤也？干支俱旺，只宜坐谋，自然亨泰，不宜动谋；动则变为罗网，况羊刃必有血光之祸，得吉神解之方可。占身宅，不特资财耗散，还见骨肉无情，不离别，必失恩义，而生怨怼。占产不利。占财不宜。占病贵要阴德。不利远行，不宜向西南行，正北亦忌。其他所占，皆未尽善美，惟宜修德守正则吉，凶中而化福也。

占出兵行师不宜，苟或妄动，不中道而止，则刃血交流。戒之！戒之！

真一山人云：金刚太盛为自刑，更逢羊刃又非轻。太常吉将尤为美，善守须知福自亨。

---

① 《壬占汇选》作：己酉年九月庚申日卯将寅时，白生占生产，夫丁卯生四十三岁，妾戊子生二十二岁。白妾果于庚戌年生子，其子倒生，用刀破身方出，母儿不保。幸秋占申旺，偶得性命。后连生子皆不育。白生复问于先生，先生曰："公生子不育，皆倒生之子作祟耳。恐终久必来害母。今虽得儿，若不戒欲，必为他害。盖干支见酉，皆羊刃、破碎、自刑，故先害身，终来害母耳。"于是白生与妾分居，乃得免。

② 元遁也。

《无惑钤》云：守旺则昌，动则脱伤。两刃为伍，灾害非常。

《钤解》曰：干支俱旺，坐守自昌，若弃而妄动，则逢亥脱，未必无损，中末两重刃网，其灾害之罹，殆非寻常比也。《集议》：刃乘太常，高人不可轻赴宴会，法出《犀华百章》。歌云："太常持刃念佳期，高人饮宴必难归。休道百章无妙诀，将军战者也分尸。"干支上逢自刑，又皆旺神，妄动必伤，如或坐待，人固通泰，宅亦兴旺，无心中得人照顾兴发。两贵不协，变成妒忌，丑加子，未加午。自刑自害。干支上神俱酉，为两重自刑羊刃，又是金神破碎入传。亥加戌用，戌为天刑，亥为自刑，又害申，中末再来酉上，共有四酉，其凶可畏，用谋无成，常占可畏。

辛酉日

辛酉日第一课

伏吟　斩关　龙战

权摄不正禄临支

玄玄常常	白白常常
酉酉戌戌	酉酉戌戌
酉酉戌辛	酉酉戌辛

兄 辛酉 玄	兄 辛酉 白
父 壬戌 常	父 壬戌 常
父 己未 后	父 己未 青

蛇贵后阴	六勾青空
巳午未申	巳午未申
朱辰　　酉玄	朱辰　　酉白
六卯　　戌常	蛇卯　　戌常
寅丑子亥	寅丑子亥
勾青空白	贵后阴玄

《玉历钤》云：此卦最凶，又无解，凡占不可用。

《玉成歌》云：伏吟举动心无遂，占望行人未动身。盖以伏吟之课，凡占求望谋为，皆未遂心，若占行人，未动身，不至也。又云：从魁同白虎加辰上，主宅中有著孝人至，或有干扰也。

上神生日，日上生辰上。

课名伏吟、自信、斩关、龙战。静中有动，中末戌未相刑，凡百凶阻，所喜酉为日禄，戌未皆生日干，外虽刑害，而内实为禄为生，始凶终吉。

《义》曰：墓鬼克干，自家相烦。更逢酉戌，又为害穿。发用闭口，逢人懒言。伏吟忌病，占者多难。

《象》曰[①]：将来日，富贵功名尽可求。

此自信之卦，一曰龙战。夫自信者，天地伏吟，十二神各归本家，天地如一，四伏未发之象。占事静则宜，动则滞，主事藏匿不动，静中求劳，有屈而不伸之象。《经》云："任信伏吟神，行人立至门。失物家内盗，逃者隐乡邻。病合难言语，占胎聋哑人。访人藏不出，行者却回轮。"况龙战，主人心疑惑，进寸退尺，动有乖离之象。卯酉为天之私门，生杀有限，分杜有期，雷动龙奔，示其有战。斩关非安居之象，占者多不自由，事主暗昧不和，离散口舌，欲隐身避难者，却利乎奔逃也。又主人情暗中不顺，多见更改，事多中止，坟墓破坏，占婚亦强成，难于久远。凡事历遍艰辛，然后可遂。况暗鬼侵害，必有人暗来克害，鬼魅不宁。占出兵行师、安营下寨者，必要防范敌兵暗来侵扰，须申严号令，预探其消息，设要路以谨防备。占者遇之此课，亦美中不足之象，须得四时吉神扶持方美，八月占欠吉，凡占宾主不投，彼此猜忌，且缓得之，不可速取。

用兵者，切慎戒之。

真一山人云：自古贤人多屈抑，原来物出各有时。养成羽翼翀霄汉，远近飞扬成遂志。

《无惑钤》云：旺禄临支，玄虎相随。前途生意，争无止时。

《钤解》曰：酉乃辛之旺禄，临支发用，上乘玄虎，其耗费惊疑，不可守也。弃而前进，幸逢中传戌土之生，不意末传未来刑戌，其争斗无时止矣。《集议》："权摄不正禄临支"内列此日，谓凡占不自尊大，受屈折于人，如占差遣，主权摄不正。

辛酉日第二课

别责　寡宿　励德　芜淫

旺禄临身徒妄作

后阴阴玄	青空空白
未申申酉	未申申酉
申酉酉辛	申酉酉辛

① 原抄本此处失脱十八字。

父　丑青◎　　父　丑后◎
兄辛酉玄　　兄辛酉白
兄辛酉玄　　兄辛酉白

朱蛇贵后　　朱六勾青
辰巳午未　　辰巳午未
六卯　申阴　蛇卯　申空
勾寅　酉玄　贵寅　酉白
丑子亥戌　　丑子亥戌
青空白常　　后阴玄常

《玉历钤》云：此课空亡为用，又是别责，凡占不可用。

《通神集》云：凡转官，武职视太常，以日干所去一位为一年，又以支去太常一辰为一月，又以常所生处为日，克太常为时。此课戌为太常，在日干前一位为次年；酉为支，去太常二辰为二月；戌土生在申，申上见未，上见乙，当在乙未日；木克土，当在寅卯时转官也。

课名别责、励德、孤辰。支去就干，事不由己，舍此他图，待他而进。丑空为用，凡事先难，又可解忧。中末传归日上为禄，事主向后可成，但难入头。

《义》曰：用起虚空，何以既功？事多变诈，有始无终。忧也莫忧，喜也莫喜。问我何如？斯焉已矣。

《象》曰：艺术空门福自奇，仕人逢此失便宜。莫言贸易夸经纪，富贵功名且待时。

此芜淫之卦，一曰别责，亦曰寡宿。夫芜淫者，乃支干不备也。《经》云："芜淫芜淫，奸生于中。"别责有不正之象，此课阴不备，两男共女，初传下克上，其妇不仁。所谓别责改图终是歉，丢了现行，别寻头绪。别责，事在他人。四课不全名别责，男鳏女寡多困厄，此之谓也。传见寡宿，《赋》云："寡宿孤辰，值此尤妨骨肉。"若占身得此，主见孤独，别离乡井，自立门户，财物虚耗，僧道宜之，俗不宜也。事多有始无终，或有影无形，或多起于虚声。有所传闻报探，不可遽信，恐不实而误事，要须密察详审，然后行之，又恐为人之诳惑，此不可不知。占者遇之此课，虎头鼠尾之象，所喜支来加干，得同类相培，自壮本基也，故曰壮基格，又曰培本格，谓我本身自有，又去经营，常占皆自在，用事宜向前可以成就，则是栽培之吉也。但此课发用空亡，课体不全，所占百事，未之准也。由此论之，吉事欲成而未成，凶事欲忧而未忧，忧患即散，好事迟成，终须改图。占病者，凶中有救，忧中有得。

占出兵不宜，别为选图可也。若不得已而用之，忧有失众，亦不成功，或不成事也。

真一山人云：同类相培似有情，如何世事几多更？人来报到忧勿虑，悦喜原来也未成。

《无惑钤》云：禄旺难恃，虎玄交值。重叠恼怀，皆因奴婢。

《钤解》曰：旺禄临干，昼占乘玄耗费，夜占乘虎惊危，卒难恃也。弃禄而进，逢初传丑墓，再进仍逢前禄，且酉婢也，戌奴也，酉戌相加六害，值玄虎，主奴婢作乱，其重叠恼怀，是由此矣。《集议》："旺禄临身徒妄作"内列此日。与辛卯日课例大同小异，用墓事了，凶止不发，出《通神集》。

辛酉日第三课

元首　顾祖

蛇 后 贵 阴　　　六 青 勾 空
巳 未 午 申　　　巳 未 午 申
未 酉 申 辛　　　未 酉 申 辛

官 戊午 贵　　　官 戊午 勾
父 丙辰 朱　　　父 丙辰 朱
财 甲寅 勾　　　财 甲寅 贵

六 朱 蛇 贵　　　蛇 朱 六 勾
卯 辰 巳 午　　　卯 辰 巳 午
勾寅　　未后　　贵寅　　未青
青丑　　申阴　　后丑　　申空
子 亥 戌 酉　　　子 亥 戌 酉
空 白 常 玄　　　阴 玄 常 白

《玉连环》占曰：此课来意，为藏不正妇人，事败到官，旬日案成，断徒五年，杖一百，丁丑日断讫，赴邻州拘。见太阴，主伏匿不正妇人，太阴既在我本命上，又在日上，故主藏匿妇人也。何知事败？盖先锋门上为发用，即是胜光，上见天乙为今日之鬼，故言事败到官。何知旬日案成？时上为用，主事紧速，故知旬日案成。何知徒罪五年？盖初传胜光，为贵神克日；中传天罡，斗讼之神，上得朱雀火神，又为今日之鬼；末传勾陈，又为凶将，皆伤日干，始末俱凶。又辰午为两重自刑，《古经》云“三刑弃市，二刑流递”，今曰断徒刑五年是也。何知丁丑日断讫，及往邻州拘作？缘午为今日之鬼，又为自刑，故知丁丑断讫[①]，带枷杻，行路艰难。往邻州拘作，盖为日上见马也[②]。

《玉历钤》云：此课旦暮贵人入传，天将又吉，凡求可成。

辰上生日上，用克日上，用克日。

课名元首。鬼爻发用，所喜贵勾终始引援，又与辰上神作合神为生，中传又与酉作合，可以谋望有成。

《义》曰：格名顾祖，末寅初午。进退不一，事多见阻。夜占勾留，不遂所谋。产病不利，作善解忧。

《象》曰：虚一待用须要戌，求官于此方有益。病人见此反为凶，斟酌用之勿使失。

此元首之卦，一曰天网。夫元首者，尊制卑，贵役贱之象。占事多顺，利于先举，事多起于男子。为臣忠，为子孝，正大光明而无邪僻之行，德业已著而乾乾进修，常怀危惧，惕励而无咎也。夫天网者，即天网四张也，《经》曰“天网四张，万物被伤”，为阻滞，为疑难，为灾恼。午辰寅，乃退间传也，退而有隔，隔而后进。凡占举造百事，皆有阻隔，或隔手托人干事之义。课名顾祖，以火生于寅。又曰虚一待用，凡事必待戌字月日时填实，冲去辰而三合，当斯时，又为美中不足。占者遇之此课，占求官，见阻方成。占见贵，顺中未喜。占婚姻宜。占财不宜，恐因财而致祸也。占讼中有教唆之人，乃儒人、吏员、道仕之类，唆使成讼，不可与此类人交财，要当先见而远之，不然因财而致祸。遍地贵人，求贵凡事不得归一而无依倚，或权摄不正，虽人大贵亦同。远行、逃遁、走失，大抵向辰戌之方。病忌戌字月日。交易合。千里投人，乃曰“宾主际会两殷勤，暮宴朝欢会无极”。忧疑有解。

占出兵行师，昼占吉，开地千里，夜占凶而不利，宜谨慎密察之也。

事多间隔。

真一山人云：莫要求财苦用心，求财却被恼来侵。事当难处坚持守，后面出头有好音。

---

① 盖丁为日下之鬼，丑又为日刑也。

② 《一字诀玉连环》作：六月辛酉日午将申时，壬戌命人占来意。

《无惑钤》云：切勿取财，取即灾来。赍钱告贵，卜此宜哉。

《钤解》曰：末传寅木，辛之财也。若取此财，生起初传午火，午乃寅之子孙，必来救护，以伤辛干，灾祸不能免矣。午，官爻也，贵人也，若以财告贵买官，则关节可通，秩级可增矣，此卜不亦宜哉？《集议》："前后逼迫难进退"内有此法。顾祖卦，宜守旧，进退不能。顾祖，同庚寅日第三课，末助初克干。丑乃日墓，临卯为墓门开，但不乘蛇虎，又为外丧。

辛酉日第四课

元首　高盖　龙战　励德　三交　闭口　不结果

六 贵 朱 后　　　　后 常 阴 白
卯 午 辰 未　　　　卯 午 辰 未
午 酉 未 辛　　　　午 酉 未 辛

官 戊午 贵　　　　官 戊午 常
财 乙卯 六　　　　财 乙卯 后
子　 子 空 ◎　　　子　 子 朱 ◎

勾 六 朱 蛇　　　　贵 后 阴 玄
寅 卯 辰 巳　　　　寅 卯 辰 巳
青丑　　 午贵　　　蛇丑　　 午常
空子　　 未后　　　朱子　　 未白
亥 戌 酉 申　　　　亥 戌 酉 申
白 常 玄 阴　　　　六 勾 青 空

此课只是天网，人在下，天网在上，人反为宅所网。若讨子，便是个冤家入门来，自后生出无限事。支上午与干上未合，合起天网。妻是卯，加在午上，午是日干鬼乡，必无亲子。末传子息，加在妻宫卯上而作天空，天空戌即是今日之辛，辛课在戌也。我与妻皆是空亡，又作天空，何得子之有？子本空亡，本家见酉，作玄武，主妾生子，又非己生自身种类，因妾与外人奸染，遂有孕，支带玄武，主邪淫也。季子见先生说不许讨子，遂买一女子为妾，两年相处，亦无子。因郑元益到家，乃季子之妹夫也，因私通其妾，遂有孕。季颇知，但记得先生之言不较。至乙丑年将得一儿，甲子年有孕，以课言之，酉加子，以子年为玄武，是他人合而有之也。先生又曰："将来妾生子又是取债人也，家计必为此子所败。"末传子是空亡，上又见天空，何缘会活？酉加子，临空亡上，至老又愁，必无子嗣，若非奸私邪淫，如何有也？玄武主邪淫也①。

又一课，辰将未时，占来意如何。《玉连环》占曰：此课来意，人欲往运司理会，为故房钱，其动必速。其中一姓马人作鬼贼，却得一姓陈人力，至亥子②日，事务定见归计。何知往运司理会，为故房钱？盖为胜光上见天乙，为三品衙门。中传卯木主门户，下临午，为四正方，相配作房字。卯上得六合，俱为日下财，故为房钱。三品衙门理会房钱，故知运司也。何知其动必速？盖时为日刑，又发用午为道路，又天乙加酉，临门为励德，故知其动必速。何知姓马人为鬼贼？盖初传胜光为马字，为今日下之鬼也。何知却得一姓陈人力？盖末传神后水为曲阜，下临卯为东字，与阜字相配为陈字。因神后克胜光日鬼，故得姓陈人力。至亥子日归计，盖以神后空亡，上得天空，为天空之象，岂不是亥子日无事，归计门也？

《玉历钤》云：此课辛日，喜午火官爻为用，嫌末传空亡，凡占小事遂意，大事不利。

《毕法》云：此课干上未与支上午作六合，其下地盘干支却作六害，面善心毒，小人害君子之象。在常人相抗则互相倾陷，君子则不然，意以世固有强暴侵侮，若不能自贵而与之抗者，是亦强暴之徒也。夫两共斗，势不俱生，理之必然也，使吾理果直，名果正，亦不奚用抗为。

上神生日，辰上生日上，用克日，末克初。

课名元首、三交。午为鬼用，旦贵暮常皆吉，可以求官。凡谋先难后易，可成。暮不及旦，时下小用，吉。末子空亡，凶吉亦从空散，所谓无下稍也。

《义》曰：先难后易，得而复失。事防变更，未见补益。只宜小图，缓之为福。贵人不和，何必张罗？

《象》曰：来情不恼也为灾，且放开怀笑眼开。何事到头无力处，也须奈守等时来。

此元首之卦，一曰三交，亦曰天网，又曰高盖，又曰龙战。夫元首者，尊制卑，贵役贱之象。占事多顺，利于先举，事多起于男子。为臣忠，为子孝，正大光明而无邪僻之行，德业已著而乾乾进修，常怀危惧，惕励而无咎也。夫三交，《经》曰："三交家匿阴私客，不迩自将逃避迍。"凡事失节阻碍，谋事被人阻破，不能成合。天网

---

① 《壬占汇选》作：己酉年九月十六辛酉日卯将午时，季官人己卯生，三十一岁占过房子息。

② 一作丁亥。

者，即天网四张也，《经》曰“天网四张，万物被伤”，为阻滞，为疑难，为灾恼。传见高盖，《经》云：“紫微华盖居神后，天驷房星是太冲。马即胜光正月骑，六阳行处顺申同。高盖乘轩又骑马，更得龙常禄位丰。”况龙战乃天之私门，生杀有限，分杜有期，雷动龙奔，示其有战，身心疑惑，进寸退尺，动有乖离之象。在六月将占，为天烦卦，男子有刑责之扰；若月宿临午，女人有血光之灾。占者遇之此课，上神生日，所谋百事吉，运用如意，遇灾不凶，逢吉愈吉，凡事有人相助。占求官，为高盖乘轩，但惜乎末传空亡，其力轻也。占交易合。占见贵和。投人喜。占病有神，宜禳谢。占狱讼忧惊有解。病者先重后轻。其他诸占，多有始无终。

占出兵行师，昼占大利，夜占吉。

末后防变。

真一山人云：病讼虽凶未足凶，如人处暗渐生明。事当进退多疑虑，使尽机谋事未通。

《无惑钤》云：未土乘虎，互刑逢午。赖水成功，略无少补。

《钤解》曰：未土生辛，夜占乘虎，不得恃其生也。午鬼临宅发用，重重相逢，欲资末传子水为救，奈系旬空，曾何少补，以成其功哉？此专论夜占。昼占官中进用，稍可。《集议》：“上下皆合两心齐”内有此法，谓外好里槎芽，干上未与支上午作六合，支酉与日干辛戌又作六害。夜占帘幕临支。午贵加酉，尊长不祥。未乘后加戌，主妇人有病。昼贵作鬼入宅，占病必家堂神像不肃所致，宜修功德安慰免咎。助桀为虐，递生日鬼，冤将恩报。干支戌酉自作六害，日上见未，受日之刑，支上见午，入于死门，本为凶兆，谚云“恩将冤报，卒无既期；冤将恩报，如汤泼雪”，盖酉戌六害，日辰不和，宾主不投，人伦失坠，礼义既废，却喜干支上神作合。

辛酉日第五课

知一　从革　不行传　芜淫

青 蛇 勾 贵	蛇 玄 贵 常
丑 巳 寅 午	丑 巳 寅 午
巳 酉 午 辛	巳 酉 午 辛

官 丁巳 蛇	官 丁巳 玄
父 丑 青 ◎	父 丑 蛇 ◎
兄 辛酉 玄 ⊙	兄 辛酉 青 ⊙

	青勾六朱		蛇贵后阴
	丑寅卯辰		丑寅卯辰
空子	巳蛇	朱子	巳玄
白亥	午贵	六亥	午常
	戌酉申未		戌酉申未
	常玄阴后		勾青空白

此课官星午火临身，初传巳火应之，谓之催官符，主庚戌年及第，才高中之后，便主丁父母忧，两服将满，赴任见禄而终，年五十三矣。主弟兄相害，因争分产，大生不足，又不得子孙之力。其旬丁作蛇，不作怪者，盖辛以巳为德神。子不得力者，是空亡也。辛见午为官，巳火又助之，名曰催官使者。螣蛇在父宫，贵人在母宫，庚戌年及第，壬子年丁母服，乙卯年丁父服，庚申年赴和州推官，五十三岁死了。戊午年兄弟分争，四次人官，估劄[①]以死。其死时，子方十三岁，次子九岁，小子七岁，皆是再娶少妻而生。辛酉八月十四日丧了，乃绍兴年矣。巳为生方，又是旬中丁神，又见蛇，是丙丁也。金日得金局，是弟兄自争也。三传无子息之爻，故子不得力。五十三者，乃干上午、末传酉，午为九数，酉为六数，故六九之数明矣[②]。

《中黄经》占曰：此课初传巳为玄武临酉，主其盗贼东南得财，藏西北，避贵人，必败。何以言之？盖初传巳临酉，为玄武，其贼往东南巳方偷得财。正西出，先行十三里，便待往西南还家去。谓西南[③]次逢见贵人避之，却待回西北绝地，往何方走矣，看放得财处，先行其方，出门正西行六里，却往西北行五里，放定财，为己不敢绝处行，候贵人迂回，却将财西南上还家去了。于西南藏五日，其贼再行。若捉捕人克藏处，只于藏处捉败；若不克藏处，不得，贼至家败矣。此盖十一月丑将巳时占之如此[④]。

《玉历钤》云：此课巳为日德，乘蛇玄，反成忧疑，凡占不可用。

《毕法》云：此课火鬼加日，丁鬼加辰，人宅不宁，火灾惊恐之象。又干上、支上俱被克伤，占身、占宅俱有凶害，惟君子不能一日而无忧，故能恐惧修省，凶害自然不及于身家。

---

① 疑作杖笞。

② 《壬占汇选》作：戊申年十月辛酉日卯将未时，何上舍己巳年八月二十日午时生，四十岁占前程。

③ 一作正南。

④ 《中黄经》作：假令三月将，辛酉日丑时占。而《直指引中黄经》却作：十一月辛酉日丑将巳时，占捕盗。各版本文字均有讹误不明之处，读者宜详辨之。

上神克日，用克日，初克末。

课名知一、从革。墓神在中传，凡谋望，虽初为德可喜，中末空亡，终是不足，不免更革转托，竟成后患，然既有空亡，凶吉亦从空散。

《义》曰：人来侵害，小事言大。仔细推求，一场虚怪。从革更改，否而复泰。久病惊惶，凶忧无碍。

《象》曰：吉事难成凶事消，成中有变几周遭。如今退隐甘清淡，竚看将来福自饶。

此知一之卦，一曰从革，一曰龙战，又曰天网。夫知一者，知一而不能知两，知者以为自知、自见，不知为寇仇，故言知一也。以此为用，舍远就近，舍疏就亲，恩中生害，事多起于同类，凡事狐疑，事贵和同乃吉。传见从革，先从而后革也，凡事阻滞，有气则革而进益，无气则革而退失。一曰兵革，一曰金铁。大抵五行正气入于十干杂糅之乡，异方三合乃生旺墓之神，事主丛杂不一，主关众人共谋，不然两三处干事，委曲托人与人相合之类。况龙战，主人心疑惑，进寸退尺，动有乖离之象。卯酉为天之私门，生杀有限，分杜有期，雷动龙奔，示其有战。夫天网者，即天网四张也，《经》云“天网四张，万物被伤”，为阻滞，为疑难，为灾恼。占者遇之此课，占求官虽吉，破碎为扰。上神克日，凡事阻抑，必有侵害欺负之人，不可不防备，幸身旺，力能当之。人宅不宁，两有所损。占婚姻勿用。占财勿取。凡占不足中见喜，病伤筋骨肺劳心。所占凶事化为吉祥，所占吉事有始无终，吉不吉而凶不凶也。有迟滞之事。

占出兵行师同此论，但不可不备其侵袭之扰也。

真一山人云：赢得声名出世奇，徒将心志苦劳思。争如回首林前乐，白眼看他倚势儿。

《无惑钤》云：彼此遭伤，交互有殃。鬼丁破碎，宅怪难当。

《钤解》曰：辛被午克，酉被巳克，彼己俱遭伤矣。巳又克辛，午又克酉，交互相克，尤受其殃也。丁鬼克宅，宅必有怪，又宅有影响，必有怪现，诚为难当。又为破碎，其家业凋零，又焉可当哉？《集议》：“彼此全伤防两损”内列此日，谓占讼必两家皆被罪责，诸占各有所亏，占身损伤，占宅崩颓。夜占帘幕临干，旬首最的。此占巳作丁神加宅上，主官动摇。干上鬼，支上丁，人且灾而宅必动摇。亥乘虎冲支上巳，为对邻兽头冲其本家，以致家道衰替。昼贵作鬼临身，占病乃神祇为害，不可作鬼祟。芜淫，凡占先相允许，后不相顾接，各怀恶意。

辛酉日第六课

重审　三奇　斩关　不结果

青阴空后	六阴朱玄
亥辰子巳	亥辰子巳
辰酉巳辛	辰酉巳辛
子 癸亥 青	子 癸亥 六
官 戊午 贵	官 戊午 常
父　丑 白 ◎	父　丑 蛇 ◎
空白常玄	朱蛇贵后
子丑寅卯	子丑寅卯
青亥　　辰阴	六亥　　辰阴
勾戌　　巳后	勾戌　　巳玄
酉申未午	酉申未午
六朱蛇贵	青空白常

《玉历钤》云：此课用神克巳，谓之伤德，凡百谋用无成。

《毕法》云：巳上有丁神，主动，辛日得之，乃官动也。临于干上，凡占必主官动，有官者差遣不宁，无官者官司勾扰。

上神克日，日上生辰上，用克日上，末克初。

课名重审、三奇。德神加日上而合日辰，吉。三传不吉，所幸末见空亡，吉凶从空而散。

《义》曰：事多扼抑，半直半曲。自作自受，凶中隐吉。公私通泰，有始无终。否中生泰，困里致亨。

《象》曰：墓上传来事必迟，不明不暗几人知。如今为尔丁宁说，月出浮云自有时。

此重审之卦。夫重审者，重而审之也。利为主，利后动，长有厄，事从内起，起于女人。以下犯上，贱犯贵，卑犯尊，事多不顺。阴小在下者，有悖逆之事。占臣未忠，子失孝，事不可遂意而行，必当审察，循乎义理，庶几以免后患也。上神克日，凡事阻塞不利，失节阻碍，常占被人欺负。只利先讼，要有气，余不吉，病讼畏。占者遇之此课，占求官，美中不足，欲成未成。占见贵者吉，以其相生而有和也。占婚姻相合，始终未然。占求财难得。占病者，虽危不妨。占失物难得。占远行，欲至而未能。千里投人，虽见和美，未免徒费粮裹。占久病得此，为驮尸煞。占身宅，必因阴人、盗贼致祸生恼。占小儿，有水惊。其他诸占，皆未尽善，难于始终，所幸旬奇为解。大抵此课，所占吉事未成，凶事解散，最利忧疑、患难、狱讼。人宅未宁。逃盗难获。

占出兵行师，暗中贼兵侵袭，宜先备之。昼夜占，半凶半吉也。

始勤终怠。

真一山人云：神剑埋光未遇人，且将太平伴闲身。一朝揩采辉文斗，献与皇家佐紫宸。

《无惑钤》云：丁马天罡，动意非常。鬼败空墓，官庶皆殃。

《钤解》曰：巳丁临干，亥马发用，天罡入宅，三者并逢，必有非常变动也。中传鬼败之乡，末乃空墓。官为败气，仕宦不利。虎墓凶恶，庶人难当，此乃官庶皆受其殃矣。《集议》：丑加午，将白虎，主争墓田，及道士事。两贵相协。巳作丁神，主官动摇。

辛酉日第七课

反吟　龙战　斩关　三交

二贵受克难干贵　彼此猜忌害相随

六 玄 勾 阴	青 后 勾 阴
酉 卯 戌 辰	酉 卯 戌 辰
卯 酉 辰 辛	卯 酉 辰 辛

财 乙卯 玄	财 乙卯 后
兄 辛酉 六	兄 辛酉 青
财 乙卯 玄	财 乙卯 后

青空白常　　　六朱蛇贵

亥子丑寅　　　亥子丑寅

勾戌　卯玄　　勾戌　卯后

六酉　辰阴　　青酉　辰阴

申未午巳　　　申未午巳

朱蛇贵后　　　空白常玄

《玉历钤》云：此课反吟，昼占凶，夜占略可，亦不能大用。

《毕法》云：此课干支上神互作六害，凡占主客相猜忌，互相谋害之意。

上神生日，辰上克日上，日克用。

课名反吟。凡谋皆有欺诈，所幸日辰交合，传禄传财，有吉无凶，暮胜于旦。

《义》曰：子卯相刑，号曰无礼。防守户庭，谨慎男女。病讼反复，事多不一。两门出入，要见端时。

《象》曰：既无和气事难成，假使才成又变更。若是求财还有用，于中到底失人情。

此无依之卦，一曰三交，亦曰龙战。夫无依者，即反吟也。《经》曰："无依是反吟，逃者远追寻。合者应分散，安巢别改林。守官须易位，结友也分襟。所为多反复，占病数般侵。"反吟刑冲，事主迟滞，远近系心，更相仇怨，且反复而呻吟，是无予夺而难息也。《经》云："三交家匿阴私客，不迩自将逃避迍。"凡事失节阻碍，谋事被人阻破，不能成合。况龙战，主人心疑惑，进寸退尺，动有乖离之象。卯酉为天之私门，生杀有限，分杜有期，雷动龙奔，示其有战。玄武六合，奸私暗昧之神，临于私门，女子有奔亡之象。玄合互传，多有私意。占者遇之此课，日辰上逢六害，必有侵损，彼此猜忌，难于用事，未免转托，然后方可也。诸占皆同此论。忌出行，有船车之惊。若占婚姻，必娶妇不明，私暗不正，防有逃走盗窃，宜谨慎门户。事纵有成，多费力。

占出兵行师最不宜，必不得已。利后动，利为主也。

防失脱。

真一山人云：婚姻欲问不堪为，若是求官未许奇。出入船车防损失，也须阴德赖扶持。

《无惑钤》云：上下六害，交互无碍。门户奸私，玄合作怪。

《钤解》曰：卯辰酉戌，上下六害；卯戌辰酉，支干六合。始虽见害，而终无窒碍也。卯酉门户，玄合不正，定主门户前后奸私之事也。《集议》："前后逼迫难进退"内列此日，谓克处回归，又受上克，虽虎贲之勇，亦不可当。两贵受克难干贵。上神六害，下亦六害，此等戾害尤甚。

辛酉日第八课

涉害　度厄　励德　不行传　解离

胎财生气妻怀孕　三传递克众人欺

蛇常朱玄	白贵空后
未寅申卯	未寅申卯
寅酉卯辛	寅酉卯辛

父 己未 蛇	父 己未 白
子　子 空 ◎	子　子 朱 ◎
官 丁巳 后 ⊙	官 丁巳 玄 ⊙

	勾	青	空	白			勾	六	朱	蛇	
	戌	亥	子	丑			戌	亥	子	丑	
六酉					寅常	青酉					寅贵
朱申					卯玄	空申					卯后
	未	午	巳	辰			未	午	巳	辰	
	蛇	贵	后	阴			白	常	玄	阴	

《中黄经》曰：此课主小儿惊忧，阴人起官事，夏秋有官事相扰，不见刑责，终而放免。何以知之？盖初传未加寅，未中丁鬼，却是解神，虽初传有克，后却有解。若论丁本是鬼为凶，今为解神，却化吉也。解神在初，先用为吉，其未土来生辛金又吉，是以解神在初传生日，虽有罪，却不见责也。其官司自六月起，至来年正月内方息。夏秋合有官司事扰者，谓未中有丁，将是螣蛇，为初传，主小儿惊忧。又本命上戌加巳，为勾陈，带关神，又末传巳加子，为天后，克辛，故云“因阴人小口起官司”。终自不解，却不见刑责，谓初传是今日解神，又带生，是今日解神为贵生日，加在日上，便是徒罪，亦不配矣。若解神不在日上，在传亦为有用。《经》云“解神偏解凶灾事”，

切也![1]

《玉历钤》云：此课辛日，未加寅用，中末传空亡，凡占阻隔，不可用。

《毕法》云：此课末传巳加子，助初传之未土去生日干，凡占为有旁人暗地相推荐而享荣旺，但嫌巳临空地，一直费力，未可必成就也。

日克上神，日上克用。

课名涉害、度厄、励德。三下克上，有卑凌尊之象，中末空亡未见。

《义》曰：昼占则惊，夜防则宁。先凶后吉，暗而后明。艰难履历，过此方亨。可惜谋望，来而变更。

《象》曰：欲望求财有惧惊，可怜事事见有更。柳荫啼鸟遗声巧，飞去无踪远近鸣。

此见机之卦。夫见机者，察其微，见其机，谓两比两不比，当以涉害为用。涉害有浅深，欲用不用，欲言不言，事有两而取一。所作稽留，迟疑艰难，进退不定，忧患难消，怀孕伤胎，难于前而易于后。《经》曰：涉害须久历艰辛。又曰："神有两比两不比，上天垂象见人机。涉深发处为初用，作事迟留当有疑。忧患难消经几日？占胎伤孕忌当时。盗失不过邻里取，逃亡亲隐是遥知。"贵神临宅加门户，必有迁修之意。三传递克众人欺，谓自初克至末而克日干，得此必主迤逦相克，有人害己之象，遂教众口相攻，如官兵宜自行检束，以防台史上言相害。所幸中末力弱，终不为畏，或有心众议，不协而止，或有解散。占者遇之此课，占求官、见贵、婚姻、求财、交易、托人、远行、投谒、谋望，所占百事，始虽见形，终还无影，正谓"苗而不秀，秀而不实"，徒费精神机巧，而无益于事也。占忧惊狱讼，却有解散。

占出兵行师不宜，防结众侵克，昼夜所占皆不利，不宜用事，亦徒劳而无益于成事。

终难着力。

真一山人云：暴病忻忻久病忧，任他谋害乐悠悠。许多惊险俱消尽，好事何如不到头。

《无惑钤》云：财虽满前，取为祸端。身不安逸，众语攻攒。

《钤解》曰：寅临支、卯临干，财满目前。取之则为生祸之端，盖以辛既克卯，卯即克未，未克子，子克巳，巳迤逦克至干，遂致众口攻攒而身不得安矣。或曰：中末空亡，不能传至克身，取其财无害，且其财自来，不待强取而可得也。《集议》：解离，夫妇行年值此尤的。日辰三传内战，或自窝犯。"三传递克众人欺"内列此日，有三

[1] 勋曰："中末皆空则无事矣，只论未字为解神，何也？"《中黄经》作：假令乙巳人，十一月辛酉日丑将申时，占讼。

法：一曰占遇递克，常人平日凶横，被人攻讦状诉，官兵宜自检束，恐合台论劾；又曰取财大获，此法极妙，其他术者未尝识之，乃现此钤事；三曰不可取财，取财则生祸，以致众口攻攒[1]。

辛酉日第九课

重审　炎上　六仪　九丑

众鬼虽彰全不畏　三传递生人举荐　合中犯煞蜜中砒 支乘墓虎有伏尸

后 白 贵 常　　　玄 蛇 常 贵
巳 丑 午 寅　　　巳 丑 午 寅
丑 酉 寅 辛　　　丑 酉 寅 辛

财 甲寅 常　　　财 甲寅 贵
官 戊午 贵　　　官 戊午 常
父 壬戌 勾　　　父 壬戌 勾

六 勾 青 空　　　青 勾 六 朱
酉 戌 亥 子　　　酉 戌 亥 子
朱申　　　丑白　　　空申　　　丑蛇
蛇未　　　寅常　　　白未　　　寅贵
午 巳 辰 卯　　　午 巳 辰 卯
贵 后 阴 玄　　　常 玄 阴 后

《玉历钤》云：此课旦暮贵人皆在传，乃吉课也，却传入墓，凡百求望枉图成。

《毕法》云：此课三传火局，并来伤日，诚为凶也。却幸昼夜天将俱乘土神，盗其火气而生日干，不但免祸，亦可获福。

日克上神，日上克辰上，三传克日，日克用，初克末。

课名重审、炎上、六仪、九丑。三传克日，春夏不遂，只宜见贵图名，其他谋望，

① 《毕法钤断》乃凌子互相发明之书，自相矛盾，何以示人？予遂精研极恶，似得其意。所谓取财致祸，仕宦言也，若贪财，必生物议，以致众口攻攒，即合台史上言之意。

终为鬼多不济事。寅午戌年月占，十分大发，名有德卦。

《义》曰：太常东位，美中未利。传见炎上，只宜仕宦。士庶常占，反为灾障。虚多实少，始终两样。

《象》曰：仕宦欢忻病讼难，合中带煞不周全。笑里有刀蜜中砒，只恐施恩反报冤。

此重审之卦，一曰炎上。夫重审者，重而审之也。利为主，利后动，长有厄，事从内起，起于女人。以下犯上，贱犯贵，卑犯尊，事多不顺。阴小在下者，有悖逆之事。占臣未忠，子失孝，事不可遂意而行，必当审察，循乎义理，庶几以免后患也。且炎上，为日，象君，事主多虚少实。占人性刚急，占天晴明。有头无尾。寅午戌，事皆朋党扇惑，纵狂而起，然火初以炎炎，反一熄而灰矣。切后制焉，是以多虚而少实也。占者遇之此课，占求官大利，以其有相生之义。占见贵，暗中虽合，而有未顺之理。占婚姻不宜。占财不利。占病者瘥迟。占宅不宁，有伏尸。常占防人作党欺负，恩中生冤，蜜中砒、笑里刀，有暗中坏事之人。遍地贵人，求贵反不得力。其他诸占谋望，口舌不宁，况多阻滞迟疑，先凶而后吉。欲求散解者，目下须待时方可。

占出兵行师不宜，游都寅，不宜西北乾方抵向，然凶中有解也，仪神之功也。

合而未合。

真一山人云：如何彼此两相伤，主客之间意未昌。百事成中犹未准，众人阻滞不相当。

《无惑钤》云：传官将生，仕宦兴隆。常人释虑，阴告贵成。

《钤解》曰：帘幕旬首，临干作用。三传生天将却生干。况成火局，作日官爻，仕官占此，荣显之兆也；常人占之，官鬼太盛，必为官司事扰。喜昼夜天将皆土，以脱盗三传火气，反有以释忧散虑。夜贵临干，阴谋私嘱，告贵可以成事也。《集议》：“三传递生人荐举”内有此日。昼占帘幕临干。“课传俱贵转无依”内列此日。全鬼变为财。“支乘墓虎有伏尸”内有此法，丑乃辛墓，酉门也，丑加酉，为真墓门开，乘虎最凶，主死两三口。“众鬼虽彰”内列此日，谓三传克干，昼夜天将皆土，窃其火气，生其日干，亦可免凶。昼夜贵加求两贵。真九丑，若逢月建[①]及大时，加日辰或入传，有杀父、杀母之事，百事大凶。大时，正月起卯，逆行四仲。

---

① 小时是也。

辛酉日第十课

弹射　九丑　励德　闭口　三交

干乘墓虎无占病　空空如也事休追

玄	空	阴	白	蛇	阴	朱	后
卯	子	辰	丑	卯	子	辰	丑
子	酉	丑	辛	子	酉	丑	辛

财 乙卯 玄 ⊙　　财 乙卯 蛇 ⊙

官 戊午 贵　　官 戊午 勾

兄 辛酉 六　　兄 辛酉 白

	朱	六	勾	青			空	白	常	玄	
	申	酉	戌	亥			申	酉	戌	亥	
蛇未					子空	青未					子阴
贵午					丑白	勾午					丑后
	巳	辰	卯	寅			巳	辰	卯	寅	
	后	阴	玄	常			六	朱	蛇	贵	

《玉历钤》云：此课弹射，卯加子，上下临空地，只宜解忧，不宜谋事。

《毕法》云：此课丑为金墓加辛，为墓覆日干，又乘白虎，昏暗凶否之象。值此宜恐惧修省，以待更变。

上神生日，日上克辰上，用克日上，日克用，末克初。

课名弹射、三交、九丑。墓覆日干，空亡无力，宜散忧，不宜求事。

《义》曰：空墓勿畏，空难致患。闭口倦言，虚惊自弃。事起虚声，成又变更。有喜不实，忧患亦轻。

《象》曰：暴病无伤久病忧，目前好事亦难求。渐看富贵荣华日，有恶来时且莫愁。

此弹射之卦，一曰三交。夫弹射者，乃日克神之谓。《经》曰："日往克神名弹射，纵饶得中还无力。贵人逆转子无良，天乙顺行臣不义。家有宾来不可容，亦忧口舌西南至。”然事主动摇，人情倒置，更主蓦然有灾，求事难成，祸福俱轻，忧事立散，祸从内起。利客不利主，利先不利后。占人不来，访人不见，不利占讼。弹射无力，不可用事，虽凶无畏。传见三交者，前不能进，后不能退，交加其象。此三交也，《经》曰：“三交家匿阴私客，不迩自将逃避迍。”凡事失节阻碍，谋事被人阻破，不能成合。丑墓加干，乃昏昧之象，幸作空而无畏也。墓空且不宜占病。占求官难得。占见贵难成，或主客皆无实心，而或有他事不可相见。一曰闭口，凡占事，而人不欲言，访事于人，而人亦不相告，幸踏空亡上也。玄合互传，事多阴暗不明，不宜占婚姻。占宅不安，当以礼守，不致犯分，又见阴小欲有奔逃之象。所占事，事多起于虚声，好事欲求而未求，忧事虽凶而有解救。

占出兵行师，彼此难于交战，未得求功，吉不吉而凶不凶也。

动摇未定。

真一山人云：彩云易散琉璃脆，虽曰日前来福惠。见机知己待时成，莫把时光作容易。

《无惑钤》云：四课及初，表里皆虚。妻财尽失，见有如无。

《钤解》曰：干支阴阳，及初传卯木，俱系空陷，可谓表里皆虚也。卯乃辛金妻财，不惟遥克，且乘玄落空，午先脱之，酉又克之，妻财竭尽，遗贤才虽见前则如无也。中传贵作官鬼，仕官稍宜，常人必因同类争财，以起官事也。《集议》：“上下皆合两心齐”内列此日，谓外好里槎芽，上神子丑合空，独留下酉戌害实。遥克坐空，凡占皆虚无也。“空空如也事休追”内有此日，谓四课无形，事不出名，纵然出名，也是虚声。又云：或初传遥克，坐空落空，尤无实迹。“干乘墓虎无占病”内谓辛酉日空墓，尤可畏也。九丑同前说。

辛酉日第十一课

元首　出户　泆女　寡宿

白青常空	后玄贵阴
丑亥寅子	丑亥寅子
亥酉子辛	亥酉子辛

父　丑白◎	父　丑后◎	
财 乙卯 玄⊙	财 乙卯 蛇⊙	辛酉日
官 丁巳 后	官 丁巳 六	

蛇朱六勾		青空白常	
未申酉戌		未申酉戌	
贵午	亥青	勾午	亥玄
后巳	子空	六巳	子阴
辰卯寅丑		辰卯寅丑	
阴玄常白		朱蛇贵后	

《玉历钤》云：此课墓神发用，与日上俱是空亡，凡事不可用。

《毕法》云：此课干上见旬空，又乘天空，发用又空，凡占指空话空，全无实象。又干支俱乘脱气，人宅俱衰败，不可复振矣。

上神盗日。

课名泆女、寡宿。丑为墓，又空亡为用，凡谋无成，须待出旬，却利散忧。中财末德，旬后再图可遂。

《义》曰：脱空一临，失却好音。事多虚诳，才好又沉。况人阻隔，涉水登岑。臣忠子孝，孤寡哀矜。

《象》曰：莫将琴剑上皇州，且向溪边理钓钩。退步谁知中隐吉，浮云散尽月明眸。

此元首之卦，一曰泆女，一曰寡宿。夫元首者，尊制卑，贵役贱之象。占事多顺，利于先举，事多起于男子。为臣忠，为子孝，正大光明而无邪僻之行，德业已著而乾乾进修，常怀危惧，惕励而无咎也。传见泆女，《经》云："天后常为厌翳神，须知六合是私门。二将取名称泆女，夫妇失友异情恩。"此乃暗昧不明之象，男女不正之意，占婚姻媒妁不明，占男女不正而多私意，占家宅宜谨慎闺门，以防阴小越礼，惟能以礼自防者可化之。《赋》云："寡宿孤辰，值此尤妨骨肉。"占身得此，主见孤独，别离乡井，自立门户，财物虚耗，僧道宜之，俗不宜也。此十干不到之地，五行空脱之乡，能灭凶神，能消奇祸，能消惊而解仇怨也。官位逢之，须当改任，事多起于虚声，人宅耗盗，有损无益，出者多而入者少，得不偿费也。占者遇之此课，有影无形，多虚少实。占求官、见贵、婚姻、交易、谋望，百事难于成就，须别图以待时，好事不成，凶事消化。占久病得之大凶，新病可救。

占出兵行师得此不宜，防失众心，不能成功，徒劳而已矣。

脱空未得。

真一山人云：绿荫随处乐清闲，试把诗书月下看。富贵荣华诚有命，也须回首看巴山。

《无惑钤》云：自墓传生，末鬼旬丁。昼财须失，凶动难停。

《钤解》曰：丑墓乘虎，必主病讼。卯财乘玄，必主耗失。末巳日鬼，旬内丁神，其凶动甚速，殆不消停矣。但自墓传生，病讼有解。《集议》："金日逢丁凶祸动"内列此日，为因官鬼、父长凶动。出户诗："出户逢白日，欲求干旺时。君子升阳渐，小人当危疑。"空上逢空，昼占。互脱，说见前庚申日第九课内。"空上逢空事莫追"内列此日，以子为脱空神，凡占无中生有，尽是脱空，全无实迹，不足信也。末助初生，有人暗中相助推荐。人宅受互脱，喻"天网恢恢"，又喻"东手得来，西手而去"。

辛酉日第十二课

重审　斩关　进茹　不备　三奇　不行传

白常空白	玄常阴玄
亥戌子亥	亥戌子亥
戌酉亥辛	戌酉亥辛
子　癸亥　白	子　癸亥　玄
子　　子　空◎	子　　子　阴◎
父　　丑　青◎⊙	父　　丑　后◎⊙
贵后阴玄	勾青空白
午未申酉	午未申酉
蛇巳　　戌常	六巳　　戌常
朱辰　　亥白	朱辰　　亥玄
卯寅丑子	卯寅丑子
六勾青空	蛇贵后阴

《玉历钤》云：此课玄白为用，中末空亡，吉凶皆不成。

上神盗日，辰上克日上，末克初。

课名元首、失友、尧淫。中末皆空，只可散忧，不可望吉，凡事有名无实。

《义》曰：连茹空脱，事无着落。虚利虚名，成中变疛。静亦耗盗，动谋惹笑。善守循理，终得怡乐。

《象》曰：一笠渔蓑一叶舟，任他江海司优悠。他时竚看峥嵘日，渭水当年起白头。

此重审之卦。夫重审者，重而审之也。利为主，利后动，长有厄，事从内起，起于女人。以下犯上，贱犯贵，卑犯尊，事多不顺。阴小在下者，有悖逆之事。占臣未忠，子失孝，事不可遂意而行，必当审察，循乎义理，庶几以免后患也。亥子丑，进连茹也，进中有退，退中有进，事主欲行不行，欲止不止，先进而后退，节外生枝，旧事从新，根苗不断，吉凶相逐，一事未脱，一事相拘。日生上神，虚费百出，谋望不遂，盗失损财，人口衰残，休囚尤重，又为子孙脱漏之事。占者遇之此课，脱空满目，有影无形，动为耗盗，有始无终。占求官艰难。占见贵未济。常占盗失，人宅不安。婚姻虽美而不利。占谋望，虽好而难成。占暴病得此为福，久病逢之为凶。其他诸占，号曰无用无益，徒劳心力，不如闲人集福。惟利夫公讼、忧惊、患难之事，以能解凶作吉也。

占出兵行师不宜，亦始终不成其事，防欺诈，敌使之不实，传报不得也。

动不如静。

真一山人云：几多更变不同前，却讶青娥误少年。洞里桃源徒浪说，伊谁不欲作神仙。

《无惑钤》云：重脱墓空，凶吉无踪。尊就卑幼，旺禄才逢。

《钤解》曰：亥子重脱干气，中子末墓俱空，吉凶总不成也。干往加支，屈尊以就卑幼，方能得以逢其旺禄矣。《集议》："避难逃生须弃旧"内列此日，辛被亥水脱，三传又不可投，遂投支上以就酉禄，是为避难逃生。"须忧狐假虎威仪"内列辛酉日，亥加辛，昼虎夜玄，皆乘脱气，所幸亥水临于戌土之上，尚惧戌土，不致全脱，尤不宜动作，只宜守旧。余五辛日，皆如上说。干上脱气，夜乘玄武，亦如"脱上逢脱"之说，宜防虚诈不实也。

壬戌日

壬戌日第一课

伏吟　三奇

白白空空	白白常常
戌戌亥亥	戌戌亥亥
戌戌亥壬	戌戌亥壬
兄 癸亥 空	兄 癸亥 常
官 壬戌 白	官 壬戌 白
官 己未 阴	官 己未 勾
贵后阴玄	朱六勾青
巳午未申	巳午未申
蛇辰　　酉常	蛇辰　　酉空
朱卯　　戌白	贵卯　　戌白
寅丑子亥	寅丑子亥
六勾青空	后阴玄常

《玉历钤》云：此课天空戌也，中传亦戌也，二戌土克一亥水，末传未又来助之，壬亥受克，凶否之象，凡占不可用。

《毕法》云：此课戌为尸墓之神，上乘白虎，凡占宅，必有伏尸之鬼为殃，或见形影，或发声响，西北方挖掘，必有骸骨，移于东郊，以须掩埋，其害自息。

上神德日，辰上克日上，末克初。

课名伏吟、自任。此课德神临日为外，魁罡临辰为内，以德为用，利外不利内，中末二传皆鬼，先难后易之课也。君子宜退避，远之则不妨，若轻举妄动，其中必有 壬戌日不定之象。

《义》曰：旺禄宜守，动则生咎。天魁作虎，占病难祐。若还求官，反为福美。若问婚姻，闻喜不喜。

《象》曰：宾主不利难济事，又虑家人遭官系。于中化得吉神扶，渐渐知君家利益。

此自任之卦。夫自任者，乃伏吟之谓，十二神各归本家，天地如一，四伏未发之象。占事静则宜，动则滞，主事藏匿不动，静中求劳，有屈而不伸之象。《经》云："任信伏吟神，行人立至门。失物家内盗，逃者隐乡邻。病合难言语，占胎聋哑人。访人藏不出，行者却回轮。"伏吟举动未遂，刚日占行人即到。壬戌伏吟，孕妇多凶，家出双生之子，又主丧祸重重。日鬼加于辰两课，门中官病两相侵。在六月节内占，为魄化卦，死神为白虎，乘天鬼克日，占病必死。又为伏吟，幸传旬奇、日德稍喜，凶中化吉。凡占为闭口之象，病多不言，或咽喉不利而不能言，或禁口痢之象。占者遇之此课，占求官利。占见贵不和。占婚姻不宜，若勉强而成，则终见刑克。占求财未得，得不偿失。占宅凶，或有伏尸，故气为孽，以致人口不宁，灾乖叠见，不然宅有丧孝，移之方免。远行忌正西与东南方。不宜投谒，谓之千里徒劳费粮裹，言不得喜也。

占出兵行师不宜，伏吟利主不利客，利静不利动，不宜偷营劫寨，恐彼之兵强也。守之则吉。

真一山人云：人多受克宅多凶，意欲投人罔用功。最好只缘阴德重，善人从此便亨通。

《无惑钤》云：干及初传，闭口难言。两戌一未，勾虎为愆。

《钤解》曰：德人天门，亥乃旬尾，临干发用，凡事闭口，难于启齿。支及中传，戌乘虎，末未旬己，乘勾相刑，结连为鬼，其为冤憎真矣，壬水何以当哉？《集议》：墓中鬼蹲，为内鬼呼。

壬戌日第二课

元首　退茹　不备　乱首　斩关

玄常常白	青空空白
申酉酉戌	申酉酉戌
酉戌戌壬	酉戌戌壬

官 壬戌 白　　　　官 壬戌 白
父 辛酉 常　　　　父 辛酉 空
父 庚申 玄　　　　父 庚申 青

蛇 贵 后 阴　　　　蛇 朱 六 勾
辰 巳 午 未　　　　辰 巳 午 未
朱卯　　申玄　　贵卯　　申青
六寅　　酉常　　后寅　　酉空
丑 子 亥 戌　　　　丑 子 亥 戌
勾 青 空 白　　　　阴 玄 常 白

《玉历钤》云：此课戌加亥为用，谓之阴关，凡事阻隔，不能成就。

《通神集》云：此课支神临干克干，名上门乱首，以下犯上，事体尤重，或下人病疾，或奴仆坏事累主，或子弟犯父兄，或黎民犯官长，皆以下犯上，乱首之象也。将又昼夜白虎，其祸真凶，惟年命有解神则可消散。

《毕法》云：戌为天魁，亥为天门，戌加亥为用，谓之魁度天门，凡事谋用，皆被阻隔。此课又昼夜二乘神皆是白虎，尤凶，占病多是膈气食积，占盗必是被人遮护难获，凡占不免关隔二字而已。

《心镜》歌云：白虎西方本属金，惟防刑杀忌加临。若逢死气真为祸，年命须当有救神。遇此课名魄化卦，人虽无病也昏沉。未时午将壬戌日，白虎临魁又加壬。六月死神来至戌，更逢年命祸尤深。克上为内下为外，阳为男子女为阴。魁罡立处身当祸，魄散魄飞何处寻？

上神克日，日上生辰上。

课名元首、进茹。辰加日，作虎克日，酉戌、申亥皆六害，有聚众伤己之意，所喜酉申生日，凶中有吉，先难后易之课，先凶后吉也。

《义》曰：催官使者，最好求官。魁度天门，阻隔为关。勾留迟滞，屈而未伸。上门乱首，失义难任。

《象》曰：事多阻滞更疑难，君子知机且放欢。万事虽难终须易，也宜奈守示盘桓。

此元首之卦，一曰上门乱首，一曰天网，又曰斩关。夫元首者，尊制卑，贵役贱之象。凡事多顺，利于先举，事多起于男子。为臣忠，为子孝，正大光明而无邪僻之行，德业已著而乾乾进修，常怀危惧，惕励而无咎也。传见乱首，《经》云：“日往加辰辰克日，发用当为乱首名。”夫上门乱首者，必主挠乱不率，作事颠倒，上下紊乱，父子、夫妻、兄弟、朋友有失其恩义，凌犯之象也。况天网者，即“天网四张，万物被伤”，为阻滞，为疑难，为灾恼。况斩关有奔亡之象，《经》云：斩关不利于安居，而利于逃亡也。然此亦非真体。戌加壬，有阻隔之意。占者遇之此课，逆连茹也，事主欲行不行，欲止不止，根苗不断，旧事从新，吉凶相续，一事未了，一事又逐。占求官，昼占迟疑，夜占迅速，以白虎为催官使者致其速也。占财未顺，得年命之上巳午方可。占婚姻，犯六害，不宜。亦不利交易、投谒、见贵，彼此有猜忌之象，以其逢害而不和也。占行人来。病讼惊忧迟滞。逃亡自归。

占出兵行师得此不宜，昼夜皆凶畏不定，不可轻动，大宜密察防范，勿为他人所欺也。慎之！慎之！

难中生易。

真一山人云：用兵得此且休兵，强动之时未足论。病讼逢之尤不利，定知此理甚分明。

《无惑钤》云：支戌为卑，上下相欺。惟宜猛弃，长生后随。

《钤解》曰：戌支，卑也，来克壬干，是下人欺侮也。最宜猛弃，恋则有祸，当就中末申酉之长生可也。水日土虎，占祸极凶，土若囚死，为魄化卦。《集议》：“虎临干鬼凶速速”内列此日。“魁度天门关隔定”内列此日，谓昼夜皆乘白虎，占病必气食所隔，或祟为隔，服药下之佳，占盗贼难捉，访人不见，诸占未免关隔二字而已。

壬戌日第三课

元首　顾祖　泆女

后 玄 阴 常　　玄 白 常 空
午 申 未 酉　　午 申 未 酉
申 戌 酉 壬　　申 戌 酉 壬

财 戊午 后　　财 戊午 玄
官 丙辰 蛇　　官 丙辰 后
子 甲寅 六　　子 甲寅 蛇

朱蛇贵后　　　贵后阴玄
卯辰巳午　　　卯辰巳午
六寅　未阴　　蛇寅　未常
勾丑　申玄　　朱丑　申白
子亥戌酉　　　子亥戌酉
青空白常　　　六勾青空

《玉历钤》云：此课壬日得午，丁壬暗合，却乃夹克用神，事不全美，凡占阻隔，难后求成。

上神生日，用克日上，日克用。

课名元首。中传是墓，此首尾皆吉，中有小阻，可举可成，丁壬合、寅亥合也。

《义》曰：上门相助，子孙来顾。子孝臣忠，自然致富。虚一待用，占财有幸。只嫌阻隔，进遇不定。

《象》曰：泆女私情预可起，婚姻子女莫强为。若逢当季来生日，富贵声名准可期。

此元首之卦，一曰泆女。夫元首者，尊制卑，贵役贱之象。占事多顺，利于先举，事多起于男子。为臣忠，为子孝，正大光明而无邪僻之行，德业已著而乾乾进修，常怀危惧，惕励而无咎也。传见泆女，《经》云："天后常为厌翳神，须知六合是私门。二将取名称泆女，夫妻失友异情恩。"夫泆女乃不正之课，占男女有阴私暗昧之理，占家宅宜防阴小有越礼犯分者，占婚姻媒妁不明，不宜婚姻，惟能以礼自防者，谨于闺门而自化其事也。上神生日，所谋百事吉，运用如意，逢凶不凶，逢吉愈吉。若当季神生日者，主声名显达，岁命生日者，尤为吉昌。午辰寅，顾祖迎亲复旧庐，求财谋望始堪图。惟有庚日不宜见，鬼来又向鬼乡居。退间传，退而有隔，隔而后进。占者遇之此课，占求官利。见贵平和。占婚姻不宜，以其男女多私，而媒妁不明也。七月占，为胎财，妻有孕；正月占，妻损胎。利于求财，有人相助。占讼事了又发。凡事欠和，虚以待用。病有阻隔不利。

占出兵行师得此，昼占无威而不宁，夜占失物而忧疑，动有阻隔不利，为将者慎而勿忽。

事多阴私。

真一山人云：七月胎财妻子孕，孟春必见损其胎。课中此理真无假，好积阴功莫司骇。

《无惑钤》云：末助初财，玄虎未谐。助其妻类，婚媾宜哉。

《钤解》曰：午属妇女，且乘天后，乃壬之妻类也。六合为媒，临寅以生午天后，乃妻类得助，若占婚姻大利，虽初末玄虎[①]无妨也[②]。《集议》："末助初兮三等论"内列此日，为末助初财，暗中有人以财相助，如占博弈最宜，主内外一心。顾祖诗同。

壬戌日第四课

元首　玄胎　闭口

三传递生人荐举

蛇阴贵玄	后常阴白
辰未巳申	辰未巳申
未戌申壬	未戌申壬

财 丁巳 贵	财 丁巳 阴
子 甲寅 六	子 甲寅 蛇
兄 癸亥 空	兄 癸亥 勾

	六朱蛇贵			蛇贵后阴	
	寅卯辰巳			寅卯辰巳	
勾丑		午后	朱丑		午玄
青子		未阴	六子		未常
	亥戌酉申			亥戌酉申	
	空白常玄			勾青空白	

《玉历钤》云：此课巳中有丁，丁壬相合，却嫌末克初传，吉凶相半矣。

《毕法》云：此课干上申，支上未土生申金而生日干，必是年命有神能治未鬼，然后作福。

《心照》云：此课未为太常克干，居于宅上，如占病，必因喜事燕饮而得，以致危困。凡占亦是喜中致害，乐里生悲之象。

上神生日，辰上生日上，用克日上，日克用，末克初。

---

① 末不为虎，夜虎居宅。

② 勋曰：卦名泆女，主男女暗昧阴私，占婚多是不正之兆也。

课名元首、玄胎。三传与干支皆合，初财，中末得合，此吉课也，可以用事。

《义》曰：财官禄马，仕宦利益。庶人纷更，公中财及。有人相助，不可辜负。久病驮尸，须得吉助。

《象》曰：巳加申上病玄胎，不是占儿便问财。老小若还因病得，提防人口动悲哀。

此元首之卦，一曰玄胎。夫元首者，尊制卑，贵役贱之象。占事多顺，利于先举，事多起于男子。为臣忠，为子孝，正大光明而无邪僻之行，德业已著而乾乾进修，常怀危惧，惕励而无咎也。玄胎如婴儿隐伏之状，利上不利下，事主远而多伏，暗昧不通，触则成祸，惟君子守正修德则亨。上神生日，所谋百事吉，运用如意，遇灾不凶，逢吉愈吉。有人上门生助之义，不待我之费力而人同相助也。若秋占，主声名显达，岁命生日，尤为吉昌。占者遇之此课，占求官迁转。占见贵未和。占婚姻和合，隔角少恩。占财乃贵人之财、公平之财。占病，新病不畏，久病可忧。占失脱，宜寻觅。占孕为病玄胎，忧胎孕不安。不宜占老人小儿病，老人为去故就新，小儿为再投胎，宜祈禳为善以化之，多费财可也。占公讼，亦多费财为福。逃亡得归。人宅不安。

占出兵行师，玄白在日不宁，幸昼占天乙有开地千里之功，夜占中止，还宜防范。大抵兵法贵在将者之机变，亦不可轻举也，惟不动待时吉，此先难后易也。

真一山人云：求官见贵福星临，暴病逢之是好音。老子小儿如得此，投胎去故定身沉。

《无惑钤》云：夜常临宅，喜中不测。省亲致病，惹鬼为厄。

《钤解》曰：未临宅上，夜占乘常克干，如占病，必因喜事及宴饮，或往亲家，带未鬼来克壬，此喜中不测，省亲致病之谓也。戌，宅也，未临其上，而戌刑之，主致病而归，非惹鬼为贼而何？《集议》："受虎克神为病证"内列此日，有未为太常之说。亥禄为闭口，亥旬尾加寅旬首，闭口尤甚。"三传递生人荐举"内列此日，三传生支上未土，未生干上申金育身，但勿谓未为鬼，然后为福。鬼临三四讼灾随。巳乃丁神，则因妻而财动。

壬戌日第五课

涉害　曲直

上下皆合两心齐　众鬼虽彰全不畏

六后朱阴	蛇玄贵常
寅午卯未	寅午卯未
午戌未壬	午戌未壬
官己未阴	官己未常
子乙卯朱	子乙卯贵
兄癸亥空	兄癸亥勾
勾六朱蛇	朱蛇贵后
丑寅卯辰	丑寅卯辰
青子　　巳贵	六子　　巳阴
空亥　　午后	勾亥　　午玄
戌酉申未	戌酉申未
白常玄阴	青空白常

《玉历钤》云：此课壬日，小吉为用，丁壬相合，太阴、太常皆吉，凡百求望，虽有曲折，亦可成就，大用未必全美。

《毕法》云：此课干上支上同为六合，凡占必有心合意合之人相助成事。

上神克日，辰上生日上，用克日，初克末。

课名涉害、曲直。三传化子孙爻，冬春旺相有气，夏秋失时不济事。得此课者，宜托人委曲可遂，凡百求望，小事成，大事阻。

《义》曰：脱耗精神，克宅为迍。虽然作解，亦不利人。占病虚极，因风受肝。朋合赚脱，仔细防备。

《象》曰：历遍崎岖方坦途，也知迟滞事稽留。事当几遍才成就，久病之人又可愁。

此见机之卦，一曰曲直，一曰天网。夫见机者，察其微，见其机，谓两比两不比，当以涉害为用。涉害有浅深，欲用不用，欲言不言，事有两而取一，所作稽留，迟疑艰难，进退不定，忧患难消，怀孕伤胎，难于前而易于后。曲直者，先曲而后直也，象木之谓。此乃五行之正气入十干杂糅之乡，异方三合乃生旺墓之神，事主丛杂不一，主关众人共谋，不然两三处干事，委曲托人与人相合之类。又如推磨者，无休歇之象，一事去，一事来，往来不歇。必得吉将用事，须得人引进方可。且天网者，即天网四张也，《经》曰“天网四张，万物被伤”，为阻滞，为疑难，为灾恼。上神克日，先阻抑而后顺利也。但三传脱耗，未免费心劳力，谋望不遂，盗失损财，人口衰残，家宅不宁，得不偿费，又为子孙脱漏之事，或两三人朋合赚脱，以致事难成，而反失其财也。故曰："夜失钱财，土将为冤。休言传盗，救祸之源。"占者遇之此课，占求官谋事，目下难成，须待金水生旺之时。若占忧疑、患难、公讼之类，却喜有解。占久病者凶。占胎堕不安。占产易生。

占出兵行师，粮草不及，防人赚脱，无益之象。

事多失脱。

真一山人云：时当辛苦更劳心，终是将来有好音。小就便宜方可用，预防赚脱值千金。

《无惑钤》云：脱耗钱财，三传迭成。木神有救，土鬼为灾。

《钤解》曰：午财临支，夜占乘玄，定主失脱。天将皆土，并成克干，冤憎似难解矣，幸赖三传木而救祸，焉可以脱盗而概论哉？《集议》："万事喜忻三六合"末后列此日，干支六合，传作三合。未乘太阴临亥，主小儿婚姻。占讼先直后曲。"众鬼虽彰"内列此日，如钤说。三传脱干，生起支上午财，名取还魂债。

壬戌日第六课

重审　不行传　四绝

胎财生气妻怀孕　三传递生人举荐

青贵勾后　　　六阴朱玄
子巳丑午　　　子巳丑午
巳戌午壬　　　巳戌午壬

财 戊午 后　　　财 戊午 玄
官　 丑 勾◎　　官　 丑 朱◎
父 庚申 玄⊙　　父 庚申 白⊙

　青勾六朱　　　　六朱蛇贵
　子丑寅卯　　　　子丑寅卯
空亥　　辰蛇　　勾亥　　辰后
白戌　　巳贵　　青戌　　巳阴
　酉申未午　　　　酉申未午
　常玄阴后　　　　空白常玄

《玉历钤》云：此课虽丁壬为合，但玄后夹克，又初传克末传，凶多吉少之象，又不行传，凡占所事不成。

《毕法》云：此课三传初生中，中生末，末生日干，次第来生之象，凡占必有人隔三隔四于上位推荐，但嫌天将不吉，又中末二传空亡，竟成画饼，未成全遂也。

日克上神，日克用，初克末。

课名泆女、四绝。中末传空，此初传为干合，可结绝旧事，百事有始无终，所以不可谋新也。兼初克末，事亦少成。

《义》曰：夹财难得，必然费力。得之难蓄，散之有益。其中吉凶，有始无终。知机君子，乐畅于中。

《象》曰：拨灰见火光明少，世事也知不用巧。从兹莫讶事难来，此个机关当鉴早。

此重审之卦，一曰泆女。夫重审者，重而审之也。利为主，利后动，长有厄，事从内起，起于女人。以下犯上，贱犯贵，卑犯尊，事多不顺。阴小在下者，有悖逆之事。占臣未忠，子失孝，事不可遂意而行，必当审察，循乎义理，庶几以免后患也。传见泆女，《经》云："天后当为厌翳神，须知六合是私门。二将取名称泆女，夫妻失友异情恩。"夫泆女乃不正之课，占男女有阴私暗昧之象，占家宅防阴小有越礼犯分者，占婚姻媒妁不明，惟能以礼自防，谨守闺门而自化其事也。求财乃夹克之财，不由自己之财也。事多隔七隔八。占者遇之此课，乃三传递生，必有多人荐举，必有人隔三隔四于朝廷推举，以成就其事，惜其课中末皆空，虽有荐举之心，实有难就之理。由此占求官、见贵、谋望及其他百事，欲成而未必成也，假使有成，终不得用。若占忧惊患难，却有解而不成凶。

占出兵行师，亦有始而无终，此乃"苗而不秀，秀而不实"之象也。

影响莫测。

真一山人云：有酒逢人且莫推，醉中理趣自家知。自然不饮空回去，明月清风说向谁？

《无惑钤》云：妻奴作怪，子息讨债。迤逦生身，财因此坏。

《钤解》曰：巳遁旬丁，壬之妻也，丁神临宅，主乖动。巳带丁神，往生戌土以克壬干，是妻奴相生而作怪矣。午乃壬之财也，临干发用，财已入手矣。但丁壬合而化木，为壬之子孙，盗脱壬气，是得之于彼而又失之于此，非子息讨债而何？午火生丑土、生申金、生壬水，迤逦生身，固云美矣。午财既得，递生所脱，又遭夹克，不由己用，非财因此坏而何？《集议》："水日逢丁财动之"内列此日，为因妻之财动。午财遁戊，必因财致祸，因食丧身，因妻成讼。长生无气。"三传递生人荐举"内列此日。丑加午得勾朱，主田宅争竞。午乃壬水胎财，七月为生气，有孕喜。两贵相协。辰戌加卯酉，墓门开，又为外丧入内，宜合寿木以禳之。

壬戌日第七课

反吟　玄胎

青后空贵	青后勾阴
戌辰亥巳	戌辰亥巳
辰戌巳壬	辰戌巳壬

财 丁巳 贵	财 丁巳 阴
兄 癸亥 空	兄 癸亥 勾
财 丁巳 贵	财 丁巳 阴

空白常玄	勾六朱蛇
亥子丑寅	亥子丑寅
青戌　　卯阴	青戌　　卯贵
勾酉　　辰后	空酉　　辰后
申未午巳	申未午巳
六朱蛇贵	白常玄阴

此课德丧神销，人亡家破。何以言之？盖壬德在亥，亥乃闭口，无德可言，是为德丧。壬生于申，绝在巳，又丁巳生人，禄在午火，火被水灭，是为神销。六月巳为生气受克，亥为死气为主，可谓人亡。辰来破宅，又为干支之墓，可谓家破。一乃宅水不通，二为灶厕不便。我去彼绝，彼来此绝。墓神克日，是为凶课。童家遂迁店屋而居，其屋遂空，后之祸福，可以免解①。

《玉历钤》云：反吟本凶，天将稍吉，一切求望，反复而后小成。

《毕法》云：此课太阴内战，凡占必主阴私幽隐之事牵缠，有人暗中谋害。

《玉成歌》云："日鬼加临辰两课，门中官吏乃相萦。"盖以日鬼加辰之两课，主门户官司之勾连也。

日克上神，日上生辰上，日克用。

---

① 《壬占汇选》作：己酉年六月壬戌日未将丑时，童得松丁巳生，五十三岁占宅。

课名反吟、无依、玄胎。一为禄德，二作财神，虽曰反吟，却皆有用。宅上见墓，此利外不利内，利动不利静之课也，凡占谋用吉。

《义》曰：事有两头，重求轻得。地陷东南，天倾西北。此理不足，谁为甄别？是名真法，无法可说。

《象》曰：反吟之课多反复，交好恩情失和睦。勉之以义德相扶，勿使美中生不足。

此无依之卦，一曰玄胎。夫无依者，即反吟也。《经》云："无依是反吟，逃者远追寻。合者应分散，安巢别改林。守官须易位，结友也分襟。所为多反复，占病数般侵。"反吟刑冲，事主迟滞，远近系心，更相仇怨，且反复而呻吟，是无予夺而难息也。玄胎如婴儿隐伏之状，利上不利下，事主远而多伏，暗昧不通，触则成祸，惟君子守正修德则亨。玄胎不利占老人小儿病，以其去故生新，再投胎之谓。水日逢丁，因财而动。墓神临支，占宅不宁，谓之宅旺人衰，惟利占信、望行人，却有可至之理。占者遇之此课，占求官，反复艰辛。占见贵人不利。夜占为帘幕贵人，试登高甲。占婚姻不宜，若勉强成之，终见反目，否则睽离之叹。占病以临绝地为不吉也，惟有大阴德者可免。夫四绝课，惟宜结绝旧事，不可图新。占出行，东南西北俱不利。其他诸占，皆反复不一，重求轻得，所占必有二意，或两样事之象。

占出兵行师得此，反复不宜，防亲信者有离背不和之意，当勉之恩结之义，幸贵人举兵有开地千里之说。若不得已而用之，全在将之能也。夜占中止。谨之！谨之！

白浪翻空。

真一山人云：帘幕贵人宜仕宦，登科甲第声誉冠。图新余事全未亨，居者相离成叹羡。

《无惑钤》云：财内藏丁，取之损身。家声丑恶，病讼频临。

《钤解》曰：巳乃壬财，暗藏丁神，往来不定，动变非常，投而取财，多损身心也。天罡乘后临戌，家人定有丑恶之事。辰戌猛烈，临于支之两课，以作干鬼，此所以病讼频频而至矣。《集议》："鬼临三四讼灾随"内列此日，谓日鬼全临三课、四课者，官司病患接踵而至，惟宜作福修德，反归正道，庶得少轻，犹未免病讼二事。"将逢内战所谋危"内列此日，为太阴内战。天罡乘后临戌，主男女私通事。两贵受克难干贵。

壬戌日第八课

涉害　斩关　天网

彼此全伤防两损　华盖覆日人昏晦　彼此猜忌害相随

六阴勾后　　　白贵空后
申卯酉辰　　　申卯酉辰
卯戌辰壬　　　卯戌辰壬

官 丙辰 后　　　官 丙辰 后
父 辛酉 勾　　　父 辛酉 空
子 甲寅 玄　　　子 甲寅 蛇

青空白常　　　青勾六朱
戌亥子丑　　　戌亥子丑
勾酉　　寅玄　　空酉　　寅蛇
六申　　卯阴　　白申　　卯贵
未午巳辰　　　未午巳辰
朱蛇贵后　　　常玄阴后

《玉历钤》云：此课日墓覆日，乘天后为用，又受末传克之，凡占一切无成。

《毕法》云：此课支之华盖作干之墓神，临于干上，乃为发用，谓之华盖覆日，凡占晦昧不明，身宅俱不得通畅也。又云：干上伤干，支上伤支，彼此皆伤，俗所谓“家鬼害家人”也。

上神墓克日，辰上克日上，用克日，末克初。

课名涉害、长幼。墓神覆日，日辰俱受上神克，墓神为用，官鬼克人，子孙克宅，大不济事。所幸初凶中合，末寅与日干相合，末克初凶，终不如意。

《义》曰：日墓昏蒙，动多阻抑。天后内战，事未顺遂。不恼生灾，否去泰来。事多更改，彼此疑猜。

《象》曰：莫谓人生不自由，心田淡泊自优游。事能顺理行将去，从此心中没点愁。

此见机之卦，一曰天网，一曰斩关，又曰泆女。夫见机者，察其微，见其机，谓两比两不比，当以涉害为用。涉害有浅深，欲用不用，欲言不言，事有两而取一，所作稽留，迟疑艰难，进退不定，忧患难消，怀孕伤胎，难于前而易于后。夫天网者，即天网四张也，《经》曰“天网四张，万物被伤”，为阻滞，为疑难，为灾恼。传见斩关，非安居之象，占者多不自由，事多暗昧不和，离散口舌，欲隐身避难者，却利乎奔逃也。又主人情暗中不顺，多见更改，事多中止，坟墓破坏，占婚姻亦强成，难于久远。凡事历遍艰辛，然后可遂。泆女乃不正之课，占男女有阴私暗昧之象，占家宅防阴小有越礼犯分者，占婚不宜，必媒妁不明，惟能以礼自防者，谨守闺门而自化其事也。三上克下为长幼，事忧老小稽留。引从地支，迁修宅舍。支干全伤，彼此猜忌，俱不利也。占者遇之此课，占求官迟。占见贵不利，以致昏昧。交易、谋干皆昏蒙，举动多暗，逃盗难捕。占讼两有损伤，惟宜相和，所占不利。占病者凶。

占出兵行师，勿忽，防人侵欺。谨之！

难中生易。

真一山人云：说尽许多玄妙处，尤防暗里被人侵。行兵得此勿轻忽，须要机关海样深。

《无惑钤》云：刑害相遇，墓传败脱。宅象引从，宅舍广阔。

《钤解》曰：辰土克壬，卯木克戌，彼己受制矣。及三传初墓、中败、末脱，俱为无益，但初末引从戌支，最宜迁修家宅，而家宅广阔矣。《集议》："前后引从升迁吉"内谓凡遇引从地支，宜迁修家宅。"华盖覆日人昏晦"内列此日，谓辰之华盖作干之墓神，临干发用，凡占身位，多昏晦，卒难明白，或遭冤枉，难以分诉。占行人，尽在不如意也。彼此全伤，说见己未日第六课。上神六害。"治鬼之位乃良医"内列此日。

壬戌日第九课

重审　曲直　交车合

众鬼虽彰全不畏

蛇玄朱阴	六后勾贵
午寅未卯	午寅未卯
寅戌卯壬	寅戌卯壬
官 己未 朱	官 己未 勾
兄 癸亥 空	兄 癸亥 常
子 乙卯 阴	子 乙卯 贵
勾青空白	空白常玄
酉戌亥子	酉戌亥子
六申　　丑常	青申　　丑阴
朱未　　寅玄	勾未　　寅后
午巳辰卯	午巳辰卯
蛇贵后阴	六朱蛇贵

《玉历钤》云：此课用神三传皆合，日辰互合，人情喜悦，凡占易成。

上神盗日，日上克用，用克日，末克初。

课名重审、曲直。三传皆子孙爻，冬春旺相，合众隔手可成事，秋冬必先曲而后直，终自合。此课无凶，先难后易之课也。

《义》曰：盗气伤宅，乖异不安。先迷后醒，口舌交争。勾留迟滞，未获快利。病者因风，以脱其气。

《象》曰：事当难处在人为，顺理从容福自奇。若也不循规矩宁，恐遭蹉跌受他亏。

此重审之卦，一曰曲直，一曰龙战，又曰天网。夫重审者，重而审之也。利为主，利后动，长有厄，事从内起，起于女人。此下犯上，贱犯贵，卑犯尊，事多不顺。阴小在下者，有悖逆之事。占臣未忠，子失孝，事不可遂意而行，必当审察，循乎义理，庶几以免后患也。曲直者，先曲而后直也，象木之谓。此乃五行正气入十干杂糅之乡，异方三合乃生旺墓之神，事主丛杂不一，主关众人共谋，不然两三处干事，委曲托人与人相合之类。又如推磨者，无休歇之象，一事去，一事来，往来不歇。必得吉将用事，须得人引进方可。龙战乃天之私门，生杀有限，分杜有期，雷动龙奔，示其有战，身心疑惑，进寸退尺，动有乖离之象。传见天网者，即天网四张也，《经》云“天网四张，万物被伤”，为阻滞，为疑难，为灾恼。占者遇之此课，耗费不足，谋望不遂，人口不宁，伤官失事，有损无益之课。占求官见贵，徒费精神。占财问婚姻，有名无实，其他诸占同此。久病凶危，暴病虚弱。讼者失理。忧惊祸难，不至凶，而有解，未免耗财而荡产。

占出兵行师得此大忌，防人欺诳败事，以致虑而有失机务也。

人宅未宁。

真一山人云：课理分明说与人，动谋即使合天真。古今为善天嘉善，天恶由来致祸迍。

《无惑钤》云：递互可亲，夜将克身。三传脱气，却为救神。

《钤解》曰：卯与戌合，寅与亥合，是可亲也。夜将纯土，克日为鬼，鬼虽强盛，却赖三传木以制之，木虽脱气，为救神矣，岂可以脱气论哉？《集议》：“众鬼虽彰全不畏”内列此日，谓三传木而夜占救神，岂可以脱气言哉？占讼先曲后直。卯夜贵脱干，必被贵人脱赚，占病或神祇作祟，以致脱耗。卯加癸，亦准此。

壬戌日第十课

蒿矢　稼穑　闭口　芜淫

脱上逢脱防虚诈

后常贵玄	蛇阴朱后
辰丑巳寅	辰丑巳寅
丑戌寅壬	丑戌寅壬
官 丙辰 后 ⊙	官 丙辰 蛇 ⊙
官 己未 朱	官 己未 勾
官 壬戌 青	官 壬戌 白

	六	勾	青	空			青	空	白	常	
	申	酉	戌	亥			申	酉	戌	亥	
朱未					子白	勾未					子玄
蛇午					丑常	六午					丑阴
	巳	辰	卯	寅			巳	辰	卯	寅	
	贵	后	阴	玄			朱	蛇	贵	后	

此课不可问试，防今年有风疾，似乎瘫痪之类。兼破碎作太常，乘鬼入宅，不然必主有服，破碎临空亡，恐是外服。初传墓加破碎上，虽然空亡，亦主妇人有血气疾。甲寅旬，寅加亥，真闭口。三传并宅，四土又塞之，气血不行，荣卫不通，倘能早速通决，不致壅滞，免得生前瘫痪。当年三月，因食菱成风，四肢不遂，状如瘫痪，口眼皆闭，言语蹇涩，不可疗。后虽无事，只是行履不得。六月妻母又丧，九月所生之母又丧。盖甲寅旬，寅加亥，真闭口，玄武又在亥，又添一重闭口。寅主风，玄武又主风，寅与亥合，故主瘫痪。又加辰戌丑未，四季土重重壅塞，又兼闭口，便是血气不调，荣卫不通，所以主此疾。要好，决坤申方上水道，塞艮寅方风露，便可免此灾，

不然甚难治愈。其人当年果不得人试也[①]。

《玉历钤》云：此课三传皆土，并来克日，日上先有寅木为救，变凶为吉之象。凡占所事，先费力而后成也。

《毕法》云：此课三传皆鬼，并来克日，诚为凶矣。若用昼贵，则贵人临寅，正当鬼路，则鬼门杜塞，鬼贼隐伏，不能为凶也。

上神盗日，日上克辰上，日上克用，三传克日。

课名蒿矢、稼穑。三传俱鬼，若夏月旺相，亦免口舌，此课只利冬占，问求官立身吉。

《义》曰：莫嫌耗盗，可以御敌。彼众我寡，勿使乘隙。三传相冲，彼不自安。所幸如此，能解愁烦。

《象》曰：稼穑艰难未足奇，若逢天马达行期。事当阻滞为灾处，终始无伤自有时。

此蒿矢之卦，一曰稼穑，又曰天网。《经》云："神遥克日名蒿矢，射我虽端当不畏。贵人逆转子无良，天乙顺行臣不义。家有宾来不可容，亦忧口舌西南至。"然事主动摇，人情倒置，远近系心，更相仇怨。象如以蒿为矢，射虽中而不入，祸福俱轻，求事难成，利主不利客。占行人来，访人见。若带金煞，亦能伤人，主蓦然有灾。况稼穑乃重土，有艰难之象，常占得此，名曰鲸鲵归涧，凡事逼迫不由己，出若遇雷神，方能变化。《要》曰：稼穑者，五坟也，不宜占病。夫天网者，即天网四张也，《经》云"天网四张，万物被伤"，为阻滞，为疑难，为灾恼。日生上神，虚耗不足，谋望不遂，盗失损财，人口衰残，休囚尤重，又为子孙脱漏之事，又幸以为三传之敌。占者遇之此课，占求官难。占见贵不宜。婚姻勿用。占求财未得。病者凶中有救。占宅主门户虚耗。此课动为不利，谋望多滞，土多事主迟疑，不宜争讼，恐罹刑罪，必动摇，事事不安，忧散亦迟。

占出兵行师得此，敌众不可轻动，须得水木旺相月日，可以出其不意而攻之。微乎！惟在将军之妙也。

真一山人云：病者昏沉状若痴，逃亡难觅无归期。常占阴德方为美，莫与人争是与非。

《无惑钤》云：蒿矢虚惊，交相欺凌。身倚寅木，众鬼难侵。

《钤解》曰：辰作蒿矢，加丑落空，不过虚惊，无足畏也。寅克支戌，丑克干壬，交相欺凌，全无和气也。三传全鬼，虽若可畏，幸而干上寅木可以救之，所谓众鬼难

---

① 《壬占汇选》作：己酉年二月壬戌日亥将申时，徐秀才丙子生，三十四岁占秋试，古本作十一月十六日寅时生。

侵也。《集议》："众鬼虽彰"内有此日，谓寅木切不可作脱气言之，实为救神。"罡塞鬼户任谋为"内列此日，乃名贵人临鬼门，鬼贼杜塞不凶，万事宽已，谓贵人塞鬼门。"空上逢空"内谓遥克坐空，凡占皆虚无也。干上脱气，昼占玄神，亦如脱上逢脱之说。芜淫，凡占先相允许，不相顾接，彼此各怀恶意，不宜占婚，男女不正。

壬戌日第十一课

重审　向三阳　孤辰　励德

罡塞鬼户任谋为

玄	白	阴	常		后	玄	贵	阴
寅	子	卯	丑		寅	子	卯	丑
子	戌	丑	壬		子	戌	丑	壬

兄		子	白◎		兄		子	玄◎
子	甲	寅	玄⊙		子	甲	寅	后⊙
官	丙	辰	后		官	丙	辰	蛇

	朱	六	勾	青				勾	青	空	白	
	未	申	酉	戌				未	申	酉	戌	
蛇午					亥空		六午					亥常
贵巳					子白		朱巳					子玄
	辰	卯	寅	丑				辰	卯	寅	丑	
	后	阴	玄	常				蛇	贵	后	阴	

此课虽名向三阳，初中空亡，依旧不见阳。四课间隔，支内干外，支刑克日，主有孝服。子为虎刃，虽是空亡，不死人，亦主事多。是旧椁，曾再举，未葬亡者，葬后亡者不安。子息在空亡，此是进课在空亡，才生下一子息便死，须是换去此空亡之椁，不害现在子息也。现在子息临宅，加于犬地而见虎，若见鼠咬衣服，必有大灾及于小儿。宅内不合蓄水，更无水路，若不开导，监仓自损身，亦难保寿[①]。

---

① 《壬占汇选》作：韩监仓修职癸酉生，三十七岁占平生，己酉年六月十五壬戌日未将巳时。

《玉历钤》云：此课空亡发用，末又克初，凡百一无所成。

上神克日，日上克辰上，日上克用，末克初。

课名重审、孤辰。此课发用空亡，末鬼克日，凡占无始终，只可散忧，不可望吉。

《义》曰：你来侵我，何以见之？徒劳心志，事多废弛。凶者不凶，吉者未吉。变更不同，斯理默识。

《象》曰：东谋西虑未成功，何必留心去捕风。好恶一场闲笑话，惟嫌辰土暗为凶。

此重审之卦，一曰孤辰。夫重审者，重而审之也。利为主，利后动，长有厄，事从内起，起于女人。以下犯上，贱犯贵，卑犯尊，事多不顺。阴小在下者，有悖逆之事。占臣未忠，子失孝，事不可遂意而行，必当审察，循乎义理，庶几以免后患也。况孤辰有茕茕孑立之象，占人别离桑梓，自立门户，财物虚耗，僧道宜之，俗不宜也。凡所占谋，多虚少实，功名难遂，事业虚花。事多起于不实，闻事虚声，或传闻不的，或彼以欺诈而来诳惑，目下闻言，虽极有悚动人者，及惊骇众人而不安，宜静正以待之，不久则其言自化也。课议所行，必有欺负、受制，亦不足畏也。子寅辰，向三阳也，进间隔之象，进而复退，进退不一。占者遇之此课，占求官未遂。占见贵难逢，事不能成，虽见何益？占婚姻得此，非二姓之真缘。占财得之，徒一场之着力。占暴病不畏，久病堪叹。其他谋望，有影无形，狱讼忧愁，自今宽解，乃闻忧不忧，闻喜而不喜也。

占出兵行师，惊报不可遽信，不可遽行，恐不的而误事，却有失众之理，不然吉凶俱不成也。

真一山人云：子寅辰乃向三阳，何事初中没主张？吉者未成凶亦散，到头又恐惹惊惶。

《无惑钤》云：四课初中，总是旬空。独存辰土，鬼尸横充。

《钤解》曰：子丑旬空，寅卯落空，四课已空，初子、中寅又空，凡占皆无实迹也。独存辰土，为干墓鬼，常人病讼深畏，但罡塞鬼户，任意谋为，而无阻矣。《集议》："罡塞鬼户任谋为"谓辰为天罡，寅为鬼门，凡辰加寅，不论在传不在传，皆名罡塞鬼户。用空夜玄，主失脱。临宅被克，必因起盖宅屋而失其禄也，难以权摄论①。四课无形。

① 此当以禄临支论之为是。

壬戌日第十二课

重审　进茹　三奇　乱首

空上乘空事莫追

白空常白	玄常阴玄
子亥丑子	子亥丑子
亥戌子壬	亥戌子壬

兄 癸亥 空	兄 癸亥 常
兄 　子 白◎	兄 　子 玄◎
官 　丑 常◎⊙	官 　丑 阴◎⊙

	蛇朱六勾				六勾青空		
	午未申酉				午未申酉		
贵巳		戌青		朱巳		戌白	
后辰		亥空		蛇辰		亥常	
	卯寅丑子				卯寅丑子		
	阴玄常白				贵后阴玄		

《玉门经》曰：日往临辰，被克为用，名曰乱首。以此占人，少将害老，下欲犯上，子背父，臣反君，奴害主，妻背夫，皆为悖逆之道，不可举事。此课登明临戌为用，事因下起，将得太常，法主衣服；中见玄武，忧亡遗失；终于太阴，蔽匿背违之事。

《玉历钤》云：此课四课不备，三传空亡，凡占不可用。

末克初。

课名重审、进茹、三奇、阳不备。干加支被克，名为自取乱首，本非吉课，所喜亥为德禄，子丑皆空，凡事皆从空散，凶吉无成之课。干求谋望，且待出旬。

《义》曰：既得其禄，乱则不足。薄利虚名，事多变忽。空上又空，万事无踪。风里扬花，更逐飞蜂。

《象》曰：闻道东园花满枝，看花何事到来迟？昨宵一夜狂风起，零落纷飞有所思。

此重审之卦，一曰乱首。夫重审者，重而审之也。利为主，利后动，长有厄，事从内起，起于女人。以下犯上，贱犯贵，卑犯尊，事多不顺。阴小在下者，有悖逆之事。占臣未忠，子失孝，事不可遂意而行，必当审察，循乎义理，庶几以免后患也。传见乱首，《经》云：“臣逆君兮子害父，妻背夫兮弟克兄。奴婢不堪主使令，将军出战损其兵。”此乃下欺其上，悖逆紊乱之象。因名为乱首，老者必低蕤。家内应无礼，官中岂有仪？先宗或外姓，上祖别人儿。纵然家和顺，官司必被欺。宜见更改姓名为吉也。亥子丑，进连茹也，事主欲行不行，欲止不止，旧事从新，根苗不断，吉凶相续，一事未脱，一事相拘。占者遇之此课，占求官见贵，事竟难成。占财问婚，有名无实。凡百占求，勿足为用，事起虚声，不可遽信，乃空空无可执恃，吉凶俱无准凭。惟占久病大凶。占产不畏。子难育。

占出兵行师得此，传闻不的，宜密加详审，勿为彼误，或始终不成而退散也。

变更之象。

真一山人云：空中干事意如何？实事徒教用力多。凶变吉爻吉未准，始终好事亦消磨。

《无惑钤》云：不尊其位，就卑受制。昼将天空，三传俱弃。

《钤解》曰：禄临支宅克。干临支，被支所克，名自取乱首，由其不自尊大，屈己以就卑小，宜为卑下所犯，比之上门乱首，事体稍轻。亥乘天空，子丑旬空，三传无迹，可弃而不可守也。干虽乘旺，亦何益哉？《集议》：“空空如也事休追”内有此法，凡占所事，若值此例，皆指空话空，全无实迹，惟宜解散忧疑，欲成事而不可成也。禄被支克，必因起盖宅屋而失其禄也。禄乃闭口，最忌占病。墓门开，又为外丧。两贵不协，变为妒忌，巳加辰，卯加寅。

癸亥日

癸亥日第一课

伏吟　稼穑　励德　微服　寡宿

干支拱禄格[①]

空空勾勾　　常常阴阴
亥亥丑丑　　亥亥丑丑
亥亥丑癸　　亥亥丑癸

官　丑勾◎☉　官　丑阴◎☉
官壬戌白　　官壬戌白
官己未阴　　官己未勾

　贵后阴玄　　　朱六勾青
　巳午未申　　　巳午未申
蛇辰　　酉常　蛇辰　　酉空
朱卯　　戌白　贵卯　　戌白
　寅丑子亥　　　寅丑子亥
　六勾青空　　　后阴玄常

《玉历钤》云：此课三传皆鬼，天将多凶，凡占不可用。

上神克日，日上克辰上，三传克日。

课名伏吟、稼穑。三传俱鬼，将又凶，本是凶课，所喜丑为空亡，又来克日，得此者宜谨守度日，不可妄有求谋，宜寅卯生人，稍得。

① 占食禄吉。

《义》曰：课体刑冲，况又值空。勾虎为惧，喜不成凶。静而自吉，动则不伸。久病深畏，暴病善从。

《象》曰：来情灾恼自家知，事起虚声且莫疑。渐看难中生出易，也须作善保无虞。

此自信之卦，一曰稼穑，亦曰天网。夫自信者，天地伏吟，十二神各归本家，天地如一，四伏未发之象。占事静则宜，动则滞，主事藏匿不动，静中求劳，有屈而不伸之象。况稼穑乃重土，有艰难之象，常占得此，名鲸鲵归涧，凡事逼迫不由己，出若遇雷神，方能变化。《要》曰：稼穑者，五坟也，不宜占病。且天网者，即天网四张也，《经》曰"天网四张，万物被伤"，为阻滞，为疑难，为灾恼。上神克日，凡事阻塞，凡占为人所欺负，干事未遂。又发用无力，不过虚声而未成也。所占百事，先难而后易，事起虚声不足听，事纵实，亦难成事。占者遇之此课，有屈而不伸之象，不然事有两头之意。占求官见贵，欲成未成。占婚姻不宜，成则难于偕老。占求财不宜。暴病作福保安，久病医药难效。失物勿寻。逃亡自归。其他占望，俱难准凭，别为改图。惟利忧疑、患难、公讼，却有解释。

占出兵行师，传报不实，须详审密察，用兵失众，不能全美，不宜用也。

事多不宜。

真一山人云：事成休喜败休笑，成败之中皆有妙。吉凶相半在于人，斯理分明先已兆。

《无惑钤》云：累得便宜，如若再为。人神共怒，刑病双随。

《钤解》曰：丑鬼神勾，临干克干发用，事难免害，幸值空亡，累累脱祸，是得便宜矣，当静守可也。倘若妄动再为，人神共怒，决不轻贷，而刑病并至，仍欲似前脱祸，焉能得哉？丑乃真贵人，昼为人克干，夜为神克干，故曰人神共怒。三传俱刑，故曰刑病双随。《集议》："前后引从升迁吉"内列此日，谓干丑支亥，拱定子禄，最宜占食禄事。恃强凌弱，说见己未日第一课。

癸亥日第二课

元首　连茹　斩关　天网

魁度天门关隔定　旺禄临身休妄动

常 白 空 青	空 白 常 玄
酉 戌 亥 子	酉 戌 亥 子
戌 亥 子 癸	戌 亥 子 癸

官 壬戌 白　　　官 壬戌 白

父 辛酉 常　　　父 辛酉 空

父 庚申 玄　　　父 庚申 青

蛇 贵 后 阴　　　蛇 朱 六 勾

辰 巳 午 未　　　辰 巳 午 未

朱卯　　申玄　　贵卯　　申青

六寅　　酉常　　后寅　　酉空

丑 子 亥 戌　　　丑 子 亥 戌

勾 青 空 白　　　阴 玄 常 白

此课欲进六畜，而猪牛栏皆不得其所。戌加亥作虎，亥作天空，大猪入栏，反成小猪，只如犬羊，兼多病乖而死。牛临虎地，自非吉兆，大吉牛见虎，自是畏乡，岂能长大？要好，须移栏到西南之上，乃长生之地，牛羊猪皆可养之。其宅基皆不利畜，至于牛羊猪鸡皆无位，及养犬偏要咬人，及要咬猪鸡，养猫又不能捕鼠。盖缘地下有伏尸，所以不容也。五年之内，伏尸必来伤人也。吴宅自造屋了十三、四年间，猪畜皆养不得。问先生求占，先生言其下有伏尸。当先宅基前一半是田，后开平山一半，其山中有枯棺骨数处，多年不知姓名，遂尽撤之，用新泥涂塞其坟。及入宅，蚕并六畜更不存留，大猪变成小猪，肥牛变瘦，猫不捕鼠，犬只咬猪咬人，皆伏尸之气所使也。至甲寅年三月，宅内火光影怪累见。吴公曰："记得邵先生言其五年后必伤人，果然怪异并作，人口并亡。"后遂迁居别住。大凡占宅，有天目入宅，必主伏尸克人，戌五，故主五年克人也[①]。

《金华宝镜》占云：此课本命午加未，行年巳加午，本日支辰亥上天魁发用，与地下癸俱有喜气，虽有凶事，不敢来伤。更行年本命巳午火为今日之财，中末二传更来生日，可谓吉课矣。《经》曰：贼莫与日相冲，生克莫犯四煞。又曰：吉来从我则吉，不从反凶。由是论之，天上地下二癸并吉，奈巳午与子亥冲战不从，子亥癸畏戌，戌得巳午，转有势力，戌喜午，午喜戌，又寅午戌三合火旺，传中虽有申酉生日，却畏巳午旺火，不敢去生，亦来从戌而为害也。又贵人卯加辰，为入狱，是贵人不得地，贵人所畏，丑库中有金克伐贵人，是贵人不亲。癸丑而去合戌，戌又乘白虎，恃势克日，大凶之课也。故曰："战斗吉凶，论谁得地。得地者胜，失地者凶。"此课戌鬼旺，

① 《壬占汇选》作：建炎己酉年九月癸亥日卯将辰时，吴四公丙午生，六十四岁占进畜。

则为祸也。

《毕法》云：此课干上虽乘子为旺禄，却是旬空；未免弃禄而就初传，乃值日鬼乘白虎；又不免向前投中传，又值败气，又坐鬼乡；迤逦至于末传，始逢日之长生。凡值此课，未免舍空禄而就艰难，于艰难中更进一步，始得如意。尝考古之人处不可处之地，能致不可致之才。彼当不可处之地，必抑心降志，唯伏困守，虑益深，见益远，习久养之，才必过人也。此艰难进一步矣，他日见用，沛然时雨，造化曷可御哉？又云：戌加亥，又为魁度天门，凡事阻隔。

《龙首经》云：此课发用，昼夜皆乘白虎，并来克日，是为鬼墓伤人之象。凡占必主宅有怪，鬼为殃，或伏尸作祸。

辰上克日上，用克日。

课名元首、退茹。戌为虎，克干支为用，所喜旺禄加干，作空亡。元首，宜动不宜静，到冬自有益也，目今未能得济。

《义》曰：空禄难倚，弃之为美。动有阻滞，退步福祉。占病曰凶，占官曰利。后须见助，难中生易。

《象》曰：天网占之灾恼生，牵缠事絮不安宁。疑难进退宜先断，更变由来自有情。

此元首之卦，一曰天网，亦曰斩关。夫元首者，尊制卑，贵役贱之象。占事多顺，利于先举，事多起于男子。为臣忠，为子孝，正大光明而无邪僻之行，德业已著而乾乾进修，常怀危惧，惕励而无咎也。夫天网者，即天网四张也，为阻滞，为疑难，为灾恼。《赋》曰：斩关不利安居，而利于逃亡也。戌酉申，退连茹也，迟缓之义，事多欲行不行，欲止不止，根苗不断，旧事从新，退中却有生助，不宜进用。占者遇之此课，求官为催官使者，有不次之迁，缓中有速，速中有缓，退而生助。求谒贵人，未准凭也。占婚别议，否则失利。凡占谋事不快，牵连疑二，主关人众也。求财见阻，或不善之财，得之不足为喜也。占病必有积块，脾胃肾脏受之，春夏凶，秋冬吉。失物宜寻访西南方。出行缠绵不快。举作百事，先难后易。占诉讼，利主不利客，利后动以待也，和止又为上吉。占患难，忧中有喜，危中有救。走失逃亡自归。病者犯白虎，占有失，石兽镇之吉，无则不利。

占出兵行师，利主，利后动，先举为客兵者，宜加谨慎。此课不宜出兵对阵，宜静以待之，初虽失利，而后得助，尤在将之权变也。

秋冬吉。

真一山人云：魁度天门关隔多，能知退步意如何？重重申酉来相助，福禄还来似涌波。

《无惑钤》云：幸乘旺禄，弃逢虎患。若投金玄，得百失万。

《钤解》曰：弃旺禄进步，困中方亨，以末申也。子乃旺禄，旬空不可守也，遂弃而往寻初传，以入戌鬼乘虎之危，又历中传之败，方得末传之生，况乘玄虚耗，所得不偿所费，非得百失万而何？《集议》："旺禄临身徒妄作"内即以此日课立法，乃曰：子虽旺禄，系是旬空，未免弃禄而就初传，乃值日鬼乘虎，又不免向前以投中传，又值败气，况坐鬼乡，迤逦于末传，幸逢日之长生。凡值此课，未免舍空而就艰难，于艰难中更进一步，始得亨快如意，此法奇妙，不可与"徒妄作"概论也。"魁度天门"内列此日，说见壬戌日第二课。戌乃支鬼，昼夜皆乘白虎。

癸亥日第三课

蒿矢　不备　廻明　六阴　天网

水日逢丁财动之　昼夜贵加求两贵

阴常常空　　常空空勾
未酉酉亥　　未酉酉亥
酉亥亥癸　　酉亥亥癸

官 己未 阴　　官 己未 常
财 丁巳 贵　　财 丁巳 阴
子 乙卯 朱　　子 乙卯 贵

	朱蛇贵后			贵后阴玄	
	卯辰巳午			卯辰巳午	
六寅		未阴	蛇寅		未常
勾丑		申玄	朱丑		申白
	子亥戌酉			子亥戌酉	
	青空白常			六勾青空	

此课癸亥是六甲极日，阴长阳消，而此课又乃六阴相继，宅势到此极矣。然物极则变，今宅中见酉，六分并居，而甲寅生人多是从门侧边出入。来年有阴人死，各自东西南北，往后必升进，颇胜于前。时娶得贵家阴人为妻，乃守缺贵人，能支持，必做成家计。其子又好，其人晚年享福寿，又得贵家阴人同力做起家业甚饶。徐八公，

叔伯兄弟六分同居，果是窄迫，每便路出入，到店多自后面东厕边过。次年其婆即太孺人了遂，其死后，八公即出外处去住。况癸亥自是极阴，亥来加癸又极，却复转自北至西，自西投东南见卯，自夜半亥至黄昏酉，自酉至晡时未，自未至斋时[①]巳，自巳至接卯，先生谓之迎阳课。中末传有两贵人，中传旦贵人作太阴。徐八翁娶妻乃先徐待制之妾，身边随带二千贯财物再嫁于他。盖癸亥以巳为财，太阴作贵人之侧室，故有宠人嫁他。其子又乘贵人临旦贵人财上，徐待制委其官干，自此发奋。八公终身享福，丁丑年八十四上亡矣。言六分者，酉为破碎入宅，而败癸亥之水，乃酉数六也。然势极而变，其癸亥日亥又来加癸是也，反退回向卯，所以兴家起业也。名迎阳课者，乃卯为日出之门，自酉见卯时也[②]。

《预见经》亥将丑时占云：此课来意主酒食与妇人争讼入官，其忧不成，又主家中出害眼妇人。何以言之？盖以初传小吉，歌云"小吉妇人酒食言"，又见上乘太常，亦主酒食；中传巳上见太阴，主妇人；卯上见贵人，加昼贵巳，与井栏冲，所以与妇人争讼。巳为贵人之象，故其忧不成。未中井宿，主眼目，加之正月建寅木克之，上见太阴，故云害眼妇人也。

《玉历钤》云：此课本是吉课，但蒿矢力轻，日辰无情，凡事不可用。

《毕法》云：此课中传为财，太常临酉，加于支辰之上，占者宅中必有婚礼之喜，或宜开彩帛铺，或开酒食店，大获利息也。

辰上生日上，用克日，末克初。

课名蒿矢、芜淫、间传。辰加日，公私有隔难成，凡谋无定，所喜巳卯二贵，巳为日德。辰加日，人来就已。亥卯未合，先难后易。末克初鬼，事有可成。

《义》曰：破碎临宅，幸喜作生。蒿矢不伤，未免虚惊。发用克日，灾恼相及。墓传于生，凶化为吉。

《象》曰：间传间隔事疑难，反复人情仔细看。遍地贵人无可靠，独携琴鹤过江干。

此蒿矢之课。象如以蒿为矢，射虽中而不入。祸福俱轻，不能成事，利主不利客。占行人来，访人见。《经》云："神遥克日名蒿矢，射我虽端当不畏。贵人逆转子无良，天乙顺行臣不义。家有宾来不可容，亦忧口舌西南至。"事主动摇，人情倒置。又曰"天网四张，万物被伤"，为阻滞，为疑难，为灾恼。未巳卯，退间传，为廻明，退中有进。支乘破碎，资财退失，不利生财，恩中生怨。君子得之，常守仁义而以理处之，庶几化乖戾而成和乐也。一曰壮基格，支来加干培益，得同类壮本基也。又曰：支寄干宫，寄一身而配偶。占者遇之此课，三传遍地贵人，不宜干贵，用事多贵人，反无

① 隅中。

② 《壬占汇选》作：戊申年六月初十癸亥日未将酉时，徐八公甲寅生，五十五岁占家宅。

所靠。占宅，人旺而宅衰也。占病，得暗昧疾。不宜求财，恐因财惹怨尤，能助鬼致病，宜散财求福吉，忌二月、三月占。占婚主客虽和，夫妇虽好，但将来未美者，由其不备也。占远行谒人，恐到彼，和中有不得意处。占盗失，得获。逃者亦然。占官事，见和解，虽阻不妨。占举动百事，吉中未见全美，幸无害也。

占出兵行师，防中途而止，或见和好，而多费钱粮，不能全功，惟在将者料敌致胜耳。不知阴阳者，难以语此微乎。

真一山人云：课体不足事难备，壮基培益称福惠。于中还喜德神扶，无意之中生有意。

《无惑钤》云：破败临宅，初鬼遥克。两贵堪求，求财可获。

《钤解》曰：酉乃破碎，临亥人宅，耗失无穷。初乃日鬼，遥克力弱。夜贵临于昼贵之家，可以干两处贵人，而中传之财可获也。《集议》："干支皆败势倾颓"内列此日，谓酉乃干支败气，又作支之破碎，故总名破败神，酉乃婢类，盖缘酒色而败家。廻明："廻明早是未得明，且待明时方可兴。迟进成名有所得，早求反被事来萦。"巳乃丁马交加，财动尤速，娶妻尤的。昼夜贵加，宜暗求关节。助桀为虐，递生日鬼。

癸亥日第四课

知一　斩关　玄胎　官爵　闭口

催官使者赴官期

贵 玄 阴 白	阴 白 常 青
巳 申 未 戌	巳 申 未 戌
申 亥 戌 癸	申 亥 戌 癸
财 丁巳 贵	财 丁巳 阴
子 甲寅 六	子 甲寅 蛇
兄 癸亥 空	兄 癸亥 勾
六 朱 蛇 贵	蛇 贵 后 阴
寅 卯 辰 巳	寅 卯 辰 巳
勾丑　　午后	朱丑　　午玄
青子　　未阴	六子　　未常
亥 戌 酉 申	亥 戌 酉 申
空 白 常 玄	勾 青 空 白

《玉历钤》云：此课日德为用，天将皆吉，凡占所求皆成。

《毕法》云：此课干上戌乘青龙，喜也，支上申乘白虎，悲也，一喜一悲之象。值此，己身之喜未周，宅上之忧遽至，惟能忧惧，则忧虽至而可变为喜也。君子无不忧也，无不惧也，故能无忧无惧。

上神克日，日上生辰上，日克用，末克初。

课名知一、玄胎。鬼临日克日，幸而癸日巳用为德神，中寅为救，中末又合，此谓干凶三传吉，喜可成，忧可解。

《义》曰：传得玄胎，胎财有病。丁马财动，占官亦慎。两贵相合，公中事美。传见春夏，福禄称遂。

《象》曰：老人小儿病未宜，也须作福告神衹。更凭阴德来相济，方保无危望吉期。

此知一之卦，一曰玄胎。夫知一者，知一而不能知两，知者以为自知、自见，不知为寇仇，故言知一也。以此为用，舍远就近，舍疏就亲，恩中生害，事多起于同类，凡事狐疑，事贵和同乃吉。玄胎如婴儿隐伏之状，利上不利下，事主远而多伏，暗昧不通，触则成祸，惟君子守正修德则亨。上神克日，主扼塞不通，多被阻滞，常占为人所欺负，病讼深畏。人来访者，宜防备，恐奸诈未善，宜以礼自化之。不宜占老人小儿病，谓之去故就新，再投胎也。占者遇之此课，求官迁职，以其驿马当头，若巳年月尤美也。见贵虽吉，还宜敬慎，未见全吉，惟和以处之。交易先难后易。谋望亦同。远行投谒人者，徒费粮裹。逃亡自回。公讼有和解之象，须得吉神方可。占婚姻吉。占财，动中之财，吉。失物宜寻。占病利壮年者，老小久病俱不吉。占生产，为天盘地结，不利母子，宜作福为善。

占出兵行师、安营下寨，宜防客兵侵袭，可以伏兵提备，勿令怠忽。所幸昼有开地千里，得胜之象，若夜占，有中途而止之理，为将者宜知彼我虚实也。

真一山人云：杜预安中不致危，也须防范识其机。人来未可开诚说，密觇中间是与非。

《无惑钤》云：乘虎终怒，中寅制去。昼贵升迁，丁马之故。

《钤解》曰：夜占戌鬼为龙，申生乘虎，怒中有喜，喜中有怒也。昼占戌乃官爻，乘虎催官，自末递生官旺，初贵作丁马，非升擢之吉兆乎？《集议》："催官使者赴官期"内谓日鬼乘虎临干，及年命之上，乃名催官使者，纵使远关，必催速赴任。旬尾加旬首，闭口尤甚。"虎临干鬼凶速速"内列此日，凡占凶祸，速中又速。"苦去甜来乐里悲"内列此日，谓夜占干上戌鬼乘青龙，支上申生乘白虎，为一喜一悲，又为不幸中之幸。申加亥，夜将白虎，主家有病人。因天神地衹临绝乡，主一喜一悲。巳乃丁马交加，财动尤速，娶妻、离妻尤的。

癸亥日第五课

涉害　长幼　励德　曲直　六阴

朱 阴 贵 常	贵 常 阴 空
卯 未 巳 酉	卯 未 巳 酉
未 亥 酉 癸	未 亥 酉 癸
官 己未 阴	官 己未 常
子 乙卯 朱	子 乙卯 贵
兄 癸亥 空	兄 癸亥 勾
勾 六 朱 蛇	朱 蛇 贵 后
丑 寅 卯 辰	丑 寅 卯 辰
青子　　巳贵	六子　　巳阴
空亥　　午后	勾亥　　午玄
戌 酉 申 未	戌 酉 申 未
白 常 玄 阴	青 空 白 常

此课知县若能调摄，可以赴任，不然必见泉乡。又曰："知县何苦既贪女色，又贪男色？若不能节，亦必见泉乡。近日必有饮酒不得，渐欲呕吐。"知县曰："果是如此。"先生曰："此乃醉饱后，硬去行房，肾气耗散，又伤五脏，所以呕逆。幸得子息，有两太阳，主子清贵，数倍过于知县。"知县云："顽子是比我较佳。"知县又问："我寿如何?"先生曰："只今年八月。""何以见之?""知县避妻并母，暗于厨下灶后与女子行淫渎秽，灶神申奏，遂折君寿。"知县大惊曰："何以禳否?"先生曰："须是露天谢罪，如此七日夜，方可少延年岁。"日上酉，作天空，支干皆败于酉，阴阳事俱败，故主贪男色，又贪女色，酉为色也。癸日见酉为酒，天空主呕逆，故渐不纳酒。此课六阴俱备，至于亥卯未巳酉丑既全，虽无丑字，课在即是。癸亥日乃六十甲子终日，癸亥败于酉，死于卯，更水日又得亥卯未木局，阴中逢脱，自然暗消，内既空虚，外徒形体而已。巳为丁神，而临行年酉上，酉为败，又却临酉作太阴，巳为灶，遂阴于灶间行淫，以致酉来败损我身，又为破碎，破碎者，色与酒病俱发也。自此知县恐八

月死，遂朝与夜进香拜天，更不入宅堂寝。八月初一日，夜梦神人曰："汝之虔诚谢罪上穹稍可，次第与汝增一纪寿。"知县遂修道不仕，后至庚申年八月十六日死。其三子者，长者先丧，次子戊辰及第，第三子甲戌年及第。先生云二子皆太阳者，中传系旬太阳，又加日太阳上，水日木局，故主子息，月将为福德，故主子位显荣。三子中，长子虽丧，二子及第①。

《玉历钤》云：此课木局脱气，用神日鬼，日上败气，凡占所事无成。

《毕法》云：此课未加亥为用，三传木局，并来脱干支，虽然夜占三传天将皆土，并来克干支，却赖木局制其土将，是木局乃为救神，非脱气也。凡占必有平日不可倚托之人，反成就好事。

上神生日，辰上生日上，用克日，日生三传，初克末。

课名涉害、曲直、长幼。未为日鬼发用，变子孙爻，凡事可图，防有脱误，凡事阻滞，委曲下人免灾。

《义》曰：破而复成，失而复得。得不偿费，干支耗泄。有人干求，防他脱赚。见机察微，勿忽勿慢。

《象》曰：病者因风气力疲，合中带煞蜜中砒。其中又恐恩成怨，此个机关要预知。

此见机之卦，一曰曲直，一曰励德，又曰天网。夫见机者，察其微，见其机，谓两比两不比，当以涉害为用。涉害有浅深，欲用不用，欲言不言，事有两而取一，所作稽留，迟疑艰难，进退不定，忧患难消，怀孕伤胎，难于前而易于后。传见曲直，曲直者，先曲而后直，象木之谓。此乃五行正气入十干杂糅之乡，异方三合乃生旺墓之神，事主丛杂不一，主关众人共谋，不然两三处干事，委曲托人与人相合之类。又如推磨者，无休歇之象，一事去，一事来，往来不歇。必得吉将用事，须得人引进方可。况励德，主阴小有灾，一名关隔神，常人占此，身宅不安，宜谢土神，贵吏则主升迁，小吏迍否。且天网四张，万物被伤，为阻滞，为疑难，为灾恼，先难而后易也。占者遇之此课，凡占有人上门相助，所谋百事吉，运用如意，秋占大有声名显达。惜其三传盗脱，又见入者随出，得不偿费。凡于求事，美中不足。托人干事，虽欲成而未成，纵成亦不足，喜得失相半，吉不吉而凶不凶也。占婚占财不宜。病者虚弱瘥迟，宜用宣经及补益之剂。盗失难得。占官待时。讼有和解。投谒人者吉。

用兵者粮储不足，虚耗少力，昼占中道而止，夜占稍吉，诸占防有赚脱，不可忽也。

真一山人云：得失由来总在天，谁知大巧亦徒然。谦谦敬慎终为吉，但看前三与

① 《壬占汇选》作：己酉年六月十六癸亥日未将亥时，伊知县丙寅生，四十四岁占前程及赴任。

后三。

《无惑钤》云：破败临身，己未克辰。占逢夜将，官鬼怡忻[①]。

《钤解》曰：酉乃支之破碎，癸之败神，临身何益？未遁己土，又克支辰，昼占耗盗，课已不吉也。昼占三传脱气，夜占天将皆土，仕宦值此，则怡悦而欢忻矣，常人则可畏。《集议》："众鬼虽彰全不畏"内，末后俱此日占法。"干支皆败势倾颓"内列此日，谓酉为婢类，乃缘酒色而败家，酉为破败神故也。占讼先直而后曲。

癸亥日第六课

知一　斫轮　四绝

彼此猜忌害相随

勾后朱玄　　朱玄贵白

丑午卯申　　丑午卯申

午亥申癸　　午亥申癸

子 乙卯 朱　　子 乙卯 贵

官 壬戌 白　　官 壬戌 青

财 丁巳 贵　　财 丁巳 阴

青勾六朱　　六朱蛇贵

子丑寅卯　　子丑寅卯

空亥　　辰蛇　　勾亥　　辰后

白戌　　巳贵　　青戌　　巳阴

酉申未午　　酉申未午

常玄阴后　　空白常玄

《玉历钤》云：此课首尾皆贵人，传入德乡，凡占吉庆。

《毕法》云：此课干上申与支作六害，支上午与干作六害，两家结怨，互为相伤之象。凡占值此，我欲谋计率众害人，人亦设策聚众攻我，怨愤相寻，无有了结也。

---

① 一作官惧俗忻，此似更恰，却与《钤解》释义相左。读者自辨之。

上神生日，辰上克日上，日上克用。

课名知一、励德、四绝，又名斫轮。宜结绝旧事，须犯重谋，托人方遂，先难后易，宜耐心进望，无不吉，以四绝论。

《义》曰：上门相助，和而不妒。铸印乘轩，最宜仕路。文书词信，幸喜临门。若逢秋占，名位皆尊。

《象》曰：两贵受制难干贵，恩中生害君须记。时能乐善自无虞，富贵荣华随所至。

此知一之卦，一曰斫轮。夫知一者，知一而不能知两，知者以为自知、自见，不知为寇仇，故言知一也。以此为用，舍远就近，舍疏就亲，恩中生害，事多起于同类，凡事狐疑，事贵和同乃吉。传见斫轮，车临斧斤。又曰："庚申共处为斤斧，卯木单称立作车。太冲发用来金上，斫削修轮官爵除。传得太阴并印绶，六合青龙福庆余。"上神生日，所谋百事吉，运用如意，遇灾不凶，逢吉愈吉。若当季神生日，主声名显达，岁命生日者，尤为吉昌。两贵受克，若干求贵人，多见难阻，还得暗中阴私，或威武强势之人相助。占者遇之此课，求官大利。见贵未得全美。占婚姻不合。谋事见阻。求财迟得，乃动中远方之财。凶事有解。逃亡自归。占宅，主女人心目之灾，不利居人。新病不畏，久病不宜。讼宜和，破财为福。失财，失而后得。宜投谒远行。忌船车之惊，宜谨之。

占出兵行师，昼占口舌多词，夜占开地千里。虽利主，主亦受制而不振；不利客，客有力而受生。还宜审时而论之。

真一山人云：功名唾手上皇都，有志随他向正途。只是贵人虽著力，于中还要吉相扶。

《无惑钤》云：玄虎临生，两贵无心。丁马全弱，昼戌难云①。

《钤解》曰：申为长生，上乘玄虎，虚耗惊危，虽生何益？昼贵人狱入墓，夜贵受克，两贵无心，何暇为人？诚不可干。巳虽丁马主动，既是入墓，力全弱矣。水日最怕土鬼，况戌土乘虎，癸水何可哉？《集议》："课传皆贵转无依"内列此日，为三传皆贵人，亦同前论。又谓夜贵发用，为咄目煞，为贵人咄目专视，反坐罪也，大不利告贵，占讼尤凶。巳乃丁马交加，财动尤速，娶妻、离妻尤的。交互六害。两贵相协。"苦去甜来"内列此日，一喜一悲，夜占干上长生乘虎，中传戌鬼乘龙。墓门开，又为外丧入内，宜合寿木以禳之。卯夜贵人内战，必因贵人而作乱。

① 原抄本脱漏，今补之。

癸亥日第七课

反吟　玄胎　六阴

空贵常朱　　　勾阴朱常
亥巳丑未　　　亥巳丑未
巳亥未癸　　　巳亥未癸

财丁巳贵　　　财丁巳阴
兄癸亥空　　　兄癸亥勾
财丁巳贵　　　财丁巳阴

　空白常玄　　　　勾六朱蛇
　亥子丑寅　　　　亥子丑寅
青戌　　卯阴　　青戌　　卯贵
勾酉　　辰后　　空酉　　辰后
　申未午巳　　　　申未午巳
　六朱蛇贵　　　　白常玄阴

此课先生曰："出行半路而归。""何以见之?""自宅发传出去，间又复来，是末传复归支上，因一骨肉有丧，遂急遣人速归。"应曰："不去如何?"先生曰："初传自出见中传，及又归见初传，如何少得一去?"应虑家有服，遂不敢去。先生曰："非家中服也。"应遂行。自十一月初一日起程，本欲到袁州，至抚州界，却有一亲戚乃渠妻姐，在信州玉山赴任，病重，急遣人赶应回，妻姐果死，应遂不得去袁州也。应秀才有岳丈，在袁州作佥判，欲过彼处，先生云"到半路必转，主眷属有服"，应遂忧父母及妻子，遂不敢去。先生勉其行，造物有分定，又不见宅中服，初不疑其妻之姐也。宅上见巳，初末是巳，巳虽然绝在亥，盖三绝神有三重马，自合主动，但末传归来，所以中路回也。未加癸，作太常，故主外亲之服，日为外，外服也。太阴乃阴人之丧，太阴又为阴人之长，所以是妻之姐也。癸水日干，巳亥巳，虽往了又去，去了即往，兼互相冲克，不得不动也。既动而彼此俱绝，乃即动而止也。马为巳火，为妻外家也。

太阴妇人，太常为孝服，巳为旬丁，乃眷属也①。

《玉历钤》云：此课日财为德神，神将皆吉，凡占有成，但反吟课体，必须反复。

上神克日，辰上生日上，日克用。

课名反吟。癸以巳为德，旦用贵人带德，往来虽更改摇动，却自先难后易，吉神特少，有不足耳。

《义》曰：反吟反复，事不归一。恩变为仇，情义不睦。勉之以德，行之以谦。久则自化，以消祸愆。

《象》曰：双鱼双女主双生，占孕原来定有惊。久病老人并小子，提防行孝动人情。

此无依之卦，一曰玄胎。夫无依者，即反吟也。《经》曰："无依是反吟，逃者远追寻。合者应分散，安巢别改林。守官须易位，结友也分襟。所为多反复，占病数般侵。"反吟刑冲，事主迟滞，远近系心，更相仇怨，且反复而呻吟，是无予夺而难息也。况玄胎如婴儿隐伏之状，利上不利下，事主远而多伏，暗昧不通，触则成祸，惟君子守正修德则亨。上神克日，只利先讼，要有气，余不吉。常占为人所欺负，病讼可畏。绝神玄胎，占生产宜，宜结绝旧事，不可图新也。占者遇之此课，重求轻得之象，凡占皆然，事必有二意，或两所干事，以其巳为双女，亥为双鱼也。占求官者，多奔走劳碌，反复而后有成。见贵不顺。婚姻不宜，虽成终不吉也。占求财，乃动中贵人之财。占病反复，不宜老人小儿久病，惟利新病，壮人尤忌，凶神叠见也。逃亡虽远，昼占终见自归。捕盗难获，宜访于亲识得信。占宅，利人动改之象。公讼变易官司，文书阻滞。

反吟不宜行军，昼占主得胜，夜占中止，主客利和，终见和好之理。

真一山人云：暗里神明善恶知，阴功善满福来奇。莫教使尽平生巧，谁谓苍苍不鉴私？

《无惑钤》云：三马三丁，动止频频。贵情未定，宅徙人迍②。

《钤解》曰：德入天门，巳为丁马，三处并现，动止频频也。昼贵往来被克，其情不足。土临身克身宅，人困迍而宅亦随而徙也。《集议》："水日逢丁财动之"内列此日，谓因妻之财动，又丁马交加，财动尤速，亦因财而非细之动，离妻、娶妻尤的。"三传递克众人欺"内有此法，谓雀鬼加干，见在朝官，防被章劾，上书献策，反遭责黜。两贵受克难干贵。

---

① 《壬占汇选》作：己酉年九月癸亥日卯将酉时，应秀才丙子生，三十四岁占出行。

② 原抄本脱漏，今补之。

癸亥日第八课

重审　斩关

勾后空蛇	空后勾玄
酉辰亥午	酉辰亥午
辰亥午癸	辰亥午癸
财 戊午 蛇 ⊙	财 戊午 玄 ⊙
兄 癸亥 空	兄 癸亥 勾
官 丙辰 后	官 丙辰 后
青空白常	青勾六朱
戌亥子丑	戌亥子丑
勾酉　　寅玄	空酉　　寅蛇
六申　　卯阴	白申　　卯贵
未午巳辰	未午巳辰
朱蛇贵后	常玄阴后

《玉历钤》云：此课蛇加午皆火，癸日见之，有水制，虽不见为灾，亦不为福，凡占无成。

《毕法》云：此课午为发用，两处受克，往干上且不得，归本家又不可，孑然一身，两无归著。《易》曰："旅焚其次，丧其童仆，贞厉。"午之受患，见前篇，可以类推。

日克上神，辰上克日，日克用。

课名重审、斩关。课传皆是自刑无气，凡占有阻，所喜午火为癸水所制，不妨。

《义》曰：欲空不空，欲阻不阻。惊疑之财，得之勿悔。昼占未宁，夜占闭口。暗昧之私，盗走须有。

《象》曰：美妻结得好姻缘，只恐轻盈误少年。支干相生终始吉，也须修德免灾愆。

此重审之卦。夫重审者，重而审之也。利为主，利后动，长有厄，事从内起，起于女人。以下犯上，贱犯贵，卑犯尊，事多不顺。阴小在下者，有悖逆之事。占臣未忠，子失孝，事当再审，病当再发。事不可遂意而行，必当审察，循乎义理，庶几以免后患也。日上见财，妻美有灾，为善以禳之。夫墓神临支，家宅未宁，只堪望信与行人，病不死也昏沉，宅暗人衰，神识不清。在七月节内占，乃胎财生气，妻当有孕；在正月节内占，主妻损胎，亦主惊恐。天后加魁罡，家必有恶病阴人，宜修德以禳之。此课占求官见贵，宜去其自高自大、自逞自是之心，诸占皆同。夫人生两家，以和为贵，若自矜自高，未免有旁若无人之气象，如此求事，岂能成之？假使有成，宜善保其终也。若通变君子，又不拘此论。《传》曰："致中和，天地位焉，万物育焉。"幸主客相和，尤宜谦谨，则事可就也。占病，心肾水火惊悸，作福修德可也。占婚姻不宜。占求财有，亦惊恐不宁。占失物宜寻。占逃亡盗贼难获，须捕捉人有力方可，庚辛酉金旺时日得。占远行投谒人，徒费无益，只宜送馈于下人。官讼宜和，否则有惊惹刑。占宅不利。其他不动亦利。

占出兵，忧惊众畏，失物之象。

真一山人云：易卦惟谦最得中，也无殊吉也无凶。平心顺理心无愧，自有苍苍锡福隆。

《无惑钤》云：四课之内，辰午酉亥。两贵为邻，家宅昏昧。

《钤解》曰：四课全值自刑，为人妄自尊大，不有其人也，凡事未免旁若无人之意，占讼本家自争，各怀妒忌。卯巳两贵拱宅，亥是宅，与贵为邻也。但亥宅为辰神墓所覆，所以家宅昏昧而不明爽。《集议》："前后逼迫难进退"内有此日例，说甚详，以发用吉。"宾主不投刑在上"内列此日，前说甚详已尽。午乘玄武加丑，主走失之事。禄空坐克乘虎，占病绝食饿死。午乃癸水胎财，七月为生气，主妻有孕喜，亦主妻之姊妹有孕也。

癸亥日第九课

涉害　从革　度厄　六阴　不行传

朱 阴 勾 贵　　　勾 贵 空 朱
未 卯 酉 巳　　　未 卯 酉 巳
卯 亥 巳 癸　　　卯 亥 巳 癸

父 辛酉 勾　　　父 辛酉 空
官　丑 常◎　　　官　丑 阴◎
财 丁巳 贵⊙　　　财 丁巳 朱⊙

勾青空白　　　空白常玄
酉戌亥子　　　酉戌亥子
六申　　丑常　　青申　　丑阴
朱未　　寅玄　　勾未　　寅后
午巳辰卯　　　午巳辰卯
蛇贵后阴　　　六朱蛇贵

《玉历钤》云：此课巳为日德加干，为戊癸相合，贵人临之，凡占谋望颇遂，但嫌三传受巳克制，末虽递生日干，但初传酉乃败神，无气之谓，有上稍，无下稍。

《毕法》云：此课昼夜贵人在于干支之上，若年命在子，必得两贵推荐，仕宦升迁，常人纳福。日上巳，又为丁马，其应甚速。若是秀才，占赴举应试，定中魁元无疑。或行年本命不在子，而在于辰，亦好，但减分数，未必全美也。

日克上神，用生日，末克初。

课名见机、从革、涉害。三传生日，却见空亡，乃空也，其谋中阻，可举可成。末传归日干，而后成全美之卦，最宜革故鼎新也。

《义》曰：辐辏末助，虚喜之故。从而复革，合而复妒。曲而未伸，否中望泰。只待中秋，豁然自在。

《象》曰：人宅逢生益笑颜，巍巍高甲未能攀。西方建旺轮年月，到此方知事不难。

此见机之卦，一曰涉害，又曰从革。夫涉害有浅深，欲用不用，欲言不言，事有两而取一，所作稽留，迟疑艰难，进退不定，故言涉害，见机者而作也。求事后成，忧患难消，怀孕伤胎，难于前而易于后。传见从革，先从而后革也。凡事阻隔，有气则革而进益，无气则革而退失。一曰兵革，又曰金铁。大抵五行正气入十干杂糅之乡，异方三合乃生旺墓之神，事主丛杂不一，主关众人共谋，不然两三处干事，委曲托人与人相合之类。又如推磨之象，转去转来，非止一遍。占者遇之此课，求官见贵难顺。婚姻难合。谋望成事，防成中有不实。托人干事经营虽美，然三传生我助我之福神无位而空，不能为我成事，防成中有不实，或见变改，有声而无形也。惟秋占及酉丑年，庶几为美，余未然也。占暴病，宜作福，久病凶。其他诸占，多虚少实，未可准凭。若忧疑、患难、惊恐之事，却转为福，凶中有吉之谓也，又有屈而不伸之象。

占出兵行师，宜止息，如势不得已，不利于始，当得人心为本，否则失利，后渐化难为易，化凶作吉，亦终不成凶吉也。

真一山人云：可惜皇恩不遇时，遇而不遇亦当知。若逢秋令金生旺，富贵荣华百事宜。

《无惑钤》云：丁马临日，两贵辅弼。因财速动，将凶传吉。

《钤解》曰：二贵在于干支，拱年命在子，子上天罡，占试必中魁元，是两贵辅弼也。巳乃丁马，作财临日，必因财而速动也。干支上得昼夜贵人，蒙辅弼之力。三传俱金生水，传甚吉也；昼占天将皆土克干，将凶焉，秋占甚利。《集议》："前后引从升迁吉"内列此日，巳加癸，卯加亥，占人行年本命在子，乃两贵拱侍，宜告贵用事，必得两贵成就尔。此为年命上乘天罡，又得两贵拱夹，占试必登高甲，或中魁首，出"帘幕贵人高甲第"内。"三传递生人举荐"内列此日，谓天将生三传，三传生日干。败神传墓入墓。

癸亥日第十课

元首　稼穑　闭口

众鬼虽彰全不畏

贵 玄 朱 后　　朱 后 勾 蛇

巳 寅 未 辰　　巳 寅 未 辰

寅 亥 辰 癸　　寅 亥 辰 癸

官 丙辰 后 ⊙　　官 丙辰 蛇 ⊙

官 己未 朱　　官 己未 勾

官 壬戌 青　　官 壬戌 白

六 勾 青 空　　青 空 白 常

申 酉 戌 亥　　申 酉 戌 亥

朱未　　子白　　勾未　　子玄

蛇午　　丑常　　六午　　丑阴

巳 辰 卯 寅　　巳 辰 卯 寅

贵 后 阴 玄　　朱 蛇 贵 后

《玉历钤》云：此课三传皆鬼，谓之众鬼攻日，凡占皆凶，不可用。

《毕法》云：此课辰土加癸为用，三传皆土鬼，并来伤日，兼昼夜天将皆是凶神，诚为凶也。幸得支上寅木，可以敌三传、日上之鬼，寅木在支上为宅，必是宅中极亲人也，谚云“打虎全凭亲父子”是也。又云：昼贵临寅，谓之贵人塞鬼门，众鬼虽凶举，皆摄伏不敢为祸也。贵人临寅，虽不在传，但在年命俱是。

《心照》云：此课辰加丑，乃墓神覆日，诚为昏暗，夜将又乘螣蛇，尤凶。却幸末传戌乘白虎，冲破辰墓，以凶制凶，以毒攻毒，方得无事也。

上神克日，辰上克日上，用克日，三传克日。

课名元首、斩关。墓覆日干，三传稼穑多鬼贼，除寅卯生人稍可免凶，及君子可以问官，此外皆不利。

《义》曰：众鬼虽彰，作党为侮。更逢内战，事多见阻。惟利善人，苍苍眷顾。迁善改过，福及庭户。

《象》曰：敌多我寡事非宜，良将于斯要见机。若是夜占他自战，昼占还要慎详推。

此元首之卦，一曰稼穑，又曰斩关，亦曰天网。夫元首者，尊制卑，贵役贱之象。占事多顺，利于先举，事多起于男子。为臣忠，为子孝，正大光明而无邪僻之行，德业已著而乾乾进修，常怀危惧，惕励而无咎也。况稼穑乃重土，有艰难之象，常占得此，名曰鲸鲵归涧，凡事逼迫不由己，出若遇雷神，方能变化。《要》曰：稼穑者，乃五坟也，不宜占病。且斩关非安居之象，占者多不自由，事多暗昧不和，离散口舌，欲隐身避难者，却利乎奔逃也。又主人情暗中不顺，多见更改，事多中止，坟墓破坏，占婚亦强成，难于久远。凡事历遍艰辛，然后可遂。夫天网者，即天网四张也，《经》曰“天网四张，万物被伤”，为阻滞，为疑难，为灾恼。天后临辰，占孕防损。土重克水，土壅遏水，不能流通。人宅俱未清爽，事且不明。此课求官、见贵、谋望，未易成也。课中虽见凶多，所幸自相刑冲，动摇不安，所喜支上寅木为救，子来御侮，此又凶中化吉。占得此卦，惟宜守正，以待其时，年命上更得木金尤美也。目下百事宜止，占病宜为善以禳之。

占出兵行师，昼占无威而不宁，夜占忧心众畏，不可轻举交战，惟严加防守，虑侵扰也。

真一山人云：事遇疑难且放宽，徒教巧意作机关。待他时候还成事，漫展眉颦取此权。

《无惑钤》云：墓克其身，三传共嗔。颠危可解，全赖家人。

《钤解》曰：墓神克身克宅发用，昏滞太甚，且结连三传，纯土为鬼，其身颠困，亦甚危矣。幸而宅上寅木救制，则昏滞散而颠危解释，非赖家人之力，曷可臻此？《集议》："众鬼虽彰全不畏"内有此日例，谓必得家中人解祸。"罡塞鬼户任谋为"内列此日，谓三传皆鬼，昼贵临寅，谓贵人塞鬼门，杜鬼贼不凶，万事宽，亦任谋为。癸日寅加亥，将玄武，主人家屋角有葫芦挂之。

癸亥日第十一课

涉害　不备　出户　寡宿　六阴

阴 常 贵 阴	贵 阴 朱 贵
卯 丑 巳 卯	卯 丑 巳 卯
丑 亥 卯 癸	丑 亥 卯 癸

官　丑 常 ◎	官　丑 阴 ◎
子 乙卯 阴 ⊙	子 乙卯 贵 ⊙
财 丁巳 贵	财 丁巳 朱

朱 六 勾 青	勾 青 空 白
未 申 酉 戌	未 申 酉 戌
蛇午　　亥空	六午　　亥常
贵巳　　子白	朱巳　　子玄
辰 卯 寅 丑	辰 卯 寅 丑
后 阴 玄 常	蛇 贵 后 阴

此课先生曰："占主因势传出，出则见贵，奈何日归于辰，又自辰上发传，出却见末传归于日贵，今且行年见引出长生，巳与申合，日上夜贵人又作太阴，可谓阴晦不明，此课名出户，出外则吉。"伊曰："占试。"先生曰："试要帘幕贵人，今日上太阴乘卯，真帘幕贵人也。后出却显得，见日贵人加在明处，身居于此，准拟今年可得，明年五甲无疑也。"伊三官人乃伊知县之弟，读书蕴奥，屡试不中。今年先生占，许其必得，渠甚不信，以为面奉。是年果得第十名，既得了，必准次年及第，果如先生说，第五甲二十四名，再读于是高中。况癸亥乃六甲极日，日去就辰，已白是根本，主终身如斯而已。喜德自内发辉而出，中见帘幕贵人，末见出户贵人，自出而入，而为明贵人，即我身也。何以见五甲？一则巳主双女，是两次贵人，明贵加暗贵之上，是先

晦而后显，是其再而方显也。得行年在前引，支干长生而为文星学堂科名，巳与申合，合起官心，此所以及第也[①]。

《玉历钤》云：日辰德神相会，是为吉课。

《毕法》云：帘幕贵人登第兆。

《玉成歌》云：日往加辰亲戚来，反遭刑克受凶灾。盖灾矣，谓日加辰上，有吉神相生者，主内外亲人来家；此课太常乘丑加亥上，是日往加辰，主亲戚人来，有口舌生灾，缘太常为丑鬼故也。

上神盗日，日上克辰上，日上克用。

课名见机、励德。空亡为用，日往加辰克辰虽忧，但是空亡可喜，然中末两贵，若能委曲干贵，以进图事，或有可济，先虚后实之课也。

《义》曰：宅上空耗，不虚则盗。门户萧条，渐见无靠。东干西谋，徒令一笑。末后有财，贵人焦躁。

《象》曰：人言好事到跟前，且守谦光道理坚。待得时来方用事，莫教躁进惹尤愆。

此见机之卦，一曰寡宿。夫见机者，察其微，见其机，谓两比两不比，当以涉害为用。涉害有浅深，欲用不用，欲言不言，事有两而取一，所作稽留，迟疑艰难，进退不定，忧患难消，怀孕伤胎，难于前而易于后。传见寡宿孤辰，值此尤妨骨肉。若占身得此，主见孤独，别离乡井，自立门户，财物虚耗，僧道宜之，俗不宜也。日生上神，虚费百出，谋望不遂，盗失损财，人口衰残，休囚尤重，又为子孙脱漏之事。丑卯巳，进间传，进中有隔，隔而后退，退而后进，凡事隔手干事占谋，谓之出户。此课人宅俱虚，耗泄百出。占者遇之此课，求官见贵，且免心力。占婚问财，难保终始。余如谋望、交易、投谒，卒未稽遂，已见改图，待时方可。凡闻事，多不得，或事起虚声，欲成不成之象，未准凭也。占暴病吉，宜作福，久病凶，忧老人，小儿亦不宜。忧疑患难，却有解神救之。诉讼不成，虽成无事。禁系、狱囚、围扰，俱有解救不伤。

占出兵行师，亦多虚耗不足，有失众。敌使之来，或有所言，不可遽信，以防欺诈不实。欲其成功，未见如何，此吉不吉而凶不凶也。

真一山人云：人言善恶总休论，干事难成枉自勤。几见变更又更变，这番说话是胡云。

《无惑钤》云：昼夜贵聚，丁马共处。助起空亡，循环灾苦。

《钤解》曰：昼贵临于夜贵，是为贵聚，宜干两处贵人成事。巳乃旬丁，又为驿

---

① 《壬占汇选》作：戊申年六月癸亥日未将巳时，伊秀才戊辰生，四十一岁占科试。

马，共于一处，助起初传丑鬼，况格号循环，灾祸尤不能脱。《集议》："首尾相见始终宜"内有此法，谓四课居三传之上，三传在四课之中，乃名循环格，所占吉凶无成，止宜守旧，凡占皆不能动作。"末助初兮三等论"内列此日，巳虽助丑克，却系旬空无力，本无心干，巳徒为冤憎，喻抱鸡不斗。"昼夜贵加求两贵"内有此例，云六癸日，巳加卯，昼夜占皆同。禄空坐克乘虎，病必绝食饿死。

癸亥日第十二课

元首　退茹　寡宿　交车合

脚踏空亡进用宜　脱上逢脱防虚诈

常 白 阴 玄	阴 玄 贵 后
丑 子 卯 寅	丑 子 卯 寅
子 亥 寅 癸	子 亥 寅 癸

官　丑 常 ◎⊙	官　丑 阴 ◎⊙
子 甲寅 玄 ⊙	子 甲寅 后 ⊙
子 乙卯 阴	子 乙卯 贵

蛇 朱 六 勾	六 勾 青 空
午 未 申 酉	午 未 申 酉
贵巳　　戌青	朱巳　　戌白
后辰　　亥空	蛇辰　　亥常
卯 寅 丑 子	卯 寅 丑 子
阴 玄 常 白	贵 后 阴 玄

《玉历钤》云：此课发用空亡，中传临空地，末又脱气，凡占虚空，皆无所成。

上神盗日，辰上生日上，用克日，末克初。

课名元首、退茹、寡宿。事干众，子丑合，若可用，但子丑皆空，指空话空，事虽有牵连，忧可解散，出旬别图可成。

《义》曰：空脱逢鬼，不辨西东。左右难著，前后无功。得而防失，富而防穷。说与妙法，谨始慎终。

《象》曰：一诚消得万般伪，理埋谁云德不修。正大光明君子事，平生祸祉自然周。

此元首之卦，一曰寡宿，又曰天网。夫元首者，尊制卑，贵役贱之象。占事多顺，利于先举，事多起于男子。为臣忠，为子孝，正大光明而无邪僻之行，德业已著而乾乾进修，常怀危惧，惕励而无咎也。传见寡宿，《经》云："寡宿孤辰，值此尤妨骨肉。"占身得此，主见孤独，别离乡井，财物虚耗，自立门户，僧道宜之，俗不宜也。夫天网者，即天网四张也，幸空脱，不足畏也。占者遇之此课，进连茹课也，事主欲行不行，欲止不止，根苗不断，旧事从新，牵连疑二，一事去，一事来，无可成就。纵使侥幸而成，亦凶，侥幸而失。大抵课体空脱不实，有影无形，徒费精神，事未克济，诸占未宜。惟利夫暴病、忧惊、被围、狱讼、凶殃之事，却有解。若久病，又谓之凶也。

占出兵行师，粮储不足、人心懈惰，还有失众之理，闻事多未实，传报亦不的，或诳诈虚声，事多欺瞒，不可凭信。大要为将者，见机明决，审察防范，勿中彼之阴谋诡计也。谨之！

真一山人云：吉凶两事未分明，课体逢空总不成。守旧待时无不利，嚣嚣自得乐平生。

《无惑钤》云：交互和谐，惟宜脱灾。昼常牛女，婚遇良媒。

《钤解》曰：丑与子合，寅与亥合，可以相交谋事。发用鬼空，可以脱灾解祸。子丑牛女之宿，丑往加子，牛女相会，昼乘太常，媒妁之神，若占婚姻，得遇此课，必见良媒，以讲成亲。《集议》："权摄不正禄临支"内有此例，谓干禄临支上，凡占不自尊大，甘受屈折于人，如占差遣，主权摄不正，或遥受职禄，或辰戌加卯酉上，宜食宅上之禄，或将本身职禄替与子男，斯占尤的。墓门开，又为外丧。干上脱气，昼占乘玄，亦如"脱上逢脱"之说。两贵不协，变成妒忌，巳加辰，卯加寅。